BIBI

Du même auteur

Mémoires d'outre-tonneau, roman, Montréal, Estérel, 1968 ; Trois-Pistoles, Éditions Trois-Pistoles, 1995.

La nuitte *de Malcomm Hudd*, roman, Montréal, Éditions du Jour, 1969 ; Montréal, VLB éditeur, 1979 ; Montréal, Alain Stanké, 1986 ; Trois-Pistoles, Éditions Trois-Pistoles, 1995 ; Montréal, Typo, 2000.

Race de monde, roman, Montréal, Éditions du Jour, 1969 ; Montréal, VLB éditeur, 1979 ; Montréal, Alain Stanké, 1986 ; Trois-Pistoles, Éditions Trois-Pistoles, 1996 ; Montréal, Typo, 2000.

Jos Connaissant, roman, Montréal, Éditions du Jour, 1970 ; Montréal, VLB éditeur, 1978 ; Montréal, Alain Stanké, 1986 ; Trois-Pistoles, Éditions Trois-Pistoles, 1996 ; Montréal, Typo, 2001.

Les grands-pères, roman, Montréal, Éditions du Jour, 1971 ; Paris, Robert Laffont, 1973 ; Montréal, VLB éditeur, 1979, Grand Prix littéraire de la Ville de Montréal ; Montréal, Alain Stanké, 1986 ; Trois-Pistoles, Éditions Trois-Pistoles, 1996 ; Montréal, Typo, 2000.

Pour saluer Victor Hugo, essai, Montréal, Éditions du Jour, 1971 ; Montréal, Alain Stanké, 1985 ; Trois-Pistoles, Éditions Trois-Pistoles, 1996.

Jack Kérouac, essai-poulet, Montréal, Éditions du Jour, 1972 ; Paris, l'Herne, 1973 ; Montréal, Alain Stanké, 1987 ; Trois-Pistoles, Éditions Trois-Pistoles, 1996 ; Montréal, Typo, 2003.

Un rêve québécois, roman, Montréal, Éditions du Jour, 1972 ; Montréal, VLB éditeur, 1977 ; Trois-Pistoles, Éditions Trois-Pistoles, 1996.

Oh Miami Miami Miami, roman, Montréal, Éditions du Jour, 1973 ; Trois-Pistoles, Éditions Trois-Pistoles, 1995.

Don Quichotte de la Démanche, roman, Montréal, l'Aurore, coll. « L'Amélanchier », 1974 ; Paris, Flammarion, 1978, Prix du Gouverneur général du Canada ; Paris, Flammarion, 1979 ; Montréal, Alain Stanké, 1988 ; Trois-Pistoles, Éditions Trois-Pistoles, 1998 ; Montréal, Typo, 2002.

En attendant Trudot, théâtre, Montréal, l'Aurore, 1974 ; *En attendant Trudot* suivi de *Y'avait beaucoup de Lacasse heureux,* Trois-Pistoles, Éditions Trois-Pistoles, 1998.

Manuel de la petite littérature du Québec, anthologie, Montréal, l'Aurore, 1974 ; Trois-Pistoles, Éditions Trois-Pistoles, 1998.

Suite à la fin de l'ouvrage.

Victor-Lévy Beaulieu

Bibi

(Mémoires)

ÉDITIONS TROIS-PISTOLES

Éditions Trois-Pistoles
31, route Nationale Est
Paroisse Notre-Dame-des-Neiges
G0L 4K0
Téléphone : 418-851-8888
Télécopieur : 418-851-8888
C. élect. : vlb2000@bellnet.ca

Saisie : Martine R. Aubut
Conception graphique, montage et couverture : Roger Des Roches
Révision : André Morin

Les Éditions Trois-Pistoles bénéficient des programmes d'aide à la pu-
blication du Conseil des Arts du Canada, du ministère du Patrimoine
(PADIÉ), de la Société de développement des entreprises culturelles
du Québec (SODEC) et du programme de crédit d'impôt pour l'édition de livres du gouvernement du Québec (gestion Sodec).

En Europe (comptoir de ventes)
Librairie du Québec
30, rue Gay-Lussac
75005 Paris, France
Téléphone :   43 54 49 02
Télécopieur :   43 54 39 15

à michel chartrand

1

« ME DIS :

pourquoi je me trouve dans cet hôtel miteux à la périphérie de libreville, moi bibi ? – puanteur gabonnaise
des déjections de chiens qui entrent et sortent après avoir
reniflé partout et pissé sur les pieds des tabourets – l'urine
des chats aussi – cette chambre que j'ai louée, comme une
cellule de prison c'est, avec même des barreaux à la fenêtre ;
sur les murs, des illustrations encadrées montrant des rois-
nègres du temps des grandes puissances colonisatrices –
de la vermine aussi, toutes sortes de bêtes obscènes qui
grouillent dessous le lit et dedans, comme les cinq cent
mille habitants de libreville qui n'attendent même pas que
le soleil se lève pour envahir les rues ; ça jacasse, ça chante,
ça négocie les denrées à vendre ou à acheter, vêtements
trempés déjà, peau moite déjà –

m'asseoir sur ma valise au mitan de la chambre et
boire tusuite un grand verre de whisky – j'ai pourtant pas
mis mes lèvres à tremper dans l'alcool depuis vingt-cinq
ans – ce délire paranoïaque qui s'est emparé de moi la
dernière fois, une beuverie de trois jours, me suis jeté dans
le vide du haut d'un troisième étage ; heureusement que
les poubelles étaient nombreuses le long de la ruelle, ces
amas de sacs verts ont amorti ma chute, seule la clavicule
gauche fracturée et le haut du biceps aussi, comme quand

la poliomyélite s'est jetée sur moi, âpre le virus qui dévorait nerfs, muscles et sang ((du deltoïde supérieur du bras gauche jusqu'au poignet)) :

– T'avais qu'à être comme tout le monde, droitier, puis la malédiction ne serait pas tombée en ton toi-même comme une nuée de frelons, que ma mère a dit en apprenant le diagnostic du médecin.

ma mère, forte comme une grosse truie porteuse d'une douzaine de cochonnets, dur l'acier de ses yeux bleus, pas moyen jamais de s'arranger avec, la raison toujours de ce bord-là des couleurs, aucune sentimentalité dedans, pas de commisération non plus, rien à offrir quand ça saigne et fait mal, surtout quand ça saigne et fait mal, ainsi fut-elle, ma mère – à maudire même par-delà la mort, à envoyer sous les sabots des chevaux de l'apocalypse pour que la jument de la nuit la piétine, gros tas de viscères, de fiel et de sang dont même les chiens faméliques de libreville n'auraient pas voulu, trop abject c'était –

fait chaud dans la chambre malgré le climatiseur qui tourne au plafond ((ne fait que brasser le même air pourri)) – peut-être que si je descendais au bar ça serait moins pire : enéwouié, ça ne peut pas être aussi irrespirable que dans ce tombeau, avec tous ces méchants rois-nègres accrochés aux murs comme dans un musée, leurs femmes, leurs enfants, leur tribu, leurs prisonniers décapités : crânes blanchis faisant montagnes devant les trônes –

me lève, dissimule le fiasque de whisky dans la poche intérieure de mon veston, prends ma canne, sors de la chambre – au bout du corridor, cette petite cage d'ascenseur, mais ça donne rien de s'y rendre : à force de jouer dedans, les enfants de l'hôtelier l'ont cassée – aussi bien prendre tusuite l'escalier, pas une sinécure quand on est gaucher et qu'on ne peut pas se servir de sa main pour agripper la rampe – et ce genou qui s'est déboîté parce que je jouais trop souvent aux quilles sur des allées mal entretenues – ((laisse le temps faire son temps! qu'elle aurait dit ma mère)) – descendre tout de même l'escalier et entrer dans ce bar et commander un whisky au propriétaire, si petit il est derrière le comptoir qu'il marche sur des caisses de bière en bois renversées : y avait-il des pygmées autrefois au gabon et quelques-uns parmi eux autres auraient-ils survécu à la décimation ? –

– Un whisky, que je dis.

le boire cul sec et en commander un autre – et le tenir celui-là de ma main gauche : à cause de l'attelage de cuir qui m'emprisonne l'épaule et le bras, je ne peux même pas trempouiller la langue dans mon verre : même si je détachais la courroie qui m'entoure le cou et m'assujettit le poignet, je ne pourrais pas pareil ; tout ce qui arriverait à mon bras, c'est qu'il se mettrait à pendre, comme guenille, le long de mon corps, et mon épaule gauche s'affaisserait, et j'aurais l'air d'un contorsionniste tout disloqué – au moins ma main elle ne tremble plus depuis que je tiens le verre ; j'en éprouve malgré moi une certaine satisfaction, et je vais rester ainsi un bon moment à regarder le verre avant de le prendre de la main droite et de le porter à mes lèvres –

– Un autre whisky? que dit le pygmée derrière le comptoir.

hoche la tête et regarde dans la fenêtre près de laquelle je suis assis sur le dernier tabouret du bar : de l'autre côté de la rue, des ouvriers chinois construisent une tour d'habitations ; ce sont sans doute les mêmes qui ont bâti le nouvel hôtel de ville de libreville – des ouvriers chinois, il y en a plus de trente mille en afrique, envoyés par leur gouvernement dans ces pays ruinés par les guerres, les

génocides et les ethnocides à cause de l'appétit sanguinaire de despotes sans scrupules :

– Tu te libères du joug du colonialisme européen,
et voilà maintenant qu'on se laisse emberlificoter par le
nouveau conquérant chinois ! que dit le pygmée.

– Pourquoi vous laissez-vous faire ? que je dis.

– Pas les moyens d'agir autrement, que dit le pygmée.
L'argent est aussi rare ici que de l'étron papal. Les Chinois
en ont à plus savoir quoi faire avec, mais ils manquent
de matières premières. Nous autres, on a du bois et du
minerai. Les Chinois bâtissent nos immeubles, et nous
autres on abat par pans entiers nos forêts, on extrait du
sol le pétrole et les métaux précieux, puis tout ça est chargé
dans d'énormes cargos qui voguent jusqu'en mer de Chine.
Ç'a commencé par un investissement modeste de cinq
milliards de dollars, ça dépasse maintenant le cap des cinquante milliards et demain on va célébrer le fait que plus
de cent milliards de dollars chinois circuleront dans toute
l'Afrique.

ME DIS :

les conquérants, tous des voleurs, prennent, mais ne
redonnent pas, font de la pauvreté des autres un servile
assujettissement ; on ne s'enrichit pas autrement quand
on rêve d'être la plus grande puissance économique du
monde : l'histoire de l'empire romain est là pour le prouver, l'histoire de l'empire espagnol aussi, et celle de l'empire français, et celle de l'empire britannique, et celle de
l'empire américain – ((pour quelques-uns, toutes les richesses ; pour les autres, la pauvreté, la maladie, la souffrance

et la mort)) – plus grand-chose d'autre à montrer, l'afrique, dès qu'on sort de ses grandes villes, car tout nouveau gratte-ciel qui s'élève vers le ciel dit le contraire de la réalité : on a qu'à faire cinquante milles à l'intérieur du continent pour s'en rendre compte : famélique partout, sale et affamé partout – cinquante milles encore et c'est juste pire : guerres interminables de clans, à coups de machettes faisant gicler le sang : plein de cadavres le long des petites routes, gros ventres pourrissants qu'éventrent les charognards, ces bras, ces jambes, ces oreilles et ces nez coupés, ces têtes décapitées, plus de 300 000 morts sous le seul régime de terreur d'idi amine dada en ouganda, et des millions d'autres en somalie, au libéria, au ghana ou au kenya – ((dans ce continent qui a pourtant donné naissance à l'homme tusuite après l'extinction des dinosaures, incommensurable est la tristesse de toute cette matière dénaturée !))–

– Un autre verre ? que dit le pygmée.

– Plus tard peut-être, que je dis.

fait chaud en esti toasté des deux bords dans le bar ((le système de climatisation ne fonctionne plus faute d'électricité pour l'alimenter)) – cette sueur, ce linge qui colle à la peau, ces souliers de toile que les pieds semblent pigrasser dans une mare d'eau sale –

ME DIS :

pourquoi suis-je là depuis trois jours, à faire rien d'autre qu'attendre, et pour rien sans doute, comme ç'a été le cas en irlande, au mexique, au laos, en australie – ((judith ! ma pauvre et si mal-aimable judith !)) – ces rendez-vous que tu me donnes depuis deux ans, à un bout ou à l'autre

13

du monde, mais des rendez-vous auxquels tu ne viens pas, si incongru c'est que je ne peux pas y échapper, que je ne veux pas y échapper, justement parce que c'est incongru, comme tout ce que j'ai vécu avec judith, il y a longtemps, si longtemps que c'est malaisé de faire venir assez de souvenirs pour en ordonner un simple bouquet de glaïeuls ((comme quand quelqu'un de ta parenté meurt et qu'on en fleurit sa tombe)) –

– Un whisky maintenant ? que dit le pygmée du haut de la caisse de bière sur laquelle il se tient en suçant un carré de glace.

tourne la tête vers le barman – cette peau si noire, ce blanc si blanc de l'œil, ces dents comme de petits épieux d'ivoire, ces grosses lèvres : un cannibale jadis, le plus tendre de la chair, c'est un haut de cuisse de femme cuit en gigot d'agneau ou de chevreau – j'ai failli dire au pygmée, j'ai failli lui dire apporte-moi un peu de whisky et que ta main s'allonge sur mon ventre, là où c'est toujours froid depuis que j'ai eu la poliomyélite, réchauffe-moi comme jadis, quand paris était une fête et un aveuglement, car tous les nègres se ressemblent, car tous les nègres sont beaux comme des totems, sauf que ce n'est pas le moment pour moi de m'en souvenir, je ne suis pas venu à libreville pour penser nègre, mais pour ((judith))–

– Cette chaleur me tue, que je dis. Vais aller marcher un peu sous les grands arbres dans le parc près d'ici.

– Bonne idée, que dit le pygmée. On y joue aussi du théâtre dans le parc. Le Festival du théâtre nègre d'Afrique. Très spectaculaire.

– Pas vraiment pour Bibi, le théâtre, que je dis.

– Prenez quand même quelques minutes pour regarder, que dit le pygmée. Vous en serez ébloui peut-être bien autant que par le soleil.

mettre autant de temps à se redresser, avec toutes ces articulations qui craquent, humiliant, comme si mon corps jouait au jeu des osselets : orchestre aux notes discordantes, ma canne empoignée comme la baguette d'un chef marionnettiste – polio maudite ! que je dis en assujettissant mon coude gauche dans l'attelle de cuir harnachée à mon épaule, puis me traîner les pieds vers la porte et sortir enfin – le petit livre que j'ai dans la poche de mon veston bat contre ma cuisse à chaque pas que je fais : depuis que mes muscles se sont mis à fondre, les livres, même minuscules, me semblent peser plus lourds que les grosses pierres de l'île de pâques ou celles qu'on trouve devant le sphinx et les pyramides d'égypte ((en ai soulevé quelques-unes en y mettant moins d'effort que quand j'allonge maintenant le bras pour prendre un ouvrage dans une étagère – sans doute que j'aime moins les mots qu'avant, chacun est comme une tombe où reposent mes amis que disait malcolm lowry – odeurs de putréfaction des adjectifs et le verbe être comme un gros ver blanc escaladant le corps à la recherche des yeux)) –

((ce maudit soleil !)) – cligne de l'œil gauche dès que sorti du bar je me trouve dans la rue – toujours à cause de cette polio infâme : sclère et macula atteintes – dès que le ciel se fait incandescent, les larmes coulent même si je porte des lunettes noires, et ça ne fait qu'empirer avec le temps ; plus rapides, les larmes brouillent presque toute cette réalité qui, autrement, résisterait à ma myopie – marche à l'aveugle, me servant de ma canne comme d'un repoussoir – on dirait un marché public là où je me trouve : petits étals le long de la rue, vieux camions qui passent et s'arrêtent n'importe où, enfants presque nus, si maigres qu'on voit plus rien que leurs yeux, rieurs ils sont malgré la misère, rieurs ils sont parce que jouer sans penser à rien est au-delà de toute souffrance – ((couleurs vives du négoce africain, jupes bigarrées, larges chapeaux de paille ou morceaux de carton ingénieusement bricolés et joliment peints, ça tient sur les têtes par de simples cordes effilochées – des voix, des rires, des bruits, la vie en son effervescence naïve, qui défait temporairement les nœuds de la pauvreté)) –

j'ai du mal à traverser la rue pour me rendre sous les gros arbres du parc – me suit une meute de chiens faméliques qui ont dû avoir la polio maudite eux aussi : ça clébarde sur trois pattes, ça va tout zigzaguant à cause d'un dos contrefait ; ça n'a qu'une oreille ou un œil droit, vitrifié, qui pend hors de son orbite ; ça n'a plus sa queue et ça montre son trou du cul tout galeux – comme des quêteux c'est : s'arrêtent devant ma canne, s'assoient, gueule ouverte, langue pendante : la charité s'il vous plaît, juste un morceau de mauvaise viande, un os même sans mouelle ferait l'affaire, si vous plaît, si vous plaît ! – mais j'ai rien à leur donner ((c'était pareil quand je suis allé à cuba, en argentine, aux îles sandwich, ça formait rassemblement autour de moi, j'aurais pu avoir peur, je devrais sans doute avoir encore peur maintenant – sauf que l'enfance est trop loin, les chiens ne prennent plus plaisir à me mordre – terrorisé j'étais quand j'allais à la petite école, toujours un loup-garou qui surgissait d'un buisson, ouvrait grand la gueule et me menaçait de ses crocs – urinant dans ma culotte, déféquant aussi : que ça sentait mauvais, cette enfant de chienne de honte-là ! – réfugié au fond de la soue, près de cet enclos où cochonnerait bientôt la truie grogneuse, me dessouillant avec de la paille puis, dans le grand baquet d'eau froide, me faisais tremper les fesses – j'enterrais ma culotte aussi profond que je le pouvais dans le tas de fumier, puis j'entrais dans la maison par cette trappe dont on se servait quand il y avait livraison de charbon – dans la vieille armoire tout au fond de la cave, je cachais une culotte propre et je l'enfilais aussitôt ((sinon, ma mère m'aurait tué, ma mère tuait tout le monde quand elle se fâchait)) –

ME DIS :

la fatigue vient vite quand le fond de l'air est aussi chaud et aussi humide : mes poumons ont cessé leur expansion lorsque la polio s'est jetée sur moi, ils n'ont plus suivi le reste du corps osseux et épais, se sont mis du côté de la clavicule, du bras et de la jambe gauches ((l'atrophie)) ; ((et si c'est arrivé de même, que renotait ma mère, c'est que tu t'es obstiné à rester gaucher et dieu t'a puni et tu souffres depuis, tu souffriras toute ta vie, et tu feras aussi souffrir beaucoup de monde à cause de ça ; c'est le mauvais sort que ton entêtement et ton orgueil ont fait fondre sur toi, rien que des noirs vautours envoyés dans ton pacage par notre père le tout-puissant)) –
essuyer la sueur qui m'enperle le front, puis dessiner ces abrutissants moulinets avec ma canne pour que s'éloignent les chiens – m'asseoir sur un banc de pierre et reprendre mon souffle, et regarder la montre que j'ai retirée de ma poche : on est le 25 août 2006, à trois heures de l'après-midi, et sous les grands arbres du parc, c'est maintenant plein de monde ((tous assis sur des nattes et attendant visiblement quelque chose – peut-être seulement que le soleil brûle moins la peau et que de l'océan vienne ce petit vent qui allégerait le fond de l'air – puis ça s'anime brusquement, ça bat des mains, ça crie, ça applaudit : un

pierrot bossu quadrille le parc, un porte-voix arrimé à son faux col)) –

– Tout est prêt pour le sacre de Talou VII, empereur du Pokunulélé, qui deviendra le roi du Drelchkaffka! que dit le pierrot bossu. Pour mieux voir, approchez-vous de la scène, vite, vite!

ça se met à courir vers le bord du plateau, les nattes roulées sous le bras – plus personne autour de moi, sauf le pierrot bossu qui sautille parmi la foule, puis s'approche du banc de pierre sur lequel je me tiens assis:

– Toi aussi, étranger, t'es invité à la fête, tu ne peux pas passer à côté, viens donc! que dit le pierrot bossu.

je n'aime plus guère les fêtes, je ne célèbre rien depuis vingt ans, les hommes vieillissants rongent leur os sans mouelle, c'est de l'intérieur que ça se gruge et les portes pour en sortir sont scellées dans la chair, les muscles et les cartilages, il faudrait la machette d'idi amine dada pour en venir à bout, et c'est même pas certain que ça fonctionnerait: ((avec judith, la lame de la machette s'est brisée et, bien que très effilé, le bout cassé m'est resté à jamais planté dans le cœur)) – non! – je ne veux pas penser à judith, elle ne doit arriver que demain, si elle arrive toutefois, car jusqu'à présent elle ne s'est pas présentée aux rendez-vous qu'elle me donne – de point hope en alaska à pago pago en océanie, toutes des villes et des contrées dont je n'avais guère entendu parler – jamais l'idée de m'y rendre ne m'en serait venue sans judith: toujours détesté voyager, n'aime pas les bagages qu'il faut apporter avec soi, et encore moins ceux, toujours plus lourds, qu'on rapporte à la maison, je ne suis pas du bord des souvenirs: ceux qui encombraient ma maison des trois-pistoles je les ai tous donnés à l'homme-cheval brocanteur, je vis désormais dans ma maison comme au milieu du désert: une table, une chaise, un matelas à même le plancher devant le poêle à bois et ce fauteuil roulant dans lequel je me véhicule pour passer d'une pièce vide de la maison à une autre – ma vie, tout le contraire de celle que je vois dès que je sors de chez moi : ((quand c'est pas la guerre qui la décime, c'est la misère qui lui saute dessus, pas d'eau à boire, pas de viande à manger, pas de vêtements de rechange à porter, pas de toit sous lequel se mettre à l'abri – et pourtant l'exercice de la polygamie, des hommes qui doivent entretenir plusieurs femmes et les dizaines d'enfants qu'elles leur donnent ; la moitié d'entre eux autres ne vivront même pas assez vieux pour fréquenter l'école – désolation en ces terres devenues lunaires et stériles, les forêts saccagées, les jungles devenues déserts, et ces puits de pétrole, et cette extraction du minerai pour la seule richesse de l'occident jadis, et celle de la chine maintenant, l'ogre jaune en train de se constituer, rien d'autre que du capitalisme sauvage, comme au temps des premiers empereurs et des premiers rois, quand les explorateurs mercenaires quadrillaient la planète pour en piller toutes les beautés)) –

ainsi je me dis en marchant à petits pas vers le centre du parc ; et bientôt mon regard est-il plein de cette immense place dite des trophées où des cases sans nombre s'alignent, formant un carré parfait que ceinturent de centenaires tilleuls ; des armes piquées profondément dans l'écorce de chaque tronc supportent des têtes coupées, des oripeaux, des parures de toutes sortes, sans doute entassés là par l'empereur talou ou par ses ancêtres au retour de maintes et triomphantes campagnes –

ME DIS :

je me suis suffisamment approché du plateau de scène : une estrade, une table, une chaise et, tout au milieu, ce jeune nègre totalement absorbé par sa besogne – ((que fait-il ?)) – à sa droite, deux piquets plantés chacun sur un angle de socle que relie à leur extrémité supérieure une longue et souple ficelle, qui se courbe sous le poids de trois objets suspendus à la file et exposés comme ces lots qu'on peut gagner en jouant au bingo : le premier article est un chapeau melon dont la calotte noire porte le mot *PINCÉE* écrit en majuscules blanchâtres ; puis, il y a ce gant de suède gris foncé tourné du côté de la paume et orné d'un *C* superficiellement tracé à la craie ; puis, sur une corde à linge, se balance une légère feuille de parchemin chargée d'hiéroglyphes étranges et d'un dessin assez grossier qui représentent cinq personnages volontairement ridiculisés si j'en juge par leur attitude générale et par l'exagération des traits –

à quelques pas de la scène, des rangées de bancs semblent attendre qu'on s'y assoit – me laisse tomber sur le premier, masse ma jambe gauche pour en chasser les déplaisantes frémilles qui l'ont envahie ((puis concentre mon attention sur le jeune nègre dont le pied droit, retenu par un entrelacs de cordages épais, fabrique un véritable collet qu'il fixe à une solide plate-forme ; semblable à une statue vivante, le jeune nègre fait des gestes lents et ponctuels en murmurant avec rapidité des suites de mots inaudibles ; devant lui, posée sur un support, une fragile pyramide faite de trois pans d'écorce soudés ensemble captive toute son attention ; la base, tournée de son côté, mais surélevée, lui sert de métier à tisser ; sur une annexe du support, le jeune nègre trouve à portée de main une provision de cosses de fruits extérieurement garnies d'une substance grisâtre qui rappelle le cocon des larves quand elles sont prêtes à se transformer en chrysalides : en pinçant avec deux doigts un fragment des enveloppes, ces filaments qui en sortent servent au jeune nègre à composer un ouvrage subtil et complexe, car ses deux mains travaillent avec une agilité sans pareille, croisant, nouant, enchevêtrant de toutes manières les filaments qui s'amalgament parfaitement ; et les phrases inaudibles que le jeune nègre récite, on dirait un mandala destiné à réglementer les motifs et les couleurs du tricot)) –

j'ai jamais aimé suffisamment le théâtre pour avoir la patience d'assister à la représentation d'une pièce au complet : après quelques mouvements sur la scène, après quelques répliques, je me mets à cogner des clous et mon oreille n'entend plus les mots que comme s'ils étaient des sons se gaspillant dans l'espace en forme d'outre crevée et déversant ses rumeurs disloquées sur les choses –

– Pourtant, ce que représente le jeune nègre comédien est d'une espèce jamais rencontrée, donc incomparable : regardez bien, il faut être un très bon acteur pour tisser aussi méticuleusement des fils comme ceux des araignées, pour en faire ces fleurs rouges qui semblent plus réelles que celles qu'on peut cueillir dans le secret de la jungle gabonaise. Ne croyez-vous pas ?

j'ai tourné la tête pour voir celui qui me parle, un grand et jeune homme tout sec au visage marqué par l'acné, son nez comme bec de vautour ; je n'aurai pas besoin de lui demander qui il est, puisqu'il me le dit aussitôt : conseiller culturel de l'ambassade de france au gabon, qui m'avoue avoir travaillé très fort pour que la pièce puisse être jouée à libreville dans le cadre du festival de théâtre nègre par des comédiens tous africains –

– C'est du Raymond Roussel, que me dit le conseiller culturel. La pièce est une adaptation de ses *Impressions d'Afrique*. Vous connaissez Raymond Roussel ?

– J'ai lu certains de ses livres autrefois, mais pas *Impressions d'Afrique*, que je dis. Je n'aime pas les voyages, surtout ceux qu'on représente au théâtre.

– Vous êtes donc ici pour affaires ? que dit le conseiller culturel.

– En quelque part, oui, que je dis.

– Si je puis vous être utile, ça sera un plaisir pour moi, que dit le conseiller culturel.

me donne sa carte, puis s'en va, quelques bancs plus loin, s'asseoir à côté d'une jeune et belle gabonnaise – quelle chaleur torride il fait maintenant ! – m'éponge le front et le cou de mon grand mouchoir à carreaux, voudrais me lever et m'en retourner à mon hôtel, mais il n'y a guère de volonté dans mes muscles et mes nerfs même après avoir ingurgité quelques lampées de whisky : on devient malgré soi africain quand il fait aussi chaud, on bouge le moins possible, on respire juste ce qu'il faut pour rester en vie, on ne regarde jamais très longtemps la même chose parce que, autrement, le monde entier sombrerait dans un paradoxal sommeil –

désintéressé par-devers le jeune comédien nègre et son curieux métier à tisser, mon regard est attiré, à droite de l'acteur, par deux piquets distants de quatre à cinq pieds, et qui supportent un curieux appareil en mouvement : sur le plus proche des piquets pointe un long pivot autour duquel une bande de parchemin jaunâtre se serre en épais rouleau ; clouée solidement au piquet le plus éloigné, une planchette carrée posée en plate-forme sert de base à un cylindre vertical mu avec lenteur par un mécanisme d'horlogerie ; et la bande jaunâtre, se déployant sans rupture d'alignement sur toute la longueur de l'intervalle qui, tournant sur lui-même, le tire sans cesse de son côté, au détriment du lointain pivot entraîné de force par un mouvement giratoire : sur le parchemin, des groupes de guerriers nègres, dessinés à gros traits, se succèdent dans les poses les plus curieuses : l'un est une colonne qui court à une vitesse folle, comme si elle poursuivait un ennemi en fuite ; un autre, embusqué derrière un talus, attend patiemment l'occasion de se montrer ; ici, deux groupes de guerriers nègres, égaux par le nombre, luttent corps à corps avec acharnement ; là, des troupes aux corps bariolés d'ocre jaune et d'ocre rouge s'élancent avec de grands gestes d'intimidation pour aller se jeter dans une furieuse mêlée –

ME DIS :

c'est un long prologue pour une pièce de théâtre sûrement mise en scène par robert lepage, mais si magistralement ont été tricotés et tissés tous ces guerriers nègres, qui ne sont en réalité que des figures sur du parchemin, qu'ils semblent en sortir, devenir vrais et se livrer à de meurtriers combats – ils deviendront tous des tas de crânes comme ceux que j'ai vus au cambodge, empilés les uns sur les autres dans des bâtiments aussi vastes que la cathédrale notre-dame de paris ; dans les pyramides incas et mayas, j'ai assisté aussi à des pièces de théâtre aussi étranges que celle que je regarde, qui redonnaient vie aux sacrifices humains qu'on y faisait jadis pour apaiser les fureurs du ciel : tous ces guerriers qui se laissaient décapiter dans les lugubres chambres des pyramides et dont on jetait têtes et corps sur les marches y menant – le sang, comme un

fleuve, y coulait jusqu'au peuple qui, muni de petites ga-
melles, s'en faisait provision avant de le boire avec tant
d'avidité que se matachiaient visages et poitrines –
le plateau de la scène ayant fait ce virage de quatre-
vingt-dix degrés en menant grand bruit, je lutte contre
l'engourdissement et jette l'œil par devant – une grande
affiche nous apprend qu'on est désormais dans la maison
régnante de pokunulélé et du drelchkaffka, où plusieurs
statues de grandeur naturelle s'alignent : la première évoque un homme atteint mortellement par une arme enfoncée dans son cœur, et instinctivement les deux mains
se sont portées vers la blessure, pendant que les jambes
fléchissant sous le poids du corps, est rejeté en arrière et
prêt à s'effondrer ; la statue est noire et paraît être faite
d'un seul bloc ; mais le regard, peu à peu, découvre une
foule de rainures tracées en tout sens et formant de nombreux motifs parallèles – en réalité, l'œuvre est composée
uniquement d'innombrables baleines de corset coupées
et fléchies suivant les besoins du modelage ; et la figure
elle-même, avec tous ses détails d'expression douloureuse
et angoissée, n'est faite que des tronçons de ces baleines
de corset bien ajustées et reproduisant fidèlement la forme
du nez, des lèvres, des arcades sourcillières et du globe
oculaire, énorme et saillant – quant aux pieds de la statue,
ils reposent sur un véhicule très simple, dont la plate-
forme basse et les quatre roues sont fabriquées avec
d'autres baleines noires de corset ingénieusement combi-
nées ; et deux rails étroits, faits d'une substance crue,
rougeâtre et gélatineuse, qui n'est autre que du mou de
veau, s'alignent sur une surface de bois noirci et donnent,
par leur modelé et par leur couleur, l'illusion exacte d'une
portion de voie ferrée –

ME DIS :

voilà bien la plus étrange pièce de théâtre qu'on puisse
représenter, et c'est juste le prologue, pas moyen d'en douter – la foule et le soleil chauffent si fort l'espace théâtral
que je renonce même à m'éponger le front et le menton
sur lequel coule un filet de bave – je suis comme aspiré
par l'attentisme de la foule et quand, après avoir brusquement applaudi, elle tourne la tête vers la gauche, j'en fais
autant : un étrange et pompeux cortège s'avance ; en tête,
les trente-six fils de l'empereur talou, puis les dix épouses
du souverain, puis l'empereur talou lui-même, curieusement accoutré en chanteuse de café-concert, avec sa robe
bleue décolletée formant, par derrière, une longue traîne
sur laquelle le chiffre 411 se détache, tout en noir – cette
face de nègre de talou, pleine d'une énergie sauvage, ça ne
manque pas d'un certain caractère sous le contraste de la
perruque féminine aux magnifiques cheveux roux soi-
gneusement ondulés ; il guide par la main sa fille, une enfant de dix ans dont les grands yeux convergents se voilent
de taies épaisses – et ce front noir qui porte une envie
rouge en forme d'un minuscule corset étoilé de traits jaunes ; derrière, marchent les troupes pokunuléennes, com-
posées de guerriers au teint d'ébène et lourdement armés
sous leurs parures de plumes et d'amulettes –

ME DIS :

en ai assez vu, je suis trop fatigué pour prendre vraiment la mesure de ce que déclame le chœur des statues
faites de baleines de corset, ça demande une énergie qui

me manque, une énergie qui manquerait aussi à judith, elle qui s'endormait au théâtre dès que le rideau – ((pourquoi m'invite-t-elle toujours dans des contrées aussi étranges, si peu faites pour mon vieux corps souffrant ?)) – m'arracher à ce banc de pierre, me redresser, boire ce qu'il reste de whisky dans le fiasque, quitter le parc, rentrer à l'hôtel, m'allonger sur le lit, dormir –

prends appui sur ma canne : mes jambes sont flageolantes et tout le côté gauche de mon corps me fait mal – me faut respirer profondément même si le fond de l'air est pourri, et tenter un premier pas malgré que ce soit plein de pieds entrecroisés autour de moi –

– Ouié, ouié ! que dit une voix. Ouié, ouié ! Vous m'empêchez de voir.

– Voir ? Voir quoi ? que je dis.

– Que Talou VII, déjà empereur du Pokunulélé, vient de se sacrer lui-même roi du Drelchkaffka, que dit le spectateur. Regardez comme ses femmes mangent avec appétit.

– Cet aliment épais et noirâtre dont elles s'empiffrent, c'est quoi ? que je dis.

– La nourriture de la danse, que dit le spectateur.

– La nourriture de la danse ? que je dis. De quoi vous parlez ?

ma question se perd dans le tumulte, car les dix femmes de talou se sont mises à danser, d'abord lentement, puis en accélérant la cadence ; et de temps à autre, elles laissent échapper par leur bouche, largement ouverte, de formidables renvois qui, bientôt, se multiplient avec une prodigieuse rapidité – ce moment d'impressionnante apogée, durant lequel les bruits secs et assourdissants rythment une diabolique sarabande : les ballerines fiévreuses, échevelées, secouées par leurs terribles rots ainsi que par les coups de poing qu'elles se donnent, se croisent, se poursuivent, se contorsionnent en tout sens, comme prises d'un vertigineux délire –

quand les danseuses se laissent choir sur le plateau, je me doute bien qu'est arrivée l'heure des sacrifices humains, et sans doute aussi le cannibalisme ; il y en a toujours là où judith me fixe rendez-vous, et ça se termine immanquablement par la décapitation, et les poitrines qu'on désosse et les voraces mordées dans des cœurs arrachés à leurs artères et qui battent encore – je ne tiens vraiment pas à assister à la sanglante cérémonie et me fraie donc passage entre les tas de jambes entrecroisées ; je fais si vite que je m'essouffle et dois m'appuyer à un bananier pour garder l'équilibre – passe alors à mes côtés un bourreau portant à sa ceinture une forte hache dont la lame, bien affûtée, est faite en un bois étrange, aussi dur que le fer – à deux mains, le bourreau brandit la hache et, par trois fois, frappe le nègre à la nuque ; au dernier coup, la tête roule sur le sol, mais l'emplacement reste indemne de toute éclaboussure, à cause du curieux bois tranchant qui, en pénétrant dans les chairs, produit un effet d'immédiate coagulation sanguine, tout en aspirant les premières gouttes dont l'effusion était inévitable ; aussi, la tête et le tronc offrent sur leur partie sectionnée l'aspect écarlate et solide de certaines pièces de boucherie, tandis que la foule excitée clame :

– Vive Talou VII, empereur du Pokunulélé et désormais roi du Drelchkaffka !

traversant le parc, je me demande quel truc de magie a bien pu utiliser le bourreau pour que sa hache de bois ait pu sectionner aussi parfaitement le col du pauvre nègre et sans que le sang n'en jaillisse comme fontaine remplie à ras bord d'eau –

ME DIS :

j'ai trop bu, je me suis fait plomber trop longtemps
par le soleil, mon œil sans acuité n'a fait que suivre, mais
en retard, les gestes du bourreau, il a à peine perçu cette
réalité déformée que le bourreau prestidigitateur voulait
bien laisser apparaître – du théâtre aux confins d'un mythe
sauvage pour des spectateurs qui ne veulent surtout pas
faire la différence entre le vrai et le faux : ce besoin de la
surréalité, dans tout ce que ça peut avoir de péjoratif, qui
encombre le monde dépassé par sa propre métaphore
guerrière – ((on dit *le théâtre de la guerre* quand les gens
meurent vraiment sur les champs de bataille, et on parle
de *la réalité du théâtre* quand les comédiens ne font que
singer la mort)) –
  enfin, ce bar de l'hôtel : le pygmée qui en est le propriétaire, ses quatre femmes et leur douzaine d'enfants, si
maigres qu'on dirait qu'ils n'ont que de grands yeux, de
longues dents blanches et des ventres gonflés dont les
nombrils sont gros comme des pruneaux ; toute la famille
est assise à cette table qu'il y a au fond du bar et mange
safrement le peu de nourriture qui s'y trouve –
  – Venez vous asseoir avec nous, dit le pygmée. La
nourriture est modeste mais bonne.
  – Je mangerai plus tard, que je dis. Je voudrais juste
que vous m'apportiez une bouteille de whisky dans ma
chambre un fois votre repas terminé.
  – Je peux vous servir tusuite si vous voulez, que dit
le pygmée.
  – Plus tard, que je dis. Plus tard ça sera bien.
  la cage d'ascenseur, encore et toujours en panne ! –
la main droite agrippée à la rampe, le pommeau de ma
canne fixé à l'attelle de cuir de mon bras gauche, je monte

les trois premières marches, puis m'arrête, déjà essoufflé : ((quand la poliomyélite m'a frappé, c'était vers la fin de mon adolescence et mes poumons ont cessé de croître, de sorte qu'ils ne pompent pas suffisamment d'air sous l'effort, ce qui fait de toute escalade un enfer : le cœur se met à battre avec frénésie comme pour compenser la faiblesse des poumons)) – et pourtant, j'ai fait de ma vie celle d'un coureur de marathon, jamais dormi plus de quatre heures par nuit et travaillé pas moins de quinze heures tous les jours et bu quotidiennement un gros fiasque de whisky, comme le faisait le malcolm lowrey de *lunar caustic* et de *sombre comme la tombe où repose mon ami* – j'ai abusé de tout ce qui contribue à vous éloigner de la pensée de la mort parce que la maladie me l'a fait connaître par le côté inguérissable puissamment lové dans les muscles et les os – soixante-quinze ouvrages en sont venus, pour juguler la mort par les mots et conjurer la folie par la folie – une race, un peuple, une nation, aliénés et trop velléitaires pour secouer les chaînes de ses colonialismes – ce kebek de toutes mes passions, ce kebek de mes seules passions, ce kebek épuisant, mais ce kebek que je n'ai jamais pu abandonner : si je l'avais fait c'est moi-même que j'aurais abandonné, c'est ma rage que j'aurais trahie, c'est même ma mort à venir que j'aurais rendu honteuse –

à bout de souffle, j'arrive enfin devant la porte de ma chambre au deuxième étage ; m'y appuie et reste ainsi immobile, bouche ouverte et sèche, et de la main me tapotant la poitrine : comment ai-je fait pour gravir les innombrables marches des pyramides mayas et égyptiennes sous un soleil qui était de plomb et te brûlait la peau comme si on t'avait enfermé dans une rôtissoire comme dans une tombe ? – le cœur devait être solide malgré tout, pareil à ceux dont se vantent les grands athlètes :

quarante-quatre battements à la minute quand, dans l'autrefois, je ne faisais rien d'autre que la planche à laver zen –
mettre la clé dans la serrure et débarrer la porte de ma chambre et tourner la poignée et ouvrir la porte et entrer – assailli par ces odeurs de fleurs mortes qu'on met dans la chambre chaque fois que je sors, pas pour égayer l'espace, mais parce que la vieille moquette trouée sent mauvais, que les murs et les plafonds sentent mauvais, que le fond de l'air que brassent les palmes du ventilateur engoncé dans le plafond sent mauvais – ouvrir la fenêtre n'y changerait rien : les odeurs malaucœurantes du dehors entreraient pour ainsi dire à pleines pelletées et je respirerais rien d'autre que les viandes avariées qu'il y a en face de l'hôtel, à ce marché dont les étals de saucisses, de queues de vache, de lard ranci de cochon et de têtes de veau dégoulinent de sang noir que les mouches vertes recouvrent sous forme de courtepointes bigarrées –
vais droit vers le fiasque de whisky qu'il y a sur la table près de la fenêtre ; le décapsule et bois trois gorgées – cessent aussitôt les tressaillements à mes extrémités de doigts et de pieds, et cesse aussi de clignoter mon œil gauche – et c'est alors que j'aimerais voir sur la table un paquet ficelé : à la ligature des ficelles, ce cachet de cire rouge symbolisant une tête d'enfant dont les gros yeux, violets et embossés, prendraient presque toute la place – n'aurais pas besoin de m'interroger sur la présence du colis, je saurais que c'est judith qui me l'a fait parvenir comme c'est arrivé au caire, à muang kamnovan, à rannoraraku, à bonampax – toujours un livre ancien sous l'emballage de papier aux motifs alambiqués, et le même mot écrit en travers de la première belle feuille : « *Je t'aime. Attends-moi.* » – ça dure depuis trois ans déjà et

ME DIS :

tout ce voyageage pour une femme que je n'ai pas vue depuis quarante ans, dont je ne sais plus rien, même pas où elle vit, de quoi elle vit et pourquoi elle vit toujours quand son court compagnonnage avec moi s'est vécu pareil à un malentendu, pour ne pas dire plus simplement comme un suicide –

je déteste penser à judith, je n'aime pas les souvenirs, pas davantage les bons que les mauvais – malgré tout, dans ce compartiment de mon portefeuille une photographie de judith que j'ai conservée depuis le jour que j'ai fait sa connaissance : grands yeux de couleur singulière, d'un violet très sombre, mille fois plus beaux encore que ceux de l'actrice elizabeth taylor, de vrais diamants, si pur c'était que je ne pouvais qu'en tomber amoureux, en être subjugué, envoûté, ensorcelé ; ne comptait plus le reste du visage, ne comptait plus le corps maigre, le pectus cavatum qui lui faisait ce trou entre les seins, ne comptaient plus ces jambes filiformes, comme prolongements d'une stèle, comme pilastre cornier dont la seule utilité était de donner tout son éclat aux grands yeux violets ((comme c'est le cas chez les enfants de libreville que la malnutrition a rendu si maigres qu'ils n'ont presque plus de visage, juste ces grands yeux sombres encavés dans de grosses orbites – blancheur du lait)) –

mais judith avait-elle conscience de la singularité de ses yeux, de leur beauté ? – ce peu de temps que nous avons vécu ensemble, elle n'en a jamais fait la moindre allusion, comme si ses yeux avaient été ceux de tout le monde, ce qui explique sans doute pourquoi elle portait presque toujours ces affreuses lunettes noires, au verre si foncé que plus rien ne se laissait voir derrière –

les coups frappés à la porte de la chambre me font aussitôt oublier judith :

– Entrez, que je dis.

– Je vous apporte votre bouteille de whisky, que dit le pygmée.

– Mettez-la sur la table, que je dis.

s'exécute le pygmée puis, se grattant le califourchon, me demande :

– Vous avez aimé le sacre de l'empereur Talou VII du Pokunulélé comme roi du Drelchkaffka ?

– J'ai pas vraiment cherché à comprendre, que je dis. Les astuces de la mise en scène sont telles que m'ont paru bien ténus les fils qui mènent du réel au mythe.

– La pièce n'est pas encore finie, que dit le pygmée. Dans la suite qui sera présentée demain, peut-être vous trouverez réponse.

– Je ne crois pas que je vais pouvoir passer une autre journée à essayer de comprendre le roi du Drelchkaffka, que je dis. Ce pays a-t-il déjà existé au moins ?

– Demain, vous saurez peut-être, que dit le pygmée.

il trottine vers la porte, mais je l'interpelle avant qu'il n'en franchisse le seuil :

– Vous avez rien reçu pour moi ? que je dis. Un colis bien ficelé, par exemple, avec un sceau rouge à l'embranchement des ficelles ?

– Non, rien de ça, que dit le pygmée. Mais si ça devait arriver, je vous l'apporte de suite.

une fois la porte refermée, je mets la main sur ma poitrine – battements accélérés du cœur, cette arythmie qui finira bien par se calmer, comme quoi mon corps ne passera pas encore au feu cette nuit, car c'est ainsi que j'ai toujours rêvé à ma mort, au milieu de flammes gigantesques, mains et pieds attachés à un poteau en bois d'épinette noire, un pagne pour seul vêtement, et cette neige qui tombe du ciel par gros flocons ouateux, et cette neige qui finira par recouvrir mon corps carbonisé sous le jamais du toujours ! –

je passe devant la fenêtre, j'entends la rumeur qui monte de la rue : on va fêter toute la nuit le sacre de talou – du chant, de la danse, du boire, du manger, de l'hystérie comme ça se passe chaque fois que le peuple lâche lousse son fou quand il veut oublier la misère, la pauvreté de corps et d'esprit, l'aliénation faisant de lui une marchandise comme n'importe quelle autre –

je m'assure que la bouteille de whisky sera à la portée de ma main si le besoin de boire me prend en cours de nuit, puis je m'allonge ; les ressorts du sommier grincent, mon gros corps s'enfonce dans le matelas comme si j'étais couché sur un tas de mousses molles – puis déganser le cuir qui retient l'attelle à mon bras et à mon épaule, puis de la main droite masser la chair moite de mon biceps, mince comme pelure d'oignon sur l'os, le virus de la polio-myélite ayant si bien dévoré le muscle qu'il n'en reste plus grand-chose, même pas de quoi lever le coude pour que la main puisse se rendre jusqu'à la poche de mon veston : le petit livre qui s'y trouve me fait mal à la hanche, et je dois l'enlever de là ; autrement, j'aurai de la difficulté à m'endormir et quand ça m'arrivera enfin, ça se remplira de mauvais rêves dans ma tête et je fais toujours tout pour m'en passer – de la main droite, je retire le livre de la poche de mon veston : en réalité, le livre n'en est pas un vraiment, s'agit que d'un assemblage de feuilles de papier bible cousues, avec une mince reliure en peau de porc, et sans aucune écriture ni sur la couverture ni à l'intérieur ((mon imprimeur m'en a fait cadeau après que judith m'ait invité à la rejoindre dans l'île de pâques, un long voyage pour moi qui, depuis vingt ans, ne sors plus de ma maison, trop absorbé à bleuir de barbots des feuilles de notaire pour seulement imaginer qu'il y ait encore, à des milliers et des milliers de milles des trois-pistoles, des gens qui vivent toujours, non pas prisonniers des mots, mais aliénés dans le quotidien de leurs choses – oui, un long voyage, même en avion, parce qu'il faut passer par le chili auquel l'île de pâques appartient et, de santiago, une seule ligne aérienne peut t'emmener à hanga roa –

ME DIS:

vécu une semaine dans l'île de pâques, forcé à y faire le touriste malgré moi – trois jours dans une chambre d'hôtel, à feuilleter quelques-uns des ouvrages empruntés à l'aubergiste même si je n'aime pas les récits de voyage, même ceux, pourtant magnifiques, écrits par jules verne sur les navigateurs anciens – de mon feuilletage de documents, je n'ai donc pas retenu grand-chose, à peine ce paragraphe consacré au capitaine cook qui fut l'un des découvreurs de l'île; avant d'entreprendre son voyage autour du monde, lequel devait durer trois ans, cook a réclamé qu'on lui livre de mystérieux articles comme antiscorbutiques: de la drèche, de la choucroute, des choux salés, des tablettes de bouillon de bœuf, du salep, de la moutarde, de la marmelade de carottes et du jus de moût de bière épaissi – pour le reste, cook n'a pas été impressionné par ce qu'il a vu: l'île était déjà toute déboisée quand il y a accosté, et partout d'énormes statues de pierre avaient remplacé les arbres ((on appelle *moaï* ces statues dont certaines ont plus de vingt-cinq pieds de hauteur et pèsent cent tonnes – et comme il fallait aller loin pour avoir accès à d'aussi grosses pierres et qu'on ne pouvait les transporter à la seule force des bras, on abattait les arbres pour en faire des rouleaux sur lesquels on véhiculait les pierres sculptées ; on les transportait ainsi jusqu'en bordure de mer, on les y installait par groupes, leurs faces tournant le dos à l'océan, car c'est l'intérieur du pays que les statues devaient, par l'énergie magique qu'elles dégageaient, protéger des ennemis)) –

douze tribus qui se partagent un territoire grand comme la main et pas suffisamment de nourriture pour tout le monde ; la guerre donc ((l'arme de destruction massive de chaque clan, ce sont les colossales statues de pierre : la tribu qui en érigera le plus grand nombre sera maîtresse de l'île – d'où cette frénésie qui s'empare des sculpteurs de tous les clans : l'esprit de la victoire étant au cœur de la roche volcanique, faut faire vite pour s'en approprier le plus possible, quitte à dégarnir l'île de tous ses arbres dont les fruits constituent l'essentiel de la nourriture ; en l'espace d'une seule génération, la vie est presque totalement exterminée dans l'île, et si celle-ci n'avait pas été découverte par les navigateurs occidentaux, la race rapanui aurait totalement disparu de la planète : n'en resterait que ces étranges et grotesques monuments qu'on saluerait sans doute comme la quintessence de divinités protectrices alors que les statues de pierre n'ont été que l'expression d'une folie guerrière et cannibale – comme si, après la deuxième guerre mondiale, on avait érigé des lieux de culte sur les champs de bataille, avec des chars d'assaut, des avions de combat et des cuirassés comme pièces montées sur de hauts piédestaux)) – ((ayez foi en eux et adorez-les tous !)) –

après trois jours d'attente dans ma chambre d'hôtel de hanga roa, je reçois enfin ce message de judith qui me

demande d'aller la rejoindre au musée sebastian engle-
bert: en bordure de mer, un petit bâtiment de pierres
volcaniques rouges, avec rien dans ses environs, pas un
arbre, pas un arbrisseau, que des herbes jaunâtres et sèches; à l'intérieur, de petites statues, certaines en bois, les
autres en pierre, mais seules celles en pierre sont parsemées de pétroglyphes représentant des tortues, des pois-
sons et l'homme-oiseau, ce mythe que les habitants de
l'île de pâques ont inventé après la décimation – je ne
m'intéresse plus beaucoup aux mythes et me passerais
donc d'entendre le vieillard maori raconter l'histoire de
l'homme-oiseau aux quelques touristes qui sont entrés au
musée en même temps que moi:
    – Quand il ne reste plus que deux clans dans l'île, l'un
à Longues Oreilles et l'autre à Courtes Oreilles, il a fallu
trouver moyen de mettre fin à la guerre. On mit donc en
place un rituel sacré, une sorte de compétition initiatique:
dévaler la pente du volcan orongo, puis nager dans une
mer infestée de requins, puis escalader l'îlot Motu Iti pour
s'emparer du premier œuf pondu par l'hirondelle de mer
qui, chaque printemps, vient y renouveler sa nichée. Seuls
les hommes les plus robustes et les plus courageux acceptent de relever le défi, et le premier qui revient après
son odyssée au volcan Orongo porteur du premier œuf
intact est nommé Tangata Manu, l'homme-oiseau, et
règne dans l'île pendant un an, y garantissant la paix et la
distribution équitable des vivres entre Longues et Courtes
Oreilles.
    me suis approché d'une table: dans un caisson de
verre, se trouve une moitié de tête de statue ((en me faisant conduire au musée, j'avais déjà remarqué que tous les
moaï encore debout sont privés de leurs yeux, on ne voit
que leurs larges et profondes orbites creusées dans le roc))

– d'où l'intérêt que je porte à ce qui se trouve dans le caisson de verre : un œil de forme ovale, formé de fragments de corail et dont l'iris est une rondelle de tuf volcanique rouge ; et, sur un côté du caisson, ce court texte expliquant comment on installait le gros œil dedans son orbite, par une légère inclinaison qui, tout en l'empêchant de tomber, donnait l'illusion que la statue regardait vers les étoiles : *ma ta ki te rangi*, qui signifie *les yeux dans le ciel* –

je suis resté là un bon moment à regarder le gros œil blanc et la rondelle de tuf volcanique rouge qui lui sert d'iris : de tout ce que j'ai vu dans l'île de pâques, c'est ce que j'ai trouvé de plus impressionnant, car si les statues ont été façonnées grossièrement, leurs yeux, en plus d'être fixés de manière ingénieuse, sont d'une grande beauté, comme chargés d'une lumière qui n'a même pas besoin que le soleil les frappe pour rayonner étrangément –

fermeture du musée : je suis bien obligé de m'en aller – judith ne s'est pas montrée et ne se montrera pas, pas plus aujourd'hui que demain et qu'après-demain – ((je fais le pied de grue pour un lapin fort ingénieux dans l'art de bondir haut et loin : en d'autres temps, j'en aurais eu une grande fâcherie, mais je suis désormais à mille milles de toute colère, peut-être même de toute émotion)) – avant de quitter le musée, j'achète cette carte postale représentant le morceau de tête de la statue au gros œil de corail blanc et à l'iris rouge, puis je me laisse aussi tenter par cette autre carte : rien que des pétroglyphes qu'aucun champollion n'a réussi à décrypter jusqu'à maintenant –

j'ai mis les deux cartes postales dans le petit livre, avec celles que j'ai achetées en égypte, en bretagne, au cambodge, au pérou et en hibernie – des yeux, des pétroglyphes et des hiéroglyphes, rien d'autre, pas l'ombre de l'ombre de judith nulle part – et ce sera sans doute pareil ici, dans ce libreville viré à l'envers dans sa bougrine par ce festival du théâtre nègre qui lie entre eux la kermesse et le carnaval, l'empereur talou du pokunulélé et roi du drelchkaffka ! –

j'allonge le bras et prends la bouteille de whisky – mais quand mes doigts se ferment sur le goulot, des haut-le-cœur m'enlèvent toute envie de boire ; je mets la bouteille entre mes jambes et je vais garder la main dessus : si j'arrive à dormir quelques heures, je risque de me réveiller tellement assoiffé que j'aurai besoin de whisky pour ne pas sombrer au beau mitan des bois en même temps que la jument de la nuit – ces mauvais rêves dans lesquels judith se fait meurtrière et infanticide, tant de corps coupés en morceaux et rangés dans les tiroirs des commodes, des buffets et des armoires qui occupent presque tout l'espace qu'elle habite, avec ce long établi sur lequel reposent scies, couteaux à dépecer la viande, hachettes pour casser les os – ((ces yeux, tous ces yeux accrochés partout, suspendus partout, ou faisant montagnes par-dessus les meubles, partout, partout !)) –

penser à autre chose, refuser que m'avale la jument de la nuit et

ME DIS :))

2

ME DISAIS :

je dois m'en aller, j'ai plus rien à faire avec eux, il est temps que je déguédine, je suis en train de m'enfermer comme franz kafka dans l'exclusion, je ne veux pas mourir tusuite, je veux que beaucoup de vie m'advienne, j'ai soif et j'ai faim de réalité parce qu'il n'y a rien dans le rêve familial, que l'usure du sang : un père désorienté qui soigne les fous à l'hôpital du mont-providence et leur attribue une réalité que même ses enfants n'ont pas pour lui ; une mère dominatrice parce que terrorisée ; et un tas de frères et sœurs déjà dévorés par la banalité du quotidien, s'y réfugiant avec satisfaction par crainte que tout s'effondre, aussi bien en eux autres que partout autour d'eux autres –

ME DISAIS :

faut que je m'en aille et j'ai pourtant nulle part où aller ; dès mes origines on m'a laissé seul avec moi-même ; dès mes origines on n'avait pas besoin de moi ; dès mes origines on a agi avec moi comme si j'étais déjà mort – ce cercueil dans lequel on m'a mis et qui glisse mollement dans le ventre de la terre, déjà pourrissant et nauséabond à cause de tous les vers glauques qui en suçent la mouelle avec férocité –

cette image des vers glauques m'oblige à rouvrir les yeux comme toutes les fois qu'elle vient me visiter depuis ce jour-là de mon enfance, alors qu'égaré dans les écores de la rivière boisbouscache, je suis monté sur ce rocher afin de voir au-delà des noisetiers sauvages qui l'entouraient ; mais mes pieds nus et mouillés ont glissé sur le tuf et, tête la première, je me suis retrouvé au fond du ravin, atterrissant sur ce gros verrat mort qui s'y décomposait, les parties génitales ouvertes, le ventre aussi (((et cette multitude de vers glauques grouillant dedans))) – ne restait plus rien des yeux du verrat, les vers les avaient mangés, passant de l'œil gauche au droit après avoir creusé un tunnel dans la matière grise du crâne –

je ne veux plus songer au gros cochon noir, je me redresse dans mon lit – c'est tôt dans le matin, la maisonnée dort encore ; mon père n'est pas revenu de chez les fous du mont-providence où il travaille toutes les nuits, partageant son temps entre les hydrocéphales et les oligophrènes, ce qui l'angoisse et le déprime, car quel sens peut-on donner à la vie quand l'humanité innocente fait juste souffrir dans l'indifférence de ceux qui l'ont engendrée ? – cette simple question, elle a orienté toute la vie de mon père : même s'il s'est marié et que ma mère lui a donné douze enfants, il n'a jamais défroqué de cet oblat missionnaire en afrique qu'au sortir de l'adolescence il rêvait de devenir ; il en a gardé cette obsession de l'évangélisation et des sermons, obligeant tous les soirs la famille à se réunir autour de la table pour le rituel du souper – une fois mangé le hachis au lard salé, mon père frappe sa tasse d'une cuiller afin que s'établisse le silence dans la cuisine ; ma mère laisse ses chaudrons et prend place derrière mon père, masquant de son gros corps le chromo de sainte cécile dans son encadrement doré sur le mur ; elle joint les mains et ses sombres yeux bleus regardent au-delà de la table, là où les angelots du chromo de sainte cécile, dodus et couverts de roses, jouent de la harpe irlandaise – (((puis mon père se met à parler, jamais de lui-même, mais de l'amour qu'on doit avoir pour dieu, les saints et la vierge : c'est comme une litanie, c'est désordonné, ampoulé et ennuyeux à mort – on fait semblant d'écouter, on se regarde, on pense à de gros seins qu'on se met à mordre furieusement, on pense à ce qu'il y a entre les cuisses des filles, cette petite montagne-calvaire velue et toute chaude quand les doigts entrent dans l'anfractuosité, puis ça se met à bander sous la table tandis que mon père, aliéné par son sermon, oublie que c'est l'heure pour lui d'aller travailler ; d'une petite tape dans le dos, ma mère le ramène à la réalité : alors se lève de table mon père, puis bénit l'assemblée mon père, puis s'en va besogner mon père, aux confins de morial-mort, dans sa vieille ford des années quarante, vert bouteille est sa couleur, même dans son pare-brise et ses marchepieds ; pour mon père, la vieille ford est tout ce qu'il reste du déluge qui a emporté vers la mer les terres de saint-jean-de-dieu, au bout du rang rallonge, et qu'on a dû fuir, la vieille ford et la remorque attachée derrière semblable à l'arche de noé – quand mon père monte dedans, les odeurs d'autrefois lui reviennent et c'est suffisant pour que morial-mort s'en trouve pacifié et aussi inoffensif que cette salle saint-joseph où il passe ses nuits à veiller la folie, une religieuse (((toujours la même))) montant la garde avec lui : avant l'église de rome, mon père l'a canonisée parce qu'elle l'a, miraculeusement croit-il, guéri de ses ulcères à l'estomac – deux fois par année, à la toussaint et au mercredi des cendres, mon père nous emmène tous

41

à la salle saint-joseph ; assise dans un grand fauteuil, une montagne de coussins sous elle parce qu'elle ne mesure même pas quatre pieds, la main droite fermée sur le gros crucifix noir arrimé au bout d'un chapelet dont les grains sont faits de carcasses d'amande, la religieuse nous montre sa grande bouche édentée, puis sortant de la cendre d'un sac, elle en met sur le front de chacun de nous : oublie jamais que tu es cendres et que tu redeviendras cendres – mais le pire, ce ne sont pas les cendres sur le front ; le pire c'est qu'il faut embrasser la religieuse, de la vieille peau sèche qui sent la défécation des hydrocéphales et des oligophrènes dont, avec mon père, elle change les couches, y prenant plaisir, ce qui est bien le signe qu'on peut rendre hommage à dieu de toutes sortes de façons))) –

ME DISAIS :

de penser ainsi à mon père, c'est pas mieux pour moi que d'être pris avec l'image du gros cochon noir de mon enfance, c'est aussi malpropre et ça ne fait venir que de la rancœur : pourquoi on ne peut pas choisir ses parents et les choisir en fonction du rêve qu'on porte en soi, si fragile encore que ça ne peut pas s'établir dans la solitude malgré toute l'énergie dont on peut disposer ? – (((on a besoin de sa famille ; sans son soutien, ça sert à rien de rêver même petitement, puisque l'orientation appartient en propre à la tribu et non à l'individu – pourtant, quoi faire d'autre que de fuir malgré tout ?))) –

ce coup d'œil que je jette à la petite table bancale devant la fenêtre ; quelques livres empilés dessus, à côté des manuscrits dont toutes les nuits je noircis quelques

pages sans vraiment penser à l'histoire que je veux raconter – de toute façon, c'est jamais la bonne ni la même,
l'espace manque entre les mots, peut-être parce que l'espace nous manque à tous depuis qu'on a mouvé du rang
rallonge à morial-mort : cette vie à quatorze dans un logement de quatre pièces, juste à côté de boscoville, une prison
pour les jeunes délinquants – promiscuité qui empêche
toute profondeur : avec autant de monde autour de soi,
toujours en train de chialer, pas de durée dans l'écriture,
ça ne fait que se recommencer tout le temps, c'est pas
encore inventé que ça sombre aussitôt entre deux chapi-
tres, avalé par la bruyanteur familiale – (((pas de véritable
histoire, les mots ne prolongent rien, et surtout pas eux-
mêmes))) – ainsi, les gros romans en train de s'écrire font
eau de toutes parts, je ne cesse pas de les abandonner l'un
après l'autre : en cinq ans, j'en ai mis une quinzaine au
monde, aussi inachevés que l'image que j'ai de mes frères
et de mes sœurs (((pourquoi ne pas tout laisser tomber ?
– parce que personne ne s'en apercevrait, comme personne
ne sait que j'existe vraiment : tant d'indifférence, il faut
bien s'y opposer même si ça ne mène à rien !))) –
    je voudrais sortir de mon lit et sortir aussi de la chambre,
pour écrire comme je le fais toujours quand je reviens de
mon travail à la banque – mais les mots sont malvenants,
même quand je vais m'asseoir sur le balcon derrière la
maison : c'est là que j'écris presque toujours, parce que
c'est là seulement que j'ai la paix : assis sur le vieux coffre
qui sert de poubelle, je tape à deux doigts sur le clavier de
la vieille underwood louée chez les frères des écoles chré-
tiennes et dont je ne peux pas me servir dans la maison,
mon père étant allergique au bruit qu'elle fait : par deux
fois, il l'a jetée du haut de la fenêtre de ma chambre, mais
c'est pas juste à cause du bruit du chariot et du cliquetis

sonore des touches : mon père a peur de l'écriture : mise sur du papier, la niaiserie te saute pour ainsi dire dans la face et il devient impossible par après de passer à côté, il n'y a plus moyen d'échapper à ses conséquences, comme dans ce poème de victor hugo quand l'œil de dieu poursuit caïn jusque dans ce cercueil de pierres où il s'emmure vivant pour ne plus avoir à répondre de ses actes – comment réagirait mon père s'il pouvait lire par-dessus mon épaule quand je tape furieusement sur la vieille underwood derrière la maison ? (((que penserait-il des mots le concernant, impitoyables dans leur nudité ? – toutes ces manies de mon père que j'ai emprisonnées sur le papier, qui le montrent faible et cruel, mais pourtant dominateur, assujetti à la peur, terrorisé comme un enfant : cette crainte du feu qui lui fait mettre briquets et allumettes au congélateur, cette peur des voleurs qui le force à fermer à double tour les fenêtres et les portes de la maison avant chacun de ses départs pour le mont-providence, bien inutilement, puisqu'on est douze à les rouvrir aussitôt qu'il s'en va !))) –

et puis, la violence pour faire contrepoids aux manies de mon père – c'est toujours le matin que ça se manifeste, après la nuit passée avec les hydrocéphales et les oligophrènes : mon père gare sa vieille ford au fond de la ruelle, traverse pesamment la cour comme s'il portait tout le poids du monde sur ses épaules puis, aussitôt entré dans la maison, il déboucle sa ceinture et se dirige tout droit vers cette chambre où dorment mes quatre sœurs ; c'est à l'aînée que mon père s'en prend toujours, parce qu'elle a vingt ans et que, toutes les nuits, elle mouille son lit, signe évident qu'elle est impure et mérite d'être châtiée à coups de ceinture (((jadis, ma mère faisait aussi pire quand on habitait dans le rang rallonge : brandissant un rondin de bouleau, elle courait après ma sœur aînée à travers toute la maison, puis la poursuivait dehors jusqu'au petit pont couvert de la boisbouscache ; elle abandonnait alors, à cause de sa jambe malade qui refusait de porter son gros corps plus longtemps – assise dans les herbes, ses mains en guise de porte-voix, ma mère criant pour qu'on lui vienne en aide ; on lui amenait sa grande chaise droite, elle prenait place dessus et c'est ainsi, portée par les frères aînés, qu'elle rentrait à la maison en bougonnant contre sa jambe malade ; elle ne pensait plus à la sœur aînée que je retrouvais terrée dans les écores de la boisbouscache, et hurlant :

– Un jour, je vas tous les tuer ! Je vas attendre que le dimanche arrive, je vas desserrer tous les boulons des roues de la maudite Ford. Quand Mam et P'pa vont monter dedans, ils pourront pas se balader très longtemps comme ils le font tous les dimanches : dans la grande côte de Saint-Clément, les roues vont sortir des essieux, et la Ford va se retrouver au fond du ravin ! Quand ça va arriver, j'aurai plus besoin de pleurer jamais !))) –

j'écoutais ma sœur aînée et ne disais mot, à cause de la grande côte de saint-clément qui prenait toute la place en moi – comparé à la grande côte de saint-clément, aucun des cauchemars venus de la jument de la nuit de l'enfance ne peut porter autant d'angoisse : sur le pont, un père saoul avait jeté ses deux enfants au fond du ravin avant de sauter lui-même par-dessus le garde-fou – et malgré tout le soin mis par mes parents pour qu'on ne sache rien de l'histoire, je l'avais apprise par un camarade d'école ; mais l'histoire est devenue mille fois plus terrorisante : le père ne s'était pas contenté de balancer par-dessus bord ses enfants : il les avait auparavant affreusement mutilés, leur avait coupé les oreilles, le nez et la langue ; on prétendait aussi qu'il les avait ébouillantés comme des cochons dans le grand chaudron de fonte qu'il y avait dans l'appentis de la soue derrière la maison – (((dans une autre version, le père éventrait ses enfants, les attachait sur des échelles avant de les suspendre, tête en bas, contre l'un des murs de la porcherie ; quand ils s'étaient mis à sentir mauvais, le père était allé les jeter du haut du pont de la grande côte de saint-clément))) –

ME DISAIS :

– Pourquoi je pense à ça ce matin ?

toute la nuit, j'ai essayé de faire venir sur le papier ces sombres images d'enfance, mais elles ressemblaient à rien de ce qui a vraiment été vécu : elles sont restées dans l'en deçà de la représentation, comme vidées de la violence qui les a pourtant inscrites profondément dans la mémoire – (((c'est peut-être l'acte même d'écrire que je devrais mettre en cause : bien loin d'exacerber la passion, il la désamorce, rendant dérisoire même l'outrance qu'il y a dans le passé – comme quand tu lis la chronique des chiens écrasés dans n'importe quel journal ; mal dits, les faits divers se disloquent et deviennent aussi mous que ces litanies qu'on déclamait après la récitation du chapelet lorsqu'on habitait le rang rallonge : les vierges qui avaient souffert le martyre devenaient juste des noms usés par la répétition, vidés de leur sang et de leur folie – en écrivant sur le passé de ma famille, je me heurte au même obstacle : les mots écrits après l'acte sont toujours illisibles))) – cette misère, kafka l'a bien connue, elle constitue toute la trame de son journal et de sa correspondance (((j'en sais de grands bouts par cœur et, quand je me trouve à court de vie comme ce matin, je pense à l'un d'eux et m'y accroche pour que l'écrivain que je crois avoir en moi ne sombre pas tout à fait dans le découragement : c'est vaguement apaisant malgré le désespoir dont ça vient))) –

j'appuie ma tête à l'armature de fer du ciel de lit de ma couchette, je ferme les yeux, je laisse le journal de kafka s'ouvrir en moi – la mémoire cherche le passage attendu, elle va d'une page à l'autre, entraînée par le mouvement des phrases, par le rythme des mots, mais ne s'y arrête pas vraiment : ce matin, c'est pas de n'importe quel passage dont j'ai besoin, mais de celui qui m'a habité toute la nuit et que je n'ai pas été en mesure d'écrire aussi bien que kafka – (((lorsque les mots apparaissent enfin sous la date du 15 décembre 1910, je me laisse avaler par eux, dans de la lumière frêle mais pénétrante :

« Je ne puis tout bonnement pas croire aux conclusions que je tire de mon état actuel, qui dure depuis déjà presque un an, il est trop grave pour cela. Je ne sais même pas si je puis dire que c'est là un état nouveau, j'en ai connu d'analogues, je n'en ai pas encore connu d'identiques. Car je suis de pierre, je suis comme ma propre pierre tombale, il n'y a là aucune faille possible pour le doute ou pour la foi, pour l'amour ou pour la répulsion, pour le courage ou pour l'angoisse en particulier ou en général, seul vit un vague espoir, mais pas mieux que ne vivent les inscriptions sur les tombes »))) –

la littérature des autres a au moins ceci de bon : elle est consolante parce qu'elle sait mieux exprimer ce qui ne peut pourtant pas l'être ; et maintenant que j'ai pris la décision de quitter ma famille, je me sens apaisé par les mots de kafka : lui seul a vécu le véritable enfer, lui seul n'a jamais cessé de mourir, lui seul a compris l'évidence :

« Il s'agit uniquement, tant que cela sera possible, de se maintenir la tête assez haut pour ne pas se noyer » –

je vais faire comme kafka, je vais simplement m'arranger pour que ma tête reste hors de l'eau –

j'ai redressé l'oreiller sous ma tête et l'ai assujetti à l'armature de fer du ciel de lit de la couchette ; à côté de moi dort le frère cadet, son sexe dressé, ses mains ouvertes sur les cuisses – il reste encore trop de nuit épaillée sur morial-mort pour que je puisse revenir de derrière le miroir et me battre enfin contre l'horreur du réel ; d'une certaine façon, ça fait mon affaire : ce que j'ai vécu hier a été si singulier, si inattendu, que j'ai besoin d'y penser encore : faut que ça prenne comme du ciment dans ma mémoire parce que c'est rien de moins

qu'un vertige mouvant
qu'une espèce d'éblouissement oblique
qu'une coagulation de chaleur
qu'une décorporisation de la réalité
qu'une rupture absolue

(((comme l'a écrit antonin artaud dans *l'ombilic des limbes*))) –

ME DISAIS :

c'est jeudi aujourd'hui, le seul jour de la semaine que je ne déteste pas parce que je reçois enfin mon salaire de commis dans cette banque de la rue saint-denis où je travaille ; en fait, j'y fais pas grand-chose : le gérant m'a pris en grippe parce que je suis gaucher et que j'écris mal, les clients se plaignaient de ne pas comprendre les chiffres que j'inscrivais dans leurs livrets d'épargne ; aussi me suis-je retrouvé au département des traites et échéances, royaume jusque-là réservé au concierge, le sosie de mutt dans la bande dessinée *mutt and jeff* que publie le journal *la patrie* : un grand efflanqué, mais à gros ventre, au nez prodigieux, à la moustache fournie, qui porte le chapeau rond plutôt que le képi ordinaire des concierges de la banque ; j'aurais dû être insulté de devoir porter l'uniforme du concierge, mais je ne l'ai pas été : quand tu travailles au service des traites et échéances, tu passes peu de temps à la banque – à peine y suis-je arrivé que je boucle autour de mes hanches la grosse ceinture de cuir à laquelle est harnachée cette saberdache que je remplis des traites à percevoir, des lettres à faire signer et des formulaires que doivent remplir ceux qui quémandent un emprunt ou un renouvellement de leur marge de crédit ; puis je quitte la banque et je n'y reviens plus qu'en fin de journée, une fois terminée ma tournée du quartier –

il y a d'abord la rue saint-denis, de duluth à sherbrooke, puis la rue sherbrooke elle-même jusqu'au boulevard saint-laurent, là où se trouvent la majorité des clients de la banque ; certains jours, il y a peu de traites qui sont échues, peu de lettres de crédit et peu de formulaires à faire remplir – aussi j'en profite pour traîner dans le quartier ; j'ai appris ainsi à jouer au pool, j'ai découvert le monde des danseuses et des stripteaseuses, très nombreuses sont-elles boulevard saint-laurent ; et contrairement à ce qui se passe à la maison où les choses du sexuel appartiennent au monde du tabou, du secret et de l'obscurantisme, les cabarets du boulevard saint-laurent sont le paradis du voyeurisme, de l'exubérance et de la liberté : la satisfaction du plaisir est un acte fondamentalement amoral, se dévêtir est de toute beauté, voir une fille nue danser sur une table vous réconcilie avec l'hypocrisie du monde – (((on se réjouit, comme si on était dans un ventre chaud, accueillant et suprêmement odorant))) – ça compense toutes ces heures perdues que je passe à la banque, entouré d'employés qui n'auront jamais besoin de mourir parce qu'ils ne sont jamais venus au monde une seule fois –

« Dis-moi, comprends-tu le sentiment qu'on doit éprouver quand il faut tirer seul à travers la vaste nuit une diligence jaune pleine de gens qui dorment ? écrit Kafka à son ami Oscar Pollak. On est triste, on a la larme à l'œil, on se traîne lentement d'une borne blanche à l'autre, on a le dos courbé et on ne peut que regarder la route, où il n'y a pourtant que la nuit. Bon sang, comme on aimerait réveiller les gars de la diligence si seulement on avait une trompe ! » –

le jeudi après-midi, je m'empresse de changer mon chèque de paie et je quitte aussitôt la banque ; rue sherbrooke, je monte dans cet autobus, premier d'une série de six qui me ramènent aux confins de morial-mort – que j'ai hâte d'y arriver ! – à l'angle que forment le boulevard pie-le-neuvième et la rue monselet, une librairie vient d'ouvrir ; on y trouve à rabais plein de vieux ouvrages que vendent victor téoli et sa mère, dans une boutique qui est aussi un magasin de chaussures et une cordonnerie : si la mère n'est pas très ragoûtante à regarder (((des varices partout sur le corps))), le fils a l'air de sortir tout droit d'un roman de paul féval : s'il a combattu vaillamment mussolini et le fascisme dans son italie natale, il s'en est tiré plutôt mal que bien, c'est-à-dire absolument défiguré : le nez comme écrasé dans la face et une profonde cicatrice qui lui déforme la bouche, la joue et l'oreille gauche dont il ne reste plus qu'une écharognure violacée et toujours suppurante ; et l'œil droit, crevé par un éclat d'obus, est comme une grosse bille de verre parfaitement aveugle (((heureusement que téoli ne nous le montre pas souvent son œil de vitre, un bandeau noir de pirate le masquant à notre vue, sauf quand il ressemelle un soulier, car là, dit-il, ça demande trop de précision et j'ai besoin de mon œil comme avant, même si je vois plus rien au travers de lui))) –

tandis que je bouquine, victor téoli s'insurge du fait que morial-mort soit devenue une ville aussi laitte à cause de la spéculation foncière et de la petite pègre :

– Vois-tu, il n'y en avait pas de petite pègre à Morial-Mort quand je m'y suis installé avec ma mère, on avait affaire qu'avec la grande, que dit Victor Téoli.

– Ça fait quelle différence ? que je dis.

– Avec la grande, on a moins de problèmes, que dit Téoli. Ses affaires, elle les fait au-dessus du monde, de sorte que tu ne te rends même pas compte qu'elle les fait. Avec la petite, c'est l'enfer tous les jours. Tiens, je t'en donne tusuite un exemple. Là où c'est le Vita Bar-B-Q maintenant, ça s'appelait autrefois Le Chalet Blanc, et c'était le quartier général des grands trafiquants d'héroïne et d'opium. Un brave curé, dénommé Taillefer, y faisait office d'aumônier. T'as jamais entendu parler de lui ?

– Dans ma famille, on n'en a que pour le cardinal Léger et le chapelet qu'il nous fait réciter tous les soirs à la radio, que je dis. Votre curé Taillefer, jamais entendu parler.

– Il traînait toujours une valise sur roulettes, mais c'était pas le saint viatique qu'il portait à ses malades, c'était de l'héroïne et de l'opium qu'on lui demandait de livrer à travers tout Morial, que dit Téoli. Sa soutane était son passeport, son église l'arche sainte de la nouvelle alliance entre la pègre et le clergé. On a mis au moins dix ans avant de le démasquer, de lui faire procès et de l'envoyer moisir en prison.

– Pourquoi vous me racontez ça ? que je dis. Moi, les curés, même bandits, je veux rien savoir d'eux autres.

– Est-ce que tu ne m'as pas dit que tu veux devenir écrivain ? que dit Téoli.

– Je ne veux pas le devenir : j'en suis un déjà, que je dis.

– Pas sûr, que dit Téoli.

– Pas sûr pourquoi ? que je dis.

– Pour écrire, il faut que tu saches voir et entendre. Le sais-tu vraiment ? que dit Téoli.

– J'ai de bons yeux, de bonnes oreilles et une sacrée mémoire, que je dis. À la banque, je sais déjà que le gérant est corrompu jusqu'aux mouelles et que l'un de ses clients, l'avocat Herbert, doit sa fortune à tous ces petits pégreux assassins qu'il sauve de l'emprisonnement. Quand ils n'ont pas d'argent, l'avocat Herbert les force à faire des hold-up avant de prendre leur défense. Un petit pégreux a volé un plein camion de cravates que l'avocat Herbert a entreposées au Club Canadien du Parti libéral du Canada en attendant de pouvoir les écouler.

– C'est un bon point pour toi, je l'admets, que dit Téoli. Mais raconte-moi maintenant quelque chose de significatif que tu as vu et entendu, ici même dans Morial-Mort.

– Bien, il y a l'histoire du juge Blondeau : il est toujours saoul, fréquente les bars mal famés où il fait compagnie avec les bandits qui, tôt ou tard, vont se retrouver devant lui à la Cour municipale, que je dis. Quand il atteint le pic de son ivresse, le juge enlève ses souliers, les remplit de bière et oblige ses amis bandits à boire. Il leur dit : « Vous êtes mieux de m'avaler ça tusuite, parce que, sinon, vous ferez pas de vieux os quand je vais vous avoir dans la face à la Cour municipale. Vous risquez de vous retrouver pour un maudit bout de temps à la prison de Bordeaux ! Buvez, mes chiens sales ! Avalez, mes crisses de pas bons !

– Ça, c'est de la bonne matière pour un romancier, que dit Téoli. Que tu en sois conscient mérite d'être salué.

il prend un petit livre dans une boîte à chaussures, et me l'offre : ce sont les lettres de franz kafka à sa fiancée milena –

– Merci, que je dis.

– De rien, en tout cas si tu restes pour le meeting de tantôt, que dit Téoli.

– Je reste, bien sûr, que je dis.

tous les jeudis soir, téoli tient salon dans l'arrière-boutique de sa cordonnerie-librairie, parmi les caisses de livres, les boîtes à chaussures, les amas de cuir et sa mère qui, à cause de ses varices, dort dans un lit fait sur mesure pour elle et dont une partie se redresse pour que ses jambes pointent vers le plafond – nous autres, on s'assoit où nous pouvons sur les caisses, on boit le gros vin rouge que nous offre téoli, puis la leçon commence (((premier volet : la politique kebekoise et l'ébullition que la mort du dictateur maurice duplessis a fait surgir de hull à blanc-sablon))) :

– Les écluses se sont ouvertes, que dit Téoli. Il y a même un parti politique, le Rassemblement pour l'indépendance nationale, qui commence à faire parler de lui. Il est dirigé par un albinos du nom de Pierre Bourgault, un puissant orateur : si les cochons fédéralistes ne le mangent pas, ce jeune homme passionné, qui a déjà l'air d'un prophète, nous portera jusqu'à la Terre Promise. Ouvrez grand vos oreilles : je vais maintenant vous raconter ce que je sais de lui, ce que vous devez savoir sur lui.

ce n'est pas pour moi que téoli parle : je suis membre du rassemblement pour l'indépendance nationale depuis sa fondation et je porte fièrement, épinglé sur le revers de mon veston, le sigle et symbole du rin : ce bélier à fortes cornes qui va mettre fin au peuple de moutons que nous sommes – je manque aucun des meetings de pierre bourgault : quel orateur il est ! – juste à l'écouter, ça me brasse la cage tellement fort que je voudrais me transformer aussitôt en militant, porter fusil et grenades, me rendre dans westmount et, comme s'y livre le front de libération du kebek, faire sauter boîtes aux lettres, maisons victoriennes à colonnes et tous ces parvenus, vendus et traîtres qui y habitent ! –

quand téoli se rend compte que la passion nous dévore pour ainsi dire jusqu'à la mouelle, il nous sert un autre verre de son gros vin rouge, puis la leçon de littérature commence – ça s'allonge dans le temps et l'espace comme un sexuel dressé par le désir, ça se promène des prologues des pièces de théâtre de plaute aux romans ésotériques de gustav meyrink, des manifestes surréalistes d'andré breton au refus global, des théories existentialistes de jean-paul sartre aux romans hermétiques de raymond roussel, des récits sauvages du marquis de sade aux romans initiatiques de raymond abellio – le vieux téoli devient alors une image chargée de tant d'électricité qu'on ne voit plus rien de sa face défigurée : le langage l'a abolie ou bien lui donne tout son sens comme dans l'histoire du chevalier à la triste figure de cervantès ; être à ce point illuminé par la laideur fait de la beauté, et cette beauté-là a quelque chose d'orgiaque et d'orgasmique – après le discours de téoli, on a le goût de se retrouver tout nu, de danser en frottant son corps à d'autres corps, de boire safrement, d'avoir trente-six mille paires de mains pour se donner du plaisir et en donner aussi – (((c'est magique !))) –

après de telles soirées, je me sens réconcilié avec le monde, plein d'une énergie provocatrice, comme celle qui doit animer les terroristes du flq quand ils préparent leurs bombes, puis vont les porter dans les boîtes aux lettres de westmount ou sous le monument du roi george-le-sixième d'angleterre, symbole de notre aliénation comme nation – après de telles soirées, j'aimerais devenir patriote, j'aimerais voler de la dynamite, ficeler une dizaine de bâtons et faire sauter la voie ferrée qui, aux limites de morial-mort, traverse l'espace ; mais les quelques chantiers de construction au bord de la rivière des pourris sont entourés de hautes clôtures, les barrières d'accès sont cadenassées, de gros dobermans veillent derrière : pas moyen d'y entrer ; il faudrait que je me munisse d'une tenaille qui me permettrait de couper la chaîne qui relie le cadenas à la barrière ; il faudrait que je donne des boulettes de viande empoisonnée aux dobermans ; il faudrait que je trouve moyen de neutraliser le gardien qui veille dans la roulotte où est entreposée la dynamite ; et je ne sais pas encore comment faire tout ça avec succès –

aussi je me contente de sillonner morial-mort pour qu'une énergie moins déraisonnée prenne possession de mon corps ; quand c'est fait, je reviens vers la rue monselet, j'escalade le perron qu'il y a derrière la maison, je m'assois sur le vieux coffre qui sert de poubelle et je vais passer là tout le reste de la nuit à taper furieusement sur ma vieille underwood, les mots s'ajoutant enfin les uns aux autres sans déplaisir – (((ils sont toujours de grande fâcherie parce que libres de toute inhibition))) –

sauf que ce soir, c'est pas pareil comme à l'accoutumée – le temps passé dans l'arrière-boutique de victor téoli a été pour moi rien de moins qu'épiphanique, comme si tous les fantasmes qui m'habitent se matérialisaient en même temps – pour la première fois, une jeune femme a assisté aux racontements de victor téoli : elle s'appelle judith, porte une robe tout écourtichée qui met en valeur un corps un peu maigre mais plein de vie, buriné par le soleil et sentant bon la terre chaude ; elle aime le vin rouge, elle a lu comme moi *l'ombilic des limbes*, le livre de ce qui se passe quand le cerveau pourrit, elle a lu le marquis de sade et aime rappeler qu'il a fini ses jours en prison et qu'il écrivait avec ses défécations sur les murs de sa cellule parce qu'on refusait de lui donner crayons et papiers – judith rit tout le temps, croise et décroise les jambes, sans doute pour qu'on sache qu'elle ne porte pas de petite culotte sous sa robe écourtichée – mais judith a surtout de grands et étranges yeux violets qui, une fois vrillés dans les tiens, ne les lâchent plus : ils prennent possession de ton corps, ils entrent dedans sans que tu puisses leur opposer résistance et ça devient pareil en son soi-même comme si une infinité de petits fouets se mettaient à claquer en même temps ; c'est si singulier qu'on a l'envie de rester longtemps subjugué, comme une médaille vivante, comme un arbre ossifié de métal ainsi que l'a écrit antonin artaud avant que la pensée suicidaire le fasse basculer dans la déjection comme le marquis de sade –

aux petites heures du matin, le vieux victor téoli est devenu trop saoul pour continuer sa leçon politique et littéraire ; la cicatrice qui lui déforme la figure est comme un gros anchet se tortillant dans la peau, si violacée c'est devenu que l'écharognure de l'oreille ressemble à une ampoule survoltée – téoli va bientôt tomber en syncope et s'écraser lourdement sur le plancher entre deux caisses de livres (((comme je fais toujours en pareille circonstance, je mets dans la grosse boîte de conserve qu'il y a sur le comptoir ce qu'il reste de ma paie de commis de banque puis, parmi les ouvrages dont a parlé téoli, je choisis ceux qui me paraissent les plus extravagants))) –

– C'est ça! que dit Victor Téoli. Dépouillez-moi de mon génie et débarrassez le plancher!

ma pile de livres sous le bras, j'ouvre la porte de l'arrière-boutique; elle donne sur cette ruelle qui mène tout droit au café du nord: sur le toit de la bâtisse, les néons de l'enseigne clignotent dans l'anarchie sur des tétons énormes et de puissantes cuisses qui ne cessent pas de s'ouvrir et de se refermer; appuyée à un conteneur à déchets, judith me montre les tétons énormes et les puissantes cuisses:

– Quand je vois ces djos-là et ces jambons-là, j'ai le désir de monter sur le toit du café du nord pour mettre mes mains dessus, que dit Judith. Penses-tu que c'est aussi chaud que de la peau?

la voix est soyeuse comme du papier bible et fait dans mon corps le même effet que les yeux violets: une déportation du réel, comme l'a écrit artaud, la zébrure d'un éclair taillé à même la terre, une muraille de vie devenue compacte, attirant, déployant la flamme des cartes soufrées, la pointe extrême du signe, celui du corps s'arrachant au quotidien pour rendre seule prégnante la roue de l'imaginaire – (((quand ça t'advient, tu tournes là-dedans sans plus aucune réserve, tu tournes là-dedans comme avalé par l'espace différent, toute vie autre que la tienne pareille à un ectoplasme, à la limite de l'irréel – plus de famille, plus de pauvreté, plus de malpropreté: que la concordance avec ce qui se rêve dans l'arrière-boutique de victor téoli))) –

– Je t'ai parlé des djos et des cuisses qu'on voit au-dessus du café du nord, que dit Judith. Je t'ai demandé si tu pensais que ces djos-là et ces cuisses-là ont autant de chaleur que de la peau nue sous le soleil.

– Faudrait d'abord que je sache comment est la tienne, que je dis.

– Ma peau brûle tout le temps, surtout la nuit, que dit Judith. Tu veux que je te montre ?

elle n'attend pas que je lui réponde, me met la main au califourchon, cherchant avec ses doigts à s'emparer de mon sexuel sous le pantalon – si inattendu c'est que je ne pense même pas à réagir : depuis les commencements du monde, mon sexuel attendait qu'une main se pose vraiment sur lui ; ç'aurait pu être celle de ma mère, mais il n'y aurait pas eu de douceur dedans, ça n'aurait certainement pas fait comme une étoile extrêmement lumineuse entre les jambes et il n'y aurait pas eu de chaleur dedans (((la main de ma mère, elle aurait été comme les pinces d'une bête marine qui, en se refermant sur mon sexuel, l'aurait déchiqueté en fines lamelles sanguinolentes))) –

les doigts de judith se sont glissés dans la fermeture éclair entrouverte, ils ont encerclé mon sexuel déjà tumescent, ils s'en sont emparés et jouent avec – sur le toit du café du nord, les néons se sont éteints, escamotant dans la nuit ces djos énormes et ces puissantes cuisses qui ne cessaient pas de s'ouvrir et de se refermer – (((d'être touché enfin, quelle vengeance c'est !))) –

– Est-ce suffisamment chaud pour toi ? que dit Judith.

pour toute réponse, je lui effleure la figure de ma bouche, ce que judith prend sans doute pour de la provocation, car elle se laisse tomber sur les genoux et se met à me licher le sexuel, si lentement que la langue et les dents sont comme du velours glissant à fleur de peau – un tel plaisir ne s'imagine pas, il prend sa source au-delà de n'importe quel souvenir, au mitan même de l'émotion – je pense encore à *l'ombilic des limbes* : quand je fréquentais l'école pie-le-neuvième, j'ai remporté grâce à artaud que je pastichais tous les concours littéraires auxquels on me demandait de participer ; même les joutes oratoires qu'il fallait improviser devant les membres du club des optimistes, je les ai gagnées en récitant du artaud – et tandis que judith me liche le sexuel, je déclame :

« Un vent charnel et résonnant soufflait et le soufre même en était dense ; des radicelles infimes peuplaient ce vent comme un réseau de veines, et leur entrecroisement fulgurait ; l'espace était mesurable et crissant, mais sans forme pénétrable – et le centre était une mosaïque d'éclats, une espèce de dur marteau cosmique, d'une lourdeur défigurée, et qui retombait sans cesse comme un front dans l'espace » –

les derniers mots sont à peine audibles, à cause de ma matière grise aspirée complètement par mon sexuel – ce n'est plus une simple bouche qui le happe mais tout ce que morial-mort contient de désir et de plaisir – comme c'est bon, bon et bon, quand la giclée de blanc-mange inonde la bouche de judith – je plie les genoux, comme assommé ; j'ai dix-neuf ans, c'est la première fois que jaillit mon sperme autrement que de ma propre main ! – je l'avoue à judith tandis que blottis l'un contre l'autre, nous regardons la nuit en train de se désendormir déjà –

– T'es pas très exigeant, que dit Judith, à croire que t'es jamais sorti de chez toi.

je trouve rien à dire, je baisse les yeux sur l'échancrure de la robe de judith qui laisse voir la naissance de petits tétons tout bruns, comme éloignés étrangement l'un de l'autre, comme séparés l'un de l'autre par une espèce de fissure qui s'est creusée en forme de faille entre les deux –

– Ils ont quoi de spécial, mes djos, pour que tu les regardes tout le temps ? que dit Judith.

– On dirait qu'une rivière a creusé son lit entre les deux, que je dis.

– Ça s'appelle un pectus cavatum et je suis née avec, que dit Judith. Une anomalie sans conséquence de la cage thoracique. Mais mon frère a eu moins de chance que moi. Chez lui, le trou est si creux que s'il ne se fait pas opérer bientôt, ses poumons ne pourront plus pomper tout l'air dont il a besoin pour respirer.

nous marchons maintenant dans la rue de castille, judith me tient le bras, et le petit matin sera bientôt là, qui va mettre fin à l'ensorcellement – je ne veux pas me séparer de judith, je ne veux pas me retrouver chez mes parents, je ne veux plus voir ma mère qui m'attend près de la porte, assise sur cette chaise droite, une manie qui lui est venue quand la famille a émigré de saint-jean-de-dieu à morial-mort et qu'elle s'est mise à avoir peur de la ville : un accident est si vite arrivé, il y a plein de voleurs qui rôdent la nuit, des bandits aussi, des robineux, des violeurs, et des terroristes qui piègent les boîtes aux lettres, les vérandas des châteaux de westmount, les firmes anglaises, du délire, des meurtres, du sang, de la mort – pour conjurer toute cette folie, ma mère veille donc sur sa chaise droite près de la porte, son chapelet à la main (((c'est absurde et déprimant comme à peu près tout ce qui se passe chez nous))) – je n'ai plus le goût de vivre ça, ces colères de ma mère qui me suit jusque dans la salle de bains ; elle me tourne le dos quand je me mets à me déshabiller et que j'entre dans la baignoire, elle frappe du plat de la main le rideau de douche et ne cesse pas de me sermonner même si le bruit de l'eau giclant du robinet rend ses paroles inaudibles – et me tournera encore le dos quand je me rhabillerai, puis me devancera à la cuisine pour me préparer ces deux sandwichs au thon et ce gâteau aux carottes, mon repas du midi quand je travaille à la banque –

– Bibi, rends-toi-z-en compte : t'as passé la nuit dehors, à faire quoi c'est donc, du mal sans doute, que dit ma mère. Je te connais : tu es cruel, égoïste et dénaturé. Tu lis trop, et juste des maudites folleries. Ça va te conduire où, tu penses ? Chez les fous comme ceux que soigne ton père. Voilà, voilà où tout ça va te mener. À l'asile, nulle part ailleurs.

je respire profond pour me débarrasser de l'image de ma mère – judith marche toujours à mon côté, elle a passé son bras sous le mien, puis me donne ce coup de coude :

– Parle-moi, qu'elle dit. J'aime bien entendre ta voix.

– J'ai jamais grand-chose à raconter, je suis taciturne et je ne sais jamais comment me déprendre de cette taciturnité-là, que je dis. En vérité, je fais rien d'autre que de travailler dans une crisse de banque sale !

– Quelle importance où c'est qu'on travaille ? que dit Judith. Moi, je suis téléphoniste pour la compagnie Bell. Est-ce que ça m'empêche d'être sexuelle et n'importe quoi d'autre qui me tente ? Le vent charnel souffle toujours, a écrit Artaud.

– Mais pourquoi faire tant d'histoires quand je prends un morceau de mon cœur, que je l'enveloppe dans quelques feuilles de papier manuscrit et que je te le donne ? a aussi écrit Kafka, que je dis.

– On m'a reproché d'être un incapable parce que je suis encore un peu empoisonnable, a encore écrit Artaud, que dit Judith.

– Mais sais-tu ce que certaines gens ont de particulier selon Artaud ? que je dis. Ils ne sont rien, mais ne peuvent pas le montrer, ils ne peuvent pas le montrer même à leurs propres yeux, c'est cela qu'ils ont de particulier. Tous ces gens sont les frères de l'homme qui se promenait par la ville, ne connaissait rien à rien, ne proférait pas une parole sensée, ne savait ni danser ni rire, mais tenait nerveusement à deux mains une boîte fermée.

    – C'était quoi, la boîte fermée ? que dit Judith.

    – Je te raconte, que je dis. Quand quelqu'un, qui éprouvait de la sympathie pour lui, le lui demandait, l'homme rétorquait ceci : « Je ne connais rien à rien, c'est vrai, je ne peux pas proférer un seul mot sensé, je ne sais non plus ni danser ni rire, mais ce que je porte dans cette boîte fermée, voyez-le, ça je ne peux pas le dire, non, non, je ne le dis pas ».

    si judith devait me relancer par une autre citation d'artaud, ça n'en finirait plus et ça ne me tente pas que ça n'en finisse plus ; aussi j'accélère le pas, m'en justifiant auprès de judith du fait que la pluie s'est mise à tomber –

    – J'aime ça quand ça mouille, qu'elle dit en me retenant par le bras. Ça me donne l'envie de me dévêtir et de forniquer, même avec une bête de l'Apocalypse. Au beau milieu de la rue, me semble que ça serait excitant. Des fois, mon frère et moi, nous montons dans l'échelle jusque sur la toiture de la maison, nous nous déshabillons et nous attendons que vienne la pluie. Quand il y a des éclairs et du tonnerre, c'est encore mieux. Mon frère est très doué pour les caresses.

    – Parce que ton frère et toi, vous couchez ensemble ? que je dis.

    – On s'excite et ça nous suffit, que dit Judith. C'est normal entre frère et sœur, non ? Je suis certaine que c'est pareil chez vous. Ose prétendre le contraire pour voir.

    on s'est réfugiés sous le gros sapin dont le bas du tronc a été ébranché ; les branches mortes qu'on a laissées là craquent sous les pieds ; et nous sommes si encerclés par le brouillard que peut-être le petit matin ne se rendra jamais dans ses grosseurs pour forcer le monde à revenir à la banalité du quotidien – et parce que judith insiste, je lui raconte ce qui s'est parfois passé entre mes frères et mes sœurs, les jeux qu'on inventait quand nos parents n'étaient pas à la maison : tête-bêche, on se couchait dans un lit, on se lichait le sexuel jusqu'à ce que le blanc-mange jaillisse enfin ; ou bien on imaginait qu'on était des vaches et des bœufs, on marchait à quatre pattes à la queue leu leu dans la chambre, on se flairait le derrière, on se mordillait les couilles, puis on se sautait dessus – ces sexes qui s'enfonçaient entre les fesses, ces cuisses qui se serraient les unes contre les autres, pareilles à des ciseaux, des pinces de crabe, des tentacules tendus de pieuvre ! –

– Avec tes sœurs, c'est comment ? que dit Judith.

– Mes parents veillent et surveillent, que je dis. C'est rare que mes frères et moi on se retrouve seuls à la maison. J'ai donc pas d'anecdotes à te raconter là-dessus.

– Même pas une ? que dit Judith. Je ne te crois pas. Tout le monde garde caché un polichinelle dans son tiroir. Vaudrait donc mieux que tu te forces un peu pour me répondre. Sinon, pourquoi devrais-je m'intéresser à toi ?

– Ma sœur aînée gagnait son argent de poche en jouant à la gardienne d'enfants chez une voisine, que je dis. Elle avait peur de tout ce qui grouille de jour comme de nuit et me forçait à l'accompagner chez la voisine. Une fois les enfants endormis, ma sœur prenait son bain en laissant la porte entrouverte. Elle faisait tant de bruit dans l'eau que je l'entendais du salon. Je savais que je ne devais pas me lever de mon fauteuil pour aller jusqu'à la porte de la salle de bains, mais au bruit de l'eau s'ajoutaient d'étranges gémissements, et c'était plus possible pour moi de résister à la tentation. J'enlevais mes souliers, je traversais le corridor, puis je regardais par la porte entrebâillée. Il n'y avait pas beaucoup d'eau dans la baignoire, ma sœur y était allongée, ses jambes repliées sous elle et ses reins cambrés. Elle se donnait du plaisir avec le gros tube de crème qu'elle tenait entre ses cuisses. Moi, ça m'excitait. Mon sexuel se dressait, se mettait à me faire mal. Pour l'apaiser, j'y posais la main, fouillant de mes doigts sous le tissu du pantalon. Quand ma sœur me surprenait ainsi en train de me caresser, elle faisait semblant d'entrer dans une grande colère, se redressait dans la baignoire, en sortait, puis me disait : c'est très mal ce que tu fais. Est-ce que tu le sais au moins ? Je baissais les yeux, je lui avouais la honte que j'avais. Il faut que je te punisse, qu'elle me disait. Sinon, Dieu ne te pardonnerait pas et je serais obligée d'en parler à Mam. Tu comprends ? Moi, je croyais déjà plus en Dieu et je ne voyais pas non plus pourquoi notre mère devait être mise au courant. Mais je gardais ça pour moi, je répondais simplement : punis-moi puisque c'est important que tu le fasses. Comment veux-tu que j'expie ? Elle abaissait la fermeture éclair de mon pantalon, entrait la main, forçait mon sexuel à sortir puis, par petits coups, le giflait. Quand je venais pour éjaculer, ma sœur s'arrêtait, penchait la tête vers mon sexuel et crachait dessus. Elle passait ensuite au moment ultime de l'expiation. Mets-toi en petit bonhomme, qu'elle m'ordonnait. Je m'accroupissais, elle s'assoyait sur mes épaules et je me redressais, ma sœur sur mon dos, la transportant ainsi d'une pièce à l'autre dans le logement. Ça devenait très chaud et tout humide dans mon cou, comme si une sangsue s'y était collée et suçait mon sang. Voilà. Tu sais maintenant ce qui se passait entre ma sœur et moi.

– J'aime, que dit Judith. J'aime bien tout ce qui excite autrement.

elle vient pour me mettre la main sur le sexuel, mais la pluie a cessé, le brouillard s'en est allé et il ne reste presque plus rien de la nuit : rue drapeau où c'est qu'on se trouve, les portes des maisons s'ouvrent, jetant sur les trottoirs une flopée de travailleurs, leurs boîtes à lunch à la main, qui vont se rendre à pied aux confins de morial-mort, là où passe la voie ferrée et là où sont installées les usines de la pauvreté ; on y fabrique des vis, des écrous, des disjoncteurs ou des plaques de commutateurs électriques ; on y ramasse aussi le vieux métal, carcasses d'automobiles et appareils ménagers, que de puissantes machines écrasent, puis qu'on charge sur des camions qui les transportent au port du grand morial, puis de là au japon et en chine qui recyclent la matière rouillée en voitures, grille-pain et fers à repasser –

– On peut plus rester ici, que dit Judith. Si le bonhomme Foster me voit sous son sapin en train de te prendre le sexuel, c'est dans une cellule de la prison de Morial-Mort qu'on va se retrouver.

nous laissons donc le sapin et descendons la rue drapeau rapidement, comme pressés d'arriver enfin quelque part – puis judith s'arrête, me forçant à en faire autant ; de la main, elle me montre une maison bancale bâtie au milieu d'une cour, que de gros cèdres isolent des autres – ils ont poussé n'importe comment, entre les moteurs des voitures qu'on a entreposés là avec de vieux pneus et des tuyaux d'échappement, des enjoliveurs de roue et des pare-chocs tout tordus ; on dirait la devanture d'un marchand de ferraille en plein cœur de morial-mort –

– Qu'est-ce qu'on peut bien faire avec tous ces détritus-là ? que je dis.

– C'est le passe-temps de mon père, que dit Judith. Quand il ne besogne pas comme débardeur au port du Grand Morial, il s'amuse à reconstruire de vieux moteurs.

– Ça doit faire un maudit bout de temps que ton père ne s'en occupe plus si j'en juge par la rouille qu'il y partout, que je dis.

– Mon père ne fait plus grand-chose depuis des années, sauf se saouler. Il devrait mourir avant longtemps à cause de son cœur qui a lâché.

je pense au frère de judith, je pense au pectus cavatum qui lui creuse la poitrine comme il creuse celui de judith, je pense au père alcoolique que guette l'infarctus, et je dis :

– Si je comprends bien, c'est toute ta famille qui est malade ?

– Ne crois pas ça, que dit Judith. Ma mère vit neuf vies en même temps et celles de mes oncles sont pires que du chiendent.

la mère de judith est apparue sur le perron si délabré qu'on a dû l'assujettir à la maison au moyen d'une énorme chaîne aussi rouillée que les carcasses des moteurs entreposées dans la cour ; mais, même de loin, c'est facile de se rendre compte de la beauté de la mère de judith : un corps plein sous la robe moulante, des jambes splendides et cette longue chevelure rousse et bouclée, pareille à une torsade ; on dirait une vamp du cinéma américain de l'après-guerre, provocante, exagérément maquillée, particulièrement pour ce rouge vif qui fait de ses lèvres des roses sanglantes –

– On dirait que ta mère fait le pied de grue sur la galerie, que je dis. Elle attend quoi ?

judith n'a pas besoin de me répondre car une grosse cadillac décapotée entre dans la cour ; l'homme qui la conduit fait un large signe de sa grosse main (((des bagues à tous ses doigts et un cigare entre les dents))) – puis, descend de la galerie la mère de judith, puis monte dans la cadillac, puis se colle au conducteur et l'embrasse fougueusement, puis la cadillac disparaît au bout de la rue drapeau –

– Ma mère a un amant, que dit Judith.

– Je l'avais compris, que je dis. C'était pareil à une image d'Épinal.

– Ne ridiculise pas l'amant de ma mère, que dit Judith. Il lui donne du bon temps et elle le mérite bien. Travailler toute la journée dans un snack-bar, puis se retrouver le soir avec mes oncles et mon père, je ne souhaite ça à personne.

je viens pour sortir de l'abri du gros cèdre derrière lequel nous écorniflons, mais judith me retient :

– Pas encore, qu'elle dit. Attendons voir que mes oncles soient sortis aussi.

nous restons donc derrière le gros cèdre, blottis l'un contre l'autre, moi plutôt content parce que judith m'a mis la main au califourchon et que, malgré les vieilles carcasses rouillées, ça sent bon à cause des lys du canada et des cèdres mouillés par la pluie qui décuple leurs odeurs –

ME DISAIS :

on est à mille milles de morial-mort, dans le lointain pays de saint-jean-de-dieu, tout au bout du rang rallonge, là où il y a cette fondrière près des écores de la boisbouscache ; en bordure, les bleuets poussent gros et violets, avec ce goût légèrement acidulé quand on se les met dans la bouche – c'est si bon que tous les étés, à la mi-août, je prends le train pour le bas-du-fleuve : juste revoir la fondrière, ses cèdres et ses bleuets ! ((((pour payer mon voyage, je fais du porte en porte tout l'hiver durant, je vends des beignets et des gâteaux pour cet énergumène qu'on appelle le chien parce qu'il a la face d'un bouledogue et qu'il est aussi hargneux que lui ; le chien paie presque rien pour les beignets et les gâteaux vendus, mais il me faut bien travailler, à cause du besoin de la fondrière, des cèdres et des bleuets que j'ai, et aussi parce que le dimanche j'aime aller voir un film d'elvis presley au cinéma régal, et y boire un coca-cola, assis dans le noir, seul enfin, loin de ma famille, comme dans le pays étrange de franz kafka, mais parfois si simple dans sa beauté :

« Il est très facile d'être gai au début de l'été, a-t-il écrit à Max Brod. On a le cœur vif, une démarche passable et assez de goût pour l'avenir. On s'attend à des choses orientales bizarres, ce que l'on nie d'autre part avec une courbette comique et des propos balancés dont le jeu animé vous rend tout aise et tremblant. Assis au milieu du lit en désordre, on regarde la pendule, elle marque une heure tardive de la matinée. Mais nous nous peignons la soirée avec des teintes convenablement estompées et des perspectives élargies, et, comme notre ombre s'allonge et prend un air si joliment vespéral, nous nous frottons alors les mains de plaisir jusqu'au sang »))) –

judith ayant cessé de me caresser l'entrejambe, je rouvre les yeux, abolissant du même coup le plaisir jusqu'au sang dont parlait kafka – les oncles de judith sont enfin sortis de la maison, se sont assis sur la première marche de la galerie, tenant chacun une grosse bière à la main ; ils se ressemblent tellement qu'ils ne peuvent être que des jumeaux – de gros corps osseux et des têtes énormes comme celles des hydrocéphales que mon père sort parfois du mont-providence pour les emmener passer la fin de semaine à la maison, ce qui est bien pire que l'enfer parce qu'il faut s'occuper d'eux, les traîner jusqu'au parc paul-sauvé et les faire jouer au baseball : je leur mets un bâton dans les mains, je les installe au marbre, mais ils ne voient pas les balles que je leur lance ; ils se contentent de sourire béatement, leurs grosses têtes d'eau ballant au-dessus de leurs épaules – (((pour qu'ils puissent comprendre ce qu'ils ont à faire, il faudrait que je leur fende le cerveau afin que toute l'eau corrompue dedans trouve à s'écouler))) –

une fois leurs grosses bières bues, les deux oncles les lancent sur une carcasse de moteur et rient du bruit que fait le verre en éclatant ; puis ils se lèvent en même temps, se donnent quelques coups de poing dans les côtes avant de s'en aller chacun de son côté, l'un disparaissant par la petite porte qu'il y a au fond de la cour et l'autre enjambant la clôture, ce qui le mène tout droit au vieil autobus jaune qui fait la navette entre la rue charleroi et le boulevard industriel, aux confins de morial-mort, là où les naufragés de la gaspésie et du bas-du-fleuve trouvent à s'embaucher à la petite semaine dans des usines crasseuses appartenant à des juifs, des pollacks et des italiens –

– Nous pouvons entrer maintenant, que dit Judith.

avant de passer le seuil, je regarde une dernière fois vers la rue drapeau : le soleil mange déjà tout l'espace, rendant encore plus laittes les maisons si mal bâties qu'on dirait qu'on les a appuyées les unes sur les autres pour qu'elles ne s'écroulent pas –

– À cette heure-ci du jour, j'emmenais les veaux boire dans la Boisbouscache, que je dis. Sous les faux trembles, il y avait un remous plein de perchaudes.

– Je connais ça, que dit Judith. À Amqui, mes oncles faisaient pareil.

– Plutôt que d'entrer chez vous, je devrais peut-être prendre le train pour là-bas, que je dis. L'air me paraît suffisamment retourné comme ça.

c'est du antonin artaud, évidemment – mais contrairement à judith qui se sert de ses mots pour justifier n'importe quoi, moi j'y ai recours seulement quand je ne sais plus quel chemin prendre – et ma nuit avec judith m'a donné tant d'émotion que je me sens menacé maintenant qu'on ne peut plus rester derrière le miroir, dans l'absolue irréalité comme ça se passe dans les romans de kafka quand le corps, entraîné dans les limites extrêmes de l'impatience, se métamorphose en cloporte ou en reptile (((si je m'enfonce plus creux dans le rêve de judith, est-ce que je ne risque pas de devenir blatte ou coquerelle?))) – je voudrais m'asseoir dans les marches de la galerie pour y réfléchir un peu, mais judith me met les deux mains dans le dos et me pousse vers la porte ouverte :

– Quand l'air est plein de coups de crayon, des coups de crayon comme des coups de couteau qui font comme des stries d'ongle magique, c'est grand temps pour soi d'entrer dans le ventre du monde, que dit Judith. Alors entrons-y!

– Ça ne me tente vraiment pas de faire la connaissance de ton père aujourd'hui, que je dis.

– Il est sûrement saoul mort, que dit Judith. Tu risques donc de faire connaissance avec pas grand-chose.

la porte se referme, abolissant du même coup l'intransigeance du soleil, les maisons bancales de la rue drapeau, l'air nauséabond de morial-mort pollué par les grandes raffineries pétrolières installées dans le bout de l'île ; et maintenant que la pénombre reprend ses droits, le rêve peut continuer comme si on n'en était encore qu'au cœur de la nuit, dans la trépidanse du sexuel et de l'épiphanie –

ME DISAIS :

dans le vestibule, il fait noir comme si on se retrouvait dans une gueule de loup, à cause des stores fermés qui ne laissent pas passer la lumière des petites fenêtres en forme de lune dont on a artisanalement percé les portes – ça sent la bière, l'urine et les détritus, comme si les carcasses des moteurs entreposées dans la cour avaient monté les marches et passé le seuil de la porte en même temps que judith et moi : l'odeur rance de la vieille huile s'est emparée de toutes choses pour les rendre poisseuses –

– Si tu faisais de la lumière, je saurais au moins où nous sommes, que je dis.

– Tantôt, parce que pour le moment, c'est pas de lumière dont j'ai besoin, que dit Judith.

– Entre deux portes, je me demande bien de quoi on peut avoir besoin, que je dis.

– Si tu cherchais mon corps, tu comprendrais sans que j'aie à t'expliquer quoi que ce soit, que dit Judith.

j'allonge la main, mais au lieu de toucher le corps de judith, j'effleure le cuivre froid d'une poignée de porte, celle qui doit mener du vestibule au reste de la maison – je fais tourner la poignée, ce qui amène, en même temps que le grincement des pentures, un peu de clarté ; le vestibule est grand comme une petite chambre, avec plein de linge sale empilé sur les chaises, ou bien accroché aux murs – prenant appui dans la porte d'entrée, judith a relevé sa robe jusqu'aux hanches et m'offre son sexuel – (((se tient des deux mains aux dossiers des chaises, ses reins cambrés, ses cuisses largement ouvertes pour que l'étoile sombre entre ses jambes, fabuleusement bombée, occupe toute la place))) –

– Je veux que tu me caresses, que dit Judith. J'en meurs d'envie depuis cette nuit.

je me laisse tomber sur les genoux, je mets la bouche sur le sexuel de judith, puis j'y promène la langue; ça goûte meilleur que les bleuets sauvages de la boisbouscache, ça goûte meilleur encore que quand je promenais ma sœur nue sur mes épaules – (((les jambes pareilles à de grandes ailes de papillon affolé, judith geint))) –

– C'est ton sexuel que je veux maintenant! que dit Judith. Ton sexuel, rien d'autre!

de la main, je le fais sortir de mon pantalon, puis je l'enfonce entre les cuisses de judith, si excité je suis que le blanc-mange giclerait aussitôt, sans même un seul coup de boutoir, si la supplication haletante ne venait pas:

– Non! que dit Judith. Pas ici. Je veux que ça dure jusque dans ma chambre! Je veux que tu m'emmènes là-bas sans sortir de moi!

elle s'agrippe, joint ses deux bras contre ma poitrine; du pied, je pousse la porte entrebâillée du vestibule; de faire quelques pas alors que mon sexuel reste vrillé dans celui de judith est une sensation si vertigineuse que j'y concentre toute mon énergie – aussi je ne vois pas cet obstacle qu'il y a dans le corridor et je bute dessus, puis, éjaculant dans le vide, je perds pied et tombe par-dessus judith tandis que l'obstacle tourne sur lui-même comme une nausée limoneuse et puissante, une espèce d'immense flux de sang qui se met à péter et à ronfler – à quatre pattes, je m'éloigne de l'obstacle, peut-être un gros chien trop vieux pour passer au travers de la nuit (((on avait été rendre visite au grand-père charles dans le huitième rang de la rallonge, il faisait tempête, ça ventait à écorner les bœufs, ça neigeait du ciel par grandes chaudiérées; on avait dû dormir dans le salon, frères et sœurs couchés sur des paillasses que grand-père charles était allé chercher au grenier; et ma sœur aînée m'avait demandé de rester à ses côtés – ils vont me battre à mort si cette nuit je pisse au lit ; je veux que tu me parles tout le temps pour que je ne m'endorme pas ; si j'ai envie, tu viendras avec moi aux toilettes))) – c'était arrivé presque aussitôt, ma sœur aînée ayant éprouvé le besoin d'aller au bout du corridor où, sur une chaise percée, était le pot de chambre – on ne savait pas qu'à cause de la tempête, le grand-père charles avait fait entrer dans la maison le grand chien jaune, si vieux qu'il en était devenu aveugle ; et nous sommes tombés dessus au milieu du corridor, dans cette masse de poils si inattendue que nous nous sommes mis à crier, réveillant toute la maisonnée – mais personne ne s'est aperçu que ma sœur avait pissé par terre, grâce au vieux chien jaune qui avait choisi cette nuit-là pour mourir ; quand le lendemain on a repris le chemin du retour vers chez nous, le grand chien jaune était devant la maison, juché sur ce banc de neige, gelé raide par la tempête, et semblant monter la garde comme le faisaient les cerbères de l'enfer dans les épopées blanches –

– C'est juste mon père qui s'est endormi dans le corridor, que dit Judith. Il ne couche plus ailleurs quand il est ivre mort.

– Je peux t'aider à le transporter dans la chambre, que je dis.

– Il n'a plus de chambre pour dormir. Ma mère ne veut plus le voir dans la sienne.

je me suis redressé, honteux à cause de mon sexuel qui pendait, tout flasque, hors de mon pantalon –

– Ne restons pas ici, que dit Judith. Si mon père se réveille, je serai obligée de m'occuper de lui et je n'ai absolument pas le goût de ça aujourd'hui.

au bout du corridor, la cuisine est grande comme une main et aussi encombrée que le vestibule : un gros tas de vêtements sales près de l'évier, de la vaisselle, plein de débris partout, même sur ces caisses de bière empilées près de la porte – les bouteilles vides couvrent toute la table et le dessus du réservoir à eau chaude aussi rouillé que les carcasses de moteurs entreposées dans la cour ; un peu de lumière sourd du store entrebâillé, colorant la cuisine de jaune sale (((une mauvaise toile de bruegel))) –

– Je sais où je suis maintenant, que je dis. Le printemps dernier, mon frère s'est fait opérer pour une hernie et c'est moi qui l'ai remplacé comme livreur à vélo pour l'épicerie Houle. Tous les jours, j'apportais de la bière ici. On me demandait toujours de passer par la ruelle et le plus étrange, c'est le Golgotha qu'il y avait au fond de la cour. J'ai jamais vu une croix aussi sordide ni un Christ pareil : le sang lui coulait partout sur le corps.

– Ce sont mes oncles qui ont construit le Golgotha, que dit Judith. Quand ils sont arrivés d'Amqui, il fallait bien leur trouver de la place. Ils ont donc creusé la cave et transporté la terre au fond de la cour. C'est ce qui leur a donné l'idée du Golgotha. Mes oncles sont des patenteux, ils aiment gosser le bois pour en faire des sculptures. À Amqui, il y en avait partout autour d'eux. À leur façon, mes oncles se vengent du monde qui ne leur a pas donné de place où s'exhiber vraiment.

je vais vers la fenêtre : je veux voir si la croix sordide, le christ ensanglanté et le golgotha sont encore au fond de la cour –

– Ça n'existe plus maintenant, dit Judith qui me prend la main.

– Pourquoi c'est disparu ? que je dis.

– Mon père a détruit la croix et le christ à coups de hache une nuit qu'il était saoul et voulait se venger de mes oncles, que dit Judith.

– Pour quelle raison ? que je dis.

– Quand mon père a appris que ma mère avait un amant, il a voulu la tuer à coups de hache, que dit Judith. Mes oncles sont intervenus et l'ont jeté dehors. Ils ont toutefois oublié la hache que mon père avait gardée et sont redescendus dans la cave pour continuer de boire avec ma mère. Lorsque le matin a montré le bout de son gros nez, il ne restait plus rien de la croix, du Christ et du Golgotha.

– Tes oncles m'ont tout l'air d'être de méchants mécréants, que je dis. Je voudrais que tu m'en parles encore.

– Plus tard, que dit Judith. Là, je veux juste que nous allions à ma chambre.

ME DISAIS :

me laisse entraîner au bout du corridor devant cette porte toute brisée dans le bas comme si une grosse botte ferrée avait donné de grands coups dedans ; les pentures grincent quand la porte s'ouvre et se referme – et c'est encore plus sombre dans la chambre que partout ailleurs dans la maison, ça sent les choses mortes comme quand on creuse profond dans la terre (((j'ai visité la crypte de l'église notre-dame-des-neiges des trois-pistoles, un monde souterrain, rempli de grosses pierres, de poutres à moitié pourries, de gravats et de prêtres enterrés dessous – pénible cette sensation de marcher sur des corps pourrissants, des ossements ou des touffes de cheveux raides comme du fil de fer))) –

– Où donc m'as-tu emmené ? que je dis.

judith fait un peu de lumière – quelle étrangeté que cette chambre faite de grosses pierres taillées dans du carton-pâte, et ces deux fenêtres obstruées par de la fausse brique ; sous le filet de pêche suspendu au plafond, des spots verts, rouges et bleus entremêlent leurs faisceaux qui convergent vers le seul meuble qu'il y a dans la chambre, une espèce de table faite d'un marbre aussi faux que les grosses pierres des murs et les briques des fenêtres ; ça me paraît totalement lugubre et surréaliste à mort –

– T'as donc pas lu *Au Château d'Argol* de Julien Gracq ? que dit Judith. Le chapitre sur la chapelle des abîmes est pourtant ce qui s'est écrit de plus beau dans la littérature française, c'est bien meilleur que ce qui se passe dans *Les mystères d'Udolphe* ou dans *La maison Usher*. Gracq y parle de la fluidité d'une huile noire et verte, de la couleur sombre des parois qui frappe les sons d'une silencieuse horreur comme un serpent glissant dans les herbes. Il dit aussi que la chapelle des abîmes est comme un poignard englué dans un réseau de filaments rouges, qu'elle est comme l'impossible négatif de la nuit, c'est-à-dire le plaisir intense de la tentation, un tumulte d'effroi et d'extase en même temps, une finalité sans représentation de fin.

judith fait une pause, se liche les lèvres, puis dit :

– Tu comprends mieux maintenant ?

– Non, que je dis. Ce que je vois et entends ici est si bizarre qu'il va falloir que tu m'expliques longtemps.

– Pour quelqu'un qui se prétend écrivain, je trouve que tu manques de perspicacité, que dit Judith. Mais je veux bien te raconter quand même pourquoi j'ai demandé à mes oncles de construire ici l'image que j'ai gardée de ma lecture de Gracq. Assoyons-nous. Debout, j'aime pas parler très longtemps.

je me laisse conduire vers l'espèce de table qu'il y a au milieu de la chambre ; quand je veux m'y asseoir après avoir monté les deux marches qui y mènent, judith me retient :

– On ne peut pas s'asseoir sur la dalle quand on est habillé. Je vais t'enlever tes vêtements et tu en feras autant avec les miens.

ME DISAIS :

vaudrait sans doute mieux que je m'en aille ; après tout, il ne reste plus rien de la nuit, plus rien de l'onirisme de *l'ombilic des limbes*, et plus rien non plus de ce kafka fiévreux que la mémoire a chassé creux entre le thalamus et l'hippocampe – et je sais tellement bien ce qu'il y a chez artaud et chez kafka que je n'entretiens aucune crainte par-devers eux : leurs livres se sont ouverts pour moi et je peux voyager dedans en toute impunité ; pour être bien avec eux, il suffit simplement de savoir jusqu'où on veut aller – ce n'est toutefois pas le cas avec ce julien gracq dont j'ignore tout : cette chapelle des abîmes, reconstituée en plein cœur de morial-mort par les oncles jumeaux de judith, peut-elle signifier autre chose que ce que devient le rêve quand la folie s'empare de lui ? – (((on ne revient pas de derrière le miroir, on a beau projeter son corps sur le verre, ça ne fait que se casser et on reste pris dans les débris, blessé et ensanglanté ; les mots de julien gracq dits par judith me reviennent : un serpent, un poignard, des filaments rouges, le plaisir, la tentation, le tumulte d'effroi et d'extase en même temps – une simple énigme ou le commencement d'une chute sans fin dans l'irréalité ?))) –

– Un écrivain ne doit pas avoir peur des mots, que dit Judith. Sinon, il est mieux de rester derrière son guichet à la banque.

j'ai fermé les yeux pour ne pas voir ceux de judith, si grands et si violets que je pourrais tomber dedans et y être prisonnier à jamais – je laisse les mains de judith s'emparer de mon corps ; elle défait un à un les boutons de ma chemise, déboucle la ceinture de mon pantalon, abaisse la fermeture éclair, puis ses lèvres humides se mettent à se promener partout sur ma peau ; les frissons viennent, par petits cercles se liant les uns aux autres – c'est suffisant pour que j'en oublie julien gracq et la chapelle des abîmes : je fais passer la robe de judith par-dessus sa tête et je me colle contre elle, mon sexuel chatouillé par cette toison rousse qui est comme une chevelure entre ses jambes – mais quand je veux pénétrer judith, elle proteste :

– Non, pas maintenant, qu'elle dit.

– Tu m'as demandé la même chose quand on était dans le vestibule. Pourquoi tu refuses encore ? que je dis.

– Je ne suis pas capable de me faire aimer n'importe comment, qu'elle dit.

je viens pour ouvrir les yeux, mais elle m'en empêche en mettant la main dessus :

– Attends que je sois prête, qu'elle dit. Je dois m'installer comme il faut avant.

s'éloigne de moi judith et je pense que le poignard de julien gracq va bientôt se planter dans mon dos et couler entre mes épaules comme une poignée de neige fondante (((l'image inattendue m'étonne : de quel trou noir de ma mémoire a-t-elle surgi, pareille à un éclair fauve ? – je sors du café du nord, je suis avec l'un de mes frères et ces deux filles à qui on a payé la bière tout l'après-midi, la nuit tombe et personne n'a le goût de rentrer à la maison ; on monte donc dans cette voiture et je prends place sur la banquette arrière avec cette mulâtre qui a perdu un doigt dans une scie à viande chez steinberg – on traverse le pont pie-le-neuvième, on passe à côté de la prison de saint-vincent-de-paul, puis il y a cette petite route qui mène à la plage idéal ; on a bu le fiasque de rhum que mon frère a sorti du coffret à gants, on est joyeusement ivres quand on se retrouve devant la rivière des mille îles, tout nus dans le sable entre deux énormes quartiers de roc – la fille à qui il manque un doigt a un beau corps, mille fois plus excitant que celui de ma sœur aînée ; elle se contorsionne sous les caresses, comme une bête marine sortie de l'eau pour copuler furieusement dans la chaleur – mais quand mon sexuel cherche celui de la fille, le trouve et y entre, forcené, le ciel tire brusquement vers lui toute l'eau de la rivière des mille îles et une pluie de sable froid comme de la neige se met à tomber, me trouant le dos – et ça se met à me faire si mal entre les omoplates que je me jette de côté et ouvre les yeux : la fille à qui il manque un doigt se retrouve au-dessus de moi, un bout de bois pointu dans sa main fermée ; c'est avec ce bout-là de bois pointu qu'elle m'a frappé dans le dos, l'alcool l'ayant rendue hystérique – avant de se redresser et de se mettre, toute nue, à courir vers la sortie de la plage, elle me dit : la prochaine fois, j'aurai un vrai poignard et c'est pas seulement de la profondeur d'un doigt que ça va t'entrer dans le corps ! – ça va te transpercer d'un bord à l'autre pour te saigner à mort comme un cochon !))) –

– Rouvre les yeux, que dit Judith. Je suis prête.

sur la dalle au milieu de la chambre, elle s'est installée à quatre pattes, les fesses redressées, ses petits seins bruns pointant dans le vide ; un masque de louve lui cache le visage et sous elle, remus et romulus, figures gossées dans le bois et peintes de couleurs criardes, cherchent de leurs bouches ouvertes à atteindre les tétines rosées ; à cause de l'organisation de la lumière, l'espèce de tableau, dans son étrangeté, a quelque chose de si théâtral que je suis comme terrassé par la beauté qui en émane –

– Sodomise-moi, que dit Judith. J'ai besoin que tu le fasses maintenant. Je te dirai après pourquoi ça doit être ainsi entre toi et moi et pas autrement.

c'est comme si je ne pouvais pas bouger – pourtant, je vois mon corps comme s'il sortait de lui-même, je le vois monter les marches qui mènent à la dalle, je vois les fesses toutes rondes de judith et la forêt de poils roux qui lui bombe le sexuel, et je vois aussi la fleur de lotus quand mes mains se posent sur les fesses pour les écarter l'une de l'autre ; ça vit comme un cœur et c'est désirable comme rien l'a encore été autant pour moi – mon sexuel s'enfonce dans la fleur de lotus et des milliers de petites mains s'y agrippent, le tirant loin vers l'intérieur – quand le blanc-mange gicle, j'ai l'impression qu'on m'a coupé le sexuel en petites rondelles et je tombe de tout mon poids sur judith – ça roule de la dalle sur le plancher, c'est haletant et mouillé, c'est extrêmement disloqué ; de la main, cherchant le visage de judith – les larmes ruissellent des grands yeux violets, à ce point c'est que je crois que judith s'est blessée à la tête en tombant de la dalle et qu'elle saigne abondamment :

– Non, que dit Judith. Je ne me suis coupée nulle part sauf en dedans de moi. Tu veux savoir pourquoi ?

je mets mon bras sous l'épaule de judith, je la force à se blottir contre ma poitrine ; puis les mots brûlants de fièvre vont venir, abolissant la chapelle des abîmes, abolissant les jumeaux remus et romulus, abolissant même le désir – contre mon corps, juste une petite fille naufragée dans la perversité de morial-mort et qui demande maintenant à être entendue :

– Parle, que je dis à Judith. Je vais t'écouter jusqu'au bout.

(((l'enfance n'est pas un recours, mais le rassemblement de toutes les outrances du monde ; on y souffre comme à perte de vie, on y est salopé par ceux-là mêmes pour qui le désir est l'égal d'une odieuse malversation – du terrorisme malpropre – c'est impossible de ne pas y avoir le corps souillé, ou retourné en boule comme l'a écrit artaud, sans épaisseur et impuissant à développer en soi ce qui a été conçu, impuissant à se produire tranquillement ainsi que l'a bien vu kafka en essayant mais sans succès de venir à bout du château, émanation fuligineuse de son enfance, de ses angoisses et de sa mort comme enfant))) –

ce que raconte judith n'a rien à voir avec le discours : c'est l'au-delà de toute parole quand celle-ci se consume dans l'effroi de son propre commencement ; judith, ses parents ne l'ont pas désirée, pas plus quand elle a été conçue qu'après sa venue au monde ; sa naissance a juste compliqué les rapports déjà malsains entre sa mère et son père – ils se détestaient, passaient leurs nuits à se crêper le chignon et leurs jours à faire semblant de ne pas se voir :

– Je suis née à sept mois parce qu'une nuit mon père s'en est pris à ma mère et l'a battue si violemment qu'on a dû lui ouvrir le ventre dès qu'elle s'est retrouvée à l'hôpital, que dit Judith. Sinon, je serais morte dedans, noyée dans les eaux que les coups de pied de mon père avaient crevées. Mon père buvait déjà beaucoup et ne travaillait presque plus. Il n'allait au port du Grand Morial qu'une semaine sur deux et c'était pas vraiment pour besogner comme débardeur. Il volait tout ce qu'il pouvait. Parfois, c'était une pleine caisse de lunettes d'approche russes et parfois c'étaient de gros chaudrons de fonte ou des radios, des téléviseurs, des grille-pain et des lampes torchères. Pendant quelques semaines, mon père les entreposait dans la cave, puis il allait ensuite les vendre dans les tavernes de Morial-Mort et de Saint-Michel. Il se faisait donc ramasser par la police, passait devant le juge Blondeau qui s'en débarrassait en l'envoyant se dessoûler dans une cellule de la prison de Bordeaux. Mon père en sortait fâché, avec une seule idée dans la tête : se venger. Ça finissait toujours par retomber sur ma mère, mon frère et moi. De la démence, c'était ! Rien d'autre que de la démence !

un temps, judith cesse de parler, comme pour me laisser le temps de remonter avec elle dans le passé, quand sa mère s'en allait travailler au bar chez ken, la laissant seule avec son père (((pour ne pas avoir à changer sa couche, il ne l'habillait jamais ; pour ne pas avoir à laver les draps, il sortait judith de son lit, l'emmenait dans la cuisine où elle passait toute la journée à se traîner à quatre pattes sur le plancher ; assis à la table, le père buvait, montrant son gros ventre (((pour tout vêtement un caleçon))) et ne se préoccupant de judith que lorsqu'elle se mettait à pleurer parce qu'elle avait faim : la prenait alors sur ses genoux et chantait pour elle la chanson dite du petit galop, un amas de mots que la bière rendait inaudibles tandis que les jambes du père se soulevaient et s'abaissaient en cadence – judith sautait de l'une à l'autre, grisée par le mouvement ; elle en oubliait son ventre qui criait famine et finissait par s'endormir, sa petite bouche fermée sur le pouce de son père))) –

– Quand les choses ont changé, je ne m'en souviens pas exactement, que dit Judith. C'était en été, il faisait très chaud et tout te collait à la peau tellement le fond de l'air était poisseux. Ma mère s'était enfuie en Gaspésie

82

avec son amant pharmacien et mon frère dont elle ne se séparait jamais. Quand ils sont partis de la maison, mon père a tiré quelques coups de carabine vers eux tellement il était furieux, puis il s'est mis à se saouler comme d'habitude. Se promenait nu dans la maison, gesticulait et criait, donnait coups de pied et coups de poing : il n'y avait plus un meuble qui tenait debout tout seul et plus un morceau de linge dans les garde-robes : mon père avait tout viré à l'envers ; et moi, je m'étais cachée dans le garde-manger parce que j'avais peur que mon père me jette dehors. Il le faisait tout le temps quand il perdait la tête, même en hiver. Ma mère, mon frère et moi, on se retrouvait souvent dans la rue Drapeau, au beau milieu de la nuit, en jaquettes et pieds nus dans la neige. Quand nous voulions rentrer à la maison, mon père nous accueillait en nous lançant des bouteilles de bière vides. Ça durait tant qu'il ne tombait pas dans le corridor, trop saoul pour nous menacer.

– Pourquoi vous restiez avec lui ? que je dis. Vous n'aviez qu'à partir et qu'à ne plus revenir jamais.

– On n'avait nulle part où aller, que dit Judith. On ne savait pas qu'une autre vie pouvait être possible ailleurs. On ne connaissait que la rue Drapeau et tout le monde y vivait comme nous et parfois bien pire. Moi je pensais que tous les pères devaient être comme le mien, voleurs, ivrognes et fous. Est-ce vraiment impossible pour toi de comprendre ça ?

(((sortant de ces limbes que sont mémoire et souvenir, la truie se met à grogner dans ma tête – elle appartient à ce cousin qui vit à sainte-rose-du-dégelé, au bout d'un rang si éloigné qu'on ne s'y rendait jamais qu'une seule fois au mitan de l'été ; le cousin est célibataire et la truie le suit partout, même sur la galerie de la maison

– le soir, le cousin s'assoit dans sa berçante et joue de l'harmonica pour la truie qui vient se mettre entre ses jambes, lui tournant le dos et tirebouchonnant de la queue ; sans cesser de jouer de la musique et sans cesser de se bercer, le cousin ouvre sa braguette, fait apparaître son sexe turgescent et l'enfonce dans celui de la truie – le cousin croit que nous sommes tous partis au fronteau de la terre pour y cueillir des framboises, il ne sait pas que je suis resté et que caché par les lattes en treillis ceinturant la galerie, je le regarde, fasciné par son accouplement avec la truie ; moi, je ne sais pas encore que c'est mal, comme judith ignorait que son père était dément et pervers))) –

– J'avais peut-être quatre ans quand c'est arrivé pour la première fois, que dit Judith. C'était pendant cet été-là qu'il faisait si chaud. Ma mère ne voulait plus s'en revenir de la Gaspésie, elle écrivait des lettres à mon père et le menaçait de demander le divorce. Au port du Grand Morial, les dockers faisaient la grève. Mon père n'avait plus rien à voler et s'ennuyait. Il passait ses journées à boire, évaché sur le divan, tout nu à cause de la chaleur. Il me faisait monter sur lui et jouait avec moi, me disant que son sexuel était un petit bonhomme de bois rebelle et que je devais le dompter. Puis mon père a pris plaisir à laisser le petit bonhomme de bois se promener sur moi, puis il s'est mis à me chatouiller le sexuel avec le sien, puis il le faisait entrer en moi, mais sans aller très loin pour que je ne me fasse pas faire mal. Puis le petit bonhomme de bois est allé plus loin, et pas juste dans mon sexuel. La première fois que mon père m'a sodomisée, j'avais sept ans.

ME DISAIS :

je rêve, je ne suis pas réellement dans cette maison
de la rue drapeau, j'ai imaginé cette chapelle des abîmes,
ces pierres, cette dalle, ce que j'ai fait avec judith et tout
ce qu'elle m'a raconté de sa vie ; quand je n'arrive pas à
écrire comme je le voudrais, je me laisse tomber dans la
déréliction, pareil à artaud, je fais fumer les jointures des
pierres, je fais appel aux mots-stupéfiants, je déchire les
membranes proches, j'enténèbre la vie, je deviens une
bête mentale et vicieuse –

mes mains cherchent le corps de judith : j'ai besoin
de m'assurer de sa réalité ; mes yeux revoient les murs de
pierres taillées dans le carton-pâte, la dalle et les deux marches qui y mènent, les lumières accrochées au plafond sous
le filet de pêche ; même remus et romulus sont bien réels,
leurs bouches ouvertes sur ces seins gonflés de lait de la
louve fondatrice de rome –

– Je ne comprends pas, que je dis. Je ne comprends
pas pourquoi tu ne t'es pas enfuie de ton père sodomite.

– Je t'ai avoué que je ne savais pas que c'était mal ce
qu'il faisait avec moi, que dit Judith.

– Quand t'étais encore qu'une enfant, je veux bien
le croire. Mais après ? que je dis.

– Il n'y avait que le plaisir intense de la tentation, que
cet immonde chaos dont la nécrophagie est le barreau
d'axe et le mot, l'ultime échelon.

– Ça, c'est de la poésie ; et la poésie n'a pas souvent
réponse à tout, que je dis. Dans ma famille, les choses ne
se passent pas de même parce que la punition suit auto-
matiquement le plaisir pervers. Mon cousin de Sainte-
Rose-du-Dégelé a été enfermé à Mastaï dès qu'on a su
qu'il copulait avec sa truie. Quand le juge lui a demandé

85

pourquoi il le faisait, sais-tu ce qu'il a répondu ? « Si vous la voyiez, monsieur votre honneur, elle a de si jolis yeux bleus ! »

– Tu es incapable d'entrer dans le monde des outrances et d'y prendre ton pied, que dit Judith. Il n'y a pourtant que là que la liberté porte l'appréhension.

– Tu pleurais tantôt quand nous sommes tombés de la dalle, que je dis. Ce n'était sûrement pas par plaisir.

– Je pleure toujours quand on me sodomise, que dit Judith. En dedans de moi, ça saigne et j'y peux rien, ça saigne et je suis heureuse : s'il n'y a pas de sang qui coule, il n'y a pas vraiment de jouissance. Artaud le savait : les larmes, cet excès de la vie, qu'il a écrit dans *L'ombilic des limbes*.

– Je veux bien te donner raison pour Artaud, mais Gracq était à mille milles de penser comme lui, que je dis. Pourquoi donc la reconstitution ici de la chapelle des abîmes ?

– Parce que, contrairement à Artaud dont les poèmes sont toujours vrais, les romans de Gracq n'inventent pas la réalité, il n'y a pas de vie dans ses descriptions, ce sont des natures mortes, de sorte que la chapelle des abîmes est juste un stérile décor que les personnages regardent mais n'habitent pas : l'impossible négatif de la nuit reste une vue de l'esprit. La sodomie est l'acte absolu dans la transgression des tabous. Jusqu'à maintenant, je ne l'avais vécue qu'avec mon père. Je ne pouvais pas être totalement Heide, il me manquait Herminien pour que tous mes membres soient enfin liés, comme fondus et rassemblés par l'écrasante majesté de la foudre, tout mon corps forcé, percé, marqué, palpitant, meurtri, déchiré, lacéré mieux que par neuf glaives, ruisselant de sang, brûlant d'un feu rose, d'un aveuglant et insoutenable éclat, toute ma chair giclant comme un fruit dans les griffes aigues du destin.

– T'es folle, que je dis.

– Non, je ne fais que me libérer, que dit Judith. Je n'aurai bientôt plus besoin de mon père et ça sera grâce à toi. Il pourra mourir sans que mon sentiment ne se retourne contre moi. Et toi, si tu restes avec moi, tu deviendras cet écrivain que ta famille empêche de venir au monde.

– Qu'en sais-tu vraiment ? que je dis.

– C'est inscrit dans ton corps, dans tes paroles et même dans tes silences, que dit Judith.

ce besoin d'y réfléchir, car ce que je viens de vivre avec judith a été si outré que je ne sais pas quoi en penser – recourir comme toujours à kafka en cherchant dans son journal ou sa correspondance ces quelques mots qui me serviront de rempart, comme quand je m'engueule avec mon père – (((le coucher sur le tapis, pareil au boxeur qui décoche un uppercut inattendu))) – kafka a écrit : « Il me faut beaucoup de solitude ; peur de me lier, de me jeter de l'autre côté – alors, je ne serais plus jamais seul » – comme je voudrais en ce moment me retrouver dans la boutique du vieux victor téoli, à l'écouter raconter ses anecdotes politiques et littéraires qui ne me remettent pas en cause, mais me confirment plutôt dans ce que je crois être ! – tandis que judith ! – tant de forces en elle qu'elle pourrait m'attacher à un piquet (((et me détruire plutôt que de faire de moi un arbre vert au ramage éblouissant))) –

– Pourquoi tu ne réponds pas à ce que je te demande ? que dit Judith. C'est de moi que tu as peur ou de toi ? Après tout, ce n'est pas très compliqué ce que je te propose : tu emménages ici, tu as un coin pour écrire et plus personne pour te dire que tu perds ton temps. Moi je t'accompagnerai en te donnant tout de mon corps. Je te traverserai, je ferai pour toi l'alliance de la lumière énergique avec tous les métaux de la nuit. Quand tu seras devenu véritablement écrivain, je sortirai de ta vie comme j'y suis entrée, dans la fulgurance de l'éclair.

– Toi-même, que deviendras-tu ? que je dis.

– J'aurai fait le passage du père à l'homme, que dit Judith. Je vivrai alors la mutation du désir. Mon père va bientôt mourir. Je n'ai donc plus beaucoup de temps devant moi.

– Je ne sais même pas si ta mère et ton frère seraient d'accord pour que je m'installe ici, que je dis.

– Mon frère est en voyage aux États-Unis, que dit Judith. Il n'habitera plus ici quand il va revenir : avec ses amis, il a loué un grand logement près de l'Université du Grand Morial. Quant à ma mère, elle ne s'est jamais occupée de moi et me laisse faire tout ce que je veux.

– Et tes oncles ? que je dis.

– Ils sont comme des ombres dans la nuit, des revenants qui te feront connaître les choses anciennes, que dit Judith. Des dieux lares et hilares avec qui tu riras beaucoup. Le rire, tu ne sais pas encore ce que c'est. T'es trop taciturne depuis trop longtemps.

je ne sais pas quoi penser, j'ai l'impression de rêver – j'allonge le bras vers le corps de judith, appréhendant le moment où je vais le toucher : peut-être vais-je éprouver le même sentiment que ce personnage de robert musil lorsque, mettant sa main sur la poitrine de son amoureuse, il imagine que ses doigts pénètrent dans une carcasse de poulet pour en retirer le cœur – (((mais j'ai tellement besoin de savoir !))) – aussi ma main effleure-t-elle les seins de judith – c'est ferme et tout chaud et palpitant, comme si deux oiseaux battaient des ailes dedans; je comprends que je ne peux pas fuir, que je suis happé par le corps de judith, par ce corps redevenu très simple et qui s'offre, intensément chaleureux parce que libéré de toute perversité – quand mon sexuel entre dans celui de judith, il ne reste plus rien de la fausseté de la nuit, plus rien des apparences trompeuses de la mort, juste ces grands yeux violets, doux comme une naissance –

ME DISAIS:

à quel moment suis-je parti de chez judith, je ne sais pas vraiment; je ne me souviens pas non plus du chemin que j'ai pris pour rentrer à la maison ni le temps que j'ai mis à le faire, sans doute parce que les mots de kafka avaient pris toute la place en moi: je regarde une jeune fille dans les yeux, et c'est une très longue histoire d'amour avec tonnerre, baisers et foudre, après quoi je suis assez vaniteux pour conclure que je vis rapidement. Pourtant je ne suis qu'allongé dans la couchette de fer, je suis rêvasseur et ça doit être déjà le plein du jour dehors si j'en juge par la lumière qui sourd entre les lattes du store – (((toc, toc, toc!))) – ces coups qu'on frappe avec insistance sur la porte de la chambre, ma mère sans doute que je voudrais ni voir ni entendre – (((toc, toc, toc!))) – la porte s'ouvre, ma mère en passe le seuil: ses cheveux lissés par derrière comme toutes les fois qu'elle prend sa douche, cet affreux kimono bleu liséré de jaune qu'elle porte et qui la fait ressembler à buddy rogers, ce gros et brutal lutteur qu'on peut voir tous les mercredis soir à la télévision –

me regarde ma mère, puis regarde la petite table qu'il y a devant la fenêtre, la lampe allumée dessus :

– T'as encore besogné toute la nuit ? que dit ma mère.

– Le monde ronflait de partout ici-dedans, que je dis. Écrire quand tout le monde ronfle, je me demande bien comment ça pourrait se faire.

– Tes folleries ! que dit ma mère. Toujours tes maudites folleries ! Quand vas-tu cesser de te monter la tête avec toutes ces illusions-là ?

je hausse les épaules et sors de la couchette de fer – il y en a deux autres comme celle-là dans la chambre ; on dort à deux dans chacune d'elles et les sommiers sont si fatigués qu'ils sont pareils à des hamacs, faisant cet énorme creux au mitan des ressorts – on finit par y rouler, dans une promiscuité qui a toujours quelque chose d'écœurant : un de mes frères dort la bouche ouverte et la bave n'arrête pas de lui couler sur le menton : ces dents pourries, ces odeurs fétides et les boutons putrescents qui aboutissent sous la naissante barbe – et cet autre qui ne fait que passer ses nuits à bander, sexuel visqueux cherchant à s'immiscer entre les cuisses, puis devenant ce piston furieux qui crache son blanc-mange, pareil à un geyser !

– Quand ton père va rentrer de son travail, va falloir qu'on se parle, que dit ma mère. Les choses ne peuvent plus continuer comme elles vont. Est-ce que tu m'entends au moins ?

je fais comme si ma mère n'avait rien dit, me dirige tout droit vers la petite table bancale, la masquant de mon corps comme pour protéger les feuilles que j'ai écrites en revenant de chez judith : le désir de les lire pourrait venir à ma mère et l'outrance de mes mots ferait catastrophe dans la chambre ; ma mère, je la connais, bien plus que n'importe qui d'autre dans la famille, je sais ses peurs secrètes et tout le désespoir teinté d'amertume qu'elle refoule en elle parce qu'elle n'a pas le droit de le manifester jamais, sauf quand elle se retrouve seule dans la berçante de la salle de jeux et qu'elle laisse les larmes lui couler sur les joues – il n'y a pas de solution à la pauvreté, c'est comme une peau de chagrin qui se rétrécit chaque jour davantage, menaçant d'étranglement tout le monde connu : ne peut pas y avoir d'avenir comme il n'y a déjà plus de passé (((on les a laissés derrière soi à saint-jean-de-dieu, on les a vendus morceau après morceau quand on a fait encan devant la grange et c'était malpropre comme le fond même de la vie ; quand on en est rendu là dans la dépossession, on ne peut que se méfier de toute écriture, elle est pire qu'un poignard qu'on te planterait profondément entre les omoplates : « Sais-tu ce que certaines gens ont de particulier ? Ils ne sont rien, mais ils ne peuvent pas le montrer, ils ne peuvent pas le montrer même à leurs propres yeux, c'est cela qu'ils ont de particulier », a écrit kafka à son ami oskar pollak))) –

– Je te parle, que dit encore ma mère. Pourquoi tu fais toujours semblant de ne pas m'écouter ?

je lève les yeux vers elle, et ce gros corps déjà déclinant me paraît presque obscène de beauté ou de laideur, je ne pourrais pas dire pourquoi – ce qui est certain par contre, c'est que j'aguis ma mère, peut-être parce qu'elle ne m'a jamais dorloté, peut-être parce qu'elle m'a toujours refusé l'abri de son corps : un jour, ma mère m'a expulsé d'elle et ça a été un acte définitif – je ne rentrerais plus jamais à la maison, condamné à tourner autour d'elle comme le chevalier à la triste figure l'a fait en espagne avec ses trop réels moulins à vent –

par deux fois, ma mère me demande de lui faire réponse, mais comme je dis rien, elle s'avance vers moi et je sais déjà qu'elle va s'arrêter en chemin par peur d'avoir à me toucher ((((elle l'a fait une fois après ma naissance et ne l'a plus refait parce que ma bouche s'est fermé sur son pouce si safrement qu'elle a eu l'impression que je voulais l'avaler, et lui avaler la main aussi, puis le bras, puis tout le corps – je suis certain que ma mère s'en souvient comme moi je m'en souviens : ça a dû s'inscrire dans l'au-delà de nos mémoires, là où depuis les commencements du temps veille l'idée de meurtre)))) –

nous nous regardons, nous aimerions nous jeter dans les bras l'un de l'autre, mais nous aimerions aussi fermer les poings et nous frapper sauvagement – faire jaillir le sang pour que le malentendu qui nous dresse l'un contre l'autre cesse enfin – ma mère va retraiter toutefois, comme elle le fait toujours quand elle est seule avec moi :

– Ta maudite tête de cochon, ton père va s'en occuper dès qu'il va revenir de son travail, que dit ma mère. Pourtant, ça serait si simple si tu voulais faire comme il faut.

c'est à peine si j'ai entendu la dernière phrase, à cause de la maudite tête de cochon qui est venue avant : depuis mon enfance, elle occupe tout le champ du discours de ma mère : les premières fois ça m'a mortifié, à cause de la grotesquerie de l'image – ce groin rose, ces petits yeux bleus et traîtres, ces grandes oreilles molles, comme la condensation de tout ce qu'il peut y avoir de laid dans le monde ((((parce que si totalement humain)))) – si ma mère avait été la seule à utiliser l'image, la tête de cochon serait sans doute morte en même temps que mon enfance ; mais un médecin l'a en quelque sorte confirmée à jamais, pas seulement par-devers ma mère mais pour toute la famille – c'était le lendemain de mon neuvième anniversaire : avec ma mère et deux de mes frères, j'ai rendu visite au médecin qui, pour la quatrième fois, devait me vacciner contre toutes les maladies de l'enfance – le vaccin n'avait aucun effet sur moi, l'aiguille entrait dans la peau, y injectait son venin, puis en ressortait sans que rien ne se passe jamais : ça ne piquait pas, ça ne démangeait pas, ça ne faisait pas cette petite plaie sur le bras, ça ne galait pas, ça ne laissait aucune cicatrice sur la peau – (((pourquoi était-ce si différent avec moi ?))) – ma mère avait posé la question au médecin, un vieil homme édenté dont les vêtements sentaient la vomissure malgré le gros carré de camphre assujetti dans ce scapulaire qu'il portait sur sa chemise ; après avoir jeté un coup d'œil au registre qu'il y avait devant lui, le médecin a dit : « Madame Beauchemin, votre fils n'est pas juste muni d'une tête de cochon comme vous l'avez cru jusqu'à maintenant : le sang qui coule dans ses veines est aussi celui du cochon. Rien à faire avec du sang pareil. Quand bien même je vaccinerais encore votre fils, ça serait de la grosse peine perdue. Ramenez-le donc à la maison et n'en parlons plus » –

je suis sorti du bureau du médecin devant ma mère et mes deux frères qui attendirent d'être dans la rue avant de scander : « T'es un cochon, Bibi, c'est le docteur qui l'a dit ! T'es un cochon, Bibi, pis t'as la queue en tirebouchon, c'est nous qui le chantons ! » – d'autres enfants s'étaient joints à mes frères, c'était comme une clameur qui me rendait méconnaissable le sentier qui menait à la maison ; et le pire pour moi, c'était que ma mère gloussait joyeusement comme une grosse dinde plutôt que de faire taire ceux qui riaient de moi : ça ne suffisait donc pas à ma mère de m'avoir expulsé violemment de son corps et de ne pas me toucher ? – cette rage qui me vint, qui me fit bousculer ma mère et me jeter sur mes frères que je bourrai de coups de poing et de coups de pied avant de disparaître vers la savane qu'il y avait derrière la maison –

cette savane-là était un lieu tabou, personne de la famille ne s'y rendait jamais à cause du marécage qu'il y avait au beau mitan d'elle : des bêtes difformes la peuplaient, il y avait plein d'enfants morts dans des petits cercueils de bois qui flottaient sur des eaux pestilentielles ; s'aventurer aussi loin dans la bouette spongieuse, c'était admettre déjà que seule la mort valait la peine d'être vécue – ça faisait peur parce que la lumière manquait, ce qui rendait encore plus troublant le monde des odeurs pourries qui occupaient maintenant tout l'espace – mais, malgré mon angoisse, je ne cessais pas d'avancer dans la savane : de gros crapauds fuyaient devant moi, des hiboux fâchés tournoyaient dans la nuit, des sangsues se collaient à mes cuisses, des branches mortes et épineuses me déchiraient la peau ; parfois, l'eau noire m'arrivait jusqu'au menton et je faisais avec mes bras de grands moulinets à la don quichotte afin d'agripper un débris de souche qui m'empêcherait de sombrer sans fin dans le ventre visqueux de la terre ; mais nulle part, je ne fis la rencontre des bêtes difformes ni des enfants morts dans des petits cercueils de bois – la réalité était plus désastreuse : la savane ne représentait qu'une mer de bouette qui puait comme puent les cochons éventrés et morts ; ça n'avait rien de dangereux, c'était simplement indifférent –

quand je le compris, je ne vis plus l'utilité de marcher plus longtemps et je me laissai tomber sur le cochon éventré et mort, attendant que les vers glauques m'entrent dans la bouche, le nez et les yeux pour sucer ce qui restait encore de vie dans mon corps – j'étais à peu près tout mangé lorsque mon père me découvrit enfin, trois jours après ma fuite – je me laissai transporter à la maison où l'on me coucha dans le lit de mes parents, signe que j'avais vu la mort de près ; ce ne fut toutefois pas suffisant pour que ma mère me touche : elle m'apportait à manger, elle daignait même s'asseoir sur le bord du lit, mais ses mains restaient jointes sur ce chapelet qu'elle égrenait en silence, embrassant la croix après chaque dizaine – m'être perdu dans la savane n'avait rien donné à part le fait que mes frères n'osèrent plus me dire que j'étais une tête de cochon avec une vilaine queue qui tirebouchonnait ; même quand pour les éprouver, je me mis à marcher à quatre pattes dans la cour derrière la maison et à manger de la terre, mes frères firent semblant de s'apercevoir de rien ; ils sortaient le petit tombereau du hangar, s'y attelaient et s'en allaient vers la voie ferrée qui passait au-delà de la savane ; entre les rails, il y avait parfois de gros morceaux de charbon que les locomotives laissaient tomber derrière elles –

ME DISAIS :

le temps est venu maintenant que j'aille vers la garde-robe, que j'en ouvre la porte et que je cherche cette valise de carton brun que j'ai gagnée en improvisant sur une poignée de porte lors d'une joute oratoire à l'école pie-le-neuvième – de tous les concours littéraires et oratoires auxquels j'ai participé, des quelques bourses que ça m'a valu, il ne reste plus que cette vilaine valise de carton brun : contrairement à l'argent gagné dont mes parents se sont accaparé, ils m'ont laissé la vilaine valise, comme une avance pour le jour de tes noces, ont-ils dit pour rire encore de moi –

j'ai mis la valise au pied de la minable couchette de fer, j'y verse par paquets les pièces de linge que je prends dans ce tiroir de la commode qu'on m'a attribué depuis le naufrage de saint-jean-de-dieu ; dessous la pile de linge, il y a les premiers manuscrits que j'ai écrits et les lettres de refus que m'ont envoyées les éditeurs ; mais *ti-jean dans sa nuit*, *la route* et *l'île aux basques* sont depuis trop long-temps des choses mortes pour que ça mérite que je les apporte avec moi : sans doute mon père va-t-il les déchi-rer avec hargne quand il va apprendre que je m'en suis allé de la maison pour toujours (((ou mieux encore, peut-être ira-t-il les brûler dans le gros poêle du magasin de fer d'oskar ravary, comme jadis on a fait pour les manuscrits de galilée, de bruno et de savanarole, par obscurantisme et par peur que la vérité, pareille à la fameuse flèche de guillaume tell, vienne se ficher dans cette grosse pomme pourrie qui tient lieu de tête à ma famille))) –

me laissant glisser sur les genoux, j'allonge la main vers les livres que j'ai mis sous la commode à défaut d'avoir un meilleur endroit pour les ranger – il ne reste plus beau-coup de place dans la valise de carton brun, il faut donc que je choisisse : *le bleu du ciel* et *l'anus solaire* de georges bataille, à cause de cette seule phrase dont je me souviens : « Rien d'aussi aveuglant ne peut être comparé à l'excep-tion du soleil, bien que l'anus soit la nuit » : quant à *l'ini-tiation à la haute volupté* d'isidore isou, je l'abandonnerais volontiers sous la commode : l'éternel érotisme des mo-tifs, des pensées latérales par rapport aux choses, ça ne me dit vraiment plus rien ; mais il s'agit du premier livre que j'ai acheté à la librairie de victor téoli et c'est grâce à lui si j'ai découvert le plaisir de la rêverie nonchalante, des perversités amoureuses et de l'absolu du vice ; ça ne peut donc pas se laisser derrière soi, comme la *correspondance* et *le château* de kafka que je n'ai pas cessé de pasticher de-puis que je me suis mis à écrire, faisant mienne la problé-matique de l'arpenteur s'attelant à une tâche pour laquelle on n'a pas besoin de lui, comme moi j'ai toujours été de trop dans ma famille, n'y trouvant aucune place, même pas dessous la table –

ne reste plus que le manuscrit inachevé à mettre dans la valise, puis je boucle les deux grosses sangles qui en font le tour – je peux m'en aller maintenant (((jeter un dernier coup d'œil aux chromos représentant sur les murs les vierges et les martyrs du catholicisme romain, leurs corps ensanglantés par les fourches caudines de tous ces démons qu'on a fait sortir des enfers pour semer le terrorisme dans le monde – et jeter aussi un dernier coup d'œil à mes cinq frères qui font la grasse matinée parce que c'est dimanche, amas de bras et de jambes, de sexuels dressés sous les couvertures : tout ça est déjà mort, tout ça n'est jamais venu au monde une seule fois))) – aussi est-ce avec le sentiment d'être enfin délivré que j'ouvre la porte de la chambre et me jette tête la première dans le corridor, comme un jeune taureau grec happé par la verdoyance du paysage, là où le mot liberté est écrit en grosses lettres rubicondes dans l'herbe ! –

– Veux-tu bien me dire où c'est que tu t'en vas de même ? que dit mon père, tout son corps dressé dans la porte d'entrée comme pour m'empêcher de franchir l'extrémité du corridor.

– Je suis pressé, que je dis. Pas le temps de répondre à tes questions.

– Ça tombe mal pour toi parce que moi, j'ai tout mon temps, que dit mon père. Aussi, rapaille-toi dans tes pleumats, vire de bord et amène-toi à la cuisine. On va faire caucus toi puis moi. Grouille, mon simonaque, grouille !

je n'avais pas prévu que mon père arriverait aussi tôt dans l'avant-midi : le dimanche, il ne rentre pas tusuite après son travail parce qu'il rend visite à l'oncle phil – l'oncle phil travaille dans ce dépanneur de la rue christophe-colomb; il habite juste au-dessus du dépanneur où il besogne de sept heures le matin jusqu'à la fermeture, sauf le dimanche; il passe alors la journée à boire, assis par terre, le dos appuyé à la montagne de caisses de bière vides qui fait office de cloison dans le logement qu'il partage avec un cousin exilé tout comme lui des trois-pistoles – étant donné que ma mère ne veut pas que l'oncle phil vienne à la maison, mon père lui rend visite, boit quelques bières avec lui tout en essayant de le convaincre d'entrer chez les lacordaire ((((c'est pourquoi on aime tant le dimanche à la maison: on peut dormir jusqu'en fin d'avant-midi, ce qui est particulièrement apprécié par celui qu'on oblige à coucher dans la cuisine sur une rudimentaire chaise pliante – tous les soirs, il faut sortir la chaise pliante d'une garde-robe, l'ouvrir entre le poêle électrique et le réfrigérateur puis, tout raboudiné pire que l'est un foetus dans la poche maternelle, essayer de dormir; et le matin, t'es le premier à devoir te réveiller: après avoir passé la nuit à border, torcher et donner à manger à ses hydrocéphales et à ses schizophrènes, mon père n'aime pas rentrer de son travail et avoir sous les yeux comme l'illustration parfaite de notre misère sociale – on échappe à la servitude de la chaise pliante une fois seulement qu'on s'est trouvé un emploi: en payant pension, on a droit à la grande chambre commune, à ses trois couchettes de fer et aux cinq frères avec qui les partager))) –

je pourrais écarter mon père de la porte d'entrée et descendre quatre à quatre les marches de l'escalier qui mènent à la rue monselet et à la liberté – mais le ton belliqueux de mon père ne me donne pas l'envie de fuir comme ça se passe généralement quand on se fait face: mon corps se tend dans tous ses muscles et tous ses nerfs, et ce que j'ai retenu de la colère contre mon père ne demande plus qu'à sortir de moi, avec encore plus de violence que lorsque je passe la nuit à écrire sur le balcon derrière la maison – aussi loin que je peux remonter dans mes souvenirs, il en a toujours été ainsi entre mon père et moi : enfant, je me laissais sermonner sans rien dire, comme un taurillon boqué qu'on obligeait à s'asseoir bien drette sur la chaise rituelle du supplice, un vieux fauteuil de barbier dont on se servait aussi pour vous arracher une dent cariée –

– Assis-toi, que dit mon père. Tu sais que je déteste me casser le cou pour te parler.

– Je ne resterai pas assez longtemps pour que ça en vaille la peine !

mon père regarde la valise de carton brun que je tiens toujours à la main, puis ses petits yeux verts se portent vers ma mère figée comme la statue de loth devant la porte d'arche qui sépare la cuisine de la salle de jeux (((on l'a transformée en chambre-dortoir pour les cinq filles de la maison, ce que déteste ma mère à cause du vieux rideau qui en ferme mal l'ouverture : le matin, on court toujours le risque que les garçons se lèvent les premiers et voient leurs sœurs que la nuit a désabriées ; aussi ma mère monte-t-elle la garde devant la porte d'arche, couvrant de son gros corps ce que le vieux rideau ne parvient pas toujours à cacher – pour laisser son poste, elle attend que les filles soient toutes habillées et rassemblées dans la cuisine ; ça fait partie du nombre de ses manies, comme celle de rester assise sur sa chaise droite au bout du corridor, y attendant que tout le monde soit rentré pour mettre le loquet de sécurité et aller se coucher))) –

– Reste pas là plantée comme une dinde ! que dit mon père à ma mère. À matin, personne n'est intéressé à regarder ce qui peut bien se passer de l'autre côté.

et se tournant vers moi alors que ma mère se rend au poêle électrique, il ajoute :

– Toi, vide ton sac, et d'autant plus qu'il s'agit d'une valise ! Que c'est que tu brettes avec ça à la main ?

– Ça me paraît pourtant évident : je m'en vais rester ailleurs, que je dis.

ma mère a échappé l'œuf qu'elle tenait à la main – floc que ça a fait sur le plancher :

– Mais ta pension ? qu'elle dit. Comment on va faire pour arriver si tu ne payes plus de pension ?

– Vous aurez qu'à sortir de la banque tout cet argent que j'ai gagné en remportant les concours d'écriture auxquels j'ai participé ! que je dis. Comme ça, vous ferez d'une pierre deux coups : vous pourrez nourrir votre trâlée de morveux et vous comprendrez peut-être que la littérature, c'est pas seulement que des folleries !

– Fou, c'est toi qui es en train de le devenir ! que dit mon père. C'est pas quelques petits prix littéraires obtenus dans une école secondaire qui font vivre son homme !

– Travailler dans une banque qui te donne un salaire de crève-la-faim, c'est mieux, je suppose ? que je dis.

– T'avais appliqué à Radio-Canada comme rédacteur pour la publicité, que dit mon père. En acceptant la job qu'on t'offrait, t'aurais en commençant gagné plus d'argent que moi ! Et t'aurais pu prendre ta retraite à cinquante ans tandis que moi, je vais en avoir jusqu'à soixante-cinq à besogner comme un malade au Mont-Providence !

– Quand on croit à des absurdités comme les miracles, je me demande bien pourquoi on devrait s'attendre à autre chose qu'à se faire exploiter ! que je dis.

l'allusion que je viens de faire à la guérison soi-disant miraculeuse de ses ulcères à l'estomac par la bonne sœur de la salle saint-joseph du mont-providence donne de l'assurance à mon père : mal à l'aise toutes les fois qu'il est question d'écriture, mon père retrouve son quant-à-soi dès que la religion est en cause : son rêve d'avoir voulu devenir missionnaire oblat en afrique refait surface et tout devient matière à évangélisation, particulièrement quand je suis concerné ; les sermons s'emboîtent aux litanies, le martyrologe romain y passe au complet, mon père comme entré en transes – on dirait le bonhomme karamasov quand il s'oppose à ses fils, tonitruant, chialeur, puis se mettant à brailler parce qu'on refuse d'entendre ses niaiseries – avec mon père, j'ai vécu tant de fois la même scène, avec le même résultat toujours : nous finissons tous les deux par nous retrouver l'un en face de l'autre au milieu de la cuisine, poings fermés et prêts à nous cogner dessus, emportés par la hargne qui nous habite – et ma mère qui s'interpose enfin :

– Charles, cesse donc de te monter de même pour rien ! qu'elle dit à mon père. Bibi a une tête de cochon, tu le sais bien !

mon père se débande aussitôt de tous ses muscles, se laisse tomber sur une chaise, se force pour tressauter des épaules et pour que les larmes lui coulent sur les joues – le vieux bonhomme karamasov encore, qui se demande pourquoi on l'aguit autant même s'il s'est sacrifié pour sa famille, la logeant, la nourrissant et l'habillant malgré la pauvreté et les maladies que dieu lui a envoyées pour l'éprouver dans sa foi ! –

– Moi aussi j'aurais voulu être un artiste, que dit mon père. J'ai pilé sur mon orgueil et j'ai fait ce que Dieu me commandait de faire.

– Douze enfants plutôt que d'aller porter la bonne nouvelle en Afrique ! que je dis. La fornication plutôt que la sainteté ! Ton Dieu doit être tout mélangé dans sa tête, c'est comme rien !

la chicane reprend, les baguettes se remettent à monter haut dans les airs tandis que volent de plus en plus bas les fléchettes empoisonnées – même quand ma mère s'interpose à nouveau entre mon père et moi, je ne désarme pas : c'est la dernière fois que je fais face à mon père et j'entends bien lui rappeler tout le mal qu'il a fait par lâcheté – (((j'ai la mémoire prodigieuse et c'est ce qui ne pardonne pas quand j'entre en état de fâcherie contre ma famille : en deux cinglantes phrases, le temps s'abolit et sortent les polichinelles de tous les tiroirs du passé – combien de fois ai-je dû me passer de manger, combien de fois me suis-je retrouvé embarré dans ma chambre parce que j'osais dire tout haut ce que mes frères et mes sœurs se contentaient de penser par-devers eux-mêmes ?))) –

– C'est depuis que tu vas entendre gueuler Pierre Bourgault que t'es plus le même ! que dit mon père. Un révolutionnaire, un membre des FLQ qui tuent du pauvre monde en faisant sauter à la dynamite des boîtes aux lettres ! Un terroriste qui risque de finir ses jours en prison, voilà ce que t'es devenu !

– On en reparlera quand le Kebek sera devenu un pays indépendant ! que je dis.

– Tu rêves en couleurs, Bibi Beauchemin ! que dit mon père. Réveille-toi, maudit baptême !

– C'est toi et Mam qui devraient se réveiller, que je dis. Vous n'êtes jamais arrivés en ville et vous n'y arriverez jamais. Vous vivez encore comme des habitants qui ne sont jamais sortis de leur bout de rang double. Le monde change mais vous autres, vous vous obstinez à rester à la même place, enfoncés jusqu'aux oreilles dans un passé aussi vide de sens que les émissions de télévision que vous regardez. Depuis qu'on est à Morial-Mort, vous n'êtes pas allés une seule fois à l'ouest de la rue Saint-Laurent. Tout

ce que vous connaissez, c'est la rue Monselet, le boulevard Pie-le-neuvième, l'église de Saint-Vital et le Mont-
Providence. Vous êtes aliénés et vous voudriez que je sois
comme vous autres : un porteur d'eau qui se couche devant tout le monde parce qu'il a peur de son ombre et de
l'ombre que font les autres. Moi, je ne suis pas comme
vous autres, je suis venu au monde pour créer, pour rêver,
pour dénoncer, je suis venu au monde pour connaître
vraiment ce que le mot passion veut dire. Quand j'aurais
pu profiter du prêt d'honneur pour continuer mes études,
vous avez refusé de me cautionner. Vous aimiez mieux
que je m'en aille travailler dans une banque pour pouvoir
empocher une pension de plus, comme vous avez empo-
ché l'argent que j'ai gagné grâce à ce que j'ai écrit. Des
gens comme vous autres, ça ne devrait pas avoir d'enfants !
Quand on est stérile dans sa tête, on devrait avoir le courage de l'être aussi dans son corps !

– Je m'en veux de t'avoir donné la vie, que dit mon
père. Je m'en veux de t'avoir élevé du mieux qu'on pouvait, comme c'est le cas pour chacun de tes frères et pour
chacune de tes sœurs. Un mécréant, un terroriste et un
révolutionnaire comme toi est indigne de la famille qui
t'a tout donné. Aussi, dis-toi bien que ce n'est pas toi qui
l'abandonnes mais elle qui te renie. Et dis-toi bien aussi
que la porte que tu vas franchir, personne ne la rouvrira
plus jamais pour toi !

– Pour que tout soit consumé, ne me manque plus
que ta bénédiction d'oblat missionnaire, que je dis. Si je
me jetais à genoux, est-ce que j'y aurais droit ?

– Dehors ! que dit mon père. Que Dieu te fasse ra-
valer même dans ton corps les paroles ignobles que t'as
proférées contre ta mère et moi ! Dieu se venge toujours
de ceux qui deviennent les suppôts de Satan ! Il les rend

infirmes, il en fait des robineux, il les fait enfermer dans des asiles !

– Amen ! que je dis en reprenant en main la valise que j'avais déposée par terre.

puis me tournant vers ma mère qui pleure :

– Au lieu de brailler, tu devrais te réjouir : t'auras plus jamais à te demander quoi faire pour ne pas toucher à cette maudite tête de cochon que je suis !

sans un regard pour mes frères et mes sœurs que l'empoignade entre mon père et moi ont fait sortir de la chambre des garçons et de la salle de jeux, je fonce vers la porte – je vais me jeter dans l'escalier quand la main de ma mère se pose sur mon bras :

– Dis-moi au moins où c'est que tu comptes aller rester maintenant, qu'elle dit.

– Je n'en sais rien, que je dis. Mais quand je serai rendu au bout du monde, je vous écrirai peut-être pour vous dire que Dieu et la famille n'ont jamais existé !

ME DISAIS :

descendre l'escalier à toute vitesse, content de me retrouver enfin dans la rue monselet qui me paraît moins laide qu'à l'accoutumée – de la fenêtre de la chambre des garçons, toute la famille me regarde m'en aller ; pour mieux la tromper, je me dirige vers la rue saint-vital, passant devant le magasin de fer d'oskar ravary, puis devant la tabagie chez nénette – j'y entrerais bien pour saluer la propriétaire qui, avant que victor téoli n'ouvre sa librairie, tenait quelques ouvrages à vendre parmi revues et journaux – ça a longtemps été pour moi une véritable oasis :

quand on m'empêchait à la maison de taper sur la vieille underwood, je demandais refuge à nénette ; elle débarrassait un bout de comptoir, elle m'apportait un tabouret et je me remettais à écrire – ça sentait la fraise à cause du chewing-gum que mâchait nénette et ça sentait la sueur aussi ; les dessous d'aisselles aux longs poils noirs que nénette aimait montrer, tout comme ses gros seins d'ailleurs : elle ne portait que des robes à bretelles largement ouvertes par devant, comme ces énormes femmes dont fellini engrosse tous ses films –

arrivé au bout de la rue saint-vital, je marche le long du boulevard henri-bourassa – avant de me rendre chez judith, je tiens à revoir une dernière fois le quartier qui m'a tant fait détester mon adolescence – (((quelle médiocrité partout et quelle laideur dans cette médiocrité-là !))) – assis sur le balcon en haut de la pharmacie des frères meloche, konrad boit de la bière comme il le fait tous les jours depuis dix ans ; il a une prodigieuse tumeur au cou, comme une deuxième tête qui se serait mise à pousser là, difforme et sans yeux – sur l'autre balcon, le chien n'a guère plus d'allure, gras comme un cochon, la peau zébrée de cicatrices et le crâne aussi dégarni qu'une boule de billard ; le chien ne vend plus de beignets depuis longtemps, à cause du diabète qui s'est attaqué à ses orteils ; on les lui a coupés l'un après l'autre et les jambes y passeront bientôt quand la gangrène se mettra dedans (((de toute façon, le chien ne se rend plus compte de rien, anéanti par l'opium qu'il ne cesse pas de fumer))) –

le boulevard henri-bourassa traversé, je bifurque vers la rue l'archevêque ; en face de la maison du juge de paix blondeau, l'épicerie du bonhomme djos allaire a fermé ses portes pour cause d'insalubrité – après notre arrivée à morial-mort, j'y ai travaillé les fins de semaine comme livreur à bicyclette; c'était la fille du bonhomme allaire qui faisait le tri des bouteilles vides dans la cave; maigre comme un bretzel et devenue fêlée du chaudron des suites d'une maladie mal soignée, elle engrangeait dans ses petites culottes tout ce qui lui tombait dans la main, mais sa prédilection allait aux bonbons à la guimauve: quand elle en retirait un de ses petites culottes, c'était maculé de sang comme un tampon d'ouate – mais la fille du bonhomme allaire n'y portait pas attention et avalait ses bonbons à la guimauve, safrement; c'était dégoûtant et je me suis cherché du travail ailleurs, chez les confitures raymond – dans la saison des fruits, la compagnie engageait beaucoup de monde pour équeuter les fraises, nettoyer les framboises et les bleuets, dénoyauter les pêches et les prunes (((à saint-jean-de-dieu, cette saison-là du fruitage a toujours été pour moi comme la glorification de l'été; à quatre pattes dans les herbes, le soleil pareil à une main chaude sur mon corps, et tous ces fruits gorgés de jus à manger par pleines poignées!))) –

mais équeuter des fraises aux confitures raymond n'avait rien de bucolique: on entrait d'abord dans une ancienne caserne de pompiers, ça suintait sur les murs tellement c'était humide là-dedans, tu devais te laver les mains, puis prendre place à l'une des tables; un surveillant t'offrait alors une tablette de chewing-gum qu'il te forçait à mâcher sans arrêt pour que tu ne puisses pas manger quelques-uns des fruits à équeuter, nettoyer ou dénoyauter – tout ce que morial-mort pouvait compter d'handicapés, de vieillards édentés et d'enfants pauvres se retrouvait dans l'ancienne caserne de pompiers, authentique cour des miracles d'un prolétariat déclassé et aussi misérable que le petit peuple de paris décrit par victor hugo: (((pourquoi manquait-on toujours d'argent pour racheter les terres de

la rallonge, les remplir de bêtes de toutes sortes et vivre
là avec elles, comme emmitouflé dans un épais capot de
chat sauvage, délivré de la haine, aussi bien celle qu'on
cultive contre le monde que celle qu'on fortifie contre sa
famille ?))) –

ME DISAIS :

j'en ai assez de penser à la lâcheté de mon père, j'en ai
assez de penser au gros corps de ma mère dans son kimono bleu liséré de jaune, j'en ai assez de marcher dans
ce quartier si laitte de mon adolescence, j'ai besoin de rêver autrement, j'ai besoin de judith, j'ai besoin qu'elle me
touche et j'ai besoin de la toucher : ses petits seins bruns, ses
fesses toutes rondes, son sexuel bombé qui goûtera la fraise
quand ma langue le lichera ; puis je mordillerai la chair
rose et ce sera encore toutes les beautés de la nuit qui viendront inonder mon corps et le féconder : naître enfin à
la manière des phallus qui sortent des corps pour y entrer,
a écrit georges bataille dans *l'anus solaire* : je désire être
égorgé en violant la fille à qui j'aurai pu dire : tu es la nuit ! –
une fois le boulevard pie-le-neuvième traversé, me
voilà enfin dans l'autre monde, du bon côté des choses, là
où les grands yeux violets de judith sont comme des soleils embrasant l'espace – (((j'entre à la taverne charleroi
et bois de la bière : avant d'arriver chez judith, il faut que
je me remette dans cet état profondément désirant qui
m'a assailli quand j'ai fait la connaissance de judith dans
l'arrière-boutique de victor téoli : celui qui désire mais
n'agit pas nourrit la pestilence, a encore écrit bataille))) –
en abandonnant définitivement la rue monselet derrière

moi, je fais juste mettre fin à cette pestilence qui m'empêchait d'être écrivain – maintenant, je me sens labouré
jusqu'au tréfonds de mon être et je pourrai enfin tirer de
lui ce que je veux, comme le kafka rédigeant fébrilement
la colonie pénitentiaire –

je me lève, empoigne la valise de carton brun, tout
mon corps déjà bandé et désireux de retrouver la chapelle
des abîmes et cette dalle sur laquelle judith, pareille à la
louve fondatrice de rome, callipyge comme un soleil, attend l'arrivée des jumeaux remus et romulus, ses fesses
rondes tournées vers la nuit, ses grands yeux violets chargés de passion –

devant les grands cèdres de la rue drapeau, je ne vois
d'abord que les carcasses rouillées des moteurs entreposés
dans la cour ; sous le soleil de plomb, l'odeur de la vieille
huile a ranci encore, empestant l'air comme de petites
bombes nauséabondes ; je me glisse entre les grands cèdres et j'entre dans la cour ; c'est alors que j'aperçois judith
qui est assise dans les marches de la galerie, et de ses mains
se cachant la figure :

– Est-ce que ça va ? que je dis.

elle enlève les mains de son visage tout barbouillé par
le mascara qui a coulé de ses yeux en même temps que ses
larmes et se redresse :

– Mon père vient de mourir, qu'elle dit. Il était allongé
dans le corridor, il m'a demandé d'aller dans la cave lui
chercher une bière et, pendant que j'y allais, il s'est traîné
vers la cuisine. Quand il a voulu se redresser pour s'asseoir
dans son fauteuil, il a perdu pied, puis est tombé tusuite,
sa tête frappant le calorifère. J'ai vu le sang gicler et je suis
sortie. Je voulais juste me jeter dans tes bras.

je la serre fort contre moi, maladroitement parce que
l'accueil de judith m'a pris au dépourvu – je suis gêné à

cause de mon sexuel dressé qui me fait mal tant il est turgescent, et ma valise que j'ai laissé tomber s'est ouverte, les
sangles pourries ayant lâché ; les feuilles de mon manuscrit s'épaillent, poussées par le vent dans les flaques d'huile
– mais c'est à peine si je le remarque : dans la même journée, tous les pères ont déserté le monde pour laisser leur
place aux oncles jumeaux de judith, au gros pharmacien
et à cette vamp de cinéma américain dont il est amoureux
– ce qu'ils sont, je n'en sais encore rien, il me faut d'abord
avec judith passer le pas de la porte et entrer dans la maison : derrière le miroir, la neuve écriture veille, comme
une chatte sagace attirant dans ses grands yeux violets ce
qui, même au fond de la mort, n'est toujours que l'émer-
gence triomphante de la vie –

(((vite, bibi : laisse-toi aspirer par cette chatte sagace,
gardienne sacrée du miroir !))) –

la porte se referme et morial-mort se désencre tout
d'un coup, jetant son eau noire dans la rivière des pourris ;
le tonnerre retentit comme un gong, puis la foudre s'abat
sur le plus grand des cèdres qu'il y a dans la cour : il se fend
en deux de haut en bas comme un totem d'écriture cal-
ciné, en même temps colombe, serpent et cochon – ce
déluge, ce silence, ce vertige : je me suis assis dans le fauteuil du père de judith, et judith s'est assise sur moi, sa figure collée à mon épaule – je vois le cadavre du père, la
mare de sang que ça fait tout autour de la tête ; ça sent la
pisse, ça sent ce que sentent les ultimes étrons quand les
sphincters se relâchent –

– Il faut appeler la police, que je dis.

– Tantôt, que dit Judith. Là, j'ai besoin que tu
m'aimes. Pour vrai. Et dans le jamais du toujours.

– Pas ici, que je dis. J'aimerais mieux que ça ne soit
pas ici.

– Je ne peux pas attendre, que dit Judith. Je ne peux pas bouger non plus. Baise-moi. Baise-moi à mort !

elle sort mon sexuel de mon pantalon, elle retrousse sa robe et son vagin bombé est nu dessous, tout mouillé déjà, je voudrais ne pas bander, je voudrais ne pas voir le cadavre du père de judith, son front ouvert, sa face qui sera toute bleuie tantôt, et ce sang qui se coagulera, passant du rouge au noir, faisant cette croûte obscène sur le plancher –

– Baise-moi ! que dit encore Judith. Baise-moi à mort !

ME DISAIS :)))

ME DIS:

je devrais être content, rien vu et rien entendu de la nuit – je ne crois pas avoir rêvé non plus ni avoir eu soif une seule fois, littéralement comme une bûche j'ai dormi, et c'est ainsi d'aussi loin que je peux me souvenir : dès que je me couche, toutes mes lumières s'éteignent et ça se fait si rapidement que je dois prendre bonne position dans le lit, car je ne bougerai pas pendant les quatre heures que dure mon sommeil ; si je ne m'abrille pas comme il faut et qu'il se met à faire froid, je ne cesserai pas de dormir pour autant : quand je me réveillerai, je serai simplement frigorifié de la tête aux pieds ; si je m'abrille trop et que survient une brutale vague de chaleur, je ne réagis pas davantage malgré la sueur qui m'enperle tout le corps ; la nuit, je n'entends pas le tonnerre quand il fait orage, je n'entends pas mes sept chiens s'ils se mettent à hurler à la lune parce que passe le train sur la voie ferrée – ((((ç'est sans doute ça la mort, plus d'œil pour voir, plus d'oreille pour entendre, et un cœur qui ne bat plus que pour la forme)))) –

quand je me réveille, ça se rallume aussi brusquement que ça s'est éteint : je n'ai pas les yeux ouverts qu'il faut que je m'assois sur le bord de mon lit et que je respire plusieurs fois profondément ; sinon, je ne discerne rien de ce qu'il y a autour de moi, nulle forme, nulle perspective

– ((((que des ondes aux couleurs de l'arc-en-ciel qui ondulent en courant discontinu, qui me passent au travers du corps comme autant de spirales chargées d'électricité)))) – je n'aime pas beaucoup le sentiment qui m'assaille alors parce qu'il me porterait aux confins de la panique si je ne réagissais pas, d'où l'utilité de la bouteille de whisky que j'ai gardée entre mes jambes toute la nuit : m'en emparer, libérer le goulot, puis boire avidement et aussi longtemps qu'il le faut pour que cessent d'onduler les ondes en forme de spirales ; après, mon quant-à-moi retrouvé, je peux m'orienter à nouveau dans l'espace, les choses ayant repris leur place, sans plus d'étrangeté dans leurs vibrations comme si tous les morceaux épars que la nuit a décomposés en particules se recollaient les uns aux autres, redevenaient matière solide, par exemple cette commode qu'il y a dans ma chambre, et cette petite table, et ces encadrements sur les murs, et ce ventilateur qui ne ventile rien –

mon épaule et mon bras gauches me font mal, l'humidité ne leur réussit guère à cause de l'atrophie des muscles et des nerfs, ça pénètre jusqu'aux os, jusqu'à la mouelle, comme si d'innombrables pics-bois frappaient dessus, comme si d'innombrables petits vers entraient dedans – cette impression d'être mangé de l'intérieur dans mon épaule et dans mon bras gauches, cette impression que ça va descendre jusqu'à ma jambe si je ne fais rien pour la juguler – avaler quelques gorgées de whisky, masser les muscles et les nerfs de ma main droite, penser à kafka pour détourner mon esprit de la douleur que j'ai – j'envie la jeunesse de kafka, moins triste que ne le prétendent ses biographes, sinon comment aurait-il pu écrire ceci à son ami max brod :

« Je fais beaucoup de moto, je me baigne beaucoup, je reste longtemps couché dans l'herbe au bord de l'étang ;

jusqu'à minuit je suis dans le parc avec une fille assommante tant elle est amoureuse. J'ai déjà retourné le foin dans les prés, j'ai construit un jeu d'anneaux, redressé des arbres après l'orage, trait et ramené le soir à la maison les vaches et les chèvres, beaucoup joué au billard, fait de grandes promenades, bu beaucoup de bière, et je suis même déjà allé au temple » –

sauf pour le temple, ainsi allait ma vie par petites vagues avant que judith ne se manifeste ; comme kafka, je me souviens de ce que je faisais avant que le facteur, ce jour-là de mon anniversaire de naissance, m'ait apporté une première lettre de judith : la matinée était soleilleuse, mon bras et mon épaule gauches ne me faisaient guère souffrir, ils n'avaient pas encore besoin d'une attelle pour ne pas s'affaisser, je pouvais m'en servir, modestement il est vrai, mais je ne m'en plaignais pas : le corps est une prodigieuse machine quand la nécessité le lui impose, il apprend à s'adapter, il apprend à corriger les automatismes de la pensée, il apprend au corps infirme à orienter autrement plusieurs de ses muscles et de ses nerfs ; longtemps, j'ai donc pu me lever de bonne heure pour prendre soin moi-même de ma grande maison des trois-pistoles – en ai restauré l'intérieur et l'extérieur, et planté partout des arbres, et dessiné les plans d'un potager qui aurait fait l'envie de bouvard et de pécuchet, et fait bâtir une grange et une étable pour y emmener dedans le plus d'animaux possible comme dans l'arche de noé ; j'ai refait le pays à mon image et à ma ressemblance, j'ai mis de la beauté là où il n'y avait que de la laideur, des choses mortes, de la terre inféconde, des eaux stagnantes et malodorantes – ((((cette simple volonté qui ne demande que de l'acharnement, car le plaisir surgit si seulement on sait se déterminer, et pour ainsi dire à perte de vue : créer en dépit de tout ce qui manque, créer justement parce que tout manque, même le silence entre chaque mot qu'on dit et chaque acte qu'on fait : être capable parce qu'on ne peut plus être empoisonné, a écrit artaud)))) –

ce matin-là que tout a basculé, je cueille les tomates de mon potager ; ça sent bon la fin de l'été à cause du fond de l'air qui est imprégné de tant d'odeurs que c'en est enivrant, mais d'une ivresse paisible – je me sens habité : même si je suis à quatre pattes dans le potager, j'ai le sentiment que mon corps flotte, qu'il s'est libéré de la gravité, comme ça arrive dans la musique de beethoven quand elle se joue au milieu de la forêt de cobourg : plus de colère, juste cet apaisement qui se gazouille, qui se jacasse, qui se murmure – ((((que ma joie demeure, au-delà de la solitude où je me tiens, me détiens, me retiens !)))) – voilà comment je suis lorsque le facteur arrive –

– Une lettre pour vous, qu'il me dit en entrant dans le potager comme s'il était chez lui, prenant une tomate et mordant dedans.

je regarde d'où vient la lettre : ce format carré, cette couleur noire de l'enveloppe, c'est fort intriguant et ça me rappelle les crêpes qu'on mettait jadis sur les portes des maisons pour signaler les décès ; je ne reconnais pas l'écriture et, au recto, il n'y a même pas d'adresse de retour –

– Vous ne regardez pas dans l'enveloppe ? que dit le facteur.

je ne réponds pas à sa question, je glisse la lettre dans l'une des poches de ma salopette, et je me remets aussitôt à cueillir les tomates –

– Sont bonnes, que dit le facteur avant de sortir du potager. Sont bonnes en bout de ciarge !

les tomates mises en tas sur la table de pommier de la cuisine, si encombrée de fruits c'est qu'on dirait une montagne ensanglantée – je m'asseois devant et mets la tête sur l'amas : quelle beauté et quelle générosité il y a dans les odeurs, à désirer enfoncer profond dedans pour y dormir pendant des nuits et des jours – mais je fais ce mouvement sur la chaise, et craque l'enveloppe que m'a remise le facteur ; je l'extirpe de ma poche, en regarde encore le recto et le verso, mais j'aimerais mieux ne pas avoir à l'ouvrir : depuis que je suis un écrivain vieillissant, je déteste recevoir des lettres ((((ce sont généralement de jeunes femmes qui me les écrivent parce qu'elles ont lu l'un ou l'autre de mes romans, que ça les a pâmées et qu'elles demandent à me rendre visite, s'imaginant que je suis encore dans la force de l'âge, avec cette sexualité animale comme quand j'avais trente ans et que je croyais, pour l'avoir lu chez jacques ferron, qu'on n'apprenait vraiment qu'en faisant, sur d'épais oreillers, la connaissance de beaucoup de femmes, fêlées du chaudron autant que possible)))) –

ME DIS :

ouvrir l'enveloppe si je veux en finir avec – j'en lirai quelques lignes, puis je ferai flamber la lettre dans le poêle à bois comme je fais avec toutes celles que je reçois – tant que ça ne sera pas fait, la montagne ensanglantée de tomates sur la grande table de pommier gardera en suspens ses couleurs et ses odeurs –

je déchire l'un des côtés de l'enveloppe, j'en retire cette mince feuille de papier pliée en quatre ; on dirait un petit accordéon de foire : un peu de vent qu'on mettrait dedans et ça se gonflerait, chargé de musique –

je lis :

« Me meurs. Mais ce n'est pas une colère d'esprit, même pas une colère de cœur, mais cette fois une colère de corps – Artaud. Souhaite ardemment te revoir avant. Me meurs. Or la peau interne a un sang, dans la perle un orient, elle vit jusqu'à ce que, zone par zone, place par place, pluie par pluie, pays par pays, ruisselle des paupières, naître, orgie – histoire vécue d'Artaud-Momo. Samedi en huit, je t'attendrai devant la cordonnerie-librairie de Victor Téoli, rue Monselet, à Morial-Mort. ((((Nota bene : la cordonnerie-librairie, c'est maintenant une boutique d'affiches, de cartes postales et de vieilles photos.)))) Me meurs. Viens vite ! Judith. »

c'est ainsi que tout a commencé – ou recommencé, car je ne sais toujours pas pourquoi j'ai répondu à la lettre de judith quarante ans après avoir fait sa connaissance, et quarante ans aussi après avoir rompu avec elle – je ne l'ai jamais revue, je n'ai jamais reçu quoi que ce soit d'elle, même pas de ses nouvelles par un ami commun que j'aurais pu croiser dans la rue par hasard ; à peine si je me souviens du corps et du visage de judith, seul l'œil grand et violet m'est resté en mémoire, et c'est à cause de lui que tout m'est revenu, et c'est à cause de lui que je suis là ce matin, assis au bord de mon lit, dans cette chambre humide d'hôtel en périphérie de libreville, dans ce gabon dont je ne sais rien, sinon qu'il y fait trop chaud pour le côté gauche de mon corps : s'affaisse malgré lui, et j'aurai bientôt l'air d'une marionnette de foire quand lâchent quelques-unes de ses ficelles et que le membre atteint, bras ou jambe, fait dislocation – l'attelle que j'assujettis à mon épaule et à mon bras est poisseuse, me colle à la peau, j'ai de la difficulté à la ganser comme il faut ((((je ne sais pas bien travailler de la main drette, ça m'a pris des mois à apprendre à l'utiliser à la place de la gauche, et aujourd'hui encore, je n'arrive même pas à m'en servir pour manger, boire ou me torcher proprement)))) –

me penche afin de récupérer la bouteille de whisky entre mes jambes sur le plancher, quelques rasades et je pourrai enfin me redresser, puis prenant appui de ma canne, je vais faire pendant une dizaine de minutes les quatre cents pas dans la chambre, puisque je laisserai à mon cerveau le temps de s'adapter à mon infirmité, sinon il va fonctionner comme si je n'avais jamais eu la poliomyélite, il va penser comme quand j'étais ce garçon jeune et vigoureux qui faisait l'apprentissage de la boxe et du patin sur glace et du bâton de hockey et du ballon de football, des sports que j'aimais parce que je pouvais m'y montrer endurant et rude et même vicieux tellement j'avais de l'agressivité à dépenser : ce n'était pas des adversaires que je frappais le plus durement possible, c'était mon père, ma mère, mes frères et mes sœurs, je voyais leurs visages sous les casques et les masques, mes muscles et mes nerfs se tendaient à l'extrême et je fonçais droit devant pour les renverser d'un coup de tête, d'un coup de poing, d'un coup de genou dans les parties honteuses – ((((et maintenant, ce corps fatigué d'homme vieillissant dont les articulations craquent et qu'il me faut préparer avec patience pour qu'il résiste une journée de plus au travers de l'indifférence du monde)))) –

sur les murs de ma chambre, je regarde vraiment pour la première fois les encadrements qui s'y trouvent, au nombre de treize comme les stations du chemin de croix chrétien ; je m'approche du premier et le zieute : ce portrait d'un explorateur, le premier européen à s'être aventuré à l'intérieur du gabon dans le premier quart d'heure du dix-neuvième siècle – on lui doit la découverte des gorilles, des cannibales et des pygmées : un petit homme osseux, moustachu, au chapeau pointu, portant une besace par devant, un colt à la main droite, et s'appuyant sur un fusil si long qu'il lui arrive presque à l'épaule ; on l'a peint avec de grands yeux inquisiteurs, on voit passer devant lui les bêtes jusqu'alors inconnues qu'il chassait, faisait empailler et vendait aux grands musées d'europe et d'amérique – je lis sous le portrait cette légende : l'explorateur et aventurier paul belloni du chaillu est arrivé au gabon alors qu'on libérait les esclaves nègres et qu'on les autorisait à fonder un premier village qui devait devenir libreville, en bordure de la mer océane et sur la ligne même de l'équateur – ((((le père de du chaillu, un bien étrange personnage aussi si j'en juge par cet autre encadrement qui, tout en me donnant à voir sa triste figure, raconte que de fripier à besançon, il devint négrier dans l'île bourbon, une colonie française en pleine expansion : à cause de l'industrie de la canne à sucre, on a besoin de beaucoup d'esclaves et le père de du chaillu se serait mis riche en en faisant le commerce malgré que par ordonnance royale française, la traite était interdite depuis 1817 – mais la canne à sucre rapportant beaucoup à la métropole, on laissait les négriers faire cargaison d'esclaves aussi loin qu'à madagascar et zanzibar : dans l'île bourbon seulement, on faisait besogner 62 000 esclaves dont plus de la moitié provenait de la traite interdite)))) –

devenu riche, le père de du chaillu veut rentrer dans son pays natal de besançon : il part de l'île bourbon, laissant derrière lui sa femme mulâtre et enceinte ; quand il arrive en France, de mauvaises nouvelles l'attendent, le bateau dont il est le propriétaire ayant été arraisonné : cent cinquante nègres se trouvant à bord, le père de du chaillu est traduit en justice pour trafic d'esclaves et condamné à quelques années de prison – il gardera toutefois la fortune qu'il a amassée et dès sa libération, en profitera pour se marier et reprendre la route vers l'île bourbon où il mènera encore un grand train de vie bourgeois, sept esclaves nègres lui servant de domestiques – on ne sait pas toutefois ce qu'il est advenu de sa première femme, cette mulâtre qui lui a donné un fils, qu'il ne reconnaîtra jamais officiellement et dont il se débarrassera en l'envoyant se faire éduquer en france – ((((mais l'île bourbon ce n'est déjà plus la mine d'or qu'elle a déjà été, la culture de la betterave dans d'autres colonies françaises étant en train de supplanter celle de la canne à sucre ; et puis, l'émancipation des nègres dans l'île ayant commencé, le père de du chaillu, par crainte de s'appauvrir, décide d'émigrer au gabon que la france a investi, y bâtissant un comptoir fortifié sur la colline d'okolo, aujourd'hui libreville ; l'endroit y est magnifique et stratégique, à cause de l'immense baie qui permet à la flotte française de s'assurer la suprématie sur toute la côte est africaine – et le commerce avec les tribus gabonaises s'avère rapidement fort profitable : l'ivoire, les bois précieux et la cire rapportent désormais des profits tels qu'ils dépassent ceux qu'on faisait avec le trafic des esclaves ; le père de du chaillu peut donc dormir sur ses deux oreilles tout en continuant à s'enrichir)))) –

le fils du chaillu choisit la taxidermie comme profession ; mais la révolution de 1848 le terrorise au point que, déterminé à quitter la france, il s'embarque pour le gabon afin d'y rejoindre ce père qu'il ne connaît pour ainsi dire pas – il y arrive en mai 1848 : un tout jeune homme de dix-sept ans que le continent nègre fascine aussitôt comme c'est raconté sous cette gravure, la plus grande de toutes celles qui se trouvent accrochées sur les murs de ma chambre :

« Voici donc l'Afrique ! À un mille, on distingue une terre assez plate, à la végétation luxuriante ; à deux encablures, le paysage se précise : les petites collines du Louis et le mamelon d'Okolo, couronné du Fort d'Aumale, se dressent en arrière de la plage. Dans la plaine, étroite, d'immenses fromagers marquent l'entrée des sentiers qui montent vers le joli village du roi Louis et l'établissement de MM. Cousin et Du Chaillu, situé à 400 mètres en aval d'Okolo, sur une concession de 12 hectares, accordée par les rois Quaben et Louis Dowé. Du bateau, le futur explorateur distingue aussi, serpentant le long de la grève un chemin qui, parti de Louis, passe devant le fort et se dirige vers Glass et Baraka, haut lieu du commerce britannique et siège de la mission presbytérienne américaine. Et partout, à quelques centaines de mètres, des petits hameaux mpongwé et les modestes habitations des Blancs, la présence de la forêt qui fascine le voyageur : la faune équatoriale est là, rôdant au seuil des fragiles habitations » –

commence ainsi la colonisation d'un coin de pays, puis de tout un continent : par le trafic des esclaves, on détruit les forces vives de ses peuples, puis on les dépouille de leurs richesses en les abandonnant aux bons soins de missionnaires qui vont se charger de leur faire accepter que le royaume du dieu chrétien n'étant pas de ce monde, il vaut mieux, pour son salut éternel, s'appauvrir en laissant les autres s'enrichir ((((ainsi connaîtra-t-on les joies du paradis, tandis que l'envahisseur brûlera dans le feu de l'enfer !)))) –

le jeune du chaillu est déçu par ce père pour qui il est toujours un embarras : s'il l'emmène parfois à l'intérieur du pays, chez les mpongwé, les benga, les bulu et les sequi dont il achète le caoutchouc et les bois d'ébène et de santal, le père préfère confier son fils aux bons soins du pasteur wilson et de sa femme ; le jeune du chaillu les considère bientôt comme ses parents, se convertit au protestantisme et apprend la langue anglaise, car il rêve déjà du jour où il s'établira aux états-unis – en attendant, il se documente sur ce gabon qu'il connaît peu, mais que les explorateurs et les aventuriers ont commencé à sillonner, à la recherche de cités disparues qu'on croit pleines d'or ou de tribus nègres chassant des bêtes jusqu'alors inconnues et porteuses de ces défenses d'ivoire dont chacune vaut une petite fortune sur le marché international – le jeune du chaillu se lie d'amitié avec des mpongwé de son âge et maîtrise bientôt assez bien leur langage pour qu'on lui permette d'assister à leurs fêtes et à leurs rituels ; mais c'est le peuple fang qui fascine le futur explorateur : il habite loin à l'intérieur des terres, serait fort guerrier et même cannibale – du chaillu voudrait bien partir à sa recherche, mais ça serait là une longue et coûteuse expédition : les animaux exotiques qu'il empaille pour des collectionneurs français ne suffiraient pas à en défrayer les coûts ; aussi du chaillu se tourne-t-il vers le nouveau monde, persuadé que seuls de riches philanthropes américains pourraient lui venir en aide – ((((mais comment parvenir jusqu'à eux, sinon en devenant professeur de français dans un collège pour jeunes filles riches de new york et en faisant don à d'importants musées des oiseaux empaillés au gabon, qu'il a pris soin d'apporter avec lui afin que s'ouvrent les portes de la grande société américaine : trois ans seulement après son arrivée en amérique, du chaillu peut en repartir, mandaté par plusieurs sociétés new-yorkaises pour explorer l'intérieur du gabon et en rapporter plantes, oiseaux et animaux de toutes espèces inconnues aux états-unis)))) – c'est ce que donne à voir le dernier encadrement qu'il y a sur les murs de ma chambre, une illustration du départ de du chaillu pour l'intérieur du gabon : une grande pirogue chargée à ras bord de marchandises de traite, des nègres faisant leurs adieux à leur famille avant d'embarquer, et du chaillu tenant la hampe d'un grand drapeau américain – on est en avril 1856, à la base de washington, sur la rivière mondah –

ME DIS :

heureusement qu'il n'y a plus d'encadrements à regarder et à déchiffrer, parce que c'est là une manie que j'ai le matin : me faut lire n'importe quoi, des statistiques sur les joueurs de hockey, des faits divers pris dans de vieux journaux, une entrevue avec celine dion, une liste des films qu'on présente dans les cinémas, les cotes de la bourse, quelques annonces classées ou quelques notices nécrologiques : peu me chaut ce que je lis, puisqu'il y a toujours un mot qui m'y attend, et ce simple mot-là, depuis que je suis un homme vieillissant, suffit généralement à occuper mon peu d'esprit pour la journée, tout s'orientant par-devers lui, tout s'organisant autour de lui, tout se faisant et se défaisant à l'intérieur de lui – ((((du chaillu, j'aime bien, on dirait un arbre de l'espèce du chêne, court sur de grosses racines, tronc large, feuillage si dense que ça ressemble à de la barbe forte et rêche)))) –
me suis assis à nouveau sur le bord de mon lit : encore quelques rasades de whisky et je ne sentirai presque plus rien du mal dans mon épaule et mon bras gauches ; et la fourmilière qu'était devenue ma jambe cessera de fonctionner, ses travailleuses acharnées étant désormais saoulées à mort ; pour qu'elles ne reprennent pas leur besogne, j'aurai qu'à sortir de la poche de mon veston le petit fiasque qui s'y trouve, qu'à ingurgiter régulièrement quelques

lampées de whisky, et l'homme vieillissant que je suis devenu devrait pouvoir encore passer la journée sans trop de mal –

faut que je descende maintenant au bar de l'hôtel, pas tellement parce que j'ai besoin de m'y sustenter, mais pour le cas que judith m'y donnerait enfin de ses nouvelles : viendra-t-elle à ce rendez-vous qu'elle m'a fixé ou, sous le prétexte que sa santé est mauvaise, m'en donnera-t-elle un autre, ailleurs sur le continent, ou plus loin encore, en amazonie, en sibérie ou au fin bout de la terre de feu ? –

me suis redressé, ai pris ma canne après m'être assuré que le fiasque de whisky et mon petit cahier noir sont bien cantés dans mes poches puis, tel le manchot empereur quand il se dirige vers la mer, à petits pas raides je sors de la chambre : la cage d'ascenseur étant toujours en réparation, je dois descendre la trentaine de marches en faisant attention où je mets les pieds ((((le bois des marches est mal usé, on dirait que des nids de poule s'y sont creusés, juste assez larges et assez profonds pour que j'y mette le bout du pied et fasse culbute dans l'escalier)))) – et toujours cette trâlée d'enfants qui surviennent de nulle part, donnant tête première sur moi, de face ou de dos, ce qui m'oblige à ne pas lâcher la rampe si je veux arriver avec tous mes morceaux au bar de l'hôtel –

il y a foule dans le hall et il y a foule au bar, tous des comédiennes et des comédiens si j'en juge par les costumes qu'ils portent et l'épais maquillage qui fait des masques de leurs visages, porteurs de grands yeux noirs comme flottants au centre d'orbites lactées pareilles à du blanc d'œuf – zigzaguant parmi eux, je finis par atteindre le bout du comptoir où se trouve le seul tabouret libre ; m'y asseoir enfin et commander du pain et de la confiture de banane –

– Vous allez devoir patienter un peu, que dit le pygmée en faisant ce geste de la main pour me montrer les
comédiens. On a manqué de pain. J'ai envoyé ma femme
en chercher. Un café, en attendant ?
    – Non. Un whisky, que je dis.
    – Vous avez travaillé toute la nuit ? que dit le pygmée.
    – En quelque sorte, oui, que je dis. En fait, j'ai at-
tendu ce message dont je vous ai parlé hier. Pas de lettre,
pas de télégramme, pas de téléphone ?
    – Non, que dit le pygmée. De ce côté-là, ce fut le
calme plat toute la nuit. Désolé.
    le pygmée est trop occupé pour me faire la causette
plus longtemps et je ne vais pas m'en plaindre : je déteste
avoir à parler le matin, même entre deux portes ; c'est ainsi
depuis si longtemps qu'aujourd'hui je ne saurais plus faire
autrement ((((dès que je me suis mis à écrire, j'étais debout dès quatre heures et j'alignais aussitôt des mots sur
de grandes feuilles de notaire, jusqu'à huit heures alors
que je devais cesser pour m'en aller besogner quand j'avais
un travail ; puis, une fois installé aux trois-pistoles, tous
mes avant-midi ont coulé dans l'écriture, et les après-midi
aussi : parfois parce que je me prenais pour un marathonien)))) – tout ce dont j'avais besoin pour durer, c'était
d'un verre de whisky à toutes les demi-heures ((((le marathonien en moi se prenait aussi pour malcolm lowry qui
n'écrivait rien s'il n'avait pas une bouteille de whisky à
portée de la main ; dans *lunar caustic*, bill plantagenet dit
pourtant : « J'ai l'intention de renoncer non seulement à
la boisson, mais au monde en général : ce que je voudrais,
me semble-t-il, c'est acheter un cheval et une charrette
et traverser toute l'Irlande, en colportant des baguettes,
lentement, au son des grelots, dans la poussière blanche
du soir »)))) –

– Vous êtes journaliste ? que me dit la personne qui vient de s'asseoir sur le tabouret à côté du mien.

– Pourquoi devrais-je en être un ? que je dis en continuant de regarder devant moi.

– Vous en avez l'air, que dit la personne. Notre festival de théâtre fait venir des journalistes de partout dans le monde francophone. Vous êtes d'où ?

– Du Kebek, le pays des nègres blancs d'Amérique, que je dis.

– Des nègres blancs ? que dit la personne. En Amérique ? De quoi vous parlez ?

– Pas d'importance, que je dis.

j'ai tourné la tête pour voir qui s'est assis à côté de moi : une mulâtre assurément, son teint peu foncé, son nez aquilin, ses lèvres un brin pulpeuses et ses yeux bleus comme l'est une mer étale ; une jeune fille de mon âge comme je m'amuse à me le dire à moi-même depuis que je ne suis plus qu'un homme vieillissant – ((((c'est la voix qui m'a fait croire que j'avais affaire à un homme, rauque et basse, peut-être simplement graveleuse)))) – et cette main qui se tend vers moi, longue et fine, les bouts de doigts tout rosés :

– Je m'appelle Calixthe Béyala, que dit la voix rauque et basse, peut-être seulement graveleuse.

– Je connais la romancière qui a écrit *C'est le soleil qui m'a brûlée*, que je dis. C'est un bon livre, m'a-t-il semblé quand je l'ai lu.

la mulâtre rit, montrant ses belles dents blanches, tandis que je lui effleure la main de la mienne, si poisseuse qu'elle me fait un peu honte, comme mes dents d'ailleurs dont plusieurs se sont porté manquantes il y a lointain déjà –

– Vous riez, que je dis. Peut-être me suis-je trompé pour le titre de votre livre ?

– Le titre est exact, sauf que je ne suis pas celle qui l'a écrit même si je m'appelle Calixthe Béyala. Moi, je m'occupe du festival de théâtre de l'afrique noire quand ça a lieu. Autrement, je suis libraire. C'est tout près d'ici. Si vous en avez le temps, faites-moi visite aujourd'hui.

elle me tend la carte d'affaires de sa librairie, se lève, puis regarde la bande de comédiens qui a fini de manger :

– Faut que je les emmène au parc maintenant, que dit Calixthe Béyala. Je serai à la librairie en début d'après-midi.

elle semble remarquer pour la première fois l'attelle qui m'assujettit l'épaule et le bras gauches puis, après s'être passé le bout de la langue sur la lèvre inférieure, elle dit :

– C'est la polio que vous avez eue ?

– Oui, que je dis. Ç'est aussi évident que ça ?

– Non, pas vraiment, qu'elle dit. Je... je suis désolée.

– Je ne vois pas pourquoi vous devriez l'être, que je dis.

– C'est que... rien, qu'elle dit. Une autre fois, peut-être.

pour ne plus avoir à me regarder, elle fend l'air, se retrouve au milieu des comédiens, et tout le monde sera bientôt parti, laissant dans le fond de l'air des odeurs de parfums, de maquillage et de sueur ; j'éternue, puis mange le pain et la confiture de banane que le pygmée a mis devant moi avant d'aller débarrasser la grande table de ses débris – j'avale rapidement parce que je veux prendre de court le pygmée trop bien installé sur sa caisse de bière derrière le comptoir : j'ai déjà parlé de reste pour ce matin et je ne tiens vraiment pas à être forcé de faire encore causette avec quiconque –

– Vous avez un cellulaire ? que dit le pygmée.

– Pourquoi donc un cellulaire ? que je dis.

– Je pourrais vous appeler si je reçois quelque chose pour vous, que dit le pygmée.

– Quand je rentrerai, que je dis. C'est pas si urgent.

pas moins chaud aujourd'hui que ça ne l'était hier : le soleil a déjà la couleur d'un jaune d'œuf dans le ciel et la poussière de la rue y monte par petites spirales malgré qu'il ne vente pas pour la peine, un semblant de courant d'air venant parfois m'effleurer le visage – la rue : bondée de monde, commerçants et clients qui marchandent les patates douces, les mangues et les bananes ((((pas encore de poisson ni de viande, on n'en fera marché qu'à l'heure du midi)))) – cette pauvreté des échoppes qu'on dirait faites de carton-pâte, le peu de variété dans les marchandises offertes, ces gens maigres autant que le sont leurs chiens, et pourtant ça ne cesse pas de plaisanter et de rire, peut-être parce qu'il y a de la couleur partout : peinture vive des murs, des étals, des tables et des chaises, costumes bariolés, chapeaux de paille et bonnets comme des eaux fortes –

parce que je ne veux pas passer par le parc où talou, empereur du pokunulélé et roi du drelchkaffka, doit être à la veille de recommencer à se manifester, je m'engage dans cette autre rue, puis dans cette autre encore, satisfait que mes chevilles et mes genoux me fassent moins mal depuis que je me suis mis à marcher – ((((rien de remarquable nulle part, sinon l'influence de la civilisation américaine comme partout ailleurs dans le monde : ce restaurant qui s'appelle *chez marie qui fait chaud* et que chapeaute un énorme bouchon de coca-cola, ou ce qui semble être un sommet dans l'art du faire comme si : cette salle de danse à l'architecture fort étrange puisque la façade du bâtiment est un énorme tracteur comme ceux qu'on voit sur les routes de l'amérique, rouge vif c'est, avec deux portes noires per-cées dans la structure pour que les danseurs puissent en-trer et sortir ; le reste de la façade ressemble à une énorme boîte de camion qu'on aurait stationnée de travers et peinte comme une bande de film : une pompe à essence, de larges routes, de puissants camions, des images californiennes, une immense chope de bière au-dessus et la raison sociale de la salle de danse : HOLLYWOOD ((((la folie de quelques-uns, le rêve de tous)))) –

m'éloigner au plus sacrant parce qu'autrement je finirais par croire que je vagualâme dans un quartier populaire du grand morial, peut-être même dans cette rue où judith habitait quand je l'ai connue, entre l'épicerie de djos allaire et le garage g. théroux, les deux commerces placardés de vieilles affiches rouillées annonçant pepsi cola, firestone, le papier torche-cul cotonnelle et les timbres goldstar ; peu importe où c'est qu'on se trouve désormais dans le monde, tout n'est rien que ressemblance involontaire ou délibérée, même et surtout ce qui s'indique comme différence ((((ce que savait déjà mon grand-père charles quand il nous racontait l'histoire de son ami cordonnier des trois-pistoles qui, après avoir fermé boutique, entreprit de faire le tour du monde ; quand il en revint au bout de cinq ans, mon grand-père lui demanda ce que son voyage lui avait appris : cette simple vérité que les souliers se font partout de la même façon, que lui avait répondu l'ami cordonnier)))) –

un tour complet sur moi-même et je ne sais plus trop où je me trouve – rien du paysage ne s'est imprégné dans ma mémoire, à part l'enseigne de *chez marie qui fait chaud* et la façade délirante de la salle de danse ((((HOLLY-WOOD)))) : j'en suis trop loin maintenant pour que ça me serve de repères – je suis un voyageur nonchalant et judith me le reprochait toutes les fois qu'on prenait la route ensemble ; j'ai jamais appris à lire une carte, je ne fais pas la différence entre l'est, l'ouest, le sud et le nord, on me dit tourne à droite et je m'en vais à gauche ; mais je suis très doué quand il s'agit de m'engager sur de petites routes qui t'empêchent de revenir sur tes traces et qui ne mènent nulle part : en me donnant tous ces rendez-vous auxquels elle ne vient pas, peut-être judith ne pense-t-elle qu'à se venger de ces voyages manqués dont je lui disais pourtant qu'ils donneraient lieu à de grandes réjouissances –

aujourd'hui, c'est comme hier, et hier je ne voulais pas penser à judith inutilement, et d'autant moins que mes jambes sont plus solides, mon épaule et mon bras gauches moins souffrants ; la chaleur et l'humidité me semblent plus supportables, comme si j'avais appris à respirer autrement – je ne sens même pas le besoin de recourir à mon fiasque de whisky et c'est à peine si je m'appuie sur ma canne pour avancer ; je dis avancer sans savoir si je vais par devant ou par derrière : je comptais sur certaines couleurs très vives que j'ai vues pour ne pas trop m'éloigner de l'hôtel, mais j'aurais été mieux de semer de petits cailloux blancs par-dessus mon épaule parce que là, comme ça se présente, je ne m'y reconnais guère – il y a ces grands arbres de l'autre côté de la rue, peut-être est-ce le parc dans lequel je me suis égaré hier, haut lieu de ce festival de théâtre nègre dont talou est le roi et l'empereur autoproclamé ; avec un peu de chance, j'y arriverai peut-être pour voir les comédiens disparaître de scène, la représentation de la pièce déjà terminée –

je me trompe, bien sûr : le deuxième acte de la pièce qui en compte trois vient tout juste de commencer et me voilà pris à m'asseoir sur cette souche de bananier dont on a creusé le bois pour qu'elle prenne forme de siège – regarder vaguement la foule qui m'entoure sans vouloir admettre que si je le fais, c'est que j'aimerais bien y voir la tête de cette jeune femme de mon âge qui m'a dit se nommer calixthe béyala quand, au bar de l'hôtel, j'attendais mon pain et ma confiture de banane ; mais parmi tant de gens aussi bariolés, comment reconnaître une figure et deux grands yeux sombres comme la tombe où repose mon ami ? –

le roi et empereur talou trône sur la scène, ses femmes et ses enfants assis à ses pieds ; la cérémonie du sacre ayant dû se terminer hier, tout ce monde-là fait maintenant de la figuration, se contentant de regarder et d'entendre tous les ambassadeurs que les grandes puissances colonisatrices ont dépêchés à l'avant-scène afin de rendre hommage au grand roi-nègre ; on lui offre d'abord tribut avec toutes sortes de pièces de métal qu'on a extraites des mines africaines avant de les transporter en europe pour en faire la transformation grâce à de colossales machines ressemblant à des poules encagées et ne cessant pas de pondre : des œufs d'or, d'argent, de cuivre, de nickel ou de bronze – on en a fait fondre de grandes quantités sous forme de louis, d'écus et de pistoles, et les rois d'europe en ont fait de la monnaie, nombreuse pour eux-mêmes, menue pour les ouvriers l'ayant fabriquée, menue aussi pour les esclaves nègres devenus aveugles au fond des mines ; chaque fois qu'un ambassadeur vient sur scène, déguisé en machine à sous qui déverse d'innombrables pièces sur le tapis, le roi et empereur talou, ses femmes et ses enfants applaudissent : avec tout cet argent qui semble tomber du ciel, talou pourra acheter des blancs ces armes sophistiquées qui lui permettront de vaincre les tribus rivales, de s'emparer de leurs mines pour vendre aux étrangers ce qu'on en tirera en pots de vin –

les ambassadeurs envoyés par les rois européens ne sont pas que des machines à sous : ils connaissent trop bien le roi et empereur talou pour ne pas savoir que les pièces de métal ne suffiraient pas à le contenter : les souverains nègres aiment presque autant la musique, la danse et le chant que ce qu'on peut trouver dans la caverne d'ali baba – aussi, les meilleurs musiciens, les meilleurs danseurs et les meilleurs chanteurs blancs prennent-ils la relève des artistes nègres et se présentent-ils sur scène, chacun y faisant son grand numéro de séduction : se sacrer soi-même empereur du pokunulélé et roi du drelchkaffka, c'est bien ; mais se faire consacrer par les ambassadeurs des grandes puissances d'europe, c'est encore mieux et autrement plus efficace : après une telle reconnaissance, toute action que talou voudra bien entreprendre, même guerrière et sanguinaire, sera considérée comme légitime et encouragée ; mais au-delà de la musique, de la danse et du chant, ce que les ambassadeurs tiennent par-dessus tout à démontrer, c'est leur supériorité en tant qu'artistes, ce qu'ils proclament c'est : nos musiciens ne jouent pas que sur des tam-tams primitifs, ils savent inventer des instruments complexes, de véritables machines aux sons illimités ; nos danseurs ne se contentent pas de faire prières par leurs corps pour que tombe la pluie ou que revienne le soleil, ils sont la pluie, ils sont le soleil, ils sont toutes les étoiles du ciel et ce qu'il y a encore au-delà du ciel ; nos chanteurs, dont on a trafiqué les cordes vocales, ne sont pas de simples troubadours, mais de puissantes machines technologiques capables, pour ainsi dire en un clin d'œil, de vous faire passer d'une gamme de sentiments simples à l'émoi simultané et totalisant de plusieurs portées ! –

sur scène, les sketches se succèdent à un rythme d'enfer ; tantôt, c'est cet amputé de la jambe qui s'est fait fabriquer une flûte avec son tibia et qui en joue comme d'un violon ; et tantôt encore, c'est cet écuyer qui apparaît, en veste bleue, culotte de peau et bottes à revers, conduisant un magnifique cheval noir plein de sang et de vigueur : quand cavalier et monture s'arrêtent, des spectateurs se mettent à scander équateur !, libreville !, gabon !, et le cheval, après de tonitruants hennissements, répète à son tour équateur !, libreville !, gabon ! – et lorsque la foule déchaînée exige qu'il hennisse des phrases complètes, le cheval se met à débiter son répertoire entier, comprenant maints proverbes, fragments de fables, jurons et lieux communs récités au hasard ((((rien qu'un gros perroquet-cheval nègre devenu la coqueluche de la foule)))) –

en ai assez vu pour aujourd'hui : boire quelques rasades de whisky, laisser ma souche de bananier et me diriger vers la rue, puis vers mon hôtel ; judith a dû se manifester durant mon absence, peut-être attend-elle que j'aille la chercher à l'aéroport léon mba, à moins qu'elle ne se soit portée malade et qu'elle ait annulé notre rendez-vous comme elle l'a fait depuis deux ans chaque fois qu'elle m'a invité quelque part – et sans doute est-ce parce que je ne veux pas savoir pour judith que j'ai mis la main dans la poche de mon veston, en retirant la carte d'affaires que calixthe béyala m'a remise ce matin alors que j'attendais mon pain et ma confiture de banane ((((j'ignore pourquoi ça me tente de me retrouver en compagnie de cette mulâtre, moi qui vis seul depuis vingt ans, moi que tout appétit sexuel a déserté, l'ayant sans remords laissé dévorer par l'écriture comme on suggère à la folle et au fou de faire, l'énergie vitale passant plutôt bien du sexuel au papier, en tout cas suffisamment pour que la fatigue prenne le dessus, les images érotisantes se transmuant en cet onirisme qui, en ne t'atteignant que pendant la nuit, est à peine de la fuite par devant : « Pourquoi irions-nous chez la danseuse hindoue, puisque la petite demoiselle nous a échappé, dont la tante est provisoirement plus forte que le talent ? » a écrit franz kafka)))) –

– Besoin d'un taxi ? que me demande un petit nègre à longues jambes, qui se tient à côté d'une espèce de pousse-pousse fait de roues de bicyclette et d'un grand panier d'osier, sans doute l'influence qu'exercent les trente mille chinois besognant au gabon depuis que l'empire du milieu est devenu conquérant –

je montre au petit nègre la carte d'affaires de calixthe béyala :

– Grande dame Calixthe Béyala, qu'il dit en m'invitant à monter dans le panier. Grande dame, bonne librairie, bonne mère comme dame Theresa.

– Orgueil de la nation, peut-être aussi ? que je dis.

– Grand orgueil de la nation, que dit le chauffeur. Très grand orgueil de la nation, ouié.

il pédale rapidement le petit nègre, on passe d'une petite rue à une autre et une autre, qui se ressemblent tellement que ça pourrait bien être la même qu'on traverse et retraverse tandis que je bois quelques gorgées de whisky en faisant semblant de m'intéresser au paysage – et de mon mouchoir à carreaux je m'éponge le front, l'alcool fait suer quand c'est aussi chaud et aussi humide, le fond de l'air devenu poisseux comme une vieille main fermée sur un pommeau de canne – puis changent les choses et les habitations et les gens qui déambulent devant : nous avons quitté ce bas quartier où se trouve mon hôtel ; la rue, plus large, est mieux pavée, les façades des édifices joliment peintes, avec des baquets de fleurs devant et des lampadaires à tous les cinquante pas et des parcomètres aussi : ce n'est pas encore le centre-ville, mais d'ici on voit déjà les gratte-ciel qui s'élèvent au-dessus – ((((librairie calixthe béyala, littérature nègre d'afrique et d'ailleurs, que dit l'enseigne installée entre la porte et la vitrine)))) – j'y entre, étonné malgré moi par ce que je vois : je m'attendais à un lieu plutôt quelconque, mal équipé, mal encombré et mal éclairé, mais ce n'est pas le cas, car on a dû restaurer beaucoup : belles poutres de santal au plafond, lumières tamisantes projetées par faisceaux, livres bien rangés dans les étagères et cette musique, nègre assurément, qui caresse l'oreille ((((friselis de dentelles ajourées)))) –

– Je peux vous aider ? que me dit la jeune libraire portant ces anneaux cuivrés aux oreilles, ces bracelets dorés aux poignets et aux chevilles, ce collier bariolé autour du col.

– Madame Béyala est ici ? que je dis.

– Madame Béyala n'est pas encore revenue du festival de théâtre, que dit la jeune libraire. Vous avez rendez-vous ?

– Pas vraiment, que je dis. J'ai rencontré madame Béyala ce matin et elle m'a parlé de la librairie. Je peux jeter un coup d'œil ?

– Bien sûr, que dit la jeune libraire.

je vais vers ce pan de mur dont les étagères sont consacrées à la littérature africaine équatoriale : gabon, les deux congos, ouganda, kenya, somalie et éthiopie, des pays dont je ne connais pas grand-chose : quelques œuvres de quelques écrivains comme *le baobab fou* de ken bugul, *le fort maudit* d'aoua keïta et *femme d'afrique* de mariama bâ – c'est que la fiction est d'invention récente en afrique noire ; avant 1970, on n'écrivait guère, la simple survie sous des régimes de terreur prenant tout le temps qu'on pouvait encore avoir devant soi : au gabon, vingt ans d'oppression sous omar bongo ; au congo, ce coup d'état et un président autoproclamé, sassou nguesso ; en république dite démocratique du congo, guerres civiles, partition du territoire, coup d'état encore et un autre seigneur de la guerre, sese seko mobutu ; en ouganda, trois cent mille morts durant le règne du despote coupeur de têtes et cannibale, idi amine dada ; au kenya, daniel arap qui interdit tous les partis politiques sauf le sien, muselle la presse et instaure un régime de corruption dont il est le seul à profiter avec sa famille ; en somalie, un autre dictateur dont les actes de cruauté sont innombrables : le général muhammed siyad barre, qui pousse son pays vers une sanglante guerre civile avec, là encore, des dizaines de milliers de morts ; en éthiopie, de ruineuses guerres intertribales amèneront la sécession de l'érythrée, pourtant la seule province maritime du pays – cette afrique noire découpée en morceaux, minée de l'intérieur par de rapaces tyrans et appauvrie encore davantage par les charognards de l'extérieur, toutes ces puissances occidentales, toujours colonialistes, qui vident le continent de ses ressources naturelles et y vendent leurs armes de destruction : les prêts accordés par la banque mondiale, soi-disant pour des raisons économiques, servent plutôt à payer tout cet équipement guerrier dont despotes, tyrans et empereurs autoproclamés ont besoin pour se maintenir au pouvoir ((((avec la bénédiction des grandes puissances – je me souviens du scandale des diamants offerts par jean bedel bokassa à valéry giscard d'estaing, président de la république française : pour quels services rendus ou à rendre, peut-être seulement le droit de s'exiler en france si les choses venaient à tourner mal sous sa dictature)))) –

et ce sont des pays soi-disant démocratiques qui permettent autant de corruption ne faisant qu'appauvrir les gens et les rendre de plus en plus vulnérables aux maladies : il y a le sida, mais la recrudescence de ces vieilles terreurs engendrées par la tuberculose renaissante et la poliomyélite aussi, et tous ces nouveaux virus et nouvelles bactéries dont n'est guère protégé le citoyen ordinaire ((((il est en surnombre et n'est considéré que comme une marchandise : lorsque ça devient avariée, on la laisse pourrir vivante dans des camps de réfugiés ou bien on l'extermine avant qu'elle ne puisse se révolter)))) –

je me trouve maintenant devant cette étagère remplie de livres anciens sur l'afrique nègre équatoriale : l'époque des découvertes et des premiers comptoirs commerciaux établis sur les côtes, puis à l'intérieur du continent, par les empires français, espagnols, allemands et britanniques – et voilà que j'ai dans les mains le récit de voyages de paul du chaillu, celui-là même dont les portraits tapissent les murs de ma chambre d'hôtel ; je tourne quelques pages, je reconnais les visages et les quelques extraits, sous forme de légendes, que j'ai lus sur les affichettes –

– C'est combien ? que je dis à la jeune libraire dont je sens la présence derrière moi.

– Je vous l'offre. Et ne me dites pas que vous ne pouvez accepter : ce livre est là depuis des mois et il vous attendait.

je me retourne, deux grands yeux sombres me regardent, une bouche pulpeuse me sourit – et ce front large et sans rides emperlé de petites gouttes de sueur comme sculptées dans du bois d'ébène –

– Laissez-moi payer, que je dis à Calixthe Béyala. Je déteste généralement les récits de voyages et c'est pour moi un exploit que d'en lire les premiers paragraphes.

– Je vous l'offre quand même, qu'elle dit.

– Pourquoi donc ? que je dis. Quand on offre quelque chose à quelqu'un, c'est qu'il l'a mérité, et je ne pense pas faire partie de cette race-là de monde. Je suis égoïste de nature et il y a des années que je n'ai rien donné à personne.

– Ce n'est pas une raison pour refuser le cadeau que je vous offre, que dit Calixthe Béyala. Quelque chose me dit que c'est vous que du Chaillu attendait depuis des années dans cette étagère-ci de la librairie.

— Recevoir un cadeau ça oblige, ça établit des liens avec l'autre, il faut être capable de les assumer, que je dis. De ce bord-là des choses, je ne serai jamais très fiable.

— Je n'attends rien de tel de vous, que dit Calixthe Béyala. Aussi, acceptez donc simplement le livre que je vous offre.

— Je ne saurais même pas comment vous en remercier, que je dis.

— En venant prendre le café avec moi, que dit Calixthe Béyala. Ça vous convient ?

— Un café, je veux bien, que je dis. Mais c'est moi qui vous invite. Il doit bien y avoir un restaurant dans les environs, non ?

— Suivez-moi, que dit Calixthe Béyala.

elle m'entraîne vers le fond de la librairie, ouvre une porte, puis nous montons un escalier, elle devant moi – ((((jambes brunes, fines et longues, dont les mollets sont bien dessinés, mais le pied est petit et les bouts des orteils sont peints de couleur rouge vif – devait être très belle en sa jeunesse, calixthe béyala, et son corps en sourit encore, gracieux le mouvement des hanches, quelque chose d'aérien s'en dégage)))) – cette force tranquille patinée par le temps qui l'a rendue souveraine, ça me trouble l'esprit à cause de cette sombre indifférence qui est le fond de ma nature ((((« Je sais ce que c'est, je ne connais que cela, là où quelque chose me réclame, je tombe par terre, las de mon demi penchant et de mes demi doutes dans mille petites affaires d'autrefois ; si le monde était doué d'un caractère résolu, je ne pourrais pas lui résister », a écrit kafka)))) –

l'appartement de calixthe béyala au-dessus de sa librairie a comme son corps quelque chose d'aérien, de fort simple aussi : des meubles disparates, mais qui s'agencent bien entre eux, quelques masques sur les murs et une série d'encadrements, des portraits de famille sans doute – je m'assois dans un fauteuil et, tandis que calixthe béyala prépare le café, je bois quelques petites rasades de whisky en essayant de ne pas me faire voir –

– Vous vous nommez Calixthe Béyala, que je dis. Mais la Béyala qui est romancière n'a rien de gabonaise. Elle est née au Cameroun. Sur la quatrième de couverture de l'un de ses ouvrages que j'ai feuilleté tantôt à la librairie, c'est ce que j'ai lu.

– Je suis originaire du Cameroun comme l'est l'écrivaine, que dit Calixthe Béyala. Je suis née à Djoum, un petit village à la frontière du Gabon. Après l'indépendance, je me suis mariée à un Gabonais : il ne voulait pas qu'on reste au Cameroun à cause de la guerre civile qui se préparait. On a donc émigré ici à Libreville : c'était pauvre, mais au moins, la paix n'y était pas menacée. Quand on vit en Afrique, c'est déjà comme un cadeau des dieux.

– Votre mari... excusez-moi : je n'ai pas à vous demander quoi que ce soit sur lui, que je dis.

– Il est mort, il y a déjà plusieurs années, que dit Calixthe Béyala. Il était représentant d'une grande compagnie pharmaceutique et son territoire couvrait toute l'Afrique équatoriale. Un jour, il a eu le tort de se rendre en Éthiopie qui faisait la guerre à l'Érythrée sécessionniste. On l'a pris pour un rebelle, on l'a torturé et tué. Je me suis rendue à Negele et j'y ai fait bâtir un petit mausolée même si on n'a jamais retrouvé son corps. C'était un homme bon, qui avait lu Gandhi et qui était pacifiste. Tout simplement pas né sur le bon continent : ici, on tue souvent sans raison. Le goût du sang. Même les enfants sont contaminés par lui.

je bois une gorgée de café, et calixthe béyala en boit une aussi – ce silence parce que je ne trouve rien à dire : d'être simplement assis dans ce fauteuil à quelques pieds de cette femme qui a dû beaucoup souffrir mais en assimilant si bien cette souffrance-là qu'elle semble lui avoir donné des raisons de vivre plutôt que du désenchantement et de la détresse, ça me suffit – ((((contempler est parfois le seul hommage qu'on peut rendre à quelqu'un, comme si à la place des yeux, on avait deux petits bouquets de fleurs rosés teintées de jaune pâle)))) –

– Parlez-moi du pays d'où vous venez, que dit Calixthe Béyala.

– Le Kebek est la seule province française d'un pays anglais qui s'appelle le Canada. On voudrait bien en sortir pour devenir indépendant, mais nous sommes un peuple pacifiste et velléitaire aussi. C'est l'indécision qui nous détermine et cette indécision-là nous rend invisible au reste du monde. J'ai passé ma vie à écrire là-dessus, mais l'écriture ne peut pas grand-chose par-devers les autres et à peine se montre-t-elle utile par-devers le moi haïssable.

– Ça vous chagrine ? que dit Calixthe Béyala.

– Pas vraiment, que je dis. J'ai rempli le contrat que je me suis donné quand j'avais vingt ans et c'est toujours par égoïsme quand on fait comme on a voulu faire. Ce que ça peut devenir par la suite, quelle importance dans une société qui a du mou de veau en guise de mémoire. Kafka a écrit une belle petite phrase là-dessus en parlant de je ne sais plus qui : « Il est encore bien bon de ne pas vouloir se trahir au dernier moment pour m'épargner une souffrance, mais il oublie qu'une fois allumée, la lumière se répand d'elle-même sans choisir. »

cette citation de franz kafka me permet de retrouver mon quant-à-moi, de me désengager en quelque sorte de l'émotion qui pourrait m'assaillir et me porter à la confidence, à mes intimités intimes comme j'appelle cette sensiblerie qui finit toujours par prendre le dessus sur soi dès qu'on se laisse piéger par l'attention de l'autre :

— Cette pièce de théâtre que j'ai vue hier et aujourd'hui, de quoi s'agit-il exactement ? que je dis. J'en ai manqué de grands bouts et j'avoue ne pas avoir bien saisi le sens de toute cette luxuriance surréaliste.

— Raymond Roussel décrit fort bien ce qui s'est passé sur tout le continent noir quand les Blancs l'ont colonisé, que dit Calixthe Béyala. L'empereur autoproclamé Talou VII du Pokunulélé et le roi, tout aussi autoproclamé, du Drelchkaffka, avec sa dizaine de femmes et sa trentaine d'enfants, qui règne sanguinairement sur ses sujets, n'est rien d'autre qu'un despote qui se sert de ses esclaves pour enrichir les occidentaux qui, en retour, font semblant de l'accepter comme un des leurs. Ça existait au milieu du siècle dernier et, s'il y a quelque chose à ajouter là-dessus, c'est encore comme ça en ce siècle-ci. D'où pour nous de l'Afrique noire toute l'actualité de Raymond Roussel.

ce silence maintenant, à peine entrecoupé par le bruit que font nos tasses quand, après avoir bu une gorgée, nous les déposons sur leurs soucoupes – je devrais me lever, prendre congé et m'en retourner à l'hôtel ; mais il me semble que je n'agirais pas correctement si je m'en allais ainsi sans rien dire de ce que je suis venu faire au gabon – parler de judith, de ces rendez-vous qu'elle me donne mais sans jamais les respecter et sans que je ne sache jamais quelle intention souveraine la fait agir, peut-être la folie, mais peut-être n'importe quoi d'autre aussi, comment pourrais-je savoir après tellement d'années de silence et d'oubli ? –

– Vous avez dû beaucoup aimer cette femme, que dit Calixthe Béyala.

– Je ne sais pas, que je dis. J'étais jeune, je voulais quitter ma famille et Judith m'a permis de le faire. Je n'ai sans doute pas été assez reconnaissant par-devers elle. Quand on vieillit, les manquements qu'on a eus dans le passé refont surface et, bien que ce soit sans doute inutile, on voudrait tout de même comprendre pourquoi.

je me lève, ajoutant :

– Faut que je rentre à mon hôtel. Même s'il y a peu de chances que Judith y soit, je dois tout de même le vérifier.

– Ma voiture est devant la librairie, que dit Calixthe Béyala. Je vous raccompagne si vous voulez.

j'accepte parce que je ne cherche pas à faire déplaisir – du moins c'est ainsi que j'envisage la chose parce que je ne tiens surtout pas à questionner le sentiment que je pourrais avoir par-devers calixthe béyala ((((ce n'est pas pour rien si, dans ma tête, je jumelle toujours le prénom au nom, les deux ensemble se neutralisant pour ainsi dire, rendant vaguement lointaine la proximité, ce qu'il y a de trop chaleureux dedans et, par cela même, comme une menace ça devient, comme du désir à satisfaire alors qu'on ne peut pas et ne doit pas s'y engager)))) –

la jeune libraire me remet alors l'ouvrage de du chaillu qu'autrement j'aurais laissé sur le comptoir puis, devant la librairie, je monte avec calixthe béyala dans sa voiture ; sur le siège arrière, un tas de costumes de théâtre aux odeurs de sueur –

– J'aimerais vous montrer quelque chose, que dit Calixthe Béyala, mais je ne voudrais pas paraître abuser.

– Ça ne serait pas le cas si je ne devais pas rentrer maintenant à mon hôtel, que je dis. Si votre invitation est toutefois valable pour demain, je l'accepte avec joie.

– Je passe vous prendre en milieu d'après-midi, que dit Calixthe Béyala. Ça vous va ?

– Oui, ça me va, que je dis.

ça ne me ferait rien si calixthe béyala agissait comme le font souvent les chauffeurs de taxi quand tu te trouves en pays étranger : sans que tu t'en rendes vraiment compte, parce que tu ne connais rien du paysage dans lequel tu pacages, tu tournes en rond dans de petites rues qui se ressemblent tellement que tu ne vois bientôt plus rien – et même si l'arnaque finit par t'apparaître comme évidente, tu laisses faire : pas si pressé que ça de te rendre là où tu dois aller, on ne t'y attend sans doute même pas –

arrêtant la voiture devant l'hôtel, calixthe béyala m'effleure la cuisse de sa main : j'aimerais bien mettre la mienne par-dessus, mais comme kafka je me sens quand il parle ainsi de son amie hedwig : « Oui, c'est décidé, mais seulement d'aujourd'hui. D'autres gens n'en décident que rarement et, dans les longs intervalles, jouissent de leurs décisions ; moi je me décide continuellement, aussi souvent qu'un boxeur, sauf qu'ensuite je ne boxe pas » –

je voudrais dire à calixthe béyala... mais quoi donc ?
– un premier mot qui viendrait, banal, usé jusqu'à la corde, inoffensif, pour ainsi dire neutre, et qui en entraînerait d'autres à sa suite, aussi ordinaires, mais se laissant entendre dans un rythme tel que la sonorité qui s'en dégagerait compenserait la pauvreté du discours ; mais même ce premier mot-là ne me viendra pas, il y a trop longtemps que je vis seul et que je ne parle plus qu'aux bêtes qui m'entourent, et encore le fais-je que peu souvent, quand

s'impose la nécessité, et les animaux nécessitent que rarement à moins d'avoir le ventre creux –

((((comme une gueule s'ouvrant, la porte de l'hôtel m'avale, et je me dirige aussitôt vers l'escalier, désireux de me retrouver dans ma chambre avant que le pygmée ne me saute dessus et m'apprenne ce que je sais déjà: judith ne s'est pas manifestée, et pourquoi l'aurait-elle fait quand ce n'est pas arrivé une seul fois depuis tout ce temps que je lui coure après en pays étrangers?)))) –

assis sur le bord de mon lit, j'y dépose mon livre et ma canne, puis allongeant le bras, je prends la bouteille de whisky, en fais sauter le goulot et me rince safrement le dalot – me débarrasse ensuite de mon attelage, mets l'ouvrage de du chaillu à côté des trois gros oreillers qui me permettent de me coucher tout en gardant l'impression que je suis assis, et je bois encore un peu de whisky – je ne veux pas penser à judith, je ne veux pas penser à calixthe béyala, je voudrais n'avoir que le vide dans la tête, pas le moindre sentiment ni pour l'une ni pour l'autre, comme quand je jardine autour de ma maison des trois-pistoles, mon corps réduit à ces mauvaises herbes qu'il me faut arracher, à ces cailloux dont il faut me défaire, à ces couennes qu'il me faut extirper sous les rosiers, à ces branches rebelles de fusain, de sureau et de cormier qu'il me faut couper pour que ne s'installe pas le désordre luxuriant qui fait croître de travers toutes choses et les rend hostiles –

ME DIS:

ouvre cet ouvrage que du chaillu a écrit, force-toi pour lire cette prose ancienne qui fera rempart entre toi et

le reste du monde, car sinon la nuit sera mal envisageable
– seules les choses trépidantes doivent être apaisées de
temps à autre, a écrit kafka parce que, étant loin de son
amie hedwig, et essayant par tous les moyens de la faire
venir vers lui, mais en vain le lui demandait-il, le désir se
montrait en tout son corps, l'embrasait, l'empêchait
d'écrire, le rendait fiévreux au point qu'il devait consulter,
la peur de devenir fou ou paralysé pour la vie par éclatement de ses nerfs le forçant à entreprendre malgré le
mauvais temps ces longues marches dans les quatre rues
de prague qui marquaient la limite de son territoire, et
encore n'est-ce possible, ajoute kafka, que parce que j'ar-
rondis les coins –

dès les premières pages du récit avalées par moi de du
chaillu, je comprends pourquoi les gabonais d'aujourd'hui
aiment s'habiller de couleurs aussi vives : jusqu'à l'arrivée
des blancs chez eux, leur vestimentaire, réduit à son minimum, n'avait rien d'attrayant ; celui des européens par
contre était flamboyant, fait de beaux tissus qu'on savait
teindre avec art ((((c'est pourquoi on appelait teinturier
celui qu'on chargeait de réviser et de corriger ce qu'on
écrivait, parce qu'il savait donner ses couleurs à un style qui
en manquait ; quand la profession est devenue un simple
métier, le mot teinturier a disparu du vocabulaire de l'édition, remplacé par le mot nègre plus représentatif de cet
art devenu une industrie capitaliste)))) – aussi, quand du
chaillu s'embarque dans sa pirogue pour explorer l'intérieur du gabon, il apporte avec lui quelques scintillants
costumes européens, quelques grands chapeaux à plumes
et de nombreux ballots de tissus : il sait que les chefs de
tribus raffolent des grands chapeaux à plumes et des scintillants costumes européens qui représentent à leurs yeux

le symbole de la toute-puissance des étrangers qui font commerce avec eux ; quant aux tissus bariolés qu'ils reçoivent comme monnaie d'échange pour l'ivoire dont ils font le trafic, les gabonais, ne sachant pas coudre, se contentent de les couper en pièces, de faire des ouvertures dedans pour que la tête et les bras puissent y passer ; et selon le rang qu'on occupe dans la hiérarchie, on a droit à plus ou moins de tissu : porter ce qui ressemble le plus à une robe est l'idéal à atteindre, la simple chemise, trop courte, étant déconsidérée, ce qui a donné naissance à l'art du costume traditionnel gabonais : des coupes simples, mais aux couleurs les plus vives qu'on puisse fabriquer –

contrairement à ce que croyait du chaillu avant d'entreprendre son expédition au cœur de l'afrique équatoriale, le commerce des tribus indigènes avec les blancs ne se limite pas aux abords des grands cours d'eau à proximité de la mer océane : avant de parvenir aux grands bateaux qui font rade dans les baies et les anses côtières, l'ivoire, les bois et les métaux précieux parcourent de longues distances et franchissent plusieurs frontières ; lorsque les commerçants étrangers auront payé leurs marchandises au terme de palabres qui durent parfois plusieurs jours, le chef de tribu qui contrôle le territoire donnant accès à l'océan se sert généreusement le premier puis, chaque fois qu'on retrouve sur son chemin un chef de clan, on lui remet sa part de gains réalisés, de sorte qu'en bout de ligne, il ne reste plus grand-chose à remettre à celui qui chasse les bêtes sauvages pour leur ivoire ou bûche le bois d'ébène et de santal – ((((les mêmes conditions s'appliquent au trafic des esclaves : pour protéger leur suprématie, les tribus côtières doivent garder tout leur monde ; aussi font-elles faire la chasse aux esclaves le plus loin possible de leurs terres)))) – cette description que brosse du chaillu du premier souverain dont il fait la connaissance après quelques jours seulement de voyage :

« Le roi, nègre de moyenne classe, pas des plus propres, au regard un peu hébété, très légèrement vêtu d'une chemise et d'un pantalon usé, portait sur la tête une couronne dont lui aurait fait présent quelqu'un de ses amis les trafiquants d'esclaves portugais, et sur ses épaules une flamboyante casaque jaune, brodée d'or sur toutes les coutures, évidemment la défroque de quelque laquais de bonne maison du Portugal ou du Brésil ; la couronne était du modèle de celles que les acteurs ont l'habitude de porter sur la scène ; quand elle était neuve, elle avait bien coûté cinquante francs ; mais sa majesté y avait ajouté tout autour une bande ou un cercle d'or pur qui devait valoir au moins mille francs. Le roi était très fier de cette couronne : assis sur un sofa, il tenait en main une canne, qui représentait le spectre royal » –

ce souverain-là aurait pu s'appeler talou, empereur du pokunulélé et roi du drelchkaffka, une centaine de femmes et des enfants innombrables l'entourant, symbole de la richesse de son royaume et de sa pérennité ((((c'est là quelque chose de si fondamental dans la culture noire africaine que même dans les temps modernes, les dictateurs, les tyrans et les despotes y resteront fidèles, se revêtant de costumes excentriques, y accrochant le plus possible de médailles et de breloques clinquantes, et trônant dans des palais somptueux, au milieu de leurs nombreuses femmes et de leurs innombrables enfants, tel idi amine dada, le roi des rois-nègres)))) –

ce premier roi-nègre rencontré par du chaillu doit évidemment sa prospérité au trafic des esclaves ; du chaillu visite le bâtiment où on les détient en attendant de les mener vers la mer océane et les bateaux qui ont jeté l'ancre dans les rades du gabon :

« La large maison était entourée d'une forte palissade qui l'isolait du reste ; dans une cour spacieuse, qui s'en trouvait ainsi séparée, étaient des esclaves mâles attachés six par six, au moyen d'une petite chaîne très solide, passée dans les colliers de chacun d'eux : l'expérience a prouvé que ce mode d'attache est le meilleur de tous. Il est rare que six hommes soient unanimes pour s'entendre sur le coup qui doit leur profiter, et l'on a reconnu que leurs tentatives d'évasion, quand ils sont ainsi enchaînés, avortent infailliblement. Ainsi les esclaves se reposaient sous des auvents, ou abris construits autour de la cour ; et ça et là étaient des seaux d'eau où ils pouvaient boire quand ils avaient soif. Après cette cour, il y en avait une autre pour les femmes et les enfants, qui n'avaient pas les mains liées et qui pouvaient rôder à leur fantaisie dans cet enclos, protégés aussi par des palissades. Les hommes étaient presque nus ; les femmes portent invariablement une pièce d'étoffe autour de la moitié du corps » –

même si la france a officiellement interdit le trafic des esclaves au tout début du dix-neuvième siècle, elle laisse ses négriers faire commerce, l'angleterre, les états-unis, le portugal et l'espagne en retirant trop de profits pour le leur laisser au complet – le nègre est juste une marchandise et même du chaillu montre d'abord peu de dédain à voir les nègres enchaînés qui, tantôt, seront vendus au plus offrant : puis la description qu'il fait d'eux se réchauffe quand il apprend pourquoi ils sont aussi terrifiés :

« Je remarquai qu'un grand nombre de ces Nègres étaient fort gais et semblaient satisfaits de leur sort ; d'autres, au contraire, étaient tristes, et comme alarmés sur leur avenir ; car, pour ajouter à l'horreur de leur situation, ces pauvres créatures croyaient fermement que nous autres Blancs, nous les achetions pour les manger : ils ne pouvaient pas concevoir qu'on voulût faire d'eux un autre usage. Dans tous les pays de l'intérieur où la traite est connue, on croit que les hommes blancs d'outre-mer sont de grands cannibales, qui importent les Noirs pour la boucherie » –

tandis qu'il visite ce qu'il appelle la factorie d'esclaves, du chaillu assiste à la vente de quelques-uns d'entre eux :

« Deux jeunes femmes et un garçon de quinze ans furent amenés au marché et achetés par un trafiquant portugais ; le garçon fut vendu pour une barrique de rhum de cent litres environ, quelques aunes de cotonnade et bon nombre de perles, mais les femmes furent payées plus cher ; chacune d'elles fut estimée le prix des articles suivants, qui furent livrés immédiatement : un fusil, un neptune, qui est un grand plat de cuivre, soixante mètres de cotonnade, deux barres de fer, deux coutelas, deux miroirs, deux limes, deux assiettes, deux verrous, un baril de poudre, quelques perles et un petit pot de tabac. Une fois que l'acheteur a suffisamment d'esclaves à sa disposition, il les regroupe, puis les fait laver et habiller de vêtements propres avant de les faire monter dans des pirogues, qui sont d'énormes bateaux dirigés par vingt-six rameurs, et contenant chacun à peu près soixante esclaves : ces pauvres êtres étaient tout bouleversés, jamais je n'ai vu un spectacle plus digne de pitié : les Nègres semblaient terrifiés, à en perdre presque le sens ; même ceux que j'avais vus dans les factories contents et satisfaits de leur sort étaient là maintenant, les yeux fixes et en proie à une épouvante si affreuse que personne n'en a guère vu et senti de pareille : ils se trouvaient heureux dans les factories, où on les traitait bien et où on leur donnait suffisamment à manger ; et voilà qu'ils étaient transportés au loin, sans savoir où, et les terribles histoires sur le cannibalisme des Blancs leur revenaient toutes fraîches à l'esprit. Mais on ne leur donnait pas le temps de se plaindre : troupe sur troupe était poussée dans les pirogues, jusqu'à ce qu'elles fussent remplies ; et alors elles se dirigeaient sur le navire qui se balançait au large. À ce moment, une nouvelle frayeur s'empara de ces malheureux, comme je pouvais le voir du rivage : jamais ils ne s'étaient trouvés sur des ondes agitées, et le ballottement de la pirogue, à mesure qu'elle montait sur les vagues écumantes, et qu'elle roulait tantôt dans un sens, tantôt dans l'autre, leur faisait craindre de se noyer ; sur quoi les rameurs éclataient de rire, et les forçaient à se coucher au fond de la pirogue » –

tous les nègres faits prisonniers dans les factories ne monteront toutefois pas à bord de ces grands vaisseaux qui, quelques mois après leur départ des anses et des baies du gabon, se retrouveront dans l'un ou l'autre des quatre coins du monde : quand on leur donne la chasse, plusieurs nègres sont blessés et ne s'en remettent pas ; d'autres, qui paraissaient pourtant d'une robustesse à toute épreuve, déclinent rapidement une fois en captivité ; les enfants sont les plus vulnérables et succombent aux maladies jusqu'alors inconnues qui les affligent – on ne perd pas beaucoup de son temps à les soigner, et sans doute même les aide-t-on à passer du peu de vie qu'il leur reste à trépas ((((si on reconnaît une civilisation au respect qu'elle accorde à ses morts, celle des négriers occidentaux par-devers les esclaves était aussi pitoyable que le trafic auquel ils se livraient)))) – dans les environs de toute factorie, il y avait un cimetière : quand un esclave mourait avant qu'on n'ait pu le vendre, c'est là que se retrouvait son corps ; une fois, du chaillu aperçoit une procession de nègres qui, sortant de l'une des factories, se dirigent vers le bois tout proche :

« Je vis deux bandes d'esclaves, chacune de six hommes, enchaînés ensemble par le cou, portant un fardeau que je reconnus aussitôt pour être le corps d'un autre esclave ; ils le transportèrent à la limite du bois, et le déposèrent sur la terre nue ; après quoi ils s'en retournèrent à leur prison, sous la garde de l'inspecteur qui, armé de son fouet, les avait suivis jusque-là. Voilà donc le cimetière des barracons ! que je me dis tristement, en pensant à ce pauvre malheureux qui s'était vu arracher à son pays et aux siens pour venir mourir là, jeté en pâture aux oiseaux de proie, qui déjà obscurcissaient l'air au-dessus de ma tête, et que j'entendis bientôt se livrer bataille sur ces misérables restes. Comme je marchais vers le corps, je sentis quelque chose craquer sous mes pas et, regardant à terre, je vis que j'étais au milieu d'un champ de crânes ; j'avais posé le pied par inadvertance sur le squelette d'une pauvre créature disséquée depuis longtemps déjà par les oiseaux de proie, les fourmis, et blanchie par la pluie. Un millier de squelettes pareils gisaient là sous mes yeux. En pénétrant plus loin dans les broussailles, je vis plusieurs piles d'ossements ; c'était la place où, autrefois, quand le Cap Lopez était un des grands marchés d'esclaves de la côte occidentale, on jetait ces misérables corps morts les uns sur les autres jusqu'à ce que les os, en se détachant, restent amoncelés en hautes piles, comme des monuments d'un trafic détestable » –

pour le voyageur occidental pressé, ces pyramides d'ossements constituent la preuve que les nègres ne sont pas des hommes à part entière, aucune nation se prétendant civilisée traitant ainsi ses morts : cette bonne conscience que se donnent ainsi les marchands en reportant sur les africains une faute dont seuls les trafiquants d'esclaves sont responsables ((((puisque la réalité est bien différente ; dans chacune des tribus que visite du chaillu, on accorde beaucoup d'attention à ceux qui meurent)))) :

« Tout près de la Pointe Fétiche est le cimetière des Oroungous, que j'allai visiter. Les indigènes tiennent ce lieu en grande vénération, et mes hommes refusèrent d'abord de m'accompagner dans ma visite, ils désiraient même que je ne la fisse pas ; mais je leur expliquai que j'allais là, non pour me moquer de leurs morts, mais au contraire pour leur rendre honneur. Les Nègres ne visitent ce lieu que lorsqu'ils s'acquittent de leurs devoirs funèbres, et ils lui vouent un extrême respect mêlé de terreur, s'imaginant que les esprits de leurs pères errent aux alentours et ne veulent pas être troublés pour une cause légère. Le bois s'étend jusqu'à la mer, il est complètement dégagé de broussailles ; quand le vent gémit à travers le feuillage épais, et murmure le long des allées ombreuses, ce lieu inspire une crainte solennelle, même à l'Européen le moins impressionnable » –

– Et pourquoi donc ? que je dis en buvant une lampée de whisky.

« Parce qu'on ne place pas les morts en dessous du sol, que dit du chaillu : ils sont couchés le long des arbres, dans de grands cercueils de bois, dont quelques-uns paraissaient tout neufs ; preuve qu'on les avait apportés récemment ; mais la plus grande partie des cercueils était vermoulue : il y en avait un qui était disjoint et dont l'intérieur laissait entrevoir un squelette grimaçant ; d'un autre côté étaient des squelettes échappés de leur prison de planches qui gisaient près d'eux dans la poussière ; partout des os tout blancs, des restes poudreux, quelques crânes aux mâchoires disloquées et ces orbites creuses qui, jadis, devaient porter des yeux fort grands. Il était étrange aussi de voir des anneaux et des bracelets de cuivre avec lesquels sans doute quelques jeunes filles oroungouses avaient été ensevelies, entourées encore de leurs ossements blanchis, comme aussi de retrouver les vestiges de trésors mis autrefois dans le cercueil de quelque riche personnage, et réduits maintenant en poussière à côté de lui ; par places, il ne restait plus que des tas de cendres où brillait maint ornement de cuivre, de fer ou d'ivoire, attestant que là aussi gisait autrefois un corps. M'enfonçant sous un couvert encore plus sombre, j'arrivai enfin au tombeau du vieux roi Passol, le frère de l'actuel monarque régnant ; le cercueil était à terre, entouré de chaque côté de grands coffres qui contenaient les richesses de sa défunte majesté ; au milieu et au-dessus de ces coffres étaient entassés une nombreuse vaisselle, des miroirs, des cruches, des plats, des pots de fer, des barres de métal, des sonnettes d'airain et de cuivre, et autres objets précieux que le vieux roi Passol avait voulu emporter dans la tombe avec lui ; on voyait là aussi, couchés tout autour et en ordre, les nombreux squelettes des pauvres esclaves, une centaine au moins, qui avaient été immolés à la mort du monarque, afin que sa majesté noire ne passât dans l'autre monde sans avoir une suite digne de son rang » –

je cesse enfin de lire : depuis que je suis un homme vieillissant et solitaire, je n'aime pas vraiment penser à la mort, pas parce que j'en ai peur, puisque c'est la mémoire qui détermine l'angoisse, puisque c'est la mémoire qui terrorise : une fois mort, on ne peut plus se rappeler de rien, pas plus de la joie que de la souffrance, pas plus de ce qui a été que de ce qui sera – il n'y a plus d'être et plus de néant non plus, les deux faisant la paire quand ça se vit, comme la matière visible du cosmos et celle, tout ensombrée, qui en est la contrepartie : s'il n'y avait pas de matière visible, la matière noire serait-elle seulement possible ? – ((((tout est illusion, dit la sagesse bouddhique, et alluvion, et allusion, c'est-à-dire de l'étendue sans profondeur : peut-être l'univers est-il semblable à une mince feuille de papier qui s'entortille sur elle-même à l'infini, c'est-à-dire encore, sans véritable mesure : l'infini, c'est pareil au néant, c'est de la dépense sans pensée, ou de la pensée sans dépense – illusion, alluvion et allusion, par petites bribes d'une très fuyante énergie)))) –

assis à l'indienne dans mon lit, le gros ouvrage de du chaillu sur les genoux, je me dis : oublie ce du chaillu : après tout, je ne suis pas venu au gabon pour me remplir la matière grise des rituels de l'enterrement des morts, peu considéré par les trafiquants quand il s'agissait d'esclaves, et d'une grande importance pour les nègres quand ils étaient encore des hommes libres ; tu n'es pas venu au gabon non plus pour essayer de comprendre pourquoi les noirs acceptaient d'être des chasseurs de primes par-devers leurs propres parents et pour le seul profit des puissances occidentales ((((car ils devaient bien savoir qu'ainsi ils rendaient vulnérable leur race, en suscitant chez les tribus qu'ils vandalisaient un ressentiment tel qu'il ne pouvait devenir que haineux et fomenter toutes ces guerres et vendettas entre clans ; et même aujourd'hui, y aurait-il tant d'ethnocides et de génocides en afrique s'il n'y avait jamais eu le trafic des esclaves ? – et les rois-nègres, devenus despotes et dictateurs, auraient-ils été aussi nombreux qu'ils le sont encore aujourd'hui, à tuer, pour le simple plaisir de le faire, des centaines de milliers des leurs ? – curieux tout de même qu'il n'y ait jamais eu de révolte nègre contre ces occidentaux qui, par l'établissement de frontières tout à fait arbitraires, forçaient les clans de même race à se séparer, contribuant encore davantage à leur affaiblissement et à leur ressentiment, puisque, inféodés à des tribus plus nombreuses, ils devaient en subir l'ostracisme, puis la décimation – ces bains de sang d'aujourd'hui entre frères africains, rien d'autre que la conséquence du trafic des esclaves, du mauvais découpage des frontières qui lui ont succédé, espagnols, français, britanniques, allemands et belges forçant des races, des peuples et des nations à s'amalgamer à d'autres races, peuples et nations de coutumes et de religions différentes, voire opposées – odieux sont tous les colonialismes !)))) –

je ne veux plus penser aux esclaves, ni à leurs cimetières parce que si je finis par m'endormir, la jument de la nuit va me sauter dessus et m'obliger à pénétrer loin dans la jungle équatoriale, et je succomberai au cauchemar des atrocités, sans doute au beau mitan du pays des fang, ces cannibales et ces rapetisseurs de tête, symbole d'une afrique si tragique que seule la perversité peut y devenir la norme –

assis dans mon lit, je bois plusieurs rasades de whisky pour que l'afrique nègre me lâche la matière grise – même si je sais bien que judith va aussitôt en profiter et prendre toute la place entre mon hippocampe et mon thalamus, je crains moins la jument de la nuit quand il ne s'agit que de judith : le cauchemar est par derrière et non par devant, et j'ai pataugé trop longtemps dedans pour qu'aucune mauvaise surprise ne vienne lui donner des ailes de chauves-souris et me terroriser, même pas en étant poursuivi par ces immenses yeux violets quand ils avalaient tout le visage de judith, puis m'aspiraient, puis me broyaient tout le corps : le monde de judith est sans doute d'une tristesse infinie, mais il est tout de même d'une tristesse teintée de violet, et une tristesse aussi splendidement couleurée

peut-elle au fond être si loin que ça de ce qu'on appelle le
bonheur ? – c'est kafka qui a écrit cela à sa fiancée, sans
doute en buvant quelques gorgées de vin comme moi je
fais avec la bouteille de whisky que je tiens entre mes jambes, et tendant l'oreille, pour le cas qu'avant son temps se
mettrait à hennir la jument de la nuit –

ME DIS:))))))

4

(((((ME DISAIS :

sur le dessus du cercueil qui sent les fleurs pourries, grogne l'énorme truie, tous ces cochonnets se retenant aux tétines enflées, leurs dents comme soudées à la chair ; la neige monte d'en dessous du cercueil, le givrant et givrant aussi la truie et ses gorets – à côté, mon père me regarde en frappant ses mains l'une dans l'autre à cause du froid qui fait éclater les têtes des clous dans les planches de la soue :

– Les cochonnets vont mourir gelés si on ne les apporte pas à la maison, que dit mon père. On va avoir besoin de leur viande pour passer au travers de l'hiver. Tout seul, j'y arriverai pas : faut que tu m'aides, Bibi.

– La truie va me manger tout rond si je m'approche d'elle, que je dis. Je veux pas finir dans son ventre.

– Fais seulement ce que je te demande et tout va bien se passer, que dit mon père.

je marche donc vers la truie ; non seulement j'ai peur d'elle, mais le cercueil qu'il y a sous son gros corps hargneux me remplit d'angoisse : si je m'agrippe mal au dos de la truie, je risque d'en tomber et de me retrouver pour toute l'éternité dans le cercueil, à moitié gelé, à moitié mort, sans compter que la truie voudra prendre sa revanche sur moi, ouvrant grand la gueule pour m'arracher tous les morceaux de chair qu'elle pourra ; mais mon père criant toujours après moi, je m'élance et saute sur la truie, refermant mes mains sur ses longues oreilles : c'est comme si je sortais la langue et la posais sur une poignée de porte de fer frimassée par le froid : mes mains restent prises sur les oreilles de la truie, tout comme mes fesses et mes jambes ceinturent le gros ventre –

– C'est pas grave, que dit mon père. Tu vas dégeler de là avant le printemps, quand calera la glace des lacs et des rivières.

l'un après l'autre, mon père décroche les neuf cochonnets des tétines de la truie et les met dans la caisse de bois ; ça ressemble à de petites lampes toutes rosâtres, comme celles dont on se sert pour décorer le sapin de noël ; à chacun des cochonnets qui lui est enlevé, la truie grogne plus fort et cambre les reins, tentant ainsi d'échapper au monde de la glace qui la recouvre : elle hurlera bientôt aussi férocement que quand on fait boucherie dans le rang rallonge de saint-jean-de-dieu, les couteaux assassins entrant jusqu'aux manches dans les cous fort encouennés –

– Me laisse pas tout seul avec elle ! que je dis lorsque mon père soulève la caisse de bois pleine de petits cochons gelés, puis va vers la porte de la soue. Je t'en prie, Pa : me laisse pas seul avec la truie !

du seuil de la porte, mon père me regarde, ses petits yeux verts brillant de malice :

– T'as jamais voulu te défaire de la maudite tête de cochon que t'as en haut des épaules. Alors, débrouille-toi comme tu peux avec la truie, ta semblable !

dès que mon père est sorti de la soue, la truie bande son gros corps pour se déprendre de l'état de glace qui l'a envahie ; la soue devient pareille à un miroir : ça se fracasse d'un seul coup et s'émiette en crissant comme une vitre enfoncée par un coup de poing – je veux descendre de la truie, mais mes jambes, mes fesses et mes bras ne m'appartiennent plus, ils sont comme cousus à la peau rugueuse de la truie ; en dessous de la truie et de mon corps, le cercueil est devenu une bouche munie de longues dents cariées – (((((aux senteurs de fleurs pourries, s'ajoutent les pestilences de la défécation, comme si tous les hydrocéphales et les oligophrènes de l'asile du mont-providence vidaient en même temps leurs intestins dans le cercueil))))) –

– Je veux pas mourir ! que je dis alors qu'avec la truie je bascule dans le vide, aspiré par le cercueil.

– Non, pas là-dedans ! que je dis. Je vous en supplie : pas là-dedans !

avec la truie, je tombe pourtant dans le cercueil, c'est spongieux comme la savane de mon enfance, c'est plein de corps difformes et disloqués :

– Tu ne feras jamais partie de ma tribu, que dit la truie. Et pour qu'on le sache du ponant jusqu'au levant, je vais le marquer à jamais dans ton corps !

s'ouvre la gueule de l'énorme truie et ses dents se plantent dans mon épaule gauche comme autant de lacérants poignards ! –

ME DISAIS :

faut que tu sortes au plus sacrant de la jument de la nuit, sinon il ne restera bientôt plus de toi que quelques ossements à blanchir sous ces pieds et ces pieds de neige dans l'hiver de force !

dans ma tête aliénée par la jument de la nuit, je cherche à me souvenir d'une phrase de franz kafka comme je fais toujours quand je sombre et m'effondre au milieu de la terrorisante nuit, et ce qui comble le trou noir que j'ai dans ma mémoire, c'est : (((((« J'ai eu une semaine affreuse, j'ai été surchargé de travail au bureau, ce sera peut-être toujours comme ça maintenant ; eh oui, il faut gagner sa tombe, et puis il y a eu d'autres choses que je te raconterai un jour ; bref, j'ai été pourchassé à la manière d'une bête féroce, et comme je n'en suis nullement une, imagine ma fatigue »))))) –

ainsi, grâce à kafka, je peux enfin ouvrir les yeux : il n'y a plus de truie gelée, plus de gorets se retenant à ses tétines enflées ; mais persiste toutefois la douleur dans l'épaule gauche, tout comme le cercueil reposant au milieu des fleurs et des lampions à l'extrémité du salon funèbre – je me suis endormi au milieu de la veillée au corps, tous mes membres engourdis par la monotonie des prières ; dans le cercueil, le père de judith ressemble à n'importe quoi, sa grosse tête enfin inoffensive reposant dans le satin, sa face marquée par la couperose malgré tout le fard qu'on a mis dessus pour l'escamoter ; près du cercueil pleure la mère de judith, la figure recouverte d'une voilette noire ; avant de partir de la maison, elle a avalé tout un flacon de pilules que son amant, le gros pharmacien, lui a apporté en même temps qu'un fiasque de gros gin ; elle tient à peine sur ses jambes et c'est pourquoi le gros pharmacien ne la quitte pas d'une semelle : quand elle vient pour tomber, il lui entoure la taille de son bras, mais en gardant toujours la main ouverte pour qu'on voie les bagues qu'il a à tous les doigts –

à cause de l'hystérie de la mère, j'ai dû m'occuper des préparatifs des funérailles ; on a attendu jusqu'à la toute fin le retour du frère de judith, on a téléphoné partout où il pourrait se trouver aux états-unis, mais sans succès – il a donc fallu que je me débrouille sans son aide même si je ne connais pas grand-chose au rituel des funérailles : jamais vu la mort que de loin, dans les rêves que j'ai faits ou dans les livres que j'ai lus : ça ne ressemblait guère au corps souillé du père de judith quand je l'ai traîné du corridor où il était tombé jusqu'à son lit, laissant derrière lui sur le plancher comme un gros anchet formé d'urine et d'excréments ; même mort, le sexuel était dressé, mais c'était aussi froid qu'un glaçon – c'est judith qui a voulu que je touche le membre de son père, et j'ai d'abord refusé : je ne veux plus avoir affaire aux pères, aussi bien les morts que les vivants – j'ai donc retraité jusqu'à la cuisine, attendant que judith ressorte de la chambre pour convenir avec elle des funérailles (((((quand je me suis fatigué à force de l'attendre pour rien, j'ai retraversé le corridor vers la chambre : judith était couchée sur le corps de son père, elle était toute nue aussi et pleurait ; je lui ai pris le bras, presque sous l'aisselle, c'était chaud et moite))))) :

– Faut pas que tu restes là, que je dis. Ça serait admettre qu'il n'y a pas d'irréalité dans le passé.

– Je voulais seulement en être certaine, que dit Judith. J'avais peur que mon père ne soit pas vraiment mort.

s'est redressée, est sortie du lit, a essuyé ses joues mouillées, puis a recouvert d'un drap le corps de son père ; les pieds dépassaient du drap comme deux stalagmites, tout crevassés, pleins de veines noirâtres grosses comme le petit doigt ; les ongles des orteils étaient démesurément longs : on aurait dit des becs d'oiseaux rapaces noyés dans le sang de la mort – (((((puis judith se rhabilla, tout son corps assailli par les frissons ; quand je l'ai touché, j'ai compris qu'il n'y avait plus de chaleur dans le corps de judith, son père lui avait tout pris comme dans l'absurde histoire de la momie racontée par artaud : « Cette mort est beaucoup plus raffinée, cette mort multipliée de moi-même est dans une sorte de raréfaction de ma chair. L'intelligence n'a plus de sang. La seiche des cauchemars donne toute son encre – et malgré tout, cette brûlure du néant))))) –

– Sortons d'ici, que je dis. Sinon, il n'y aura plus de limites à l'épaisseur du froid.

une fois dans la cuisine, je me laisse tomber dans la berçante, attire judith vers moi – je dois faire appel à toute la chaleur de mon corps pour la réchauffer, je dois puiser loin en moi si je ne veux pas que le rêve à peine commencé s'escamote déjà, rameutant la routine de la rue monselet, ma famille stérile, mon emploi déliquescent de commis de banque et mes velléités décourageantes d'écriture – je sais depuis que je suis né que ce que tu aimes des autres c'est ce qui te confirme dans ce que tu es, c'est ce qui agrandit ton monde en le forçant à mieux se définir – sans égoïsme, pas de naissance possible, le corps n'est plus qu'une grande perdition d'énergie, désordonné et désorienté comme l'est maintenant celui de judith, et le sentiment risque d'en occuper presque dérisoirement tout le champ, dans une parfaite indifférence de sens (((((« Mais regarde, a aussi écrit kafka, tu avances visiblement malgré tout, tu as un but, qui ne peut pas t'échapper comme une jeune fille vous échappe et qui te rendra heureuse de toute façon, même si tu t'en défends ; alors que moi, je resterai une éternelle toupie ronflante, je ne ferai que martyriser un instant le tympan des rares personnes qui viendront peut-être à moi, c'est tout »))))) –

– Je me sens déjà mieux, que dit Judith. Je vais bientôt laisser toute la mort derrière moi.

la mère de judith et les oncles jumeaux surviennent
en même temps que la nuit – les croque-morts ont eu
le temps de transporter le corps du père de la chambre à
la maison funèbre où judith et moi nous avons dû nous
rendre pour choisir le cercueil, les corbeilles de fleurs, les
cartes mortuaires et le cimetière dans lequel les restes du
père seront enterrés – la mort, rien d'autre qu'un commerce
parmi tant d'autres, ça devient n'importe quoi, comme
dans ces catalogues morbides que le maître croque-mort
nous a fièrement montrés – toute cette décomposition,
toute cette pourriture, tous ces vers glauques déjà à l'œuvre
dans le papier, dévorant les muscles, dévorant les nerfs,
dévorant les os – on ne doit pas leur laisser toute la place,
on doit leur faire savoir qu'ils n'occuperont jamais de
nous la meilleure part et qu'on peut les tenir à distance
aussi longtemps qu'on en décidera ainsi –

c'est dans le souterrain de la maison funèbre que judith et moi nous en faisons la démonstration au maître
croque-mort; des cercueils partout, certains avec des man-
nequins dedans pour que, nous dit le maître croque-mort,
le client se rende mieux compte jusqu'à quel point ils sont
confortables – nous avons donc tenu à nous allonger dans
chacun des cercueils, nous avons refermé les couvercles
sur nous, ce qui horrifie le maître croque-mort qui prétexte un téléphone urgent à donner pour quitter le souterrain, ce qui nous autorise judith et moi à laisser libre
cours à la frénésie qui s'est emparée de nous: nous nous
retrouvons vite allongés l'un par-dessus l'autre dans l'énorme
cercueil qu'il y a tout au fond du souterrain, près de ce bac
rempli de fleurs fanées et puantes, mélange d'eau croupis-
sante et de terre noire, comme si la chair se défaisait de-

dans par galettes extrêmement nauséabondes – à cause
des coups de boutoir de mon sexuel dans celui de judith,
le couvercle du cercueil nous tombe dessus, ce qui ne fait
que nous exciter encore davantage – et quand le blanc-
mange se met à gicler de mon sexuel, judith dit :
    – Je n'aurai plus jamais peur de la mort. Je vais tou-
jours vivre contre, comme si c'était là une occasion privi-
légiée de plus grands plaisirs encore.
    la mère de judith et les oncles jumeaux ont mainte-
nant pris possession du centre de la cuisine – ils empes-
tent l'alcool à plein nez parce qu'ils débarquent tout droit
du café du nord où ils ont été se saouler dès qu'ils ont
appris la nouvelle de la mort du père ; c'est à peine s'ils
nous voient assis dans la berçante, judith sur mes genoux
– ils parlent tous les trois en même temps, mais c'est juste
des bouts de phrases mal articulés, aussi inachevés que les
gestes qu'ils font ; à tour de rôle, les oncles jumeaux prennent la mère dans leurs bras puis, comme s'ils ne savaient
pas quoi faire avec, ils reculent de deux pas en faisant de
grands gestes désespérés – à force de les regarder, je vais
finir par pouvoir différencier les deux jumeaux : le premier
a cette cicatrice qui coupe en deux son épais sourcil gauche
(((((j'apprendrai bientôt qu'on l'appelle le grand bardo
scieur de longue scie à cause du métier qu'il a pratiqué à
amqui dans sa jeunesse : c'est lui qui fendait le bois de
cèdre pour en faire ces bardeaux avec lesquels on lambrisse
les bâtiments))))) – le deuxième se dénomme caïus picard
(((((caïus est une déformation du mot caïeu, qui veut dire
petit chien en latin ; dans la langue d'amqui, le petit chien
se métamorphose rapidement en l'un de ces bourgeons
secondaires qui se développent sur le bulbe de certaines
plantes ; comme caïus picard est né quelques minutes après

le grand bardo scieur de longue scie, cette partie-là de son nom lui convenait très bien ; quant au sobriquet de picard, il faut pour le comprendre remonter aux origines françaises de la famille : dans les hautes alpes, le picard est une sorte de clou, aussi long que pointu))))) – mais les frères jumeaux ont surtout grandi vite comme le chiendent, ce qui leur a donné ces corps osseux, cette peau jaune comme le sont les champs en automne et ces chevelures noires comme découpées dans du fil de fer ; ils ont la barbe longue, les dents brisées et de toutes petites oreilles à peine formées, comme celles qu'exhibent les cochonnets en venant au monde : ça ressemble aux évents de ces baleines photographiées par les reporters du *national geographic*, ça a quelque chose de sauvage, sinon d'obscène comme toutes ces bêtes que la mer a repoussées de ses eaux, reptiles, batraciens et serpents, toutes démoniaques, terrorisantes et belliqueuses – on ne peut pas se fier à de pareilles bêtes, on ne peut pas savoir ce qu'elles sont vraiment, trop hybrides pour faire partie d'un seul monde : parfois, c'est l'eau qui domine en elles et parfois la terre noire prend toute la place, ça se met à brûler férocement et c'est même sans savoir pourquoi –

je voudrais avoir mon calepin noir pour noter dedans les images qui me sont venues à regarder les oncles jumeaux ; mais même si j'avais eu le carnet noir, je n'aurais pas eu le temps de le sortir de la poche de mon veston et d'y écrire ne serait-ce que le premier mot : au centre de la cuisine, le ton a changé entre la mère de judith et les oncles jumeaux – c'est brusquement devenu inamical, sans doute à cause de ce fiasque de gros gin que le grand bardo scieur de longue scie a tiré de dessous sa ceinture, décapsulé et porté à ses lèvres : la mère de judith veut le lui enlever, mais le grand bardo scieur de longue scie fait mine de le passer à caïus picard avant de le porter une nouvelle fois à ses lèvres, ce qui fait fulminer la mère de judith :

– T'es déjà assez saoul de même, qu'elle dit. Si tu continues à boire, de quoi tu vas avoir l'air quand tu vas entrer au salon funèbre ?

– Je vais avoir l'air du Grand Bardo Scieur de Longue Scie, que dit l'aîné des frères jumeaux. Je ferai pas honte au monde, crisse !

– Donne-moi le fiasque ! que dit la mère de Judith. Ça presse en queue de poêlonne !

– T'es juste ma sœur : je prends pas d'ordres de ma sœur ! que dit le Grand Bardo Scieur de Longue Scie.

quand caïus picard veut s'en mêler, les choses s'enveniment : le grand bardo scieur de longue scie le prend par ses dessous de bras, le lève de terre et le projette sur la pile de caisses de bière qu'il y a près de la porte ; il l'a fait avec tellement de facilité qu'on aurait dit qu'il a lancé une poupée de guenille dans les airs – mais le corps osseux de caïus picard, loin de se défaire au milieu des caisses de bière renversées, se détend pareil à un ressort ; et la tête rentrée dans les épaules, caïus picard fonce sur le grand bardo scieur de longue scie, si hargneusement que l'attaque est malaisée à contrer ; les frères jumeaux roulent sur le plancher, se bourrant l'un et l'autre de coups de poing dont un seul suffirait à assommer un bœuf – la mère de judith tourne autour d'eux, gesticule et chiale, ce que les deux frères ne voient guère et n'entendent guère, totalement avalés par leur chicane – quand le grand bardo scieur de longue scie prend le dessus, il met les mains sur la gorge de caïus picard, enfonçant ses doigts le plus creux qu'il peut dans la chair :

– T'en prendre à moi, l'aîné de la famille ! qu'il dit. T'en prendre à moi alors que t'aurais même pas dû venir au monde après ma sortie du ventre de ma mère ! Ta naissance maudite, je vais te la rentrer pour toujours jusqu'au fond du gorgoton ! J'attends ce moment-là depuis assez longtemps que c'est impossible pour toi maintenant de passer à côté ! Meurs ! Meurs donc, maudite face laitte !

moi, je n'ai pas bougé de ma chaise, judith toujours blottie contre mon épaule – je regarde béatement la scène, incapable de croire à sa réalité : peut-être sommes-nous entrés de force dans un mauvais film italien, avec des acteurs trop démunis pour se rendre compte qu'il ne s'agissait que d'un jeu et que personne ne leur demandait d'en mettre autant – mais quand les yeux de caïus picard deviennent exorbités, je comprends que je me suis trompé, qu'il ne s'agit pas d'un film et qu'il me faut faire quelque chose si je ne veux pas être obligé de retourner à la maison funèbre pour y choisir un autre cercueil – alors je me lève de la berçante, la mère de judith s'empare de cette grosse bouteille de bière sur le comptoir et la fracasse sur la tête du grand bardo scieur de longue scie ; dans un émiettement de verre, le long corps osseux s'écroule par-dessus celui de caïus picard et le sang se met à couler, comme une petite fontaine surgissant de sous la masse noire des cheveux –

– Descends-le dans la cave ! que dit la mère de judith à Caïus Picard qui s'est redressé et souffle comme un cheval. Et embarre-le dans la chambre ! Manquerait plus qu'il vienne nous faire du grabuge quand on va tous se retrouver au salon funèbre !

caïus picard s'attelle aux jambes de son frère jumeau, le tire jusqu'à la porte de la cuisine, puis disparaît derrière avec lui, laissant sur le plancher comme un petit ruisseau de sang, épais et presque noir –

– Je vais me préparer, que dit la mère de Judith. Je vais en avoir pour un bon moment. C'est donc pas la peine de m'attendre ici-dedans. On se reverra tantôt chez l'Urgel Bourgie.

judith et moi, nous déguédinons aussitôt puis, bras dessus bras dessous, à petits pas nous marchons sur le trottoir – pas même un chat dans la rue, que ces gros arbres sombres dont les feuilles sont virées à l'envers comme quand il y a apparence de pluie – et ce silence que nous ne savons pas comment rompre, les mots qui pourraient y mettre fin, si nous les disions, seraient peut-être autant d'objets tranchants, tels des couteaux aiguisés fin, ou de filiformes flèches aux pointes acérées qui rendraient blessurées toutes les formes qui combattent pour leur survie dans la rue drapeau ; peut-être même nos paroles deviendraient-elles pareilles à ces bâtons de dynamite que les felquistes déposent dans les boîtes aux lettres de westmount pour qu'en éclatant elles fassent voir au monde la souffrance et le désespoir d'une nation qui ne sait pas encore dire les choses, ou ne peut pas les dire parce que le pays, dans son aliénation, ne veut pas les entendre : (((((qui souhaite vraiment la liberté, l'égalité et l'indépendance, et dans cette exigence dont parle si courageusement pierre bourgault dans ses flamboyants discours ?))))) – cette peur viscérale qu'on a des mots dès que sortant de la banalité quotidienne ils deviennent comme chiens qui mordent, comme léopards enfonçant creux leurs crocs dans les grasses viandes de l'ennemi –

– J'ai marqué un point pour la disparition de Satan, que dit Judith. Il est parti, et ça ne devrait plus être possible après ça qu'il revienne. Alors pourquoi reviendra-t-il ? Parce qu'il s'est révolté de l'enfer ? Qu'il en est sorti seul ? Non, je l'en ai sorti moi-même ; car ce n'était pas l'enfer mais une thurne de sperme pur qu'ils appelèrent le paradis. Et la bataille est commençée et c'est loin d'être fini.

ME DISAIS :

j'essaie de comprendre le sens que peut bien avoir le poème d'artaud par-devers judith – si son père avait la figure de satan, s'il est mort désormais, ça n'empêcherait pas le fait qu'il vit toujours, non dans l'enfer où il devrait être prisonnier pour l'éternité, mais dans le corps et l'esprit de judith, car même si elle a profondément détesté son père, elle n'en a pas moins aimé la thurne de sperme pur jaillissant de lui quand il s'accouplait à elle, et qui avait les couleurs du paradis : l'innocence qui portait judith ne lui permettait pas de trancher entre la haine et l'amour, entre le refus et l'acceptation ; elle était neuve et son père âgé, elle était incapable de lire les signes de la réalité parce que les rapports n'étaient pas ceux de la réciprocité, ils étaient fondés sur une autorité que judith était impuissante à détruire : (((((sinon, pourquoi aurait-elle retenu et récité ce poème d'artaud plutôt qu'un autre, et cette fin, la bataille est commençée et c'est loin d'être fini – c'est à son sexuel que judith a surtout mal, parce que c'est par là qu'entrait l'autorité du père, et c'est dedans que giclait la thurne de sperme pur grâce à laquelle père et fille atteignaient le paradis))))) –
j'ignore toutefois comment le dire à judith : dans la matière grise, les choses se présentent telles qu'elles sont en elles-mêmes, et sans même que les mots ne soient vraiment nécessaires ; mais dès qu'on veut les formuler aussi

169

clairement que ça s'est pensé, ils ne sont plus que des morceaux épars que rien ne relie vraiment entre eux – aussi bien rester bouche bée en souhaitant que dans la rue où judith et moi nous marchons en direction du salon funèbre, s'élèvent des tas de bruits dissonants qui feront diversion –

– Je t'en prie, Bibi, que dit Judith. Parle-moi. Même de n'importe quoi. J'ai simplement besoin de savoir que je peux encore entendre.

ne me vient rien à dire que judith serait en mesure d'entendre, même pas quelques mots qui escamoteraient la guerre que les deux oncles jumeaux se sont livrés : voilà pourquoi je cherche aussi fort, là où dans ma matière grise veille la mémoire que j'ai de franz kafka ; je vais mettre un certain temps à entrer dedans, puis des pages vont apparaître, puis un paragraphe va se recomposer, petite mais grasse est la police des caractères, sans doute du bodoni, plus facile à photographier que le garamond si léger que les lettres à l'œil menu se brouillent avant d'avoir livré leur substance –

– Sais-tu par quoi Kafka a célébré une fois l'anniversaire de son ami Max Brod ? que je dis. Par un simple caillou. Si tu le gardes dans ta poche, il te protégera ; si tu le laisses dans un tiroir, il n'y sera pas inactif ; mais ce que tu pourras faire de mieux est encore de le jeter. Le caillou m'a sauvé plus souvent que tu le crois, et maintenant que je m'y retrouve moins que jamais, que c'est tout juste si je me sens encore et que je ne le fais que dans un état de demi-sommeil, avec une excessive liberté, maintenant, précisément, ça me fait du bien de jeter une telle pierre dans le monde et de séparer ainsi le certain de l'incertain. Que sont les livres à côté de ça ? Un livre commence à t'ennuyer et quand il a commencé, il continue. La pierre, elle n'a rien d'ennuyeux, elle ne peut pas non plus être détruite ou seulement dans un lointain avenir ; de plus, tu ne peux pas l'oublier puisque tu ne seras pas obligé de t'en souvenir. Enfin, tu ne pourras pas la perdre définitivement puisque c'est justement la première pierre venue et que tu la retrouveras sur le premier chemin venu.

judith ne répond rien à ma tirade kafkéienne – je baisse les yeux, regarde en bordure du trottoir, là où pousse de l'herbe et, entre deux mottes de chiendent, ce caillou blanc strié de barres rosâtres attire mon attention ; du bout de mon soulier, je frappe dessus puis, une fois que j'ai complètement déterré le caillou, je me penche, le ramasse, le mets dans ma bouche et le suce pour le débarrasser de sa crasse, après quoi je le présente à judith :

– Je t'offre ce caillou avec un baiser qui se charge de te dire ma gratitude inhabile pour le seul fait que tu existes. Nous voici, à cause de cette pierre, à travers un certain passé déjà.

à son tour, judith met le caillou dans sa bouche et le suce ; malgré ce qu'en pense kafka, il finirait peut-être par fondre si nous n'arrivions pas enfin devant la maison funèbre ; judith crache le caillou sous le lilas qu'il y a près de l'entrée :

– Si c'est vraiment la première pierre venue comme le prétendait Kafka, je la retrouverai forcément sur le premier chemin venu aussi, qu'elle dit.

ME DISAIS :

une fois la porte de la maison funèbre refermée derrière judith et moi, nous nous dirigeons vers le salon dans lequel est exposé le corps du père de judith ; nous n'irons pas jusqu'au cercueil, préférant nous éloigner de la petite foule qui l'entoure pour nous asseoir dans cette espèce d'alcôve (((((sans doute une ancienne garde-robe qu'on a démolie pour ajouter quelques sièges de plus))))) qu'il y a au fond du salon ; des veilleurs au corps faisant amas devant nous, nous apprécions de nous trouver ainsi isolés et de n'avoir rien d'autre à faire que d'attendre l'arrivée de la mère de judith –

pour tromper l'attente, je regarde ceux et celles qui sont venus veiller au corps : quelques camarades de taverne, un groupe de débardeurs, des zouaves dont le père de judith faisait partie (((((dans leurs extravagants costumes, ils montent la garde le dimanche devant l'église sainte-gertrude et lorsque le curé appelle les fidèles à communier, ils passent la quête dans des paniers d'osier à grands manches))))), de vieilles femmes, telle la tante henriette, habillée comme un sapin de noël, un vison tout époilé sur les épaules (((((elle le lave à la machine et le fait sécher sur la corde à linge dans la ruelle derrière chez elle))))) – la tante henriette a profité du fait que judith est allée prendre l'air pour venir s'asseoir à côté de moi, et elle ne cesse plus de parler depuis ce temps, notamment du piano qu'elle a chez elle et qu'elle vient de repeindre en rose pour rendre hommage à la chanteuse alys robi qui en possédait deux, paraît-il – je fais mine de cogner des clous pour que la tante henriette, découragée de parler dans le vide, s'éloigne de moi, à la recherche de meilleures oreilles pour l'écouter (((((depuis mon enfance, c'est mon arme préférée quand j'en ai assez de la compagnie des autres : je ferme les yeux, je ne pense à rien, je laisse le vide se faire en moi et je tombe dans un profond sommeil – la ruse m'a parfois joué de mauvais tours, comme cette fois

172

où je me suis endormi en dansant avec une jeune fille à la discothèque du centre paul-sauvé ; le rêve vient si facilement dès qu'on tourne le dos au monde que de ne pas en profiter serait une véritable hérésie : dans le rêve, les mots n'opposent plus de résistance, ils s'ajoutent simplement les uns aux autres, dans une luxuriance d'images neuves parce que dégagés de toute censure, de tout esprit de responsabilité, de toute banale réalité et, aussi, de tout moralisme – on vit alors en état de rupture absolue, comme dans ce rêve que j'ai fait tantôt, avec la monstrueuse truie qui se tenait au-dessus du cercueil du père de judith, tous ses cochonnets mordant dans la chair morte déjà en train de bleuir))))) –

remonté de mon sommeil, j'y repense tout en massant mon épaule gauche endolorie : je n'aime pas la douleur que ça me fait dans le bras, comme si de petites aiguilles s'enfonçaient sous la peau, loin dans les muscles et les nerfs – cette sensation désagréable, comme l'autre jour alors que je travaillais à la banque et que tout mon côté gauche s'est ankylosé au point que je n'étais même plus capable de tenir mon stylo entre les doigts ; j'ai passé la journée assis derrière le guichet, le bras gauche ballant le long de mon corps, vaguement angoissé : j'ai pensé à kafka et à beckett qui, de leurs personnages, interrogent la moindre incongruité physique, et cette phrase toute simple est alors venue me hanter :

« Une petite ombre, en elle-même, sur le moment, ce n'est rien ; on n'y pense plus, on continue, dans la clarté ; mais je connais l'ombre, elle s'accumule, se fait plus dense, puis soudain éclate et noie tout » –

cette simple phrase, la voilà qui s'est emparée de mon côté gauche, comme un serpent lové dans les muscles et les nerfs, qui se multiplierait à l'infini –

par crainte que le serpent finisse par me terroriser totalement, je cherche judith des yeux – est allée reconduire à la porte la tante henriette et ça prend du temps pour que se fassent les adieux, et puis tout se complique brusquement, à cause de l'arrivée inattendue du grand bardo scieur de longue scie, bientôt suivie par celle de caïus picard – le grand bardo scieur de longue scie est encore plus furieux qu'avant que la grosse bouteille de bière de la mère de judith ait éclaté sur son dessus de tête ; il a les cheveux recouverts d'un large bandeau, il gesticule et fulmine, son long corps osseux occupant toute la porte du salon funèbre :

– Moi, me faire casser sur la tête une bouteille de bière par ma propre sœur ! qu'il dit. Moi, me faire embarrer dans la cave par mon propre frère, mon jumeau de surcroît ! Et tout ça parce que j'ai de la peine à cause que mon beau-frère est mort ! Et tout ça parce qu'on voulait m'interdire de venir ici-dedans pour lui rendre l'hommage qu'on doit rendre aux morts ! Mais je suis là maintenant et je plains ceux qui vont essayer de m'empêcher de me rendre jusqu'au cercueil de mon beau-frère !

– D'accord, que dit la mère de Judith en s'avançant vers le Grand Bardo Scieur de Longue Scie. Tu peux prier devant la tombe, mais en silence et sans t'en prendre à personne.

elle a dit ça la mère de judith à cause de son amant le gros pharmacien : en voyant surgir le grand bardo dans le salon funèbre, il est devenu aussi pâle que la couleur de sa chemise ; le grand bardo scieur de longue scie le regarde et c'est pareil à une flèche qu'il lancerait pour frapper le gros pharmacien en plein front : le gros pharmacien fait deux pas par derrière, trébuche sur le prie-dieu devant le cercueil qu'il heurte lourdement de son corps – le cercueil bascule et, pareil à une bouche, vomit le cadavre du père : de la ceinture à la plante des pieds, il est nu comme un ver, ce qui rend encore plus monstrueux son sexuel toujours dressé ; les croque-morts doivent faire appel aux policiers, mais ils ne sont que deux et ils comprennent vite qu'il va falloir demander du renfort : quand il entre en état de grande fâcherie, le grand bardo scieur de longue scie ne se laisse pas facilement passer les menottes : il est fort comme un cheval, rusé et traître comme les chemises brunes qu'a combattues jadis victor téoli –

– Je le savais qu'il y aurait du grabuge ! que dit la mère de Judith au Grand Bardo Scieur de Longue Scie menotté que les policiers traînent de force vers la sortie de la maison funèbre.

– T'avais qu'à demander à ton gros pharmacien de rester chez lui ! que dit le Grand Bardo. Quand j'y pense ! Avoir rendu mon beau-frère cocu comme une bête à cornes et oser venir veiller au corps, tout déguisé et maquillé comme pour une noce ! Ça mériterait juste d'être époché comme un vieux verrat !

le grand bardo scieur de longue scie enfin en allé avec les policiers, la mère de judith et le gros pharmacien ne tardent pas à déguédiner à leur tour, nous laissant seuls, judith et moi, avec les croque-morts ; ils réinstallent le cadavre dans son cercueil, puis le hissent sur les tréteaux, redisposant autour de la tombe les gerbes de fleurs déjà fanées – ils opèrent comme si rien ne s'était passé, aussi calmes et cérémonieux que s'il s'agissait d'un rituel dont il faut observer toutes les règles ; quand ils sont satisfaits de leur ouvrage, ils se signent, puis le plus âgé, celui dont le nez est un bec d'aigle, nous dit :

– Nous allons maintenant fermer. Vous conviendrez avec nous que la soirée s'est allongée plus qu'à l'ordinaire.

– Je voudrais rester encore un moment, que dit Judith. Devant le corps de mon père. Une dernière fois.

– Bien, que dit le maître croque-mort.

je n'accompagne pas judith jusqu'au cercueil, mais vais plutôt m'asseoir près de la porte du salon funèbre pour y renouer avec la douleur de mon épaule endolorie ; et quelques-uns des mots de *malone* me reviennent en mémoire : « Haleter, couler, remonter, supposer, nier, affirmer, nier ; c'est bon ; j'ai laissé aller mes douleurs, mon impotence ; et il m'a semblé un instant que j'allais recevoir une visite » – la phrase m'inquiète encore davantage que celle qui a fait surface, alors qu'assis dans un des fauteuils du salon funèbre, le bras me démangeait, mordillé par le serpent dedans ; j'ai baissé les yeux vers ma main qui tressaute contre ma cuisse, de sorte que je ne voie pas judith quand elle arrive devant le prie-dieu –

faut que judith se mette à parler pour que je redresse la tête et constate que la nuit pourrait bien ne pas avoir de fin, parce qu'elle est faite de tempêtes, parce qu'elle est faite d'innombrables halètements – judith a pris place devant le prie-dieu, s'agrippe à lui de ses mains, écarte les jambes puis, sa robe redressée sur les reins, elle montre toute la blancheur de ses fesses rondes et toute la profondeur de la fleur de lotus qui bat comme un cœur au milieu, qui bat au rythme des mots que judith halète, absolument obscènes : enfonce-moi, j'ai besoin que tu entres en moi jusqu'à ce que ton corps y disparaisse totalement, enfonce-moi, il faut que tu m'enfonces jusqu'à la vie, il le faut, maintenant ! –

ME DISAIS :

je ne devrais pas rester ici-dedans, car judith n'est pas
la femme avec qui je trouverai l'illumination : au mieux,
je ne serai jamais pour elle que la contrefaçon de son père
– pourra ainsi m'atteindre dans ce que j'ai de plus intime,
mais ça ne sera jamais pour m'en rendre la moindre part ;
judith a trop manqué de tout, nulle tendresse, nulle affection ne viendront à bout de l'amour et de la haine dont
son père l'a à jamais marquée ; ça ne sera que peau de chagrin, et je serai cette peau-là de chagrin, et quand ça se
sera tout rétréci, judith m'abandonnera, elle m'aura vam-
pirisé jusqu'à la mouelle, et je resterai pris à jamais par la
seule beauté de deux yeux pervers et violets –
je ne quitte pas ma chaise pourtant, je laisse judith
tenter de copuler ultimement avec son père mort, puis
quand elle revient vers moi, j'oublie aussitôt les pensées
qui me sont venues : les grands yeux violets brillent tant
qu'ils sont comme deux hameçons se plantant dans les
miens ; je ne pourrais plus rien voir sans leur secours, je
serais au milieu de la plus profonde des nuits et j'y tour-
nerais en rond à jamais –

ME DISAIS :

avec judith, sortir enfin de la maison funèbre ; elle
ramasse un caillou dans le parterre, se le met en bouche,
le suce et joue avec tant que nous n'arrivons pas à la rue
drapeau, aux grands cèdres qui cachent la cour pleine de
vieux moteurs d'automobile, à la maison dont la galerie
tient grâce aux grosses chaînes qui la supportent –

cette descente de cave qui mène au souterrain, là où je vais habiter désormais ; la descente de cave a ceci de singulier qu'elle est lambrissée de canettes de bière, œuvre du frère du judith ; et là où je vais vivre désormais, ça a déjà été un salon que le frère de judith a eu la velléité de transformer en garçonnière ; des bouts de cloisons sont restés tels que tels, des fils électriques pendent un peu partout, de grands panneaux d'aluminium masquent les trous qui ont été faits dans les murs ; mais il y a un lit, un pupitre, deux chaises, l'une berçante et l'autre droite – je n'ai pas besoin d'en avoir davantage, j'aime les souterrains, je suis fasciné par eux, à cause de l'étrangeté qu'on y trouve toujours : on dirait que du plancher par endroits désenbouveté montent de fauves odeurs qu'on ne retrouve nulle part ailleurs : la terre n'a pas le même goût, elle a des relents de poutres pourries, goûte l'eau salée, sinon vinaigrée, comme si les pierres en s'effritant avaient déversé leur sang rouillé dedans (((((quand j'étais enfant et que j'avais faim de terre, à quatre pattes je faisais le cochon pour provoquer mes frères, puis j'aimais descendre dans la cave de la rue vézina des trois-pistoles : un petit ruisseau la traversait de part en part, comme un long doigt de pianiste jeté sous les fondations ; je m'enfonçais dans la bouette, j'avais l'impression qu'une force très puissante me tirait par les pieds vers les profondeurs du monde, peut-être jusqu'en chine, que mon père prétendait être juste en dessous de la maison – il disait aussi que s'il n'avait pas perdu les plans de la maison qu'il avait fait construire, il aurait pu trouver la porte secrète donnant accès au tunnel en spirale qui, après des dizaines de milliers de milles dans le ventre de la terre, aboutissait à la cité interdite de l'empereur chinois, qu'on appelait aussi le fils du soleil parce qu'il régnait sur une nation aussi nombreuse que les gouttes d'eau tombant des nuages vers la terre))))) –

les histoires de mon père auraient dû me terroriser comme elles terrorisaient mes frères et mes sœurs : ils ne voulaient jamais descendre dans la cave si mon père n'y allait pas avec eux ; mais moi, je profitais de toutes les occasions pour m'y trouver, envoûté que j'étais par les découvertes que je faisais dans cette obscurité que venaient à peine tamiser les deux petites fenêtres se faisant face d'un bord à l'autre de la cave – là, un gros tas de charbon, apporté par les chinois qui n'en avaient pas besoin étant donné qu'ils vivaient près d'un soleil aussi scintillant qu'eux ; ici, une énorme caisse de bois dans laquelle je pouvais entrer et qui était pleine de trésors : de vieilles clés anglaises, un petit soufflet de forge exhalant un air pourri quand on l'actionnait, des canisses de moutarde sèche dont les effluves me piquaient le nez, des têtes cassées de poupées, des images religieuses moisies, des chaudrons de fer remplis de toiles d'araignée et des couvercles rouillées de pots de confitures – (((((quand arrivait l'automne, ma mère en faisait beaucoup : on les entreposait dans la cave, sur ces étagères qui occupaient tout un mur ; lorsque le soleil frappait dessus, les pots de confitures prenaient des couleurs miroitantes comme on devait n'en trouver qu'en chine, gardienne des opales, des émeraudes, des rubis et de tout l'or qu'il y avait dans le monde ainsi que l'affirmait la maîtresse d'école ; et ça me paraissait tout à fait croyable quand je pensais à cet empereur tout-puissant régnant sur sa nation en sa qualité de fils du soleil, immortel comme lui – et je me disais qu'un jour j'épouserais une chinoise et qu'enfin, j'habiterais au beau mitan de toutes ces couleurs qui me manquaient tellement))))) –

et puis, toutes ces bêtes étranges que je ne retrouvais jamais ailleurs que dans la cave : araignées noires grandes comme la main, cloportes qui pissaient un sang verdâtre et sucré quand je les écrasais entre les doigts avant de les porter à ma bouche pour les manger, gros anchets comme transparents, véritables lombrics issus des limbes chinoises, avec plein de petites pierres précieuses dans leurs longs intestins ; un rat me passait parfois entre les jambes, puis s'arrêtait à quelques pas de moi, et me regardait fixement, comme s'il cherchait à savoir si j'appartenais comme lui au monde des profondeurs – j'étais doué pour apprivoiser les bêtes, je savais les rassurer, de sorte que le rat devenait pareil à ce que j'étais, il devenait un enfant qui cherchait l'abondance dans les images du rêve –

ME DISAIS :

   – Tu es dans la lune, que dit Judith. C'est ta nouvelle chambre qui te déplaît ?
   – Non, que je dis. Elle me rappelle tant mon enfance que je me suis mis à y rêver sans même m'en rendre compte.
   – On reste ici ou si tu veux savoir ce qu'il y a encore dans la cave ? que dit Judith.
   juste à pousser une porte, et nous voilà aussitôt dans le royaume du grand bardo scieur de longue scie et de caïus picard – judith me raconte qu'après que les oncles jumeaux eurent fini de creuser la cave, ils l'ont divisée en quatre au moyen d'inégales cloisons : une cuisine, deux chambres à coucher et ce petit salon où ils pourraient regarder la télévision en buvant de la bière ; la cuisine est

toutefois restée en plan et sert plutôt de pièce à débarras, des débris de toutes espèces que les oncles y entassent pour gosser les sculptures dont ils sont friands : souches d'arbre, bouts de fer, meubles déglingués, prises de courant, restes de plafonniers et de lampes torchères, appareils éventrés de radio, boulons, vis, écrous et crampes, un très surréaliste cimetière de choses mortes, graisseuses et sales comme on en retrouve dans ces marchés aux puces qui pullulent dès qu'on sort du grand morial ; et comme les oncles avaient besoin d'un atelier pour travailler à leurs absurdes créations, ils ont fait une croix sur la première chambre qu'ils devaient aménager ; ils ont bourré les entrecloisons de laine minérale et installé de vétustes néons au plafond et construit un établi et mis devant le soupirail un poêle à bois monté sur une petite estrade de briques parce que les pattes lui manquaient ; c'est là-dedans que les oncles besognent en buvant de pleins siaux de bière dès qu'ils reviennent de leur ouvrage aux confins de morialmort ; ils gossent, ils liment, ils étêtent des clous, ils éviscèrent des moteurs, ils coupent fils, torons et câbles d'acier tant qu'ils ne sombrent pas dans la mort de l'ivresse ; ils rampent alors jusqu'à cette autre pièce qui leur tient lieu de chambre et, entremêlés l'un dans l'autre, ils s'endorment comme des totems barbares, leurs grands pieds osseux dépassant de la couchette de fer –

deux gros réfrigérateurs rapetissent la chambre du grand bardo scieur de longue scie et de caïus picard ; judith me fait d'abord voir l'intérieur des congélateurs qui sont pleins de livres de beurre, de pots de margarine et de tinettes d'arachides : sur chacun d'eux, une date écrite à la main sur du ruban adhésif :

– Pourquoi autant de victuailles ? que je dis à Judith.

– Ma mère est cleptomane et elle a une préférence pour les livres de beurre, les pots de margarine et les tinettes d'arachides, qu'elle dit.

sous les congélateurs, les étagères sont aussi remplies de victuailles fort hétéroclites : boîtes de spaghetti, de sauce, de biscuits, de pâtes, de fèves au lard, de riz à cuisson rapide, de gâteaux et de toutes sortes de viandes en conserve : flocons de jambon, poulets désossés, cubes de bœuf, langues de porc et boyaux dans le vinaigre –

– Si la faim te prend, t'as qu'à venir te servir ici, que dit Judith.

nous passons à la dernière pièce de la cave, qu'on considère comme le salon : même si sa construction est moins inachevée que les autres parties du souterrain, elle paraît aussi extravagante : sur les murs lambrissés de bois de grange, sont accrochées toutes sortes de têtes de chevaux sculptées par les oncles ; certains chevaux hennissent quand on pèse sur la poire qui communique avec le petit moteur caché sous le chanfrein ; d'autres retroussent les babines si on leur caresse le museau, d'autres encore clignent de l'œil dès qu'on passe dans le faisceau lumineux qui en commande la machinerie ; l'ensemble a quelque chose d'hallucinant, surtout si on fait fonctionner tous les mécanismes en même temps ; à yamachiche, j'ai vu dans un bar laitier plein de têtes de vaches qui sortaient des murs, qui bougeaient de droite à gauche, puis de gauche à droite, en meuglant comme des enragées, mais ces têtes-là de vaches me paraissent maintenant bien inoffensives quand je les compare aux golems fabriqués par le grand bardo scieur de longue scie et caïus picard –

le reste du salon est d'équerre avec les têtes hallucinantes de chevaux : un pupitre dont on a coupé les pattes, un ancien récamier transformé en cage à lapins, un fauteuil désenbourré et un gros bidon de lait cabossé sur lequel une fougère perd ses frondes, faute d'eau et de lumière ; s'il n'y avait pas le plancher de madriers teint au sang de bœuf, je pourrais croire que le souterrain de mon enfance m'a suivi jusqu'à la rue drapeau, mais mille fois plus sauvage, comme dans ce mythe de la caverne que kafka a décrit, disant qu'à l'intérieur d'elle les hommes sont enchaînés depuis leur enfance par les jambes et par le cou, en sorte qu'ils restent à la même place, ne voient que ce qui est en avant d'eux, incapables d'autre part, en raison de la chaîne qui tient leur tête, de tourner celle-ci circulairement ; quant à la lumière, elle leur vient d'un feu qui brûle en arrière d'eux, vers le haut et le loin – pour moi, ces mots de kafka représentent parfaitement l'esprit qui anime les oncles jumeaux : ils sont enchaînés dans la caverne du passé, ils sont enchaînés à tous ces siaux de bière qu'ils boivent, ils sont enchaînés aux créatures difformes qu'ils créent pour ne pas se noyer dans l'énorme solitude qui les habite –

ME DISAIS :

de retour dans la partie du souterrain que je vais désormais habiter, c'est à peine si je me rends compte de l'absence de judith : elle est montée au rez-de-chaussée pour assister au départ de sa mère et du gros pharmacien vers la gaspésie ; les oncles jumeaux sont aussitôt venus me trouver et comme je ne sais pas quoi faire avec eux autres, je leur demande de me raconter leur vie –

le grand bardo scieur de longue scie et caïus picard sont nés dans les environs d'amqui, au bout d'un rang que traversait une rivière, assez torrentielle pour alimenter en électricité une scierie de bois de cèdre – le grand bardo scieur de longue scie aurait pu y passer toute sa vie, car personne d'autre n'avait son habileté pour manier la longue scie faiseuse de bardeaux ; mais le bois s'était mis à manquer et la scierie avait fermé ses portes, forçant le grand bardo scieur de longue scie à retourner vivre sur la ferme familiale ; le père venait d'y mourir d'une fulgurante péritonite :

– Avec ma mère, c'était l'enfer, que dit le Grand Bardo Scieur de Longue Scie. Avec ma femme, c'était l'enfer aussi ; et je ne parle pas des travaux sur la ferme que j'ai toujours détestés, ni des animaux dont j'ai jamais voulu m'occuper. Un homme, c'est pas fait pour soigner des veaux ni traire des vaches. Je m'intéressais qu'aux chevaux, je passais mon temps à dessiner dessus eux autres. Dès que j'avais un couteau à la main, c'était plus fort que moi, fallait que je me mette à gosser, fallait qu'un cheval sorte du bois où il était enfermé. Je devais le libérer de sa prison parce que j'étais venu au monde pour ça, pour le voir se mettre à courir, pour que la terre tremble sous ses sabots, pour que flammèches et étincelles en jaillissent. J'avais déjà délivré une quinzaine de chevaux quand ma femme en a fait un tas dans la cour et les a brûlés comme si ç'avait été les œuvres du grand Satan. Fâché, je me suis saoulé et je n'ai pas cessé de mal boire depuis.

le grand bardo scieur de longue scie a vendu une première vache, puis une autre, et une autre encore, pour payer ses longues beuveries ; quand les vaches manquèrent, il vendit les cochons, les moutons, les dindes et les poules ; puis les instruments aratoires disparurent, et les meubles de la maison : ne restait plus que le cheval, bien réel celui-là ; quand le grand bardo scieur de longue scie revenait de l'hôtel d'amqui, il allait le chercher à l'écurie et l'emmenait jusqu'à la fenêtre de sa chambre : le cheval restait là toute la nuit, la tête passée entre les ventaux, à manger ce foin qu'il y avait dans la mangeoire devant lui –

– Une nuit, je suis rentré plus tard que d'habitude, que dit le Grand Bardo Scieur de Longue Scie. J'ai cherché mon cheval partout mais sans le trouver. Je me suis endormi sur la galerie en me disant qu'il avait dû sauter pardessus l'enclos pour aller brouter de la bonne luzerne quelque part dans un champ ou bien pour s'accoupler avec une grande jument en chaleur. Quand je me désendormirais, il serait à nouveau devant la fenêtre de ma chambre, la tête passée dedans pour mieux me souhaiter bon matin et salut bonjour. Bois de cèdre plein de nœuds et pourri ! Je ne savais pas encore que ma femme avait tué mon cheval d'un coup de carabine en plein cœur et qu'avec les enfants, elle avait décabané, prenant l'Océan Limité pour fuir jusque dans le Grand Morial. Comment c'est que tu voulais que je réagisse ? J'ai bu tout ce qui restait encore de la maison, j'ai bu le fond de terre, puis je suis parti à mon tour parce qu'il fallait bien que je continue à me saouler, parce qu'il fallait bien que le monde des chevaux ressuscite en moi.

moins loquace que le grand bardo scieur de longue scie, ça prend plusieurs bières à caïus picard avant que la parole ne s'ameute en lui ; mais une fois que c'est parti, il devient intarissable lui aussi : toute sa vie gaspillée tourne autour de fleur d'ange, la maîtresse d'école qu'il a aimée mais qui n'a pas voulu de lui ; par dépit, caïus picard s'est enivré à la scierie où il pelletait les copeaux de bois qu'on réduisait ensuite en cendres dans le monstrueux brûleur qu'il y avait au bord de la rivière :

– Mais ce jour-là était un dimanche, et il n'y avait personne d'autre que moi à la scierie, que dit Caïus

Picard. J'étais tellement découragé de la vie que j'ai actionné la longue scie et que j'ai mis la main dessus. Le pouce m'est parti de la main d'un seul coup et je me suis retrouvé sous le canteur, pas mieux que mort.

c'est le grand bardo scieur de longue scie qui a sauvé caïus picard grâce aux dons que sa qualité d'aîné et de jumeau lui a donnés : le grand bardo scieur de longue scie est capable de voir à distance, il est capable d'arrêter le sang couler seulement en pensant à la blessure, il est capable de guérir un tas de maladies en imposant ses grandes mains osseuses au-dessus des plaies –

parce que je me montre sceptique, le grand bardo scieur de longue scie bougonne :

– Quand Caïus Picard a perdu son pouce, il y a eu ceci qui s'est passé dans le mien : si mon pouce était toujours raccordé à ma main, je souffrais comme si on me l'avait tranché. J'ai fermé les yeux et, dans ma tête, j'ai couru après ce pouce, car je me suis tusuite dit qu'il s'agissait de celui de Caïus Picard. Je voyais le sang qui coulait de sa main, je voyais la mare que ça faisait sous le canteur du moulin à bardeaux. Avec mes mains jointes, j'ai créé des milliers de petits anneaux, j'ai créé des milliers de petites roues porteuses de milliers de petites chaudières. Grâce à elles, je ramassais le sang répandu et je le réinjectais dans le pouce coupé pour que s'arrête l'hémorragie.

tandis que le grand bardo scieur de longue scie m'explique ainsi ses dons de guérisseur, caïus picard se frotte la main estropiée, et je suis étonné de ne pas avoir remarqué avant que le pouce lui manquait – une phrase de kafka me revient : « Jadis, je n'aspirais guère qu'avec une intuition sourde à produire quelque chose qui fût relié mot par mot à ma vie, quelque chose que j'eusse pu serrer

contre ma poitrine et qui m'eût arraché de ma place » –
cette attitude de kafka face à la vie et à l'écriture, et que j'ai
fait mienne, représente pourtant une affligeante erreur :
ce n'est pas le moi qui importe jamais, ce n'est pas sa
propre vie qui importe jamais quand on se met à noircir
du papier, mais la puissance tellurique dont les autres
sont pourvus ; on ne peut pas être arraché de sa place en
serrant quoi que ce soit sur sa poitrine, il faut pouvoir
sortir de son corps et s'allonger dans l'espace, il faut apprendre à faire comme le grand bardo scieur de longue
scie quand il arrête le sang, il faut apprendre à créer des
milliers de petites roues porteuses de milliers de petits
anneaux lumineux qui, pareils à des milliers de petites
chaudières, sont en mesure de ramasser toute la pesanteur
du monde et non pas seulement la légèreté insignifiante
de la simple vie –

ME DISAIS :

ces moments-là que je passe avec le grand bardo scieur
de longue scie et caïus picard me sont fort précieux, parce
que j'y apprends pourquoi les romans que j'ai écrits jusqu'à maintenant sont des échecs : centré sur moi-même,
avec pour seules références les sombres images venues de
ma propre famille, je n'avais rien d'un créateur mais tout
d'un juge, aussi dérisoire que celui qui préside la cour
municipale de morial-mort ; toutes les fois que j'ai écrit
sur ma famille, je n'ai fait qu'enlever l'un de mes souliers
pour le remplir de bière et obliger les autres à boire dedans par pur désir de vengeance ; on n'est pas au centre du

monde, on se retrouve ou bien au-dessus ou bien en dessous, et la justice ne compte pour rien dans la place que t'assigne la société anarchique; artaud a écrit qu'il y a un point phosphoreux où toute la réalité se retrouve, mais changée, métamorphosée, un point de magique utilisation des choses (((((« Je crois aux aérolithes mentaux, je crois à des cosmogonies individuelles, a-t-il aussi ajouté))))) – je ne doute pas qu'artaud aurait aimé les oncles jumeaux capables comme lui de penser en arrière et d'invectiver leur pensée, même s'ils n'y parviennent qu'une fois ivres : tout ce qu'ils ont été jusqu'alors se retourne brusquement, mettant fin à la complicité, bouleversant le monde des images comme si toute la colère refoulée en eux se mettait à déborder de leurs corps, appelant le sang, la violence et le meurtre – pour un rien s'allume le feu de la chicane entre les oncles et ça devient un incendie qui embrase tout le souterrain dans une démence dont je n'ai encore qu'une idée bien inachevée –

je regarde le grand bardo scieur de longue scie et caïus picard se battre sans même penser à intervenir; la nuit en fait des bêtes monstrueuses comme celles qu'il y avait dans le souterrain de mon enfance : on ne peut pas les apprivoiser avant qu'elles ne se soient blessées à mort; alors elles ont besoin de moi, elles ont besoin que je mette les mains sur leurs corps, elles ont besoin que j'arrête leur mauvais sang de couler; parfois, c'est le grand bardo scieur de longue scie qui reçoit un coup de marteau sur le nez, et il tombe comme un pan de mur, tout fracassé dans ses os, avec cette grande coulée de sang pissant de sa triste figure; parfois, c'est caïus picard qu'un charbon ardent brûle sur sa poitrine, mettant le feu à ses poils d'humanité – l'un après l'autre, je les traîne alors jusqu'à leur chambre et je les couche dans la grande couchette de fer; blottis l'un contre l'autre, les monstrueuses bêtes vont dormir longtemps, comme s'il n'y avait jamais eu de fâcherie entre eux – ça se passait comme ça aussi dans le souterrain de mon enfance : les rats se mangeaient entre eux, puis chaque bête survivante reprenait sa place, sans culpabilité ni remords malgré les mutilations qu'elle avait provoquées –

ME DISAIS :

judith ayant décidé d'accompagner sa mère et le gros pharmacien jusqu'en gaspésie, je vais passer la nuit à écrire devant la petite table – (((((les mots ne m'appartiennent pas en propre, ils sont la représentation objective du monde, ils sont la cristallisation sourde et multiforme de la pensée de l'univers, de tous les modes de pensée))))) – pour la première fois, je ne cherche pas à savoir si mes phrases sont mal formées, si les liens manquent entre elles, si les mots dont je remplis les pages sont porteurs de sens ou bien totalement insignifiants – le fleuve souverain s'est mis à couler, bien loin de la maison familiale, dans le royaume des êtres surréalistes, cyclopes, sirènes, chimères, centaures, dragons, reptiles, rats et chevaux : même la truie gelée dans l'espace, avec les cochonnets se tenant à ses tétines enflées, ça ne m'angoisse plus : comme tout le reste, c'est chargé d'une formidable énergie libérante ; même mon sexuel s'en trouve tout excité, se dressant sous la table comme pour chercher fébrilement l'anus du soleil –

ME DISAIS :

quand judith revient d'amqui, elle ne peut pas résister à toute cette décharge d'énergie, elle devient aussi surréelle que les mots que je jette sur le papier ; elle se déshabille donc, rampe sous la table bancale, me fait écarter les jambes, laisse sa bouche remonter jusqu'à mon sexuel qu'elle se met à licher par petits coups de langue, puis à mordre sauvagement – de la porte entrouverte regardent le grand bardo scieur de longue scie et caïus picard ; sur les murs, les têtes de chevaux regardent aussi, clignant de l'œil, secouant leurs crinières et hennissant (((((de jalousie sans doute))))) – je fais tout pour que le blanc-mange dont mon corps est plein ne jaillisse pas trop vite : après que ça aura giclé, je sais que le rêve va se défaire, emporté comme mon écriture par ce mouvement trop tendu pour ne pas me conduire tout droit à l'inexorable désintégration –
– Quelle importance ? que dit Judith quand j'essaie de lui en parler. Il n'y a de vrai que ce qui se passe dans l'émotion de l'instant. Après, ce sera une autre chose. Ce sera la même chose mais une autre histoire.

ME DISAIS :

aussi bien me remettre à écrire – ne plus penser à la mère de judith qui annonce son retour prochain de la gaspésie, avec ou sans son gros pharmacien – mais malgré ma volonté, je vis tout de même dans l'appréhension : si la mère de judith accepte de me garder comme pensionnaire, le souterrain de la rue drapeau pourrait bien devenir le lieu sacré de mon roman en gestation : ce triomphe des odeurs d'enfance, l'ouverture du tunnel menant à l'empire chinois des fils du ciel, de l'autre bord du monde, là où même les sexuels sont jaunes, dodus et immortels comme le soleil – mais si la mère de judith me rejette, le souterrain pourrait bien se métamorphoser en un ventre pourri et capable de me vomir jusqu'aux confins de morialmort, là où m'attendront les oncles jumeaux pour assouvir l'idée de meurtre qui les habite depuis leur naissance – (((((kafka a dit : « Il y a des choses qu'on n'a jamais vues, entendues ou même seulement senties, des choses qui en outre ne peuvent pas se prouver, encore que personne n'ait jamais essayé, et derrière lesquelles on se met tout de suite à courir, bien qu'on n'ait pas vu la direction de leur course, des choses qu'on saisit avant de les avoir rejointes et dans lesquelles on tombe un beau jour avec ses vêtements, ses souvenirs de familles et ses relations sociales, comme dans une fosse qui n'était qu'une ombre sur le chemin »))))) –

– Quelle importance ? que dit encore Judith. Quelle importance puisque tu écris et que moi je te liche le sexuel en attendant que tu me l'enfonces comme un épieu dans le corps !

– Puisque c'est ainsi, changeons la face du monde ! que je dis. Faisons comme l'Artaud de *L'enclume des forges* : attisons le flux, la nausée, les lanières, les secrets, les convulsions et le double-cheval trempé dans la lumière ! C'est ainsi que commence le feu ! C'est ainsi que s'embrase l'univers !

j'éjacule tout le blanc-mange de mon corps au bout de mon stylo feutre, comme une prodigieuse phrase en déjection incendiaire –

combien de temps dure cet embrasement, des heures, peut-être même des jours, je n'en ai gardé aucune mémoire, à ce point que je suis tout étonné quand le grand bardo scieur de longue scie fait irruption dans le souterrain :

– T'attends quoi pour monter à la cuisine ? Manque plus que toi pour que ça se mette enfin à manger.

je suis le grand bardo scieur de longue scie au rez-de-chaussée et m'assois à la place qu'il m'indique à la table – (((((la mère de judith est revenue en fin d'après-midi de la gaspésie, dans la cadillac blanche du gros pharmacien))))) – en attendant que le grand bardo scieur de longue scie et caïus picard rentrent de leur travail, elle a commandé du poulet au colonel kentucky, des frites, de la salade de chou et un énorme gâteau qu'elle a mis au milieu de la table comme pour faire déjà savoir à tous que le repas sera déterminant pour l'avenir – la présence du gros pharmacien, tout endimanché et bagué à chaque doigt, rend encore plus intrigant l'espèce de cérémonial préparé par la mère de judith – assis au bout de la table, le gros pharmacien tire sur son cigare, ses sournois yeux de porc cachés derrière d'épaisses lunettes noires : il a l'air tout à fait au-dessus de ses affaires contrairement à ce qui s'est passé à la maison funèbre quand le grand bardo scieur de longue scie a voulu s'en prendre à lui – s'envolent les cuisses et les ailes de poulet et la salade de chou que le grand bardo scieur de longue scie et caïus picard avalent safrement –

ME DISAIS :

j'aurais préféré qu'on m'oublie dans le souterrain où, de jour comme de nuit, je ne fais qu'écrire – un monde si nouveau pour moi et si régénérateur que je ne veux pas en sortir, par crainte qu'il se dissipe dans l'air comme un nuage de fumée : le roman des oncles jumeaux a pris forme, leur vie décomposée se reconstruit, aussi outrée que le sexuel exacerbé de judith – ne peut pas y avoir de fin dans l'approfondissement du corps ni dans la jouissance qu'on peut tirer de lui dès qu'on donne toute sa liberté à l'imagination; même se pisser dessus a quelque chose de réconfortant, parce que c'est chaud et amoureux – m'enfoncer ainsi dans toutes ces perversions que judith me force à découvrir avec tant d'ingéniosité me fait oublier mes père et mère si catholiques à gros grains (((((je sais maintenant que le poignard inventé par julien gracq n'a pas été fabriqué pour se planter froidement entre mes omoplates: je peux le laisser courir sur ma peau, je peux taillader ma chair avec, ouvrir dans ses plis les blessures et boire le sang qui s'en écoule puisque la peur s'en est allée à jamais: une fois que ça ne se passe plus seulement derrière le miroir, on ne peut plus se laisser traquer par la conscience et pas davantage par la culpabilité et le remords; ma conscience, ma culpabilité et mon remords, je les ai laissés rue monselet, dans ma famille; ici, j'apprends à naître autrement, j'apprends à sortir de ma ténèbre comme le cheval de la mythologie chthonienne, j'apprends l'art du surgissement, j'apprends à galoper des entrailles de la terre aux abysses de la mer, j'apprends comment passer du fils de la nuit au fils du ciel, comme j'imagine que le sont les oncles jumeaux, mais sans s'en rendre compte, leur mémoire se montrant trop imparfaite, leur culture trop déficiente pour qu'ils puissent comprendre le fond de leur nature, cette contradiction non résolue, cette rupture dans l'indifférenciation collective, cet éclatement de la forme et du sens comme judith me l'a appris en me citant plusieurs passages de ce livre sur les jumeaux qu'elle a acheté à la librairie de victor téoli))))) –

j'ai dû laisser mon manuscrit sur la table bancale dans le souterrain, j'ai dû quitter le monde rugissant des centaures pour celui de la cuisine, du poulet, des frites, de la salade de chou et de l'énorme gâteau qu'il y a au milieu de la table – par-dessus mes lunettes, je regarde la mère de judith et je la trouve plus belle que jamais, une vamp de cinéma de l'après-guerre, vraiment, la maîtresse de gary grant ou de james stewart – et ces étranges yeux, aussi jaunes que ceux de judith sont violets, ces étranges yeux qui se vrillent dans les tiens pour forcer mon corps à sortir de lui, tout retourné et flamboyant –

– Vas-tu nous apprendre enfin pourquoi tu nous as tous réunis ici-dedans ? que dit Judith à sa mère. Ça fait déjà une heure qu'on attend pour rien.

– Si vous n'avez pas objection, j'aimerais mieux m'en retourner au souterrain, que je dis à mon tour. Je ne me sens pas à ma place ici-dedans.

– Depuis la mort de son père, t'as accompagné ma fille, que dit la mère de Judith. Tu vis aussi avec nous. Tu fais donc partie de la famille au même titre que tout le monde.

j'ai esquissé une grimace à cause du mot famille dont la seule mention m'écœure : si j'ai quitté la mienne, ce n'est pas pour en intégrer une autre – je voudrais le dire à la mère de judith, mais le grand bardo scieur de longue scie ne m'en laisse pas le temps ; il a des récriminations à faire, sûrement par-devers le gros pharmacien qu'il regarde avec hostilité fumer son cigare –

– En rentrant de mon travail, j'ai vu la cadillac parquée dans la cour, que dit le Grand Bardo Scieur de Longue Scie. Je trouve ça injurieux pour mon beau-frère.

il tend à son maximum son bras pour mieux pointer du doigt le gros pharmacien, puis ajoute :

– Avant de ramener ce cochon-là à la maison, t'aurais pu attendre que les os du beau-frère ne lui fassent plus mal. Caïus Picard et moi, on va donc le sortir de la maison ton gros porc, cul par-dessus tête. Après, on pourra causer de nos intimités intimes en paix.

– Vous ne ferez rien de ça, que dit la mère de Judith. Contentez-vous de finir simplement le repas que vous avez devant vous autres.

le grand bardo scieur de longue scie hausse les épaules, puis menace le gros pharmacien :

– Ça serait mieux que tu décabanes par toi-même, qu'il dit. Sinon, c'est pas pour rien que tu vas avoir toute ma chienne sur le dos.

le gros pharmacien reste imperturbable ; il a mis sa main gauche dans la poche de son veston, puis sourit, montrant les longues palettes qu'il a en guise de dents :

– On ne me prend pas deux fois par surprise, qu'il dit. Là-dessus, tu te trompes quand tu me compares à un gros porc. Je suis plutôt comme le chat sagace, qui retombe toujours sur ses pattes.

– C'est ce qu'on va voir tusuite, mon écœurant ! que dit le Grand Bardo Scieur de Longue Scie.

se lève de table et se prépare à bondir sur le gros pharmacien, mais s'arrête tout net dans son élan quand il voit la main baguée apparaître de la poche du veston : elle tient un revolver dont on ne voit que le bout du canon et l'extrémité de la crosse tellement la main est épaisse ; ce revolver est si inattendu que tout le monde écarquille les yeux et fige, sauf la mère de judith qui sourit, une patte de poulet à la main –

– J'ai jamais aimé le trouble et je n'en fais jamais de mon propre chef, que dit le gros pharmacien. Je déteste la violence et ceux qui sont incapables de la contrôler. C'est un manque grave d'éducation, surtout lorsqu'on est convié à un important repas. Quand je suis là, j'aime pas qu'on y déroge. Ça me rend extrêmement malcommode, particulièrement quand je mange.

le gros pharmacien a mis le revolver sur la table, mais garde la main dessus, ce qui ne l'empêche pas de manger voracement – plus personne ne parle ; lorsque je regarde judith, elle cligne de l'œil, tout son corps pris par ce fou rire qu'elle retient malgré tout du mieux qu'elle peut – on dirait que tout le monde joue un jeu, mais sans savoir vraiment en quoi il consiste, sauf la mère de judith et le gros pharmacien qui ont dû l'apprendre par cœur durant leur virée en gaspésie ; moi, c'est le gros pharmacien qui m'intéresse, et j'aimerais en savoir davantage sur lui : il est bâti comme un taureau sicilien et son cou est si large que les épaules paraissent s'y fondre jusqu'à son imposante tête, ronde comme une boule de billard – un homme pareil ne peut pas être un simple pharmacien : c'est habillé trop chic, ça porte trop de bagues aux doigts et ça possède un beretta meurtrier comme ces trafiquants de drogue dans les films italiens que présente le cinéma régal sur le boulevard gouin ; le gros pharmacien est-il l'un d'eux, est-il le roi secret de tous les pégreux de morial-mort qui contrôlent l'hôtel de ville, le commerce des viandes avariées, la construction des ponts et des viaducs, l'asphaltage des rues, la rénovation domiciliaire, les maisons de jeux et de paris clandestins, les grills et les cabarets, les danseuses et les prostituées ? –

– Nous allons maintenant passer au salon, que dit la mère de Judith. Vous reviendrez manger du gâteau après si vous voulez.

– Pourquoi tant de singeries et grimaceries ? que dit le Grand Bardo Scieur de Longue Scie. Ce que t'as à nous dire, on serait aussi ben ici-dedans pour l'entendre.

– J'en ai décidé autrement, que dit la mère de Judith. C'est mon droit et je m'en sers.

le grand bardo scieur de longue scie voudrait bien protester encore, mais le gros pharmacien s'est levé après avoir pris le beretta sur la table ; autant il a paru lâche et peureux quand le grand bardo scieur de longue scie s'est jeté sur lui au salon funèbre, autant il semble sûr de tous ses moyens depuis qu'il tient le revolver à la main ; je ne peux pas m'empêcher de penser à artaud, car le canon du beretta braqué sur le grand bardo scieur de longue scie me rappelle cette phrase : (((((« À travers les fentes d'une réalité invivable, parle un monde volontairement sibyllin », aussi mystérieux que ces têtes de chevaux sortant des murs du souterrain, monstres énigmatiques parce qu'impossibles à définir))))) –

le grand bardo scieur de longue scie et caïus picard s'assoient l'un à côté de l'autre sur le sofa, moi dans la berçante, judith sur mes genoux ; le gros pharmacien prend place dans le fauteuil qui fait face au sofa ; debout derrière, la mère de judith tapote l'épaule du gros pharmacien :

– Faut d'abord que nous comprenions tous que mon mari Johnny Bungalow est mort, que dit la mère de Judith. Ça signifie aussi que notre vie doit changer. Ce que j'entends faire de la mienne, je n'ai pas à vous en parler longuement. Godefroi m'a demandé de l'épouser, ce que je ferai à la fin de mon deuil.

– Aussi bien avouer qu'il est déjà terminé ! que dit le Grand Bardo Scieur de Longue Scie.

– Cette partie-là des choses ne regarde que ma seule personne, que dit la mère de Judith.

– Caïus Picard et moi, on est tes frères pour le cas que tu l'aurais oublié, que dit le Grand Bardo Scieur de Longue Scie.

— Vous êtes venus vous installer ici parce que Johnny Bungalow vous l'a permis, que dit la mère de Judith. Quand c'est arrivé, il ne m'a pas demandé mon avis, car soyez certains que j'aurais été contre. Vous êtes tous les deux ivrognes, irresponsables, violents et vicieux. Tant que Johnny a vécu, j'ai fait semblant de ne pas le voir. Maintenant, c'est autre chose. Maintenant, vous n'avez plus qu'à reprendre cliques et claques et qu'à déguédiner. Je ne veux plus de vous autres ici-dedans. Vous n'aviez qu'à pas insulter Godefroi au salon funèbre.

— J'y suis pour rien, moi ! que dit Caïus Picard.

— Tu devais surveiller ton frère pour qu'il ne sorte pas de sa chambre tant que ne serait pas terminée la veillée au corps. Tu ne l'as pas embarré dans la cave comme je te l'avais demandé. T'es donc aussi responsable que le Grand Bardo pour l'injure faite à Godefroi. De toute façon, vous êtes comme les doigts de la même main, aussi hypocrites et sournois l'un que l'autre. Vous étiez déjà comme ça quand on vivait ensemble dans le rang Bellegare d'Amqui. Vous martyrisiez les animaux et vous faisiez sur eux autres toutes sortes de choses malpropres. Avec le monde, vous n'aviez pas plus d'allure, on vous surprenait à tout moment en train de violenter quelqu'un. Même moi, vous m'avez salopée. Et si je ne m'étais pas montrée aussi vigilante, vous auriez tenté d'en faire autant avec Judith. Vous avez qu'à regarder la porte de sa chambre, toute cochonnée par les coups de pied que vous avez donnés dedans.

je suis étonné de la réaction du grand bardo scieur de longue scie et de caïus picard : affaissés sur le sofa, ils ont l'air de deux petits garçons qu'on vient de prendre en faute pour la première fois ; s'ils ne protestent pas, c'est donc que la mère de judith a raison contre eux, c'est donc qu'ils se sont effectivement comportés comme des bêtes, peut-être même avec judith – pour une fois, c'est moi qui vrille mes yeux dans ceux, grands et violets de judith : m'a-t-elle menti en me racontant tous les sévices qu'elle prétend que son père lui a fait subir, promenant son sexuel sur elle, la forçant à le prendre dans sa bouche, puis forçant encore l'ouverture des petites lèvres, puis l'anus du soleil, mutilant et blessant la chair jusqu'au sang ? – plutôt que l'œuvre du père, ne serait-ce pas plutôt les oncles qui sont responsables de tout le mal enduré depuis l'enfance par judith ? – (((((ils n'expriment rien, les grands yeux violets de judith, ils sont comme un miroir qui ne réfléchit que tes propres yeux, « car ce qui sur moi parle, a écrit artaud, est le néant indu, des peaux d'êtres qui n'auraient jamais dû curer, cuver, souffler, saper, sipler, sapler, bouffer, frotter, siffler, muffer

Vous partez ce soir ! que dit la mère de Judith. Je ne veux plus vous voir dans la maison au bout de l'heure que je vous laisse pour vous rapailler dans vos affaires et disparaître avec ! Sinon, vous aurez affaire à Godefroi et je ne vous le souhaite pas !

caïus picard et le grand bardo scieur de longue scie se sont levés, leurs corps osseux tendus comme des ressorts ; mais ils ne regardent ni la mère de judith ni le gros pharmacien, ils n'ont d'yeux que pour judith, on dirait des ventouses exorbitées, des ventouses assassines ; le grand bardo scieur de longue scie s'avance de deux pas vers moi et judith toujours assise sur mes genoux :

– Tu nous as trahis ! que dit à Judith le Grand Bardo Scieur de Longue Scie. C'est toi qui as décidé de nous chasser de la maison, pas notre sœur. Pourquoi cette trahison ? Nous n'avons jamais cherché qu'à te protéger, nous avons fait cercle autour de toi pour que personne ne soit capable d'y entrer et te fasse du mal ! Tu mériterais qu'on te punisse sévèrement, Caïus Picard et moi !

judith rit, nervosité ou provocation, je ne sais pas : quand le grand bardo scieur de longue scie fait un autre pas vers nous, le gros pharmacien s'interpose, son beretta à bout de bras :

– T'avise jamais plus d'intimider Judith, qu'il dit au Grand Bardo Scieur de Longue Scie. Ni dans cette maison ni ailleurs. Ne rôde pas non plus dans les parages car un troisième œil pourrait bien te venir au milieu du front !

– Nous trouverons bien à nous venger quand même ! que dit le Grand Bardo Scieur de Longue Scie.

– Alors, ça sera tant pis pour vous deux ! que dit le gros pharmacien.

les oncles sortent, comme des chevaux d'épouvante, en fonçant tête baissée dans la porte entrouverte – tout s'est passé si vite que je ne suis pas certain de ce que j'ai vu et entendu : peut-être ai-je trop écrit depuis quelques jours, peut-être les oncles m'ont-ils raconté trop d'histoires, peut-être même est-ce judith qui, pour mieux me séduire, m'a ensorcelé, comme les sirène d'homère l'ont fait avec ulysse – ces monstresses venues de la mer, qui avaient tête et poitrine de femme, le reste de leurs corps épousant celui de l'oiseau ou celui du poisson, entités magiques mais noires et semant les embâcles sur la route du navigateur : faire naître les désirs et les passions, ameutant l'inconscient, le portant aux rêves maléfiques puis, pareils aux vampires, le dévorant dans la perversion de l'imaginaire (((((quand j'ai fait la connaissance de judith dans l'arrière-boutique de victor téoli, peut-être n'ai-je pas vu qu'elle est une émanation des profondeurs, mille fois plus redoutable, mille fois plus insidieuse que la réalité, mille fois plus démoniaque que tous les esprits mauvais rassemblés dans le ventre guerrier du monde))))) –

ME DISAIS :

pour mieux penser à ce qui vient de se passer au salon, j'ai fermé les yeux ; quand je les rouvre, judith n'est plus assise sur mes genoux, sa mère et le gros pharmacien étant les seuls à me tenir compagnie ; le gros pharmacien a dissimulé son revolver dans la poche intérieure de son veston et tapote dessus comme s'il voulait l'aplatir contre sa hanche –

– Où est Judith ? que je dis.

– Elle est partie travailler, que dit sa mère. Tu dormais et elle n'a pas voulu te réveiller.

– Je ne dormais pas, que je dis.

– Tu rêvais peut-être, ce qui revient au même, que dit la mère de Judith.

je mets la main sur mon épaule gauche ; elle est aussi endolorie que lorsque je me suis endormi dans la maison funèbre pour échapper aux assauts de la tante de judith : entre mes omoplates, le poignard s'est encore enfoncé, faisant venir cette douleur lancinante qui voyage dans tout mon corps, comme par vagues électriques, pinçant fortement les muscles et les nerfs :

– Je suis fatigué, que je dis. Je vais descendre au souterrain pour me reposer.

je viens pour me lever mais la main baguée du gros pharmacien se pose sur mon épaule, me forçant à rester assis :

– Nous allons nous expliquer, que dit la grosse bouche qui pue le cigare mâchouillé. Nous aimons beaucoup Judith, sa mère et moi, parce qu'elle est fragile et qu'elle a besoin de tendresse. Ne la déçois pas. Ne nous déçois pas non plus. All right ?

le plus simple, c'est que je montre mon assentiment, et ainsi pourrais-je m'en aller plus rapidement au souterrain ; mais de la petite peine perdue c'est, car la mère de judith prend la parole à son tour :

— Judith a dû te dire que je ne me suis jamais occupée d'elle, et c'est sans doute vrai. Je n'en suis pas responsable tout à fait car, même petite, Judith refusait que je la prenne dans mes bras, elle détestait que je l'embrasse, elle ne m'aimait pas. Elle a donc poussé comme pousse la mauvaise herbe, presque toujours seule avec son père qui lui a appris à penser tout de travers. Judith s'entête à ne pas voir les choses telles qu'elles nous apparaissent à nous, simples, logiques, indubitables. Elle ne se fie qu'à son imagination, elle invente des histoires et essaie de nous persuader qu'elles sont vraies. Tu devrais l'avoir déjà compris, toi qui es écrivain.

— Pas encore cette prétention, que je dis. J'ai commencé plusieurs romans, mais je n'en ai pas terminé un seul encore.

— À ton âge, crois-tu que je me trouvais plus avancée ? que dit la mère de Judith. Je venais de laisser Amqui derrière moi, j'avais dix dollars dans le sac brun qui me servait de valise, j'étais niaiseuse et je pensais que le Grand Morial me sauterait dessus pour m'écraser à mort. À la gare Windsor, j'ai lu dans les petites annonces que le sénateur Casgrain cherchait une bonne. Je me suis présentée chez lui, il m'a embauchée et j'ai appris à servir aux tables, mieux que n'importe quelle domestique de Westmount. Ça m'a donné l'idée d'acheter un restaurant en plein milieu de cette guerre qui embrasait l'Europe. Je ne pouvais pas compter sur Johnny, il travaillait une semaine sur deux au port du Grand Morial, à cause de son cœur malade et de la bière qu'il buvait. Même quand j'ai eu le cancer dans le bas du corps, je ne me suis pas découragée, je me suis laissé brûler les organes au cobalt. On pouvait bien me faire devenir cul-de-jatte si on voulait, mais jamais je ne laisserais quelqu'un m'ôter de dedans ma vie.

je ne vois pas le rapport entre ce que me raconte la mère de judith et ce que sa fille a dû vivre dans la maison de la rue drapeau – quand je lui en fais la remarque, la mère de judith hoche la tête et regarde le gros pharmacien comme figé dans sa graisse sur le fauteuil ; elle semble lui demander si ça vaut la peine pour elle de continuer ses confidences : d'un signe de tête, le gros pharmacien fait montre de son assentiment, puis se remet à fumer le cigare qu'il tient entre ses dents ; la mère de judith se dérhume et reprend son discours là où elle l'avait laissé (((((c'est ainsi que j'apprends qu'à l'âge de sept ans, judith a failli être emportée par la méningite et qu'elle n'en a pas vraiment guéri, tout son corps mêlé, à cause de sa tête atteinte, tout son corps comme fragmenté, chacune de ses parties se comportant comme si elle constituait un ensemble sans rapport avec les autres))))) :

– C'est à cause de sa méningite si Judith ne fait que rêver tout le temps, que dit encore la mère de Judith. Quand elle lit, les mots deviennent une autre partie de son corps, ils deviennent comme une excroissance et parfois, ils emportent tout parce que sa tête ne peut pas faire la différence entre ce qui s'imagine et ce qui se vit simplement dans le quotidien des choses. Judith a dû te montrer sa chambre, je suppose ?

– Cette chambre-là est-elle réelle ? que je dis.

– Je t'ai déjà fait remarquer que ça n'a aucune importance pour Judith. T'as vu la chapelle des abîmes de Julien Gracq. Le mois passé, tu serais entré dans le château de Franz Kafka. Avant, tu y aurais trouvé une bicyclette toute déglinguée et une énorme poubelle comme dans les livres de Samuel Beckett. Demain, ça sera peut-être les combles de l'église Notre-Dame de Paris comme chez Victor Hugo. Judith ne se perçoit pas en tant que personne, mais comme une héroïne de Gracq, d'Artaud ou de Beckett. Voilà pourquoi elle a besoin de toi. Quand elle sera rassasiée, nous pourrons tout le monde passer à autre chose puisque tu auras guéri Judith.

– Vous croyez donc que votre fille est folle ? que je dis.

– Je ne peux pas répondre à cette question parce que je ne sais pas ce que Judith est.

dans mon épaule, la douleur se fait mille fois plus lancinante, s'attaque à mes nerfs et mes muscles de cou, puis monte jusqu'à la tête ; un gong y retentit, de plus en plus rapide et mal sonore – les paroles de la mère de judith ne m'arrivent plus qu'inaudibles, comme ces voix d'opéra qui se détraquent quand se brise l'aiguille du tourne-disque et que s'éraillent les sillons ; j'ai envie de vomir – la mère de judith et le gros pharmacien, je ne les vois plus qu'au travers du prisme déformant de mes yeux, ils louvoient comme des serpents, ils se mêlent l'un à l'autre comme des jumeaux désireux de retrouver l'unicité de leurs corps, ils sifflent, puis hennissent, leurs grands yeux épouvantés pareils à ceux de ces chevaux hallucinés qu'il y a dans le souterrain –

– Je suis très fatigué, que je dis. Je ne me sens pas bien du tout.

le gros pharmacien allonge le bras et plaque sur mon front sa main baguée :

– Tu fais un peu de fièvre, qu'il dit. J'ai sur moi ce qu'il faut pour t'en débarrasser. Un bon pharmacien a toujours ce qu'il faut sur lui.

j'avale la poignée de comprimés que le gros pharmacien me met dans la bouche ; un temps, le gong cesse de me marteler les tempes et le poignard planté entre mes omoplates devient une minuscule aiguille, un infime crochet de serpent s'agrippant à la peau ; c'est à nouveau possible pour moi d'entendre ce que dit maintenant le gros pharmacien :

– Tu veux devenir écrivain, mais tu travailles dans une banque. Tu dois t'en aller de là le plus rapidement possible : le seul fait de toucher à de l'argent sale te souille aussi. J'ai beaucoup d'amis chez les directeurs de journaux et je suis certain que l'un d'eux acceptera de t'aider si je te donne ma carte d'affaires. Pour un romancier, le journalisme constitue le meilleur apprentissage possible. Dickens y a fait ses premières armes, Mauriac aussi, et Bernanos, et Hemingway avant que le glas ne sonne pour lui. T'es d'accord avec moi là-dessus ? Alors, prends cette carte. Elle t'ouvrira peut-être plus de portes que tu ne le crois. Partout où tu iras, tu seras accueilli à bras ouverts.

en réalité, c'est le gros pharmacien qui m'accueille malgré lui dans ses bras ouverts, la poignée de comprimés que j'ai avalée ayant fait effet si rapidement que mes jambes, comme de la molle guenille, refusent de me porter ; ma tête ne va pas mieux, elle s'est vidée de toute consistance, les images s'y défont avant même de se former, elles s'y noient –

ME DISAIS :

je suis devenu un hydrocéphale comme ceux que
mon père borde la nuit dans la salle saint-joseph de l'asile
du mont-providence, toute pensée m'est devenue étrangère, j'ai un imaginaire stupéfié, je sens la mort sur moi
comme un torrent, comme le bondissement d'une foudre
dont je ne devine pas toute la capacité (((((est-ce du artaud ou du kafka, je ne sais pas, ma mémoire a flanché,
elle ne retient plus les noms, à peine quelques bribes, des
mots qui sombrent, des mots qui me font sombrer aussi,
mais vers quoi ?))))) – la peur me possède alors que mon
corps, collé comme une sangsue au corps graisseux du gros
pharmacien, je me laisse transporter dans le souterrain
vers les têtes monstrueuses des chevaux – fâchés d'avoir
été mis à la porte par la mère de judith, caïus picard et le
grand bardo scieur de longue scie ont tout saccagé : ne
reste plus que des débris de leurs golems, ne reste plus que
des débris de leurs totems, ne reste plus que des débris de
leurs créatures difformes ; des haches, des couteaux, des
ciseaux, et toutes ces coulisses de peinture, toute cette
couleur sang de bœuf dégoulinant des murs ! –
    – J'ai froid, que je dis.
    – Tu vas dormir et la chaleur va revenir, que dit le
gros pharmacien en m'abrillant d'une couverture. Demain,
tu seras journaliste et tu graviras l'échelle de Jacob jusqu'à
la gloire.
    le gros pharmacien sort du labyrinthe, me laissant
seul avec l'empoisonnement qui rend mes membres aussi
rigides que ceux du père de judith quand les croque-
morts sont venus le prendre après sa mort – j'ai fermé les
yeux, mais je n'arrive pas à trouver dans ma tête le tiroir

qui rendrait possible le sommeil ; mon corps ne peut donc pas y descendre, mon corps me force à veiller dans cette pénombre grouillante de bêtes maléfiques ; pour qu'elles ne se jettent pas sur moi, pour que mon corps ne se fasse pas lacérer par les dents, les griffes, les crochets et les becs que la jument de la nuit déverse dans le souterrain, je me laisse entraîner dans le monde spongieux des cauchemars ; en réalité, deux seuls vont venir me visiter pendant la nuit, mais avec une intensité telle que quand je reviendrai à moi, je ne pourrai pas les oublier, comme marqué au fer rouge par eux –

PREMIER CAUCHEMAR

judith est à quatre pattes sur la dalle dans la chambre des abîmes de julien gracq ; simplement vêtue de hautes bottes, de gants et d'un chapeau noir, elle se fait flageller par son père avec un fouet à neuf nœuds, et le gros sexuel du père lui bave entre les jambes – t'es mort, que lui crie judith ; t'es mort et c'est bibi qui est mon père désormais : je ne veux plus être sodomisée que par lui ! – le père ricane : tu veux me tromper avec un faux père tandis que moi je suis toujours vivant, le resterai toujours, plein de sperme jusque dans ma tête ? – eh bien, je vais combler tous tes désirs pervers, maintenant et à jamais – un énorme cochon est entré dans la chapelle des abîmes, il porte un sexuel tout purulent et des vers gros comme un doigt se promènent dedans ; le cochon monte sur le dos de judith et enfonce d'un seul coup tout son sexuel dans la fleur de lotus : le bout ressort par la bouche de judith et les vers s'emparent de sa tête, de ses oreilles, de son nez et de ses grands yeux violets ; le cochon a retourné judith sur le ventre, a ouvert la gueule et, par grandes mordées, lui dévore le bas-ventre – pourtant, judith ne cesse pas de jouir; pourtant, judith ne cesse pas de crier: c'est bon, bibi babel !, c'est tellement bon, bibi babel ! –

DEUXIÈME CAUCHEMAR
    pour échapper à la dévoration de judith par le cochon pervers, je sors de la chapelle des abîmes et me mets à courir dans la rue charlevoix; en traversant le boulevard pie-le-neuvième, je reçois une balle de baseball sur la tête, trébuche et mon corps donne tête première dans le grand miroir qui obstrue la rue monselet; au lieu de se briser, le miroir m'avale comme le ferait une bouche: c'est celle de ma mère, et je vais descendre profond dans son gros corps tout fiévreux: (((((il y a des milles et des milles d'intestins; muni d'une petite pelle, je débarrasse les intestins des excréments durs comme la pierre qui les bloquent – c'est au-dessus des forces de n'importe quel enfant; pourtant, je n'arrête pas de pelleter et je n'arrête pas de crier non plus: faut que je naisse avant que ne meure ma mère; faut que je naisse pour qu'elle accepte de me toucher enfin ! – mais les excréments ne cessent pas de proliférer, ils m'encerclent, ils vont me submerger et m'étouffer quand je me redresse enfin dans mon lit, haletant et si catastrophé que je pense être vraiment mort dans les intestins pourris de ma mère))))) –
    je n'ai plus mal à la tête et je n'ai plus mal au cœur et le poignard planté entre mes omoplates s'est comme dissous dans la chair – j'ouvre ce poing que j'ai gardé fermé toute la nuit, étonné d'y voir la carte d'affaires que le gros pharmacien m'a remise après le départ des oncles jumeaux; quand je me rends compte que la carte a la forme d'une pelle et que le nom inscrit dessus est celui d'arnold cauchon, je crois comprendre d'où sont venus mes cauchemars –

me lève donc et cherche judith partout dans la maison, mais ne trouve que le petit mot laissé par sa mère sur la table de la cuisine : « Menace de grève à Bell Telephone : Judith a été promue cadre, elle rentrera sans doute très tard ce soir ; t'as donc tout ton temps pour faire la connaissance d'Arnold Cauchon : bonne chance en ce jour que fait miroiter le soleil » –

ME DISAIS :

aussi bien que j'aille tusuite à la pêche, le pire étant que j'en revienne bredouille – me rendre au boulevard pie-le-neuvième, monter à bord de cet autobus qui va m'emmener dans le ventre du grand morial, par à-coups à cause du flux surabondant des voitures et des feux de circulation traumatisés par les travaux qu'on exécute sur le boulevard pie-le-neuvième, des confins de morial-mort jusqu'en bordure du fleuve – on élargit et on repave, une nécessité depuis qu'on a reconstruit le pont qui, surplombant la rivière des pourris, mène tout drette à saint-vincent-de-paul et à terrebonne, banlieues que les spéculateurs se sont appropriées pour mieux les vider de leur bétail, pour mieux détruire les belles terres agricoles et bâtir dessus ces affreux bungalows, tous pareils, comme des cages à lapins mises les unes à côté des autres –

je cogne des clous comme toutes les fois que je prends l'autobus – faut dire que je viens de passer des heures très salopantes avec la jument de la nuit et que ça m'a épuisé (((((s'élancer comme en enfer entre les quatre murs de sa chambre, a écrit kafka))))) – pour ne plus bâiller à m'en décrocher les mâchoires, je me mets à mâcher de la gomme –

ME DISAIS :

faut que je comprenne par-devers judith, faut que je comprenne (((((mais ma pensée se traîne trop, les images me manquent pour que ça soit possible que je fasse caucus avec moi-même, je vois juste deux grands yeux violets, et je voudrais que mon corps puisse entrer dedans : « Du corps par le corps avec le corps depuis le corps et jusqu'au corps, pas de valeur, pas d'amour, pas de haine, pas de sentiments, *du corps*, pas de peur, pas d'impressions, *du corps*, et des coups, des coups, des coups, des coups, et ça : *ce suinta*, la muraille de la cruauté, et de la douceur, du corps comme épiphanie » – que m'importe ce que peut être réellement judith si, au corps à corps, j'ai accès comme à l'absolu))))) –

rue sherbrooke, descendre de l'autobus, puis remonter à pied la rue papineau en marchant à grands pas sous les arbres du parc lafontaine – le centre de l'immaculée-conception ne peut plus être très loin, les bureaux d'arnold cauchon non plus (((((éditeur, importateur de livres et de revues, chroniqueur, commentateur à la radio et échotier dans les journaux du bonhomme péladeau))))) – je suis étonné tout de même de constater que l'adresse indiquée sur la carte d'affaires est celle d'un restaurant – je m'arrête devant la vitrine : ces rangées de gros pots de cornichons, de piments rouges et d'olives noires décolorées par le soleil – (((((sûrement une erreur d'impression sur la carte d'affaires))))) – et pourtant j'entre quand même dans le restaurant, mais je n'aurai pas le temps de prendre avis auprès de la serveuse, car du fond du restaurant arnold cauchon me fait signe de m'approcher –

– Je t'attendais, qu'il me dit. Godefroi m'a prévenu que tu viendrais. Assieds-toi. Nous allons jaser.

arnold cauchon n'a pas grand-chose de l'image que je me fais d'un éditeur et d'un journaliste : court sur pattes, mais aussi trapu que son frère le gros pharmacien, il porte aussi des bagues à chacun de ses doigts ; mais ce n'est pas ce qui donne à arnold cauchon cet air fort excentrique qui me déplaît tusuite – il arbore une impressionnante perruque de couleur poivre et sel, il a le visage enduit épais de fond de teint, ses lèvres mêmes sont maquillées ; il parle aussi sur le bout de la langue, ce qui le fait chuinter comme une vieux fif, les mots arrivant mal à passer la frontière de ses dents ; il porte aussi un habit de hussard bleu ciel, tout frangé d'or, enluminé partout par une quantité impressionnante de boutons, dorés eux aussi – de sa main velue, arnold cauchon passe son temps à effleurer les miennes que je finis par dissimuler sous la table, tout mon corps comme révulsé – c'est si définitif que j'écoute simplement arnold cauchon pour me montrer poli, pas intéressé pantoute par l'emploi qu'il me propose : réviser les commentaires et les chroniques qu'il écrit sur les artistes, rédiger des communiqués et des brochures publicitaires sur les livres érotiques qu'il publie ou importe de france, si pervers sont ces livres-là que ça ne peut se vendre que par la poste –

– Tu deviendrais en quelque sorte mon associé, que dit Arnold Cauchon. Je te ferais tout connaître, aussi bien les arcanes du journalisme que les labyrinthes qui mènent aux vraies affaires et à la fortune. S'il fallait en plus que je me mette à t'aimer comme un grand frère, imagine déjà quel avenir tu pourrais avoir.

je ne vois que cette main qui s'avance encore vers moi ; juste à penser que les doigts bagués, velus et poisseux d'arnold cauchon pourraient me toucher, me fait lever le cœur –

ME DISAIS:

faut que je déguerpisse avant que ça ne se referme sur
mon bras, sinon le poignard va revenir entre mes omoplates et s'enfoncer si creux sous ma peau qu'il ne me restera
plus qu'à mourir –
    – Je ne pourrai pas travailler pour vous, que je dis
à Arnold Cauchon. Je m'excuse de vous avoir dérangé
pour rien.
    – Ne crois pas ça, que dit Arnold Cauchon. La beauté
de la jeunesse et le privilège de l'avoir devant soi, ne serait-
ce que quelques minutes, constituent déjà un grand plaisir.
Quand nous nous reverrons, tu l'auras peut-être compris.
    une fois sorti du restaurant, je cours à bride abattue
tant que je ne me trouve pas sous les arbres du parc lafontaine; je me laisse tomber sur un banc, essoufflé mais
content parce que la main baguée, velue et poisseuse d'arnold cauchon s'est égarée quelque part rue papineau et qu'il
n'y a plus de risque pour qu'elle se pose, hideuse comme
un crapaud de mer, sur mon épaule souffrante –

ME DISAIS:

parce que j'ai voulu m'informer par-devers l'écriture,
j'ai demandé à voir deux éditeurs; le premier, directeur
littéraire chez les curés de fides, est célibataire et adepte
du mouvement janséniste de port-royal; il m'a invité à
souper chez lui rue maplewood, chandelles sur la table
et musique d'érik satie qui jouait pour ainsi dire avec lan-
gueur; après le repas, le directeur littéraire s'est assis à
côté de moi sur le sofa, sous le prétexte que j'entendrais

mieux la lecture des pages du roman qu'il était en train d'écrire; à chaque passage lu (((((et les paragraphes étaient courts))))), il se rapprochait de moi; et quand il a voulu m'embrasser, la peur m'a poigné et je me suis enfui si rapidement que j'en ai oublié d'enfiler mes pardessus – le deuxième éditeur, le grand patron des éditions beauchemin, est un français de france, laitte comme un péché mortel, très haut de taille au point que son pantalon lui va à peine jusqu'aux chevilles, ce qui paraît d'autant plus incongru qu'il porte des bas rouge vif dans des souliers aussi grands que ceux avec lesquels aimait à se faire photographier le grand antonio, cet homme fort et fier de pouvoir tirer trois autobus avec ses dents ou de se laisser passer sur le corps un gros camion rempli d'hommes et de femmes obèses – (((((après un long monologue, l'éditeur fait basculer sa chaise d'arrière en avant et me demande : dites-moi, jeune homme, êtes-vous homosexuel? – et là encore je me suis enfui, laissant sur le bureau de l'éditeur les quelques pages écrites par moi et pour lesquelles je voulais simplement demander conseil))))) –

ME DISAIS :

on prétend aussi que l'éditeur jacques herbert est un fif, et ça serait la raison qui expliquerait son amitié avec pierre trudeau et son amitié avec le metteur en scène andré brassard et son amitié avec le journaliste et écrivain jean basile et son amitié avec le dramaturge michel tremblay – et puis, toutes ces rumeurs encore qui courent sur pierre bourgault, le formidable tribun de l'indépendance du kebek; il serait fif aussi, même si une femme l'accompagne dans toutes ses assemblées, une stratégie politicienne pour que le monde ordinaire ne sache rien des extravagances de son sexuel – (((((moi, je ne sais pas quoi en penser : dans le rang rallonge de saint-jean-de-dieu, au beau mitan du coteau des épinettes, nous aimions bien mes frères et moi nous déshabiller pour jouer les taureaux qui montent les vaches ou les verrats qui grimpent les truies, mais ça ne portait pas vraiment à conséquence : on voyait tellement de bêtes en l'état du rut qu'on voulait juste les imiter, en meuglant et en grognant (((((et celui qui meuglait ou grognait avec le plus de vraisemblance se faisait payer un coca-cola et un petit gâteau vachon quand, après la grand'messe du dimanche, on allait flâner au magasin général de saint-jean-de-dieu))))) –

la tête me fait aussi mal qu'hier soir, et j'éprouve l'urgent besoin de me trouver avec judith : elle s'étendrait toute nue sur mon corps et ça deviendrait simplement de l'amour aussi éperdu que dans les contes, de l'amour comme la peinture, de l'amour comme ce qui est : une lumière de fin de monde –

en jouir, vite ! – j'embarque dans ce taxi qui va me ramener aux confins de morial-mort, vers le corps glorieux de judith – malgré le mal de tête qui essaime vers mon épaule souffrante, je me sens pareil à monsieur sourire, je me sens à mille milles de toute appréhension : tourne si amicalement la roue du soleil, comme un jaune d'œuf embrasant le ciel ; et c'est ça la beauté : l'énergie souveraine du mouvement, véloce comme une flèche zen –

le taxi s'arrête devant la maison de la rue drapeau et j'en sors aussitôt – le temps a brusquement changé et, dans le fond de l'air, l'automne, comme une grande main froide, descend à toute vitesse sur morial-mort ; le ciel s'est rempli d'oiseaux noirs qui tournoient au-dessus de la rue drapeau, oppressants parce que vindicatifs ; je pense aux écores de la rivière boisbouscache, je me revois en train de glisser de la grosse roche au fond du ravin, je réentends le bruit sourd qu'a fait mon corps en heurtant les restes pourrissants du gros verrat qu'on a jeté dans le remous et, sans raison, le cœur se met à battre violemment dans ma poitrine : est-ce à cause des oiseaux qui, ce jour-là aussi, étaient nombreux à virevolter dans le ciel de la boisbouscache, leurs becs acérés dirigés vers moi, leurs serres menaçantes déjà prêtes à s'enfoncer sauvagement dans mon épaule ? –

de la main je m'essuie le front ; malgré le vent qui souffle, courbant la tête des grands cèdres devant la maison, j'ai chaud et je sue à grosses gouttes : pourtant, quand le taxi roulait à ce train d'enfer vers les confins de morialmort, je me sentais parfaitement bien ; mon refus de travailler pour arnold cauchon m'avait requinqué et excité, car j'y avais vu le signe que j'étais prêt désormais à devenir un véritable écrivain, que jamais je n'accepterais de céder aux compromis, à la lâcheté et au défaitisme comme mon père l'avait toujours fait, réfugié pitoyablement derrière les hydrocéphales et les oligophrènes de l'asile du mont-providence pour mieux se déculpabiliser de ses manquements ; comme kafka se préparant à écrire *le château*, j'ai acquis, en conversant avec arnold cauchon, la conscience que mes facultés créatrices sont immenses, je me suis senti labouré jusqu'au tréfonds de mon être, avec l'assurance que je peux enfin tirer de lui tout ce que je veux : il y aura d'abord le roman des oncles jumeaux et ce sera le grand bardo scieur de longue scie qui le racontera (((((dans le taxi, j'en ai même écrit le commencement sur quelques pages de mon calepin noir : « et tout à coup il se demanda pourquoi on riait tous de lui parce qu'il faisait entrer son cheval dans la maison »))))) – le roman des oncles jumeaux terminé, je m'attaquerai à celui du gros pharmacien et de son frère arnold cauchon : le pégreux de morial-mort et le fif lubrique de la rue papineau, importateur de cochoncetés littéraires – comme ça sera plaisant d'inventer sur eux ces images hilares dont parle artaud dans *le pèse-nerfs* : prendre patiemment le temps malgré cette urgence de tout écrire et cette urgence de tout vivre avec judith (((((dérèglement absolu des corps !))))) –

mon enthousiasme fond comme beurre dans la poêlonne maintenant que je suis devant la maison de la rue drapeau : pourquoi donc ? que je me demande – je suis si peu habitué d'écrire en toute liberté, si peu habitué de vivre derrière le miroir, comme tous ceux de ma race que la peur étouffe par manque de passion vraie, par manque d'imaginaire vrai, par manque de volonté vraie – s'il fallait que mon désir se casse brusquement, comme cet été qui s'en va avant son temps, comme ces feuilles qui seront bientôt mordorées dans les arbres, comme ce soleil qui ne produira plus que du grand frette bientôt, que de la glace, que du vent à écorner les bœufs, que des bancs de neige à hauteur des maisons ! –

rassure-toi, que je me dis, pense à l'enfer que la maison de la rue monselet a toujours été pour toi, pense à ton père assis devant la table, dérisoire dans son long caleçon de laine, le scapulaire plein de médailles et de camphre enfermés dans ce sac épinglé sur sa poitrine, pense aux cheveux lissés de ta mère après qu'elle ait pris sa douche, pense au kimono bleu et liséré de jaune qu'elle porte alors et qui la fait ressembler à l'affreux lutteur buddy rodgers, pense à ta sœur aînée qui pisse toujours au lit et que ton père bat avec sa ceinture de cuir, pense à tes frères tassés comme des sardines dans les couchettes de fer ou bien ronflant sur la chaise pliante au beau mitan de la cuisine, pense au balcon derrière la maison, au vieux coffre qui sert de poubelle et sur lequel tu t'assoyais pour écrire, pense que tu n'as jamais connu que ce qui se naufrage, pense que ce que tu désires plus que tout au monde, c'est de t'en éloigner à jamais, pense et fais comme georges bataille, comme isidore isou, comme samuel beckett, comme franz kafka : (((((« comme elle étincelle sous mes yeux cette vie possible, avec ses couleurs d'acier, ses barres d'acier tendues qui se détachent sur une obscurité aérienne ! »))))) –

je mets une autre fois la main sur mon front : je n'ai plus chaud et je ne sue plus à grosses gouttes ; je peux donc entrer dans la cour et descendre dans le souterrain où, sur la table bancale, m'attend le manuscrit que j'ai commencé à écrire – ça n'a pas d'importance si caïus picard et le grand bardo scieur de longue scie ont fait saccage ici-dedans parce que la mère de judith et le gros pharmacien ont jeté à la rue leurs démentielles sculptures : plus de têtes de chevaux, plus de totems, plus de golems et plus de ces figures de rapaces et de reptiles chargées de toutes les étrangetés parce que nourries au sang pourrissant de la création –

pas eu le temps de refermer la porte de la cave sur moi que j'entends le bruit d'un gros moteur, si tonitruant c'est que ça ne peut pas être très loin de la maison ; je remonte les marches et regarde : au fond de la cour, un bulldozer est en train d'aplanir les restes du golgotha imaginé par le grand bardo scieur de longue scie et caïus picard – monté sur ce tracteur qui est greyé d'une énorme pince, un ouvrier enlève l'une après l'autre les carcasses de moteur entreposées derrière la maison ; et ça tombe lourdement sur la plate-forme du camion bloquant la ruelle comme s'il s'agissait du corps rigide et plein de cicatrices du père de judith, ça tombe lourdement dans les odeurs pourries de vieille huile et de terre ; ne restera bientôt plus rien de ce qui a été le grand rêve du père de judith : rassembler tous les moteurs en un seul pour créer une machine comme on n'en avait encore jamais vue, infernale comme les grands tombereaux de mon enfance, lumineuse comme le char de feu du prophète élie, indestructible comme le grand véhicule des moines tibétains –

la cave me paraît encore plus salopée que lorsque je suis sorti ce matin pour aller rencontrer arnold cauchon au fond de son restaurant fif – toute la vie des oncles jumeaux gît par terre, éventrée et méconnaissable, dégoulinante de tout ce sang qu'on a déversé dessus en y renversant pots de peinture, canisses de décapant, bouteilles fracassées de bière ; partout, des têtes éclatées, des bras déchiquetés, des jambes tordues comme dans les films de passolini ; la pénombre rend encore plus hallucinantes ces images de la destruction : on dirait un chemin de croix que la foudre a défiguré, on dirait le monde d'une crucifixion manquée, ciseaux, haches et couteaux plantés dans les murs comme s'ils étaient des omoplates – j'ai hâte d'arriver au fond du souterrain, dans cette chambre lambrissée de canettes de bière, j'ai hâte de voir judith toute nue sur le vieux récamier : les jambes écartées, son sexuel roux pareil à une bouche appelante, je me précipiterai vers elle pour y coller ma bouche appelée, pour y mettre tout mon corps, pour y disparaître dans l'absolu du désir, impudique et pervers, pareil à un torrent si obscène que judith et moi, nous pourrons enfin devenir la représentation même de la pureté : (((((le corps parlera ailleurs une autre langue de corps))))) –

je vois mal dans la pénombre et, trébuchant sur une échouerie, je frappe de ma tête la porte de la chambre des oncles jumeaux : le bras détaché d'un totem sur lequel je mets le pied me propulse au fond de la chambre, et de ma tête encore je frappe le miroir cassé qu'il y a sur l'un des murs, et mes yeux se remplissent d'étoiles noires – quand les étoiles tombent dans la matière grise, ce que je vois est aussi surréel, aussi angoissant que les cauchemars qu'on fait vers la fin de l'ensommeillement : plus rien de reconnaissable dans la chambre du grand bardo scieur de longue scie et de caïus picard : on a transporté ici-dedans la chapelle des abîmes de judith, avec ses murs faits de grosses pierres taillées dans du carton-pâte, ses deux fenêtres aveugles, son filet de pêche, ses spots verts, rouges et bleus entremêlant leurs faisceaux qui convergent vers le seul meuble qu'il y a dans la chambre, cette table faite d'un marbre aussi faux que les grosses pierres taillées des murs – judith est couchée sur la table, elle est toute nue, ses jambes et ses bras écartelés et attachés aux quatre hideux totems de fer tordu qui occupent chacun un angle de la pièce, comme des chevaux sur un jeu d'échecs, déformés par la folie, gueules ouvertes, puissantes dents s'apprêtant à mordre – le corps de judith n'est plus que mutilation : couteaux, ciseaux et haches l'ont ouvert de partout, il ne reste plus de lui qu'une masse saignante de chair, de nerfs et de muscles déchiquetés ; sorti de son orbite, l'œil gauche pend sur la joue, gros comme un œuf et violet comme la mort ; entre les jambes de judith, un poignard a été enfoncé jusqu'au manche et le bout de la lame pointe du ventre, au milieu des viscères y débordant – une vision mille fois plus extrême que celle du meurtre de heide tel que décrit par julien gracq dans *le château d'argol* : ces cheveux qui flottent en longues vagues dans la source, une tête rejetée en arrière et noyée dessous l'ombre où luisent seulement les dents nues de la bouche et ce sang qui tache, éclaboussant comme les pétales d'une fleur vive, son ventre et ses cuisses ouvertes, plus sombres que les fleuves de la nuit, plus fascinants que ses étoiles –

devant les jambes écartées de judith, j'ai plié les genoux ; je me trouve maintenant dans l'au-delà de la catastrophe, dans un pays si désâmé que même les mots ne peuvent plus avoir de consistance, impuissants tout comme moi : les yeux fermés, je n'arrive plus qu'à psalmodier des bouts de phrases venant du roman de julien gracq : il ne se passera plus rien ; après la mort, il n'y a plus rien qui peut se passer – même quand les policiers vont survenir, alertés par la mère de judith et le gros pharmacien, je n'en aurai pas vraiment connaissance : de l'intérieur, mon corps est mangé par tout un peuple de petits cochons noirs, aussi voraces que la louve fondatrice de rome, aussi voraces que ses fils jumeaux, le grand bardo scieur de longue scie et le caïus picard –

– Judith n'est pas morte, que dit sa mère en me secouant pour me faire revenir à moi. Caïus Picard et le Grand Bardo Scieur de Longue Scie ne se sont livrés sur elle qu'à un simulacre de la terreur. Ses blessures ne sont pas malignes. On l'emmène à l'hôpital pour que les plaies superficielles soient pansées comme il faut. Elle n'en gardera pas de séquelles si tu continues à l'accompagner. Elle a trop besoin que tu écrives encore sur elle, elle a trop besoin que tu écrives encore sur son corps.

je me laisse conduire vers la cadillac blanche du gros pharmacien, je n'aime pas être assis à ses côtés et je suis si terrorisé que c'est à peine si je remarque qu'à la place du golgotha au fond de la cour, les lys du chinois poussent désormais en touffes serrées, c'est à peine si je remarque qu'en lieu et place des carcasses de moteurs, une myriade de plantes toutes fleuries ont mis fin au règne de la vieille huile et de la rouille – je suis si abruti par le désespoir ! – me noyer dedans comme j'ai failli me noyer sous les eaux spongieuses de la savane de mon enfance ; plus de réalité, plus de rêve, je suis un débris d'humanité, l'avatar d'une famille tarée, une tête de cochon pestilentielle et maudite (((((puisque je me suis montré incapable de sauver judith de l'idée de meurtre))))) –

– Cesse de chialer, que dit le gros pharmacien. Ça m'énerve quand je dois conduire vite.

au boulevard pie-le-neuvième, la cadillac blanche bi-furque brusquement, me forçant, à cause du crissement des pneus, à ouvrir les yeux –

– Pour l'hôpital Fleury, c'est pas la bonne direction, que je dis.

– Je sais, que dit le gros pharmacien. Mais j'ai d'abord un compte à régler avec le Grand Bardo Scieur de Longue Scie et Caïus Picard.

– Vous savez où ils sont ? que je dis.

– Rien de ce qui se passe dans Morial-Mort ne m'échappe, que dit le gros pharmacien. Je sais toujours tout, souvent même avant que les choses ne se passent.

– Si vous êtes aussi fort que vous le prétendez, pour-quoi ne pas avoir appelé la police ? que je dis.

– La justice a peut-être le bras long, mais elle opère trop lentement et avec trop de complaisance, que dit le gros pharmacien.

– Je ne comprends quand même pas, que je dis. Le Grand Bardo Scieur de Longue Scie et Caïus Picard sem-blaient bien aimer Judith pourtant.

– Ce sont des fous, des alcooliques et des pervers, que dit le gros pharmacien. Judith, ils ne l'aimaient pas. Ils la terrorisaient comme ils terrorisaient leurs femmes, leurs enfants et leurs bêtes. Pourquoi penses-tu que je suis allé en Gaspésie avec la mère de Judith ? Je voulais savoir la vérité par rapport au Grand Bardo Scieur de Longue Scie et à Caïus Picard. Ils n'étaient encore que des enfants qu'ils s'adonnaient déjà au vice. Imagine ! Ça forniquait avec des poulets, des chiens et des veaux ! Mais autant de folie, ça ne les satisfaisait même pas. Ils martyrisaient les bêtes avec toutes sortes d'objets contondants, ils leur cassaient les pattes, ils les empalaient, ils les émasculaient avec de longs couteaux de boucherie, ils les dépiautaient vivants. S'ils ne s'étaient pas enfuis d'Amqui, on les aurait emmenés à la scierie pour les passer dans la longue scie et en faire des madriers. Ils auraient mérité bien pire quand je pense à leur perversité.

les paroles du gros pharmacien m'arrivent comme déformées dans les oreilles – ce que j'entends n'est peut-être pas ce qui m'est raconté, comme quand artaud était enfermé à rodez, qu'il regardait dans la fenêtre et, plutôt que de voir au travers de ses yeux le champ de blés qui s'y trouvait, il hallucinait sur un régiment de pourceaux déments :

(((((« Tout le rêve de la vallée du gazon diapré est ramené à ces kystes pendants, disait-il, à ces engraissés embryons longs, à ces tailladées esquilles de poule blanche, de dinde aux marrons croulants, qui suent la truie onctueuse, luisent la graisse sous le tissu d'abricot grenat, rien que de dégoûtant »))))) –

ME DISAIS :

la surréalité bouge comme piégée en plein jour par la jument de la nuit ; piégée, la maison de la rue drapeau l'a été dès le début, ma relation avec judith aussi, et tout ce que j'ai vécu depuis que j'ai quitté ma famille – piégé parce que sans m'en rendre compte, je me suis naufragé dans une dimension inconnue, que j'ai pris pour de l'écriture, mon corps emporté par un délire épiphanique comme l'a été antonin artaud qui en est mort, tout son corps salopé par la folie – c'est donc ma mère qui a toujours eu raison contre moi quand elle m'exhortait à ne plus écrire, me disant : la réalité est suffisamment trouble comme ça sans la salir en plus avec de l'encre ; les mots sont dangereux, ils sont chargés d'électricité, ils finissent par foudroyer celui qui en abuse ; méfie-toi, bibi, méfie-toi, mon si pauvre bibi ! – mais je n'ai pas voulu me méfier, j'ai trouvé un couteau et contrairement à artaud qui l'a maintenu au-dedans de lui-même, je l'ai laissé venir à la frontière des sens clairs, je l'ai laissé ameuter les carnages, les massacres et les mortelles mutilations –

– Bout de crisse, cesse de chialer ! que dit le gros pharmacien. Nous sommes arrivés, là.

la cadillac s'arrête derrière le café belhumeur, devant les portes de cette espèce de caveau par où on fait entrer les caisses de bière pleines et sortir les caisses de bière vides ; deux énormes cerbères en gardent l'entrée, leurs gros bras velus et leurs visages comme retournés de l'intérieur à l'extérieur, tout crevassés, tout veineux, tout déformés par les cicatrices qui ont gonflé la peau par endroits, comme si des serpents s'étaient glissés dessous, s'y étaient lovés ou y ondulaient –

– Je vais attendre ici, que je dis lorsque le gros pharmacien ouvre la portière. Moi, je ne peux plus rien supporter.

– Tout ce que t'as à faire, c'est de descendre. Alors, descends donc !

223

sur un signe de tête du gros pharmacien, un des cerbères ouvre les portes du caveau et je vois tusuite le grand bardo scieur de longue scie et caïus picard qui se tiennent serrés l'un contre l'autre au bas des marches, assis sur les genoux, leurs vêtements pleins de sang ; ils ont l'air de deux petits garçons pris en flagrant délit, piteux et absolument inoffensifs –

– Descendez dans la cave, que leur dit le gros pharmacien. Et descendez-y sans faire d'histoire si vous ne voulez pas que le pire vous arrive déjà.

les oncles se redressent, mais au lieu de passer la porte de la cave, ils se jettent dans les marches pour tenter désespérément de sortir du caveau ; les cerbères allongent les bras et les coups-de-poing américains atteignent le grand bardo scieur de longue scie et caïus picard, l'un sous le menton et l'autre sur la margoulette, lui brisant les dents ; assommés, les oncles se retrouvent au bas des marches ; les cerbères les prennent par les jambes, les halent dans la cave, puis leur ligotent mains et pieds avant de les allonger l'un à côté de l'autre sur la grande table qu'il y a au milieu des caisses de bière ; le grand bardo scieur de longue scie et caïus picard ne peuvent plus bouger, ils sont devenus deux bêtes piégées et impuissantes ; pour qu'ils reviennent à eux, le gros pharmacien les frappe au visage, puis dit :

– Je vous avais prévenus de ne pas faire de mal à Judith, de vous en tenir loin si vous ne vouliez pas attiser ma colère contre vous. Mais vous ne m'avez pas écouté et vous avez donné suite à l'idée de meurtre qui vous a toujours habitée. Il vous faudra maintenant le payer très cher pour que l'idée de meurtre vous quitte à jamais.

le gros pharmacien demande aux cerbères de déshabiller le grand bardo scieur de longue scie et caïus picard ;

leurs gros sexuels visqueux émergent, comme une injure se dressant pour provoquer la jument de la nuit ; puis le long couteau de boucherie apparaît dans la main du gros pharmacien, et ça me rappelle celui que mon grand-père utilisait pour émasculer les verrats qu'on élevait dans la soue derrière la maison : le grand-père couchait les co-chons sur le dos, il leur tenait les pattes de derrière d'une main et, de l'autre, il enfonçait la lame profond dans les testicules ; puis il les en extirpait brutalement, puis il les jetait aux chiens pour qu'ils les mangent – je baisse la tête pour ne pas voir ce que le gros pharmacien va faire avec le couteau, mais quand le grand bardo scieur de longue scie et caïus picard se mettent à hurler comme des cochons qu'on égorge, je suis bien obligé de regarder : dégagés du scrotum, les testicules des deux oncles sont comme des cœurs qui battraient entre leurs jambes –

    – Rhabillez-moi ça et allez me jeter ça au fond de la rivière des pourris ! que dit le gros pharmacien en plan-tant la longue lame du couteau sur la table.

    poussé par le gros pharmacien, je me retrouve dehors ; renvoyer sur l'asphalte tout ce qui me reste encore de vi-vant dans le corps puis, comme un golem vidé de toute image, monter encore une fois dans la cadillac : l'hôpital fleury, c'est qu'à quelques pâtés de maisons, on ne va pas tarder à y arriver, je serai alors dans cette chambre blanche comme la mort et judith, allongée dans ce lit tout blanc aussi, ne sera plus qu'une toute petite chose, ce minuscule paquet de muscles, de nerfs et de sang luttant presque malgré lui contre l'idée de meurtre que le grand bardo scieur de longue scie et caïus picard ont porté en eux de-puis leur naissance et dont ils se sont libérés par la torture, la mutilation et le sang répandu, sans doute pour se venger du peu de cas qu'on a toujours fait de leurs totems, golems et

têtes de chevaux hallucinantes jetées entre amqui et morial-
mort afin de repeupler autrement le monde kebekois –

j'ai demandé à rester seul avec judith ; j'enlève le drap
qui recouvre son corps et regarde : les chirurgiens ont refermé les blessures, ils ont étanché le sang, recousu les
muscles et les nerfs, redressé les os de la cage thoracique
pour que le pectus cavatum devienne comme un petit lac
entre les seins ; des bouts de fil de fer en sortent, capu-
chonnés de bouchons de liège ; même le grand œil a repris sa place, aussi étrangement violet qu'avant : judith
ne va pas mourir, elle a vaincu les affres de la chapelle des
abîmes, elle pourra connaître encore le désir, « elle se re-
trouvera à nouveau dans toute cette luminosité où les
parois même du monde semblent brisables à l'infini »,
comme l'a écrit artaud –

rassuré, je ferme les yeux ; quand je les rouvre, judith
a desserré les jambes : entre ses cuisses, le poignard est
toujours enfoncé jusqu'au manche – pourquoi les chirurgiens l'ont-ils laissé là et pourquoi ne l'ai-je pas vu dès le
moment où je suis entré dans la chambre ? – je voudrais
prévenir les médecins de leur oubli, je voudrais sortir
dans le corridor et crier de toutes mes forces pour qu'on
vienne au secours de judith, mais il n'y a plus d'énergie
dans mon corps – j'ai trop lu, trop mal écrit, trop trompé
le sommeil : ma tête se fendra en deux tantôt, mon épaule
gauche endolorie se fera dévorer par la jument de la nuit,
mon corps tout entier va basculer du bord de la maladie,
si loin qu'il ne m'en restera plus que l'idée d'infirmité,
inscrite dans le sang, les muscles et les nerfs depuis l'origine du monde, inscrite dans le maléfice qui m'a fait naître
gaucher, et muni d'une tête de cochon, donc étranger aussi
bien pour moi-même que pour les autres, donc privé de
toute orientation, donc privé de tout espace et de toute

durée, comme ces juifs gauchers qu'on lançait à l'assaut de l'ennemi avant que le gros des troupes ne le fasse pour que les juifs gauchers contrent la puissance droitière des infidèles et la défassent par le sacrifice de leur exception –

suer à grosses gouttes, penser que ma sœur aînée est montée sur mes épaules, qu'elle se tient là, nue et agrippée à mes cheveux, qu'elle s'est endormie et qu'elle me pisse dessus par longs jets fiévreux – c'est brûlant et ça s'enfonce dans la peau comme piquants crochetés de porc-épic, jusqu'au cœur – je vais mourir, c'est certain ; je vais mourir alors qu'il faudrait que je sauve judith du poignard planté jusqu'au manche dans son sexuel – j'avance le bras, ma main gauche se ferme sur le manche du poignard et je tire de toutes mes forces dessus – libéré, le poignard redevient un long couteau de boucherie ; meurtrier, il monte haut dans les airs, vertigineusement, traverse par trois fois l'espace de la chambre puis, foudroyant, se fiche de toute sa longueur entre mes omoplates – avant de m'écrouler, je vois judith qui me sourit, j'entends judith me dire je t'aime, j'aimerai toujours t'aimer autrement, puis les ténèbres au-dessus du boulevard pie-le-neuvième vont définitivement s'emparer de moi : il n'y aura jamais rien eu, même pas la simple main de ma mère acceptant enfin de me toucher pour la première fois – c'est fini dans moi, c'est fini en dehors de moi et

ME DISAIS :))))))

5

((((((ME DIS :

pourquoi ça ne se passe pas comme toutes les fois que
je m'allonge dans mon lit et que le sommeil vient si rapidement que je n'ai pas le temps de lire un seul paragraphe
du livre que je tiens dans mes mains ? – dès que ma tête
repose sur les oreillers, faut que je songe à enlever aussitôt
mes lunettes parce que, sinon, je risque d'en briser les mon-
tures durant mon endormitoire : faut aussi que j'adopte
pour mon corps une position qui lui sera confortable,
puisque je ne bougerai pas d'un poil de la nuit ; tel je suis
quand je me couche, tel je me trouve quand je me réveille
– et pas le moindre bruit ne se rend jusqu'à mes oreilles,
même pas quand jappent les sept chiens qui font la meute
dans ma maison des trois-pistoles – d'aussi loin que je me
souvienne, j'ai toujours été ainsi, peu importe ce que la
journée a pu m'apporter de sentiments et d'émotions : pas
plus les bons que les mauvais ne me sont un frein quand
je juge que le temps est venu pour moi de dormir ; toute
idée me déserte, je deviens une bûche qui ne se réveillerait
même pas si le feu prenait dedans –

c'est sans doute pour cette raison que j'ai pu écrire autant, car toujours réveillé aux petites heures du matin, je
me lève aussitôt de mon lit et, dès que mon premier café
est devant moi, je me sens pareil à un coureur de marathon :

mon corps est d'une force et d'une endurance à toute épreuve, mes idées sont pareilles à un énorme courant d'eau souterrain, je n'ai qu'à y laisser tremper mon stylo feutre bleu pour que jaillissent les images, celles qui foudroient ou celles qui chantent, celles qui dénoncent ou celle qui renoncent, mais l'ensemble des unes et des autres est suffisamment puissant pour faire sauter une terre entière comme l'a dit artaud, « car ceux qui ont voulu souffrir un enfer passeront à la place de ceux qui ont voulu manger le fruit de l'arbre, à gauche, en regardant vers l'infini ; et le casque de la sentinelle empruntée sert à protéger le larron d'innocence que je suis » –

mais cette nuit ! –

cette effroyante nuit ! –

ma position bien assurée dans le lit pour que mon épaule et mon bras gauches ne se retrouvent pas à la merci du reste de mon corps, je ferme les yeux, désireux que toutes les images qui m'ont habité durant la journée se transforment en engoulevents et, par grands mouvements d'ailes, s'enfuient loin au-dessus de libreville par la fenêtre ouverte – je ne veux surtout pas penser à calixthe béyala, je n'ai jamais pensé à aucune femme quand je suis sur le point de m'endormir, même pas à ma mère quand elle est devenue très malade, les grands oiseaux noirs de la mort lui dépeçant ses entrailles pourries ; et nulle fille avec qui j'ai dormi n'a pu tolérer que je m'endorme au milieu d'une confidence qu'elle me faisait, si importante à ses yeux que parfois elle en braillait avant qu'un premier mot ne sorte de sa bouche –

mais cette nuit ! –

mais cette effroyante nuit ! –

même mes yeux, je ne pouvais pas les garder fermés plus que quelques secondes ; ça se rouvrait avant même que les lumières ne s'éteignent dans ma tête – si déconfortant c'était, car si peu habituel c'était aussi, que je ne savais guère vers quoi me tourner – ai pensé que quelques rasades de whisky me ramèneraient du bon bord des choses, dans ce sommeil profond à la carapace si dure que même la jument de la nuit ne pourrait pas passer au travers, mais loin de souffler les bougies allumées entre mon hippocampe et mon thalamus, le whisky n'a fait qu'en ajouter d'autres : ma tête était comme l'intérieur d'une maison de fonctionnaires qu'on éclaire outrageusement pour que malgré ses envies, personne ne puisse se mettre à ronfler, la tête appuyée sur les piles de dossiers à étudier –

je me redressai dans mon lit, me servant des couvertures et des oreillers pour assujettir mon épaule et mon bras gauches, pour que la douleur ne s'en empare pas, car l'ouvrage écrit par du chaillu a été fabriqué à l'ancienne, sur papier épais et sous reliure épaisse aussi, de sorte que son poids vous le fait échapper des mains après seulement quelques minutes de lecture –

là où j'en suis, du chaillu arme ses pirogues pour remonter le long du fleuve muni au bout duquel il compte bien se trouver en pays fan, cette tribu cannibale dont les douteux exploits terrorisent les autres tribus, même celles qui habitent le long des côtes du gabon ; du chaillu mettra beaucoup de temps à s'y rendre : le fleuve est long et pas tranquille ; les tribus sont nombreuses et rêvent toutes de s'emparer du contenu des pirogues : les vieux habits de du chaillu servent de monnaie d'échange et de passeport pour quitter un territoire et entrer dans un autre ; et chaque fois qu'il a affaire à une nouveau clan, le tribut à payer est de plus en plus lourd et les coutumes sauvages de plus en plus extrêmes, surtout par-devers les femmes, qu'on aime bien torturer comme c'est la coutume chez le peuple shekiani :

((((((« Après le dîner, j'étais occupé à lire lorsque j'entendis un cri de femme en détresse : je demandai ce que c'était, on me répondit que c'était le roi qui châtiait une de ses femmes ; on ajouta que je ferais peut-être bien d'essayer de la sauver. Je courus à la maison du roi et là, devant la véranda, s'offrait un spectacle qui me glaça d'horreur : une femme nue était liée par le milieu du corps à un gros poteau planté en terre ; ses jambes étendues étaient attachées à d'autres pieux plus petits et de fortes cordes lui entouraient le cou, la taille, les poignets et les chevilles ; ces cordes étaient enroulées autour de bâtons qui les serraient et les tordaient avec force, et lorsque j'arrivai, la peau de la malheureuse femme s'entamait déjà sous l'effort de cette pression terrible ; une grande foule assistait à cette scène sans paraître émue le moins du monde et je présume qu'elle en avait l'habitude »)))))) –

ME DIS :

ce genre de torture n'est pas seulement l'œuvre du peuple shekiani : toutes les tribus que du chaillu visite en pratiquent d'aussi féroces, qui auraient fait jouir le marquis de sade dans sa cellule de la bastille ; ces tortures extrêmes, par le besoin qu'on semblait avoir d'elles, se peut-il que l'idée de les infliger ait fini par faire partie du bagage génétique, ce qui expliquerait la démence de tous ces rois-nègres qui, aujourd'hui encore en afrique noire, se livrent sur leurs femmes, leurs enfants et leurs sujets à des sévices si odieux qu'ils défient l'imagination ; je pense à idi amine dada que l'une de ses femmes avait trompé et qui, pour se venger, avait demandé qu'on se livre sur elle à une véritable

œuvre de boucherie : attachée sur une table, les charcutiers
se livrant sur son corps à toutes les horreurs : son sexuel
découpé en morceaux, son ventre ouvert, ses intestins cou-
paillés et le fœtus qui se trouvait dedans transpercé de
coups de couteau ; puis, tout le reste du corps démembré,
la tête décapitée, et toute cette chair ensanglantée mise
sur une autre table servant d'étal – idi amine dada était
un monstre, mais pourquoi tant d'hommes acceptaient-
ils d'obéir aux ordres fous qu'il leur donnait, et pourquoi
tant de spectateurs assistaient-ils sans broncher au spectacle odieux que le roi-nègre leur donnait à voir ((((((et
ce fut aussi effroyable pour l'homme blanc qui avait sé-
duit la femme d'idi amine dada et lui avait fait l'enfant : il
fut violemment torturé, puis on lui planta des crochets
sous la peau des seins puis, avec les cordes attachées au
bout des crochets, on le suspendit entre ciel et terre –
douleurs atroces qui ne cesseraient qu'une fois la peau des
seins déchirée, puisque ça se déprendrait tout seul des
crochets pour que l'homme tombe sur terre et meure, roué
de coups encore, au bout de son sang)))))) –
  dans l'afrique moderne, idi amine dada est loin d'être
le seul roi-nègre à se livrer ainsi aux odeurs de boucherie
qui firent des millions de morts partout sur le continent,
et des millions de déplacés aussi, et des millions encore
de réfugiés dans des camps aussi indignes que les camps
nazis de la mort de la deuxième grande guerre ((((((ces
tristes images montrées à la télévision, des centaines de
milliers de personnes manquant d'eau, de vivres, à moitié
nues, leurs corps déformés par les maladies, leurs grands
yeux sombres comme fulgurants malgré tout de lumière,
et de leurs bouches chantant, désespoir infini, les hymnes à
la joie et au bonheur : cette acceptation d'être des victimes
sans plus aucune prise sur leur destin, est-ce que ça ne

viendrait pas aussi des mœurs sans humanité d'autrefois, quand un grand nombre de tribus se partageaient le territoire africain et que pour une dent qu'on t'enlevait, on t'arrachait un œil ? – et la chasse aux esclaves, est-ce qu'elle n'aurait pas inculqué à ceux qu'on n'arrivait pas à prendre ce profond sentiment de fatalisme et cette passion, qui subsiste toujours, pour les danses, les chants et le port de vêtements aux couleurs vives ?)))))) –

ME DIS :

que j'aimerais donc m'endormir là-dessus et que mon sommeil soit sans rêves comme quand je me couche chez moi aux trois-pistoles et que mes yeux aussitôt fermés je tombe à pic dans le ventre de la terre, au milieu de ces eaux amniotiques dont la pensée rend possible la croissance du corps – mais quand je bois beaucoup de whisky, le sommeil n'est même plus un leurre dont je pourrais me servir en manière d'apaisement : je suis comme kafka qui, enfermé dans ce bureau de fonctionnaire où il travaille, écrit à son ami max brod :

« J'ai sommeil ; je ne sais pas ce que j'ai fait il y a un instant, quant à ce que je ferai dans un instant et à ce que je fais en ce moment même, je n'en ai pas la moindre idée ; un quart d'heure durant, je travaille à débrouiller une affaire de district, après quoi, avec une présence d'esprit subite, je range un dossier que j'ai cherché longtemps, dont j'ai besoin et dont je ne me suis pas encore servi ; et le reste s'amoncelle sur la chaise, formant un tas tellement haut que je ne peux même pas ouvrir les yeux assez grands pour le voir d'un coup en entier » –

pourtant, je m'obstine comme kafka le faisait : le gros livre de du chaillu sur les genoux, je compte les moutons, je cogne des clous, je pense à ma mère que je n'aimais pas et qui me faisait m'endormir par dépit dès qu'au sortir de la douche je voyais ses cheveux lissés par derrière, ses traits durs, ses petits yeux bleus sans aménité et cet affreux kimono qui lui donnait l'allure du lutteur buddy rodgers, un dur, un traître, un mordeur d'oreilles, un casseur de jambes parce qu'il avait volé à yvon robert, gloire nationale kebekoise, le secret de la prise de la clé de bras japonaise, imparable –

deux gorgées de whisky encore et je reviens malgré moi au livre de du chaillu : dans sa grosse pirogue, il remonte les eaux du fleuve muni, anxieux de se rendre au pays des fans dont le cannibalisme détermine la vie en société ; jusque-là, rien d'extraordinaire pour du chaillu, sinon cette coutume fort répandue en afrique équatoriale : les chefs de clans ont toujours un grand nombre de femmes, et plusieurs d'entre elles sont recrutées chez les tribus voisines, et le sentiment a peu à voir avec cette espèce de frénésie qui les prend régulièrement d'augmenter le nombre de leurs épouses : s'attacher à une femme d'un autre territoire a d'abord l'avantage de favoriser le commerce ; ça coûte moins cher pour en traverser les frontières et le tribut à payer pour les marchandises qu'on exporte et qu'on importe est moins lourd ; en cas de conflit avec une tribu dans laquelle on n'a tissé aucun lien, les clans où l'on a pris femmes deviennent aussitôt des alliés, car ainsi le veut la coutume – toutes ces femmes donnent naissance à des dizaines et des dizaines d'enfants : très tôt, on leur apprendra à travailler la terre, c'est de la main-d'œuvre bon marché qui enrichira plus d'un roi-nègre à la sombre époque de la traite des noirs ; le nombre des enfants qu'on a grâce aux femmes qu'on possède sera pour ainsi dire la mesure qui déterminera pendant longtemps l'avenir de l'afrique noire : je te permets d'épouser ma fille seulement si tu m'apportes une vache ou une petite cargaison d'ivoire ou tant de peaux de léopards ou tant de livres de viande sauvage ; s'il faut décimer tout un cheptel pour que le roi-nègre soit satisfait, il s'y livrera sans vergogne : la soif de puissance détermine toutes les actions des rois-nègres – cette corruption qu'on retrouve à tous les niveaux de la société, du haut de la hiérarchie jusqu'en bas, chacun essayant de dégager un petit profit de chacune des actions auxquelles on l'oblige ou bien qu'on fait de son propre chef ; et l'afrique noire moderne ne s'est pas encore dégagée, peu s'en faut, de cette corruption qui remonte pour ainsi dire à la nuit des temps –

se rendre au pays des fans est une véritable odyssée ; pendant le voyage, du chaillu occupe son temps à empailler les animaux et les oiseaux qu'il tue, qui sont inconnus en europe et en amérique, et qu'il envoie par pleines caisses aux musées qui contribuent à financer son expédition – curieusement, ce célibataire s'intéresse beaucoup au sort des femmes, sans doute parce qu'elles sont maltraitées et considérées comme de la marchandise ((((((des enfants sont fiancés à l'âge de trois ou quatre ans, ou même à leur naissance, et les filles deviennent femmes à huit ou neuf ans, quelquefois même plus tôt ; elles ont des enfants à treize ou quatorze ans, aussi vieillissent-elles ordinairement de bonne heure, et la plus grande partie meurt jeune et stérile ; quoique la chasteté ne soit guère estimée, l'adultère est perçu comme une offense grave chez les habitants d'un village ; elle est punie par des amendes proportionnées aux moyens de l'offenseur et beaucoup d'hommes sont annuellement vendus comme esclaves quand l'amende ne peut pas être payée autrement :

« Lorsqu'un mari forme les nœuds d'un nouveau mariage, et que sa nouvelle épouse, comme il arrive souvent, n'est encore qu'une enfant, celle-ci est mise sous la garde et sous la surveillance de la principale femme, qui l'élève jusqu'à l'âge requis ; les hommes se marient aussi avec leurs femmes esclaves ; mais les enfants de ces femmes, quoique libres eux-mêmes, jouissent dans la tribu d'une influence et d'une position moindres que celle des enfants des femmes libres »)))))) –

aux femmes sont assignés les plus rudes travaux, qui font d'elles des bêtes de somme : quand a lieu le commerce du bois rouge, les hommes se contentent d'abattre les arbres et de les tailler en bûches, puis ce sont les femmes qui sont forcées de les porter sur leur dos à travers les forêts et les jungles jusqu'au bord de la rivière ; c'est le labeur le plus fatigant qu'on puisse imaginer, si l'on songe que ces fardeaux doivent être transportés souvent à une distance de sept ou huit milles, ou même plus –

c'est en se rendant au pays des fans que du chaillu, qui rêve de faire la chasse à l'éléphant, peut enfin s'y livrer :

« Quand la fumée de la détonation se fut dissipée, je vis l'énorme bête chanceler sans trouver d'appui, rejeter sa trompe en l'air et laisser tomber au pied d'un arbre sa lourde masse inanimée ; les hommes poussèrent un cri de triomphe, et nous courûmes tous vers le bloc de chair informe qui râlait dans les convulsions de l'agonie ; la balle était entrée dans la tête, au-dessous de l'oreille, et, pénétrant dans la cervelle, avait tout de suite déterminé la mort. Notre guide Aboko se mit à faire des marques superstitieuses sur la terre, autour du corps ; quand il eut fini, nous prîmes une hache que nous avions apportée et nous brisâmes le crâne pour en détacher les défenses ; elles appartenaient de droit à Aboko, mais comme esclave du roi Bango, il était tenu d'en donner une à son noir tyran ; le produit de l'autre devait être partagé entre toute la troupe, Aboko retenant évidemment la plus grosse part » –

les vieillards ne sont pas mieux traités que les femmes et les ouvriers ; comme ils ne produisent plus rien et qu'ils constituent un poids pour leur peuple, on a trouvé moyen de se débarrasser d'eux : on les accuse de sorcellerie ! – chez les mboushas, du chaillu assiste à la mort d'un fétichiste :

« Introduit dans une méchante cabane, j'y trouvai par terre un vieux nègre dont la chevelure laineuse était blanche comme la neige ; sa face était ridée, sa taille voûtée, et ses membres tout retirés ; il avait les mains liées derrière le dos, et les pieds pris dans une espèce de cep grossier ; c'était là le grand sorcier, et quelques fainéants de nègres montaient la garde autour de lui, l'accablaient d'injures et de coups, que le pauvre vieillard, visiblement tombé en enfance, endurait avec résignation. Je lui demandai s'il n'avait aucun ami, aucun parent, ni fils, ni fille, ni femme, pour prendre soin de lui ; il répondit tristement : personne. C'était là le secret de cette persécution ; les gens étaient las de prendre soin d'un vieillard qui n'était bon à rien et qui avait vécu trop longtemps » –

accusé de sorcellerie, le vieillard est condamné à mort et pas à n'importe quelle : « Peu de temps après, raconte encore du chaillu, j'entendis deux cris aigus et déchirants, comme ceux d'un homme à l'agonie ; je me dirigeai du côté de la rivière et je rencontrai un groupe qui en venait ; chaque homme était armé d'une hache et d'un couteau, d'un coutelas ou d'une lance ; ces armes, ainsi que leurs mains, leurs bras et leurs corps, étaient arrosés du sang de leur victime ; dans leur rage féroce, ils avaient attaché le pauvre sorcier à un poteau ; puis, de propos délibéré, ils l'avaient haché par morceaux ; ils avaient fini par lui fendre le crâne et en arracher la cervelle qu'ils avaient jetée dans l'eau » –

même si les indigènes disent à du chaillu que la fin atroce du vieillard n'est rien si on la compare à ce que peut faire le peuple fan, qu'on lui décrit comme autrement plus cruel, l'explorateur rêve depuis si longtemps de voir des cannibales qu'il s'enfonce encore plus profond dans la forêt où il risque plusieurs fois la mort parce que les marécages sont nombreux à traverser et que, dans la bouette, vivent toutes sortes de monstres peu ragoûtants, dont cet affreux serpent noir au venin si puissant qu'une seule goutte suffit à tuer un homme ; pour éviter ces monstres, on saute d'une souche à l'autre, du chaillu devant le faire pieds nus car ses bottes aux semelles usées ne lui offrent plus aucune prise sur les souches trop mouillées –

et voilà que le jour tant attendu arrive enfin, du chaillu entrant sur le territoire des fans : « Les hommes étaient presque entièrement nus ; ils portaient pour tout vêtement une ceinture d'écorce tendre à laquelle était suspendue par devant une peau de chat sauvage ou de quelque autre bête fauve ; ils avaient les dents limées en pointe, ce qui donnait à leur figure un air terrible et féroce ; quelques-uns en outre se noircissaient les dents ; leur chevelure, ou plutôt leur « laine », était tirée en longues tresses minces ; au bout de chaque tresse, qui se tenait roide, étaient attachées des perles blanches ou des anneaux de cuivre ou de fer ; quelques-uns portaient des coiffures de plumes mais d'autres avaient de longues queues faites de leur propre laine et d'une sorte d'étoupe teinte en noir qu'ils y mêlaient et qui donnait aux personnages ainsi coiffés l'apparence la plus grotesque » –

du chaillu s'intéresse beaucoup aux armes des fans, d'une technologie plus avancée que celle de toutes les autres tribus qu'il a visitées jusqu'alors : les fans sont les seuls à se servir du bouclier, qui est fait avec la peau d'un vieil éléphant, et seulement avec cette partie de la peau qui s'étend le long du dos ; quand elle est séchée et fumée, cette peau-là devient presque aussi dure et aussi résistante que le fer –

si les guerriers fans impressionnent au plus haut point l'explorateur, leurs femmes ne lui donnent rien de bon à noter dans son carnet : encore moins vêtues que les hommes, elles sont beaucoup plus petites et fort laides : « Si j'en excepte la population féminine de fernando-po, je n'ai jamais vu de créatures aussi repoussantes ; elles ont aussi les dents limées, et la plupart ont le corps peint en rouge au moyen de la teinture qui se tire d'un bois de ce pays, et sont du reste horriblement tatouées » – ((((((mais du chaillu est examiné lui-même d'aussi près par les fans qu'il le fait à leur égard : ce qui les étonne surtout, c'est sa chevelure et ses pieds : « Ils ne se lassaient pas d'admirer la première ; quant à mes pieds, ils étaient emprisonnés dans des bottes, et comme mon pantalon retombait par-dessus, ces gens-là s'imaginaient que mes bottes étaient mes pieds véritables, et ils étaient fort surpris que j'eusse la figure d'une couleur et les pieds de l'autre »)))))) –

le pays des fans étant le royaume du gorille, espèce alors inconnue en occident, du chaillu part à sa recherche ; quand il en découvre un qui rugit et se fait menaçant, il n'y a plus de cesse dans son contentement : « Les yeux du gorille s'allumaient d'une flamme ardente ; les poils ras du sommet de sa tête se hérissèrent et commencèrent à se mouvoir rapidement, tandis qu'il découvrait ses canines puissantes, en poussant de nouveaux rugissements de tonnerre. Le gorille me rappelait alors ces visions de nos rêves, créations fantastiques, êtres hybrides, moitié hommes, moitié bêtes, dont l'imagination de nos vieux peintres a peuplé les régions infernales ; quand la fabuleuse bête se trouva à dix pas de nous, nous fîmes feu et nous la tuâmes : le râle qu'elle fit entendre tenait à la fois de l'homme et de la bête » –

une fois empaillé, le gorille sera envoyé à new york et, tout comme herman melville qu'on n'appelât plus que l'homme qui a vécu chez les cannibales après la parution d'*omoo*, son récit de voyage dans les mers du sud, du chaillu deviendra l'homme qui a vaincu le gorille en terre noire d'afrique –

assuré de devenir célèbre, du chaillu aimerait bien mettre fin à son expédition et rentrer au gabon, et d'autant plus qu'il ne se fie guère aux fans qu'il trouve sournois, rusés et voleurs ; mais l'homme est entêté et veut rester en contrée fan tant qu'il ne saura pas si la tribu est cannibale ou non ; comme on évite de lui faire partager certains repas, les doutes de du chaillu se renforcent, puis deviennent réalité :

« Un jour je laissai ma cabane sise à l'extérieur du village et me dirigeai vers lui ; en entrant dans le village, j'aperçus quelques vestiges de sang, qui me parurent être du sang humain ; bientôt après, je rencontrai une femme, et tous mes doutes furent résolus : elle tenait tranquillement à la main une cuisse détachée d'un corps humain, absolument comme une de nos ménagères rapporterait du marché un gigot ou une côtelette ; il y avait de l'agitation dans le village : ma présence effrayait les femmes et les enfants ; tous s'enfuyaient dans les maisons à mesure que je passais dans ce qui me parut être la grande rue, où je voyais ça et là des ossements par terre ; à la fin, j'arrivai à la maison des palabres, où on me laissa seul quelques instants – j'entendais une vive rumeur, qui ne me paraissait pas éloignée : j'ai su par après qu'on était occupé alors à se partager le corps d'un homme mort, et qu'il n'y en avait pas assez pour tout le monde ; la tête, me dit-on, était réservée au roi ; aussi l'appelle-t-on le morceau royal » –

accueilli dans la maison des palabres par le couple royal, du chaillu est rien de moins qu'horrifié par ce qu'il voit : « Le roi était un personnage d'une physionomie féroce ; son corps entièrement nu, à l'exception de la ceinture d'écorce habituelle, était peint en rouge ; la figure, la poitrine, le ventre et le dos étaient tatoués de dessins grossiers, mais très accusés ; il était couvert de talismans, et complètement armé ; tous les fans que je voyais là portaient des queues, mais celle de leur roi était la plus grosse de toutes ; elle se terminait en deux pointes, auxquelles étaient attachés des anneaux de cuivre, et dont l'extrémité était ornée de perles blanches ; il avait aux jambes d'autres anneaux de cuivre qu'il faisait résonner en marchant ; au devant de sa ceinture retombait un morceau de belle peau de léopard ; sa barbe était séparée en plusieurs tresses qui étaient aussi ornées de perles ; elles se tenaient bien roides et se projetaient en avant ; ses dents, taillées en pointe, étaient noircies et quand le vieux cannibale nous laissait voir l'intérieur de cette bouche sombre, on eût dit un tombeau qui s'ouvrait » –

quant à la reine, du chaillu nous assure qu'elle est assurément la plus laitte des femmes qu'il ait jamais vues : « Elle était presque nue ; le seul article de sa toilette était une bande d'écorce du pays, teinte en rouge, de quatre pouces de large à peu près; tout son corps était tatoué des dessins les plus fantastiques; sa peau, toujours exposée à l'air, était devenue rugueuse et inégale; elle portait aux jambes deux énormes anneaux de fer, et elle avait pour pendants d'oreilles deux anneaux de cuivre de deux pouces de diamètre, dont la pesanteur avait tellement déchiré les lobes des oreilles, que j'aurais pu fourrer mon petit doigt dans les trous où ces anneaux étaient passés » –

le roi et la reine gardent du chaillu fort peu de temps dans la maison des palabres: un homme blanc ne peut que vous apporter la mort dans les trois jours qui viennent; l'explorateur est donc invité à se loger dans cette cabane qu'on met à sa disposition pour la nuit: « On m'emmena à travers le village, et je vis là des traces encore plus effrayantes de cannibalisme: c'était des tas d'ossements humains amoncelés avec d'autre abats, des deux côtés de chaque maison; ces restes sont-ils ceux de guerriers qu'on a vaincus au combat, puis dépecés et mangés? » – du chaillu croit la chose tout à fait possible, car les fans sont belliqueux et toujours victorieux à cause de leurs armes pour ainsi dire modernes: non seulement ils ont inventé un arc d'un nouveau genre, mais ils ont découvert un poison dans lequel ils trempent les pointes de leurs flèches, poison si violent qu'une peau qui en est seulement effleurée s'infecte aussitôt et vous mène droit à la mort – les fans sont aussi de bons stratèges militaires, car ils sont tout à fait immoraux:

« Tel est d'ailleurs le raffinement de perfidie de ces sauvages, qu'il leur arrive, m'a-t-on dit, quand ils sont en guerre, de planter plusieurs de ces flèches empoisonnées de distance en distance dans les bois, sur le passage de leurs ennemis, de manière à ce que les pointes dépassent le sol d'un ou deux pouces; les pieds nus une fois entamés et écorchés, le poison circule dans tout le corps avec rapidité ; l'ennemi tombe et meurt en route » –

pour du chaillu, c'est un formidable spectacle que cette nombreuse réunion de guerriers hardis, belliqueux, à l'air farouche, complètement armés, et prêts aux expéditions les plus hasardeuses : « Je n'ai jamais vu d'hommes de plus belle mine, et je les aurais jugé braves quand bien même toute leur panoplie ne m'eût pas prouvé que la guerre était leur passe-temps accompli ; de fait, ils étaient redoutés de tous leurs voisins, et s'ils eussent été animés par l'esprit de conquête, ils auraient eu bon marché des tribus placées entre eux et le littoral » –

si les fans chassent autant les bêtes que les hommes, c'est évidemment parce qu'ils tiennent à leur réputation de gros mangeurs : comme ils sont polygames, les enfants sont surabondants et réclament eux aussi leur pitance ; la chasse aux bêtes ne rapportant pas toujours suffisamment pour nourrir toute la tribu, le cannibalisme est donc devenu une manière d'institution : on échange ses morts avec ceux des autres tribus, on fait le commerce des esclaves dans l'idée première, bien sûr, de les vendre aux occidentaux, mais ceux qui ne trouvent pas preneur sont abattus comme viande et mangés, tout comme le sont les morts sur les champs de bataille ; même les hommes et les femmes qui meurent de maladie n'échappent pas à cette espèce de loi non écrite, ce qui révulse du chaillu :

« Lorsque des fans apportèrent un corps mort qu'ils avaient acheté dans un village voisin et qu'il s'agissait de partager, je m'aperçus que cet homme était mort de maladie ; j'avoue que je ne pus rester là quand on se prépara à dépecer le corps ; j'en fus malade et je me retirai dès que l'infernale scène commença ; et de chez moi je pus les entendre encore se quereller à propos du partage. On me raconta même qu'une troupe de fans, qui était allée sur la côte du gabon, vola un jour un cadavre fraîchement enterré dans le cimetière, le fit cuire et le mangea. En définitive, les fans paraissaient être des espèces de goules avoués, pratiquant leur horrible coutume ouvertement, en plein jour, et sans rougir » –

en dépit du fait que les fans se livrent au commerce de la chair humaine, du chaillu considère que de tous les clans qu'il a visités, la tribu du roi des cannibales est, par sa cruauté, son côté belliqueux, l'art de faire la guerre, la supériorité de ses armes et de son sens tactique, la seule qui pourrait conquérir une bonne partie de l'afrique noire et mettre ainsi de l'ordre sur un vaste territoire que le progrès n'atteint pas vraiment parce que trop de clans disparates se le partagent et se querellent à son sujet, chacun ne besognant que pour ces miettes que leur laissent les commerçants et les trafiquants occidentaux – ((((((sortent par pleins cargos les matières premières du pays, les hommes, les femmes et les enfants les plus doués, en échange de quelques ballots de tissus, des haches, des couteaux, de vieux vêtements et de fausses perles ; bien loin de s'enrichir, les tribus s'appauvrissent et, pour arriver à simplement survivre, elles acceptent d'être dirigées par ces rois-nègres que les blancs installent au pouvoir afin de mieux affermir leur emprise sur le commerce africain)))))) –

j'ai déposé à côté de moi sur le lit le gros ouvrage de du chaillu, je bois quelques rasades de whisky parce qu'autrement, je me mettrais à cogner des clous et la jument de la nuit en profiterait pour me sauter dessus : je ne verrais plus que des hommes, des femmes et des enfants morts qu'on dépèce à grands coups de couteau, dans d'épouvantables odeurs de boucherie –

ME DIS :

je comprends mieux maintenant la pièce qu'on jouait
dans le cadre du festival du théâtre nègre quand je suis
arrivé à libreville : cette histoire de talou, empereur du
pokunulélé et roi du drelchkaffka, c'est celle de tous ces
rois-nègres installés au pouvoir par les blancs afin que leurs
peuples se tiennent tranquilles ou se chicanent entre eux ;
on va même leur fournir des armes pour qu'ils se fassent
la guerre, car pendant qu'ils s'y livrent, on en profite pour
mettre la main sur les matières premières ; corrompus par
le pouvoir des occidentaux, les rois-nègres exécutent leurs
basses besognes et en sont récompensés parce qu'ils peuvent fréquenter le grand monde ; et comme dans les *impressions d'afrique* de raymond roussel, les plus grands
artistes d'europe viendront faire de la musique pour eux
et chanter pour eux et danser pour eux, preuve qu'ils n'ont
rien à envier aux grands souverains de ce monde –
dans ces pays où je suis allé avant de débarquer en
afrique pour répondre aux invitations de judith, je me
suis peu intéressé à ce que je voyais, pour la simple raison
qu'il ne s'y passait pas grand-chose : les peuples anéantis
vivent dans le passé de leur histoire, pour ne pas dire au
beau mitan de l'amnésie ; ne savent plus vraiment d'où
ils viennent et manquent d'énergie pour combler cette
béance – tandis qu'en afrique noire, le passé conditionne
toujours l'aujourd'hui : on se remet mal de cent ans de trafic d'esclaves, de la spoliation et du désespoir, d'où toutes
ces horribles guerres, tous ces coups d'état qui font le bonheur des nouveaux rois-nègres prenant la place des anciens ; d'où aussi cette démographie galopante : avoir
beaucoup d'enfants est le seul acte de résistance qui vous
permet encore de croire à l'avenir –

ME DIS :

je ne voulais pas venir en afrique noire, de tous les
continents le plus mal en point, de tous les continents
celui que la misère sociale est devenue la norme, de tous les
continents celui qui laisse indifférentes presque toutes
les populations du monde à moins que n'y soient menacés
les intérêts commerciaux des entreprises multinationales
– c'est pourtant l'afrique qui est la terre première de tous
les hommes, c'est pourtant l'afrique qui est la source de ma
première famille : si les africains ne s'étaient pas débrouil-
lés pour survivre en des lieux aussi hostiles à la vie humaine et à son développement, nous ne serions pas là
aujourd'hui, et tels que nous sommes ((((((c'est peut-être
ce que cherchent à nous dire ces grands yeux sombres
africains : qu'ils sont chargés de toute l'histoire de l'humanité, mais que celle-ci, au lieu de le reconnaître, fait
comme si ce n'était même pas une probabilité ; et peut-
être aussi est-ce pour cette raison que même quand ils se
montrent rieurs, ces grands yeux sombres témoignent
d'une tristesse pour ainsi dire désespérée)))))) –

ME DIS :

se lève lentement le jour et je me trouve assis au pied
de mon lit, la bouteille de whisky vide entre mes jambes
– je ne sais pas quand j'ai laissé mon lit pour prendre
place ainsi contre les dormants de fer de la couchette ; il
m'arrive parfois de faire du somnambulisme, de passer
une heure ou deux à déambuler dans le lieu où je me
trouve, à gesticuler et à parler dans une langue que je ne

connais pas, sauf qu'elle est pleine de consonnes et gutturale : grouftif guedroille proz tikorkoram crase à héhé frix le bnobo trigueloupp ki wobéké bobo – (((((c'était déjà ainsi quand j'étais enfant, ça faisait peur à mes parents qui croyaient que la folie m'habitait, surtout quand je me rendais dans leur chambre, me dirigeais tout drette vers le gros réveil-matin qu'il y avait sur la table pour pisser dessus tout un océan : pourquoi je devais pisser là-dessus plutôt que sur tout autre objet ? – je n'en savais rien, mais c'est peut-être à cause de ça que je n'ai jamais porté de montre à mon poignet et que je n'ai jamais eu de réveil-matin)))))) – j'ai pourtant collectionné pendant longtemps les horloges, ma maison des trois-pistoles en est encore pleine, sauf qu'il ne m'est jamais arrivé d'en remonter aucune, même pas pour entendre au moins une fois la musique de ses tics tacs –

va savoir pourquoi m'est venue l'idée du somnambulisme, du réveil-matin noyé dans la pisse et de ces horloges inertes qui m'assaillent depuis que je me suis laissé désarçonner par la jument de la nuit – et l'odyssée de du chaillu au pays des fans cannibales aux confins du gabon, va savoir aussi pourquoi je m'en suis aussi vite désintéressée – peut-être que je m'ennuie tout simplement de ma maison des trois-pistoles, de mes chiens, de mes chats et de toutes les autres bêtes, chèvres, moutons et petits chevaux que j'élève pour un plaisir rien de moins qu'animal ; dans ma maison et ses environs, je n'éprouve aucun déplaisir à rester sobre, parce que mon épaule et mon bras gauches ne me font que relativement mal et que la douleur qu'ils me donnent, je peux la supporter sans amertume : je pense rarement aux manquements de mon corps quand je bêche la terre noire, quand je découenne ou quand je sarcle ; je n'y pense pas non plus quand je m'assois au milieu de mes

animaux et que je leur parle comme quand je suis som-
nambule, dans cette langue d'enfance que je ne sais même
pas ce qu'elle est, mais que mes bêtes semblent comprendre fort bien : goudrofff mes bézzirdocs, goudrofff, cristi-
mouère ! –

lorsque je dois voyager comme je le fais depuis bientôt trois ans, les choses se présentent bien autrement que
dans mon chez nous aux trois-pistoles : je n'ai pas encore
pris mon siège dans l'avion qu'une soif incandescente se
jette sur moi, et c'est impossible que j'y résiste ; sinon, j'ai
la fâcheuse sensation que mon corps va se désintégrer
avant même qu'on ne soit monté au-dessus des nuages –
((((((pourtant, je n'ai pas le mal de l'air, je peux regarder
à l'extérieur de l'avion et j'y prends un certain plaisir,
surtout quand l'avion, à cause des turbulences, se met à
ressembler au bateau ivre d'arthur rimbaud et tangue vertigineusement – d'où me vient donc cette frénésie pour
l'alcool aussitôt que je m'en vais de chez moi, comme
quand j'étais jeune écrivain et éditeur, que je participais
à ces foires du livre en europe, mais ne le faisais jamais à
jeun parce que je détestais m'y trouver, ces hauts lieux d'un
culte malsain, si hypocrite, qui défait le peu d'écriture
dont tu peux être l'auteur, tant de clinquant et de grandi-
loquence surannée, à culpabiliser n'importe qui croyant
que les mots n'existent pas pour rien, qu'ils ont pour ainsi
dire un droit de surréalité, sinon on sombre dans cette
situation décrite à max brod par kafka quand il lui disait :
« J'ai ce poids sur l'estomac, comme si mon estomac était
un homme et se préparait à pleurer : est-ce si bon que
cela ? »)))))) –

je lève les yeux vers la fenêtre de ma chambre ; c'est
déjà plein de lumière dehors, mais c'est une lumière que
je n'aime pas, toute chargée de noire électricité ; le temps

va se faire humide et lourd, comme quand se préparent à crever les nuages, sauf que ça n'arrive presque jamais par ici – cette apparence de pluie, mais jamais de pluie, le ciel préférant rester bas de plafond, faisant du rase-mottes que je me disais quand j'étais enfant et que les feuilles des faux trembles se retournaient sur elles-mêmes et restaient ainsi parfois toute la journée, annonciatrices d'un déluge qui, avant de déferler, jouait à l'escamotage, y prenait goût et faisait durer son plaisir –

de la difficulté à m'extraire des dormants de fer du pied de mon lit : tout le côté gauche de mon corps ankylosé s'y oppose et fait mauvais poids sur l'ensemble ; faudrait que je mette mon attelle, mais elle est comme étendue à ma place dans la couchette, la pièce de cuir qui doit englober mon épaule étant comme une tête cuivrée reposant sur les oreillers ; près d'elle, mes vêtements, mis en tas et n'importe comment ((((((depuis que je vis seul, je dors tout habillé, je garde les mêmes vêtements pendant toute une semaine – depuis que je vis seul, je ne trouve plus rien de malaucœureux dans les odeurs de mon corps, me semble même parfois qu'elles sont tout ce qui me reste pour me relier à mon passé – quand j'aimais le goût qu'avait la terre noire sur ma langue, quand j'aimais m'allonger avec les petits cochons dans le fumier et jouer avec mes mains au travers)))))) – ai jeté un coup d'œil à la masse toute nue de mon corps, mais je ne porte pas jugement, ni sur ce qui s'est déformé chez lui ni sur les odeurs fauves dont ses poils sont chargés ; me demande seulement si c'est la jument de la nuit qui m'a forcé à me déshabiller quand, entre deux chapitres du livre de du chaillu, je cognais mes clous avec trop d'insistance ; dans mon somnambulisme, je me suis peut-être pris pour un guerrier fan qui allait nu au combat, le corps teint en rouge, ses dents limées couleurées en noir, le blanc de l'œil comme débordant de son orbite à cause de la peinture laiteuse appliquée tout autour – va savoir, va donc savoir ! –

en me contorsionnant comme un des danseurs du roi-nègre talou, mais beaucoup plus lentement et sans grâce aucune, je réussis enfin à me redresser en m'agrippant de la main droite à l'un des poteaux de la couchette de fer ; mes muscles sont en si mauvais état qu'ils obéissent de plus en plus difficilement aux automatismes du corps – comme s'il me fallait les reprogrammer avant que ne me devienne possible le moindre mouvement, comme à cette époque où, me remettant de la poliomyélite, je devais penser à toute action que je voulais entreprendre pour que mon cerveau ait le temps de s'ajuster, pour que mes neurones et mes synapses dirigent autrement leur flux électrique dans mes nerfs ; sinon, c'était la catastrophe : tu descends de l'autobus et le pied gauche manque la marche, tu veux avaler une cuillerée de soupe et, au lieu de se retrouver dans ta bouche, ça passe tout drette par-dessus ton épaule et ça va choir derrière toi, tu danses et ton bras gauche se montre si lent qu'il n'attrape pas la main de ta partenaire et celle-ci, désarçonnée, se retrouve assise par terre entre deux chaises ! –

quelques pas me séparent de cette espèce de coiffeuse qu'il y a au fond de la chambre ; sur l'espèce de coiffeuse, une énorme carafe d'eau, un grand bol, un petit pain de savon et deux serviettes, l'une petite et l'autre imposante, aux couleurs du drapeau gabonais, vert, jaune et bleu – je n'ose pas encore me regarder dans le miroir qu'il y a au-dessus de l'espèce de coiffeuse, par peur de me voir comme l'un de ces monstrueux cloportes qui peuplent *la métamorphose* de kafka – pourtant, je n'ai rien à craindre de l'image que le miroir va me renvoyer de moi-même, car j'ai hérité de ma mère et de mon père de ce don ((((((c'en est un)))))) d'être usé mais sans que les marques de l'usure ne se soient incrustées dans mon visage comme chez les vieilles et vieux fans cannibales si ridés, comme des sillons si encavés dans leur peau, qu'ils ressemblaient, a écrit du chaillu, davantage à des totems qu'à des corps humains – tandis que moi, le temps ne me fait guère souci : soixante ans et comme ma mère cette peau de bébé, tout doux c'est, pareil à ces pêches que leur peau est une caresse quand on les touche ; je disais à ma mère pour la complimenter que son teint avait la finesse d'une feuille de papier bible ou d'une pièce de soie chinoise ((((((tant de fois le désir m'est venu de coller ma joue à la sienne, ou de l'embrasser partout sur la figure parce que j'étais en manque de cette peau si parfaite et que la mienne étant pareille, ça aurait été un grand plaisir que de les faire se caresser toutes deux ; mais ce n'est pas arrivé une seule fois, ma mère refusant tout contact ; aussi allais-je vers mon père, m'assoyais sur ses genoux, et je le laissais me caresser le visage du sien ; même s'il travaillait dur comme canteur dans une scierie et même s'il avait filouté sa jeunesse à boire et à passer de nombreuses nuits blanches à danser sauvagement et à jouer de l'harmonica jusqu'à l'épuisement, son visage ne portait aucune trace de ses excès : à soixante-dix ans, les pattes d'oie ne creusaient pas encore les environs de ses yeux et nulle part sur sa figure on pouvait voir la moindre veine éclatée, ni la moindre tache brune venue de la dé-pigmentation – quand mon père est mort au mitan de la quatre-vingtaine et que ma mère s'en est allée à quatre-vingt-dix ans, c'était encore ainsi, leur peau comme fleur indestructible de jeunesse)))))) –

bien que la barbe que je porte me cache une bonne partie du visage, je suis rassuré aussitôt que je me regarde dans le miroir au-dessus de l'espèce de coiffeuse : ma peau ne présente aucune marque, même pas celles de la fatigue que je ressens pour avoir mal, peu dormi et bu beaucoup de whisky – les excès reliés au temps dont j'ai abusé, les séquelles de la poliomyélite dans mon épaule et mon bras gauches, ça n'a rien altéré de ce que ma mère appelait mon grain de peau : peut-être bien du sang de cochon dans les veines et je transpire guère comme la truie irlandaise dé-voreuse de ses petits, mais par mes gènes, la nature m'a fait comme si j'étais une sculpture esquimaude, presque in-temporel –

versé l'eau de la carafe dans le gros bol, trempé dedans la plus petite des serviettes, passé dessus le pain de savon, puis je me lave le visage, les dessous de bras, les fesses et le sexuel – j'aimerais bien me masturber comme je le faisais au sortir de l'enfance et que je prenais mon bain dans cette cuve de tôle où l'on faisait s'ébattre les cochonnets les jours de canicule, mais je ne m'intéresse plus beaucoup à mon sexuel : depuis que je vis seul, j'ai perdu toute envie de – la sexualité n'est vraiment un plaisir que si on est deux à s'y livrer ; quand j'ai désappris que les femmes existaient, j'ai tout simplement forcé davantage ma main d'écriture ; et si tu arrives à aligner les mots sonores d'une manière telle que personne ne peut en usurper la forme et le rythme, la dépense d'énergie sexuelle est telle, et si béné-fique pour le corps, qu'elle laisse loin derrière les attraits que pourrait bien avoir la masturbation ou la copulation –

me lave en pensant à ce personnage de l'*ulysse* de james joyce qui, par petit matin, se livre à ses ablutions tout en parodiant le culte de l'église catholique d'irlande ; ce n'est pas par esprit d'imitation que je m'y livre, mais parce que je prendrai sans doute l'avion ce soir pour rentrer chez moi aux trois-pistoles : comme toutes les fois que c'est arrivé avant, judith va me faire signe aujourd'hui, pour me dire qu'elle a dû annuler le rendez-vous qu'elle m'a donné et qu'elle reprendra contact avec moi dès que ça ira mieux de son bord – j'aimerais croire que c'est la maladie qui la fait agir ainsi, mais je pense plutôt que l'esprit de vengeance est à l'origine de son étrange entreprise ((((((je me demande bien pourquoi c'est ainsi, puisque c'est judith qui m'a quitté et pas moi, puisque c'est mon corps qui en a souffert et pas le sien)))))) –

essuyé jusqu'à l'entrejambes, je vais m'asseoir sur le bord de la couchette de fer et commence à m'habiller : mon vêtement pourrait avoir plus mauvaise mine, mais je n'achète que du tissu qui ne se froisse pas, qui absorbe par dedans les taches plutôt que de les laisser paraître en surface : même si je porte mon costume depuis trois jours, il n'a pas encore l'air d'une guenille tout juste bonne à être jetée – chez moi, je ne porte que du mauvais linge et aussi longtemps qu'il ne se trouve pas usé jusqu'à la corde ; et bien que ça soit plein de trous, j'ai du mal à m'en séparer, comme si j'avais par-devers lui une dette de reconnaissance et je me comporterais comme un ingrat si je ne la payais pas (((((il arrive parfois que la femme qui tient le ménage de ma maison s'empare à la dérobée d'une vieille chemise ou d'un chandail devenu miteux pour en faire des torchons avec lesquels elle nettoie le comptoir de la cuisine, la grande table de pommier ou la cuvette des toilettes ; je ne dis rien pour ne pas la gêner plus qu'elle ne l'est déjà, mais dès que sa besogne est terminée et qu'elle s'en va, je prends tous les torchons qu'elle a usinés, qu'elle les ait utilisés ou pas, et je les fais brûler dans mon gros poêle à bois : j'aime mieux que mes vieilles odeurs deviennent cendres plutôt qu'elles disparaissent dans du savon, même aromatisé au miel, à la lavande ou aux fruits de la passion)))))) –

de la difficulté à installer comme il faut l'attelage à mon épaule et à mon bras gauches; même après quarante ans de pratique, je suis resté extrêmement malhabile de ma main droite même si j'ai tout essayé pour lui faire perdre un peu de sa gaucherie: joué aux fers à cheval, coupé du bois à la sciotte, enfoncé des clous dans des madriers: ça n'a pas rendu ma main droite plus efficace, même quand je me suis adonné à la calligraphie, d'abord parce que je suis entêté, mais aussi parce que j'avais peur de ne plus pouvoir un jour écrire de la main gauche: peut-être mon biceps et mon deltoïde finiraient-ils par s'atrophier complètement, et comment pourrais-je encore aligner des mots sur les grandes feuilles de notaire que j'utilise quand ça s'écrit? –

ME DIS:

si je laisse souffler ainsi l'esprit que j'ai ce matin, c'est que calixthe béyala, le gabon et les fans cannibales de du chaillu seront bientôt à mettre au passé, comme ça a été le cas quand je suis allé pour rien au laos, en grande-bretagne, en égypte ou à l'île de pâques: j'en ai rapporté dedans mon petit cahier noir quelques images sous forme de signes, mais qui me sont indéchiffrables parce que leur décryptage ne dépend pas de moi, mais de judith et du monde irrationnel dans lequel elle doit vivre encore comme quand nous nous sommes connus – sans doute judith est-elle resté accrochée à antonin artaud, à son enfermement dans la cité de rodez, qui lui a fait écrire des milliers de pages de délire mystico-religieux, entrecoupées par ci par là de bribes de poèmes absolument incandescentes; lesquelles parmi ces bribes aimait tant à déclamer judith? –

((((((peut-être celle-ci : « Né du mensonge, tu ne te connaîtras jamais toi-même, tes mollets frisent)))))) –

ME DIS :

rare que j'aie faim quand je me désendors, mais c'est le cas ce matin, j'ai l'estomac qui gargouille à cause de tout le whisky que j'ai bu cette nuit, et sans doute aussi parce que les fans cannibales me sont davantage restés en tête que je le croyais : cette femme qui traverse le village, portant une cuisse d'homme sous le bras, qu'elle va faire cuire en l'aromatisant avec des herbes sauvages – quel goût peut bien avoir cette viande humaine, est-ce plein de croquant ou ça a-t-il quelque chose de fondant dans la bouche, comme un poème d'artaud quand on le chantonne à mi-voix ? – dommage que du chaillu ait refusé d'en manger, sa répulsion étant telle qu'il voyait lui-même à son ordinaire, la simple idée qu'on puisse faire bouillir des bananes dans le même chaudron dont on s'était servi pour la cuisson de chair humaine lui donnant des haut-le-cœur ((((((la même répulsion qui conditionne les meurtriers prenant plaisir à démembrer un cadavre et, parfois, à en garder pendant des mois les morceaux dans un congélateur, mais sans jamais que l'idée ne leur vienne de mordre au moins une fois dans un sein ou dans une fesse ?)))))) –
me sens plutôt guilleret ce matin : c'est frais dehors, mon épaule et mon bras gauches me font à cause de ça moins souffrir qu'hier et, avant d'ouvrir la porte de ma chambre pour me rendre au bar de l'hôtel, j'en oublierais de prendre ma canne tellement je me porte bien – pas d'enfants ce matin dans l'escalier et aucun non plus devant la

cage d'ascenseur toujours pas réparée ; quand j'entre au bar, c'est le calme plat aussi, seul le pygmée étant attablé et en train de manger des œufs sur le plat et des bananes grillées en guise de rôties – il voudrait que je lui tienne compagnie, mais j'ai pris l'habitude de m'asseoir sur le dernier tabouret au bout du comptoir et je n'ai pas l'intention d'en changer, surtout que j'en suis à ma dernière journée à libreville : que je reçoive ou non un mot de judith, je prendrai l'avion ce soir pour rentrer chez moi et je n'en sortirai plus même si judith en faisait une question de vie ou de mort – je suis devenu un homme vieillissant trop casanier pour faire indéfiniment des sauts de puce d'un pays à l'autre, peut-être sans raison par-dessus le marché –

– Vous êtes en train de vous acclimater au pays, que dit le pygmée en me regardant, ses mains fermées sous le menton derrière le comptoir où il se tient. Vous avez bon appétit, ce matin.

je ne réponds pas parce que l'image des grands yeux violets de judith me traverse l'esprit et que, comme toutes les fois que ça m'arrive, j'en suis ébloui pour au moins quelques minutes – et puis, voilà qu'arrive calixthe béyala, qui s'assoit le bout des fesses sur le tabouret à mes côtés – grâce au miroir qu'il y a au mur derrière le comptoir, je vois la belle tête laineuse ((((((comme le disait presque avec affection du chaillu de celles de ses guides en pays des fans)))))), les apaisants yeux rieurs et cette bouche pulpeuse aux dents si blanches, faites pour croquer la pêche veloutée ou la juteuse mangue ou n'importe quel des fruits de la passion –

– J'ai passé la nuit à lire le du Chaillu que j'ai pris hier dans votre librairie, que je dis à Calixthe Béyala.

– Pas trop ennuyeux ? qu'elle dit.

– Je ne m'ennuie jamais, peu importe ce que je lis, que je dis. Je ne cesse jamais de désapprendre.

– Vous désapprenez ? qu'elle dit. Qu'entendez-vous par désapprendre ?

– C'est ce à quoi les livres, quand ils en sont vraiment, doivent servir : nous délivrer de nos idées reçues, de l'exotisme dont elles sont parées, et nous rapprocher le plus possible de la vérité, que je dis.

– Du Chaillu est un vieil auteur, qu'elle dit. L'Afrique noire a bien changé depuis qu'il l'a explorée.

– C'est certain, sauf qu'un certain nombre d'archétypes ont non seulement survécu depuis l'époque de du Chaillu, mais me paraissent s'être renforcés, que je dis. Les rois-nègres y sont aussi nombreux qu'il y a deux siècles, et se montrent infiniment plus cruels et ambitieux qu'à l'époque de du Chaillu : ils spolient les pays où ils ont pris le pouvoir, ils sont à la solde des gouvernements occidentaux qui les engraissent, eux et leurs familles, pour mieux dégarnir le continent de ses richesses naturelles. On arme jusqu'aux dents ces présidents fantoches qui sèment la terreur et la mort. Quand ils en font trop, on s'en débarrasse en armant cette fois-ci les partis d'opposition. Et pendant que sévissent les apocalyptiques guerres civiles, les grandes puissances de la planète en profitent pour voler sans vergogne le bien commun. À l'époque de du Chaillu, les fonctionnaires étaient déjà corrompus jusqu'à la mouelle, aucun des services qu'ils rendaient n'était gratuit. C'est toujours le cas aujourd'hui. Prenez comme exemple Idi Amine Dada qui, pour garder le pouvoir, a fait tuer des centaines de milliers de ses concitoyens. Quand on l'a fait tomber de son trône de roi-nègre, on aurait dû l'arrêter, le traduire devant la justice pour crimes contre l'humanité. C'est loin d'être ce qui est arrivé, comme vous savez : Idi Amine Dada, grâce à la complicité de l'Occident, a été accueilli par l'Arabie saoudite, riche comme Crésus, et il a pu y vivre en toute impunité. Un salaud pareil !

– Les choses ne sont jamais simples, je sais, qu'elle dit.

– Elles le sont pourtant : le continent africain est celui qui possède aujourd'hui le plus de richesses naturelles et celui où on peut se les approprier le plus facilement, que je dis. L'Occident et, maintenant aussi la Chine, ont besoin comme jamais de ces matières premières pour que croisse sans cesse le capitalisme sauvage. On a détruit presque toute la forêt du Kenya au nom de ce capitalisme sauvage. Et vous le savez mieux que moi qu'ici même au Gabon, le pays est en train de devenir une province chinoise. Pourtant, on laisse faire.

– Vous parlez du peuple ? qu'elle dit.

– Non, je sais bien que le peuple ne peut pas grand-chose là-dedans, que je dis. Quand il réussit à faire front commun, à lutter et à prendre le pouvoir, les formidables intérêts des grandes puissances lui lient aussitôt les mains derrière le dos pour que replongeant dans la misère, le pays soit menacé à nouveau d'un coup d'État, et le cycle infernal recommence dès qu'une nouvelle junte s'installe au pouvoir.

– Comment faire autrement ? qu'elle dit.

– Je n'en sais rien, que je dis. Moi qui suis Kebekois dans un pays que je ne considère pas comme le mien, je souffre de ce qui peut être une maladie, je suis pacifiste et le suis tellement que la seule idée de prendre les armes pour m'affranchir, ça change le peu de sang que j'ai en eau de boudin.

– Pourtant, l'armée canadienne combat en Afghanistan contre les Talibans, qu'elle dit.

– Les Kebekois ont toujours été contre cette guerre-là, que je dis. Si le gouvernement canadien y participe, c'est que ses dirigeants actuels, courtisés par les marchands d'armes, rêvent de faire du pays une nation militaire pour mieux entrer dans le club sélect des fournisseurs d'armes, notamment ici en Afrique. Comme beaucoup de mes compatriotes, je pense plutôt que par la diplomatie, on peut vaincre n'importe quel démon. Si on s'y était vraiment employé quand les Talibans ont pris le pouvoir à Kaboul, j'aime croire qu'aujourd'hui le peuple afghan ne vivrait pas dans ce bourbier inextricable qu'est devenu son pays.

— Vous êtes un idéaliste, qu'elle dit.

— Si vous avez quitté le Cameroun, votre pays natal, n'est-ce pas aussi par idéalisme ? que je dis.

— Je ne suis pas certaine que dans le Cameroun que j'ai connu, l'idéalisme était quelque chose qui pouvait exister, même si la devise de mon pays est paix, travail et patrie, qu'elle dit. Dans cette province septentrionale où j'enseignais à l'école primaire, presque tout le monde était analphabète. Il aurait fallu construire des écoles, former des enseignants, mais le Cameroun était toujours au bord de la faillite quand il ne sombrait pas dans la guerre civile. En 1982, quand Paul Biya a été élu président, on a inventé un mot pour décrire le nouveau régime politique : la démocrature.

— Les apparences de la démocratie, mais la réalité du despotisme, que je dis.

— Le pouvoir ne faisait rien d'autre que de surveiller, il interdisait tout autre parti politique que celui du président, qu'elle dit. Les opposants, on les mettait en prison ou en résidence surveillée. Les syndicats étaient infiltrés par la police et les salaires étaient si bas que, pour seulement survivre, les fonctionnaires se laissaient corrompre. Quand le peuple s'est mis à manifester parce qu'il crevait de faim, ce fut la répression sanglante. J'étais désespérée, et c'est pourquoi je suis venue au Gabon.

– C'est mieux à Libreville ? que je dis.

– En tant que femme, j'ai au moins une liberté qui m'était refusée au Cameroun, qu'elle dit. Et puis, tout est français ici, de sorte qu'on peut y avoir vraiment ce sentiment d'appartenance qui n'existe pas au Cameroun. Bien que les Français y soient majoritaires, il existe là-bas une forte minorité anglaise qui n'accepte pas facilement le statut qui est le sien.

– J'ignorais qu'il y avait des Anglais au Cameroun, que je dis.

– Le pays a d'abord été colonisé par les Allemands, qu'elle dit. Après la première Guerre mondiale, on a confié la tutelle du Cameroun aux Français et aux Anglais, les Français au sud, les Anglais au nord. Quand la décolonisation a eu lieu, le Cameroun français et le Cameroun anglais ont formé une république fédérale, qui est très rapidement devenue une république tout court. Depuis, c'est la politique de la carotte et du bâton, selon ce qu'on espère tirer de la Grande-Bretagne ou de la France.

– Ça ressemble à ce qu'on vit au Kebek, que je dis. On a d'abord été une colonie française, puis anglaise, mais le Kebek d'aujourd'hui est la seule des provinces du Canada qui soit en majorité française dans une confédération qui aimerait bien nous voir disparaître. Nous résistons du mieux que nous pouvons, mais les Canadiens anglais, comme leurs ancêtres britanniques, sont racistes, militaristes et, en général, d'une pensée basse de plafond. Ainsi, nous avons souvent l'impression, tellement nous sommes différents, d'être des exilés intérieurs dont les chefs sont des rois-nègres à la solde du grand capital anglo-saxon.

– Vous êtes libres, tout de même, qu'elle dit.

– De quelle liberté parle-t-on quand l'avenir de ce que vous avez été et de ce que vous êtes ne dépend plus de vous ? que je dis. Au Cameroun, vous aviez la démocrature. Nous, nous avons la libertatude. Et la libertatude, ça a presque le même sens que le mot hébétude. Nous sommes les nègres blancs de l'Amérique, a écrit l'un de nos grands écrivains engagés, Pierre Vallières. Et bien que blancs, nos rois-nègres sont vraiment des rois-nègres, qui vendraient leur mère juste pour obtenir un peu de ce pouvoir anglo-saxon qui contrôle pour lui-même la richesse.

– Comment faites-vous alors pour continuer de vivre dans un pareil pays ? qu'elle dit.

je me demande bien comment je pourrais répondre à la question, mais heureusement que le pygmée met enfin devant moi mon petit déjeuner : des œufs et des frites entourés de bacon :

– Ma femme est allée hier chez ses parents à la campagne, que dit le pygmée. Elle en a rapporté des œufs, des patates et du lard. J'ai pensé que ça vous ferait plaisir d'en manger.

je remercie le pygmée, puis calixthe béyala insistant par-devers la question qu'elle m'a posée, je dis :

– Mon grand-père prétendait que la liberté ça commence d'abord dans sa cour. Grâce à l'argent que j'ai fait comme scripteur à la télévision, je me suis acheté une grande maison à trois cents milles du Grand Morial et suffisamment de terre autour pour élever quelques bêtes et jouer à l'horticulteur. J'y vis seul depuis un bon moment déjà et je tue le temps en écrivant. Je ne suis pas beaucoup lu, ni chez moi ni ailleurs : les petits pays peuplés de nègres blancs trop pacifistes, ça n'intéresse pas le monde. Mais j'ai une mentalité de vieux paysan pacifiste et je résiste à ma façon.

– Vous l'aimiez à ce point-là cette femme qui, aujourd'hui vous force presque malgré vous à faire le tour du monde ? qu'elle dit.

– Je n'en sais rien, que je dis. Ça a été si fulgurant, si incandescent, si irrationnel et si fugace, que ça m'est resté quelque part dans le corps, comme une tumeur qui n'a jamais voulu devenir cancer : c'est gros comme une pomme entre les poumons et le cœur, ça ne grossit pas, mais ça ne rapetisse pas non plus. C'est là peut-être simplement parce que Judith aimait Artaud et me l'a fait aimer, et que moi j'aimais Kafka et le lui ai fait aimer. Nous apprenions par cœur de grands bouts de leurs œuvres et nous passions des nuits entières comme si nous étions au théâtre à nous donner la réplique. Les grands yeux violets de Judith étaient alors d'une telle luminosité que j'aurais voulu disparaître dans cet incendie dont ils étaient pleins. Pour le reste, pas la moindre idée de ce que je faisais vraiment avec elle. Kafka a écrit : « Rafraîchis-toi et elle reviendra en courant ; et que cette certitude te donne le courage de commencer par te rafraîchir, en attendant de ne plus pouvoir tolérer qu'il en soit autrement. Mais que dis-je, entre-temps la sotte fille est peut-être entrée à toutes jambes dans l'histoire, et que ne puis-je la retenir par le derrière de sa jupe ! »

grâce aux mots de kafka, calixthe béyala comprend que pour moi le sujet de judith s'est escamoté loin dans ma pensée et que je ne souhaite pas lui redonner corps ; elle boit son café en silence, tandis que je finis de manger mes œufs, mes frites et mon lard grillé, ma cuisse droite réchauffée par la sienne quand, faisant bouger le tabouret, elle me heurte de sa jambe à la hauteur du genou : et cette chaleur de la peau noire est rafraîchissante, comme le prétendait encore kafka à son ami max brod –

– Si je vous invitais à venir avec moi, mais sans vous dire où c'est, est-ce que vous accepteriez ? que dit Calixthe Béyala.

– Mon avion pour rentrer dans le Grand Morial part seulement ce soir, que je dis. J'ai donc du temps devant moi.

– Je ne voudrais toutefois pas paraître m'imposer, que dit Calixthe Béyala.

– Ce n'est pas le cas, que je dis. Je me sens plutôt bien avec vous à mes côtés.

elle jette un coup d'œil vers les tables et les chaises où pas un seul client n'a pris place :

– J'ai toujours un pincement au cœur quand je reviens ici une fois le festival de théâtre terminé, que dit Calixthe Béyala. Ça ne sent déjà plus les bonnes odeurs qu'ont les acteurs lorsqu'ils sont fébriles. La sonorité de leurs voix a fui par la fenêtre vers les côtes du Gabon et la mer Océane.

– La mer Océane, que je dis à mon tour en laissant le tabouret et en prenant ma canne accrochée au bout du comptoir. Je ne savais pas que l'expression était aussi en usage par ici. Dans ce que j'ai écrit, la mer Océane est en quelque sorte mon talisman, dans le sens que les fans cannibales de du Chaillu donnaient à ce mot.

nous allons sortir du bar, mais alerté par le pygmée qui se trémousse sur sa caisse de bière, je m'arrête et me tourne vers lui :

– Si le message que j'attends arrive enfin, j'en prendrai connaissance à mon retour, que je dis.

nous sortons de l'hôtel, montons dans la petite voiture de calixthe béyala qui est si basse de plafond que je dois enfoncer mon chapeau jusqu'aux oreilles parce que je ne veux pas l'enlever – et tandis que ça se met à zigzaguer dans les petites rues anarchiques à la périphérie de libreville, calixthe béyala, un court moment, rit joyeusement, puis s'arrête aussi brusquement que ça a commencé –

– Excusez-moi, qu'elle dit. Je cherche depuis hier et je crois bien que j'ai trouvé maintenant. Dès que je vous ai vu, vous m'avez fait penser à quelqu'un, mais je n'arrivais pas à trouver. Et là, sans que je cherche vraiment, c'est venu.

– Quoi donc ? que je dis.

– Vous avez lu *Au-dessous du volcan* de Malcolm Lowry ? que dit Calixthe Béyala.

– Au moins une fois tous les deux ans depuis mon adolescence, que je dis. C'est un si grand roman que je le mets au-dessus de tout, à ce point que je n'en ai jamais parlé parce qu'ainsi, je me donnais l'illusion d'en être l'unique propriétaire.

– Vous me faites penser au personnage du Consul, que dit Calixthe Béyala. Je l'imagine habillé comme vous, et buvant beaucoup, et cherchant lui aussi une femme disparue de sa vie, mais qui l'obsède toujours.

– Il s'agit d'une coïncidence, de celles que Joyce aimait tant, que je dis.

calixthe béyala a bien compris que mon allusion à joyce n'a qu'une prétention, celle de renvoyer à ses limbes *au-dessous du volcan* parce que je ne veux pas le partager avec personne –

– Je regrette, que je dis. C'est quelque chose entre moi et moi.

la voiture s'est engagée dans cette allée bordée de bananiers et de manguiers qui, délibérément ou non, a été conçue comme un serpent qui zigzaguerait à ras de terre en suivant la configuration du sol ; on ne peut donc aller là-dedans qu'à petite vitesse, et d'autant plus que la voie étant étroite, on doit utiliser l'accotement dès qu'une voiture vient en sens inverse et qu'il faut la laisser passer – moi, je regarde le paysage qui se trouve à ma droite, pas vraiment parce qu'il m'intéresse, mais parce que je veux que malcolm lowry s'enfonce assez creux dans ma mémoire pour qu'il devienne oubli – le remplacer par franz kafka et cette relation, plus inoffensive, bien que vaguement cannibale, que j'ai toujours eue avec lui : parfois, ses mots se glissent pour ainsi dire dans le fond de l'air, obstruant par leur peu de consistance toutes ces petites anfractuosités par lesquelles pourrait entrer en irruption le volcan de lowry : « Rien n'est aussi bon que la nourriture du restaurant végétarien où je prends mes repas ; le local est un peu triste, on mange du chou vert avec des œufs sur le plat, le tout sans grande architecture, mais quel contentement on a ici : j'écoute ce qui se passe en moi, pour l'instant sans doute je me sens encore très mal, mais comment serai-je demain ? Cette maison est tellement végétarienne que même le pourboire y est interdit ; il n'y a que du pain à la place des croissants et l'on m'apporte justement un plat de semoule, avec du sirop de framboises, mais j'ai encore envie d'un cœur de laitue à la crème, avec cela un vin de groseilles à maquereau sera fameux, et une infusion de feuilles de fraisier terminera le tout » –

je tourne la tête vers calixthe béyala, je lui souris et, de ma maladroite main gauche, lui effleure la cuisse :

– Plus tard, que je dis. Plus tard, je vous expliquerai sans doute ce qu'il y a au-dessous du volcan. Ça serait inapproprié si je me commettais maintenant.

– Vous n'auriez de toute façon pas le temps de le faire puisque nous sommes arrivés, que dit Calixthe Béyala.

devant nous, ce bâtiment vétuste, qui a la forme des anciens hangars qu'on trouve aux trois-pistoles, lambrissé de planches noircies par la patine du temps, avec des fenêtres et une porte qu'on a percée dedans, et des arbustes fleurifleurants qu'on a dû planter tout le long de la façade pour l'égayer – juste à côté se trouve un potager fort bien entretenu et dans lequel, si j'en juge par mon expérience de jardinier, les légumes et les fruits doivent venir beaux et sains –

– C'est quoi par ici ? que je dis.

– Entrons, que dit Calixthe Béyala. Il faut que vous voyiez d'abord.

comme un petit hall, puis cette grande pièce dans laquelle une longue table prend presque toute la place ; y sont assis, en train de manger, une douzaine de filles et de garçons qui me paraissent avoir entre cinq et quinze ans, mais l'évaluation est difficile ((((((ces enfants qui viennent sans aucun doute possible de la misère sociale ont grandi comme ils ont pu, c'est-à-dire lentement ; la plupart sont d'une maigreur ascétique et quelques-uns parmi eux doivent être handicapés car, à côté d'eux, des béquilles sont appuyées à la table – et ces grands yeux qui me regardent, et ces bouches qui s'ouvrent pour avaler safrement la nourriture qu'une vieille femme noire leur sert en marmottant du bout des lèvres ce qui est sans doute une prière)))))) –

– Ce sont mes enfants, que dit Calixthe Béyala. Ils ont été abandonnés par leurs familles, parce que les pères sont morts à la guerre, et les mères sans doute enlevées, violées et tuées. Je les ai adoptés et je voudrais qu'ils deviennent des femmes et des hommes qui auront droit au bonheur. Je leur apprends à lire et à écrire, je leur apprends à prendre soin d'un potager et des arbres fruitiers qu'il y a derrière.

pas besoin de me faire dire que le jeune homme près de qui sont les deux béquilles a été victime de la polio-myélite, puisque je le devine rien qu'aux gestes malhabiles qu'il fait, de sa main gauche surtout : s'il n'avait pas la peau aussi noire, je pourrais croire qu'il s'agit de moi quand, sortant enfin de mon lit à l'hôpital, j'ai pu me mettre à manger autrement qu'avec une paille – j'aimerais bien aller m'asseoir à côté du jeune homme, mais je doute qu'il s'en apercevrait, concentré qu'il est à discipliner sa main gauche pour que les légumes aillent jusqu'à sa bouche et non pas sur le plancher –

– Voilà, dit Calixthe Béyala. C'est tout ce que je voulais vous faire voir.

nous laissons les enfants à leur nourriture, nous sortons du bâtiment puis, juste à côté du potager, nous nous assoyons dos au soleil, moi si assoiffé que je prends le petit fiasque dans la poche de mon veston et en bois, coup sur coup, quelques fortes rasades –

– Je ne voulais pas vous désobliger, que dit Calixthe Béyala.

– Vous êtes une femme de grande qualité et une telle qualité ça ne désoblige jamais, que je dis. Comment faites-vous pour avoir autant d'énergie ?

– On voit parfois la mort de si près qu'ensuite, on essaie de faire de son mieux pour qu'elle reste loin de quelques-uns d'entre nous, que dit Calixthe Béyala. Bien que ce soit forcément limité, je ne crois pas que ce soit inutile.

plus rien à nous dire tant que nous resterons assis ainsi sur ces bancales chaises de jardin ; et moi que le sentiment n'atteint plus guère, je crois bien que même si je ne connais pas grand-chose à ce qu'on appelle être heureux, j'en vis ici, entre ce bâtiment lambrissé de planches noircies par le temps et ce potager aux odeurs d'ail et de menthe, un moment inattendu –

– Je ne bougerais pas d'où nous sommes de tout le reste de la journée, mais il faut que je rentre à l'hôtel, que je dis à Calixthe Béyala. Je dois savoir pour Judith.

– Cette femme, vous l'avez encore beaucoup plus aimée que je ne le pensais, que dit Calixthe Béyala.

– Je crois vous avoir déjà confié que je n'en sais vraiment rien, que je dis. Mais je m'adressais peut-être à quelqu'un d'autre quand je l'ai fait. Un homme vieillissant comme moi n'a plus guère que la mémoire des choses surréelles. Et puis, la surréalité elle-même, c'est probablement rien de plus que cette petite brise éphémère qui passe.

– Vous m'avez dit que je suis une femme de qualité, je crois bien en être une, et j'en suis plutôt fière, que dit Calixthe Béyala. Bien que je vous connaisse peu, je suis certaine que vous êtes aussi un homme de qualité. Pourtant, vous ne semblez pas en tirer la moindre fierté.

– Pourquoi est-ce ainsi, je pourrais vous en donner mille raisons, que je dis. Jeune, on se persuade qu'on est là pour changer le monde. Adulte, on se rend compte que ce n'est pas si simple et, sans renoncer à l'idéal de sa jeunesse, on met beaucoup d'énergie à se changer soi-même. On passe ainsi de Nietzsche à Rimbaud, de l'action tonitruante au murmure intérieur. Puis, une fois qu'on est devenu un homme vieillissant, on comprend qu'on ressemble plus ou moins à Kafka : entrer dans le château n'amène guère plus de joie, parce que c'est rien d'autre qu'un enfermement. La beauté qu'on voudrait tant ajouter au peu qu'il y a dans le monde, elle n'est probablement valable que pour soi.

– Vous en êtes si certain ? que dit Calixthe Béyala.

je ne réponds pas : mon épaule et mon bras gauches se sont mis à me faire mal et ma pensée s'y emprisonne d'elle-même, elle devient cellules manquantes et cellules qui virevoltent vers la dévoration ; pour que ça n'arrive pas, je sors le petit fiasque de whisky de ma poche et bois d'une traite tout ce qu'il contient encore, puis je regarde calixthe béyala, ces grands yeux sombres qui ne laissent rien voir :

– J'ai été un enfant taciturne et plutôt contemplatif, que je dis. J'en suis sorti par la vocifération parce que l'action est une nécessité et un plaisir. Ça n'ajoute pas de beauté au monde, mais ça l'empêche peut-être de s'enlaidir davantage.

me suis redressé et calixthe béyala a fait de même, puis nous avons marché jusqu'à sa voiture ; alors que nous allions y monter, le garçon qui a eu la poliomyélite est apparu, porté par ses béquilles, sur le seuil du bâtiment : il a mis du temps à dresser le bras au-dessus de sa tête et à agiter la main en guise de salut :

– On avait réussi à éradiquer la poliomyélite de presque toute l'Afrique, et voilà que ça recommence, et c'est pareil avec la tuberculose, que dit Calixthe Béyala.

– Ce sont des maladies de sociétés qui se jettent sur celles-ci quand l'humanité fait défaut et qu'elle se contente de gloser sur les massacres plutôt que de voir à les empêcher, que je dis. Au Moyen Âge, les populations massacrées d'Europe ont été atteintes par la lèpre et par la peste. Vers la fin de la première Guerre mondiale, ça a été la grippe dite espagnole. Avant la deuxième Grande Guerre, ce fut la montée du nazisme, une maladie qui a fait cinquante millions de victimes. Aujourd'hui, c'est la poliomyélite qui se fait recrudescente, la tuberculose et le sida. Demain, ce sera une autre maladie, peut-être encore plus terrible que toutes celles-là mises ensemble : ce n'est plus simplement le corps social qu'on massacre, mais la nature, au beau mitan de l'idée qui lui a donné naissance.

– Pas très encourageant, que dit Calixthe Béyala.

– Pourquoi je vis seul, croyez-vous ? que je dis.

nous passons d'une rue à l'autre, avec l'impression de tourner en rond, car on finit par ne plus voir les différences qu'il y a dans le paysage, ni chez ce peuple qui va et vient avec fébrilité, comme par paquets de cartes jetées au hasard, de sorte que seules les couleurs restent déterminantes bien que fugaces elles-mêmes, comme un éclat rieur –

– Vous teniez à ce que je vois ce jeune garçon atteint par la poliomyélite, que je dis. Je peux vous demander pourquoi ?

– Quand je vous ai vu la première fois alors que vous étiez assis à ce tabouret dans le bar de l'hôtel, vous m'avez tout de suite fait penser à Werewere.

– Werewere ? que je dis. Il me semble que c'est un drôle de prénom, même pour un Africain.

– Je sais, mais le jeune garçon est né dans la partie anglaise du Cameroun, d'une famille illettrée, que dit Calixthe Béyala. Alors, Werewere ou William, ça ne faisait pas, je pense, une grande différence pour ses parents.

– Et pourquoi cette association entre Werewere et moi ? que je dis.

– Il est aussi taciturne que vous m'avez dit l'avoir été dans votre enfance et son entêtement est de la même espèce que la vôtre, que dit Calixthe Béyala. Werewere est très intelligent et sera plus tard un grand poète, ce que vous êtes aussi.

– Vous ne savez pourtant rien de moi là-dessus, que je dis.

– J'ai navigué sur internet, que dit Calixthe Béyala. J'y ai donc appris que vous êtes un écrivain considérable dans votre pays.

– Une précision : ce que vous appelez mon pays est loin de l'être, il glisse plutôt vers un génocide en douce, que je dis. Par ici, on massacre les ethnies dont on veut se débarrasser. Au Canada, où la majorité est anglaise, on infiltre la minorité française dont je fais partie, on permet aux immigrants de faire leur vie en anglais, de sorte que notre poids démographique, parce qu'on ne fait plus guère d'enfants, ne pèsera bientôt plus grand-chose dans la balance, même si nous luttons depuis quatre cents ans pour que le Kebek devienne vraiment notre pays. Contrairement aux peuples de chez vous, nous sommes une race apathique, nous sommes incapables de faire souffrir les autres, nous avons tué en nous le guerrier pour laisser toute la place à la parole. Mes grands-oncles étaient des missionnaires oblats, dans ce qui est le Zimbabwe aujourd'hui, et en Papouasie, et au Bénin je pense aussi. Ils prêchaient la Bonne Nouvelle et ils le faisaient avec sincérité, ce n'était pas pour s'enrichir crapuleusement aux dépens des populations qu'ils évangélisaient. Le seul problème, c'est qu'ils véhiculaient comme au Kebek une idée fausse sur le Christ et son supposé pacifisme que seul l'amour conditionnerait. Jamais ils ne parlaient de la parole la plus importante que le Christ a dite : je ne suis pas venu apporter la paix, mais le glaive. S'il était prêtre, le Christ était aussi un guerrier, mais cela on ne voulait pas que nous le sachions. Au Kebek, ça a tué toute idée de révolution et l'Église, plutôt que de devenir la force nationale qu'elle aurait dû être, a choisi de servir le pouvoir dominateur anglais comme le font ici en Afrique les rois-nègres par-devers les grandes puissances. Et c'est pourquoi, pour le reste du monde, nous sommes une nation invisible. On ne s'intéresse qu'aux peuples qu'on vide par la force de leur sang.

– Ça vous afflige ? que dit Calixthe Béyala.

– Les massacres de masse, comme il y en a tant en Afrique, m'affligent, mais pas vraiment ce qui se passe ou ne se passe pas au Kebek, que je dis. Au moins, nous ne souffrons pas et nous ne faisons pas souffrir les autres non plus. Pas souffrir et ne pas faire souffrir les autres, je pense que c'est là maintenant le seul bonheur possible, aussi bien pour tout individu que pour toute société.

– Vous êtes donc un homme heureux ? que dit Calixthe Béyala.

– Je ne sais rien du bonheur, que je dis. Quand je ne souffre pas, ça me contente.

– Pourquoi buvez-vous autant alors ? que dit Calixthe Béyala.

– Parce que je ne suis pas fait pour les voyages qui rendent malheureux tout le côté gauche de mon corps, que je dis. Chez moi, je n'ai pas besoin de boire, en tout cas depuis plusieurs années. Je sais comment détresser les nœuds qui se forment dans le côté gauche de mon corps quand le mal y pénètre. Je l'ai appris. Mais quand on voyage, c'est pour désapprendre, et je ne voyage pas suffisamment longtemps pour que je puisse y arriver. Si la terre est patiente, les bœufs qui vivent en moi sont très lents.

la voiture s'est arrêtée, car nous voilà rendus à l'hôtel – ses belles et longues mains sur le volant, calixthe béyala regarde droit devant elle – son corps si vigoureux s'est affaissé comme pour en chasser la provocation séductrice qui l'animait avant qu'on ne se trouve devant l'hôtel ; la beauté est toujours là, mais quelque chose lui fait mal et ça ne peut s'escamoter, ou ça ne veut pas le faire –

– Voilà pourquoi je n'aime pas vraiment parler, que je dis. Ça rend toujours les autres un peu tristes.

– Si je le suis, ce n'est pas à cause de vos mots, mais de vous, que dit Calixthe Béyala. Peu importe ce qui vous attend une fois que vous aurez passé la porte de l'hôtel, vous allez quitter le Gabon ce soir. J'aurais aimé que le plaisir de faire mieux connaissance dure au moins quelques jours encore. Vous êtes un homme attirant même si vous faites semblant de ne pas l'être. Il y a chez vous une tendresse naturelle, qui doit remonter aussi loin qu'à votre enfance, que vous avez sûrement essayé de tuer en utilisant toutes sortes de ruses, mais elle ne s'est pas échappée de vous et votre corps, même dans son côté gauche atteint par la maladie, a résisté précisément à cause de cette tendresse naturelle. Les femmes dans votre vie en ont sûrement été touchées.

– Je ne suis pas certain de comprendre ce que vous entendez par tendresse naturelle, que je dis. Moi je pense plus simplement qu'en dépit des circonstances, j'ai toujours aimé la vie. Lorsqu'on aime la vie à un tel point, on voudrait lui redonner la générosité dont elle nous a fait cadeau. Quand j'étais jeune homme et que je lisais Michel Foucault, je ne saisissais pas pourquoi il mettait le suicide au-dessus de tout et en faisait la beauté absolue, au point de dire qu'il fallait, toute sa vie, ne faire rien d'autre que de le préparer. Maintenant, je sais pourquoi il avait cette prétention : vivre avec toute l'énergie dont on est capable mène à une intense fatigue, et c'est ça se suicider, c'est se retrouver dans l'au-delà de cette intense fatigue. Contrairement à Michel Foucault à qui c'est arrivé par excès du désir et des plaisirs stupéfiants qui vont avec, je n'ai jamais été très ambitieux par rapport à la jouissance. Je crois que je n'ai jamais eu de grands besoins à satisfaire. Je me suis toujours entendu plutôt bien avec moi-même, ce qui m'a dispensé de l'obligation d'avoir à m'entendre avec les autres.

– Même après la polio, vous étiez comme ça aussi ? que dit Calixthe Béyala.

– Je n'étais pas fâché contre moi-même, mais contre ma famille d'abord, puis contre le monde entier. J'étais un garçon plutôt robuste qui n'avait pas été malade une seule fois, j'avais l'inépuisable vitalité de mes grands-parents, et il n'y avait donc aucune raison que la polio s'attaque à moi plutôt qu'à mes frères ou à mes sœurs, pour la plupart des gringalets. J'en voulais au médecin de ma famille qui avait refusé de me vacciner parce que, prétendait-il, j'avais du sang de cochon dans les veines.

– Du sang de cochon ? que dit Calixthe Béyala.

– Oui, du sang de cochon, parce que les vaccins ne prenaient pas sur moi, que je dis. Mon père m'appelait son petit verrat et toutes les fois que je me rebellais chez moi, ma mère attribuait mon sentiment au fait que j'avais une tête de cochon. C'était une fondamentaliste catholique, qui ne cessait pas de me répéter que Dieu m'avait puni parce que j'avais persisté à écrire de la main gauche bien que ce fut là quelque chose d'interdit et, aussi, parce que je lisais tous ces livres qu'il était défendu d'apporter à l'école. Ma mère me disait tout le temps que je devais m'amender, ce qui pour elle ne signifiait rien d'autre que je devienne prêtre, et de préférence oblat missionnaire en Afrique comme mes grands-oncles. Moi, je voulais tout simplement vivre et vivre avec d'autant plus d'intensité que j'étais marqué dans mon corps et qu'on ne sait pas, quand on a dix-neuf ans, si les nerfs, les muscles et le sang tiendront longtemps à cause de la maladie qui vous a atteint. Aussi, depuis ce temps, j'ai accueilli avec joie tous les levers de soleil. Comme Tolstoï, j'écrivais sur une feuille blanche : « Je suis vivant. Toujours vivant. » Ces simples mots me gardaient courageux, entêté, obstiné et satisfait d'avoir toute ma tête pour penser et me penser.

c'est la première fois que je parle de tout ceci à quelqu'un : je ne l'ai jamais fait par-devers les quelques amis que j'ai eus et je ne l'ai pas fait dans aucun des livres que j'ai écrits – le sentiment de pitié m'a toujours écœuré et j'ai fait ce qu'il fallait faire pour que je n'en sois jamais affligé – mais pourquoi, aujourd'hui, m'ouvrir de tout ceci à calixthe béyala ((((((parce que nous penchons l'un vers l'autre à cause de ce qu'il y a malgré tout de souffrant dans nos corps, mais que nous dominons, elle aussi bien que moi, et je le devine même si je ne sais à peu rien de sa vie antérieure, c'est là, simplement là, quelque part dans son corps, et ça y restera à jamais comme un tatou, comme une scarification sous les muscles et les nerfs)))))) –

– Nous devrions entrer à l'hôtel et prendre un verre, que je dis.

je sors de la voiture et calixthe béyala en fait autant – puis, je passe ma main sous son bras – je voudrais que nous nous arrêtions de marcher vers la porte de l'hôtel : prendre calixthe béyala dans mes bras, la serrer fort contre moi, et l'embrasser comme si je le faisais pour la première fois, ce qui est presque la réalité, puisque depuis ma rupture avec judith, je n'ai plus vraiment embrassé, ni femme ni homme – cette horreur qui me vient quand je touche et qu'on me touche, surtout quand on s'y attarde, que les bras se mettent à serrer, c'est comme si ça enfonçait dans mon corps de longues épines de rosiers sauvages, ce besoin de crier, puis ce besoin de fuir, monté sur le dos de la jument de la nuit, emporté à toute vitesse au creux de cette forêt noire comme l'a été mazeppa, pour y être cannibalisé tant et aussi longtemps que du corps ne resteront plus que des ossements tout blancs –

je ne fais rien pour arrêter le mouvement, la terre est bien forcée de continuer à tourner puisque ma maison ne passera jamais par ici, trop éloignée dans le temps et l'espace, en fuite inexorable vers les confins, là où l'esprit ne peut pas s'échauffer ni réchauffer – ça ne fait que s'étirer pour devenir une corde si ténue qu'elle vibre, mais sans qu'aucune émotion ne s'y engonce ((((((l'homme vieillissant que je suis a fini de rêver aux contes des mille nuits et une nuit, il se voit plutôt tel que le fut toujours kafka, en jeune garçon craignant que si la passion devait lui venir, elle pourrait être amenée trop soudainement et portée trop près de son visage, de sorte que, par conséquent, il ne pourrait plus rien voir du tout)))))) –

assis sur le dernier tabouret du bar de l'hôtel, calixthe béyala à mes côtés, je commande ce double whisky à la femme du pygmée parti faire des courses; autant le pygmée est bas sur ses pattes, autant sa femme est longue en jambes ((((((a enlevé les caisses de bière renversées derrière le comptoir parce que, sinon, elle ressemblerait à ces figures de carton, montées sur des échasses, qui égayaient jusqu'à hier le festival de théâtre africain – et cette dent en or sur le devant de sa bouche, qu'elle ne cesse pas d'exhiber parce qu'elle a l'humeur rieuse et tient à le laisser voir)))))) – elle fait des blagues à la gabonaise et bien que je n'y comprenne pas grand-chose, je lui souris, ce qui suffit à l'encourager –

calixthe béyala a posé sa main gauche sur ma cuisse, c'est torride comme le soleil africain et ça me réchauffe autant l'estomac que le whisky que je bois :

– J'ai l'impression de vous connaître depuis toujours, que je dis. Et je crois que vous avez vous aussi cette impression. Mais il faut que j'en finisse avec Judith avant que toute autre chose puisse encore survenir. J'ai laissé derrière moi tout ce que j'aime pour ça, ma maison, ma terre, mes jardins, mes bêtes, même ma grande table de pommier.

– Je vous l'ai déjà dit : je ne vous demande rien, sauf d'être à vos côtés maintenant, que dit Calixthe Béyala. C'est déjà trop pour vous ?

n'aurai pas le temps de répondre, et même si je l'avais, je ne saurais pas comment répondre, ni dans quels mots le faire – le pygmée est apparu derrière le comptoir, dit à sa grande femme qu'il a mis les provisions achetées dans la cuisine et qu'elle peut donc y aller les ranger ; sa femme partie, le pygmée replace les caisses de bière renversées derrière le comptoir, monte sur l'une d'elles et dit :

– Ma femme vous a prévenu, j'espère bien. Ce que vous attendiez est enfin arrivé. C'est dans votre chambre, sur la table près de la fenêtre.

me lève aussitôt, calixthe béyala en faisant autant –

– Je vous laisse, qu'elle me dit.

– J'aimerais que vous acceptiez de m'accompagner encore jusque-là, que je dis.

je ne lui lâche pas la main, même quand nous montons l'escalier qui mène à ma chambre ; dès que nous y entrons, je vois l'enveloppe sur la table et m'y dirige, calixthe béyala allant vers le mur le plus éloigné pour y regarder les encadrements qui montrent les rois-nègres d'autrefois, avec leurs femmes, leurs enfants, leurs esclaves et ces tas d'ossements humains devant eux –

ME DIS :

cette enveloppe, je ne devrais pas la prendre dans ma
main, je ne devrais pas l'ouvrir non plus, mais la déchirer
en tout petits morceaux et, par la fenêtre, envoyer tous ces
débris-là se perdre dans le fond de l'air gabonais : sur ce
simple feuillet qui se trouve à l'intérieur de l'enveloppe, je
sais déjà que par-devers judith les nouvelles ne peuvent
pas être bonnes ; elles ne l'ont jamais été jusqu'ici, tout
au cours de ce voyagement qui ne représente qu'un mauvais tour du monde que me joue judith, et peut-être est-
ce déjà décidé pour elle que ce mauvais tour-là du monde
n'aura pas de fin – serait si simple en effet de me débarrasser de cette lettre, de ne plus penser à judith comme je l'ai
fait depuis une quarantaine d'années, et même pas dans
les rêves qui me sont venus et dont j'ai gardé le souvenir
– pourtant, me voilà déjà en train de forcer l'un des coins
de l'enveloppe pour en extirper ce bout de papier ((((((quelques mots d'une écriture en bâtonnets : me suis trompée
de destination, le gabon n'est rien à mes yeux ni aux tiens :
« chahuté, éclaboussé de nuages, comme des ailes énormes de corbeaux, avec tous ces fameux chemins violâtres,
lie de vin qui départage le chaos des blés, où les corbeaux
tombent comme tués à la peine aussi – vite, très vite, je
vais maintenant bousculer vraiment la vie ! a écrit artaud,
et judith ajoutant : je suis déjà dans la vallée de l'omo, aux
confins des territoires du peuple mursi, et je t'y attends ;
pour la dernière fois, je t'y attends)))))) –
   – La vallée de l'Omo, aux confins des territoires du
peuple mursi, ça se trouve où ? que je dis.
   – En Éthiopie, plein sud-ouest, près des frontières
soudanaises, que dit Calixthe Béyala. C'est là que vit la
tribu des Mursis.

279

– Qui sont ces gens ? que je dis.

– De belliqueux guerriers nus et leurs femmes sont typiques à cause des grands plateaux dont elles parent leurs lèvres, ce qui les déforme, que dit Calixthe Béyala.

– Jamais entendu parler d'eux autres, que je dis. J'ai eu autrefois un ami africain : il ne m'a jamais rien dit de la vallée de l'Omo ni du peuple mursi.

– Peu d'étrangers les ont fréquentés vraiment jusqu'à ce jour, que dit Calixthe Béyala. Christian Bader, un explorateur, a écrit un livre là-dessus. Je crois en avoir encore un exemplaire à la librairie. Je vous l'offre s'il peut vous servir à quelque chose.

me suis assis sur le bord du lit, ai pris la bouteille de whisky sur la table et j'en aurais bu tout son contenu si calixthe béyala ne se trouvait pas avec moi dans la chambre : me rendre en éthiopie, je n'en ai vraiment pas envie, et ça ne me passionne pas davantage de faire connaissance avec le peuple mursi et leurs femmes aux lèvres mutilées – ((((((pourquoi judith veut-elle que j'y aille ? – si son état de santé ne lui a pas permis de me rejoindre en grande-bretagne, au laos, dans l'île de pâques et ici même au gabon, pourquoi les choses devraient-elles être différentes dans la vallée de l'omo ?)))))) –

– Je fais venir le livre de la librairie, que dit Calixthe Béyala. Il y a un téléphone public dans le bar.

elle sort de la chambre, n'a même pas le temps de refermer la porte que je prends à nouveau la bouteille de whisky et la porte à mes lèvres ; je ne sais plus si je me trouve autant assoiffé seulement à cause de ce que judith m'a écrit, ou si c'est parce que mon épaule et mon bras gauches, qui m'ont laissé en paix presque toute la journée, se sont remis à me faire souffrir comme ça n'arrive jamais qu'au beau mitan de l'hiver québécois, quand il neige et vente et fait frette à faire éclater les clous à tête anglaise dans les murs de ma maison des trois-pistoles : ça devient alors si lancinant dans tout mon corps que je crois être la victime de l'une de ces leçons d'anatomie qu'on donnait autrefois dans les écoles de médecine : allongé sur une table, pieds et poings liés, et des apprentis-chirurgiens me tailladant, mettant mes nerfs, mes muscles à découvert, tranchant mes organes et déroulant autour de mon corps mes intestins comme si c'était là une longue saucisse à faire mijoter parmi une décoctions d'herbes, ciboulette, livèche, persil espagnol et céleri monté sur pied, et je crie : je ne suis pas un cochon, je ne vous servirai à rien pour la fête nationale du jambon et du lard, laissez-moi tel que je dois me présenter au monde, intact malgré la souffrance irradiant de mon épaule et de mon bras gauches ! –

quand la jument de la nuit me saute dessus alors même que le soleil ne donne encore aucun signal qu'il va sombrer devant libreville dans la mer océane, je ne suis rien de moins que terrorisé, comme quand j'étais enfant, que je me trouvais loin de la maison, au trécarré des terres de mon père, presque nu, en train de cueillir des framboises sauvages dans la grande tinette de fer-blanc tout en évitant de mettre le pied sur un nid de frelons ou d'allonger le bras par inattention vers un essaim de guêpes en train de bâtir maison – et ce temps jusqu'alors clair de tout nœud dans le ciel virait brusquement au noir, les premiers coups de tonnerre se faisaient entendre, puis les grands éclairs, comme des langues d'anaconda, déchiraient les nuages, et la pluie, diluvienne, se mettait à tomber, et je me jetais à terre, et je voyais la foudre tomber sur ce grand tremble pour le carboniser à jamais, ma tinette de framboises renversée, tous les petits fruits qui étaient dedans s'en allant à dos d'eau –

ME DIS :

ne pas céder à la panique comme dans cet autre temps-
là de mon enfance, respirer profond par le nez, me débarrasser de l'attelage qui m'emprisonne l'épaule et le bras
gauches, avaler tout ce qu'il reste encore dans la bouteille
de whisky et faire venir kafka à ma rescousse, quelques
mots, n'importe quels mots, à répéter comme une litanie
pour que la jument de la nuit me débarque de sur le dos :
« On peut dire de ces gens qu'ils sont sortis plus lentement que les autres de la génération précédente ; une fois
resté en arrière, on ne rattrape plus les autres, c'est entendu ; toutefois cela donne au pas isolé une apparence
telle qu'on parierait que ce n'est plus un pas humain, mais
on perdrait ; songez-y donc : le regard d'un cheval courant sur la piste, si on peut retenir l'expression de ses
yeux : le regard d'un cheval sautant l'obstacle révèle certainement à lui seul le caractère extrême, actuel et absolument vrai de la course ; l'unité des tribunes, l'unité du
public vivant, l'unité des environs à telle ou telle saison,
même la dernière valse de l'orchestre et dont on se plaît
encore à la jouer aujourd'hui ; mais que mon cheval se détourne et ne veuille pas sauter ; qu'il refuse l'obstacle ou
s'échappe ou s'emballe à l'intérieur du champ de courses ou
même me jette à bas, naturellement le tableau d'ensemble
a en apparence beaucoup gagné : des vides se creusent dans
le public, les uns courent, les autres tombent, les mains
s'agitent comme secouées par tous les vents possibles, une
pluie de relations fugitives s'abat sur moi, et il est bien
possible que certains spectateurs le sentent et me donnent
leur accord tandis que je gis sur la pelouse » – ((((((je ne
sais pas quelle importance ce texte de kafka peut bien
avoir, je ne sais même pas s'il en a une vraiment, mais c'est

pareil pour les litanies qu'on me faisait réciter quand, enfant, je m'agitais même si c'était là le temps de dormir, ça me calmait, ça ordonnait à mon cœur de cesser de battre la chamade, ça me refroidissait les tempes si chaudes et j'étais enfin de retour dans un gros ventre si maternel, d'une douceur presque infinie, que je finissais par m'endormir, libéré de toute peur, de toute angoisse, de toute perdition))))))) –

ME DIS :

tu gis sur la pelouse, n'oublie plus jamais que tu gis sur la pelouse et que c'est vrai et que c'est frais sous toi, dessus toi, en dedans de toi, même au creux de cette épaule et de ce bras gauches réconciliés avec la souffrance, n'oublie pas : tu gis sur la pelouse, simplement en attente de la rosée dont les gouttelettes vont être comme autant de petits soleils guérisseurs sur ta peau trop rêche, tu gis, confortable, réconforté sur la pelouse grâce aux mots de kafka –
ai fermé les yeux et l'alcool que j'ai bu trop rapidement me fait cogner de longs clous de six pouces, je n'entends pas grincer les pentures de la porte quand elle s'ouvre, je ne sens rien des odeurs de calixthe béyala quand elle s'approche de moi, puis s'assoit sur le bord du lit ; c'est quand elle pose la main sur mon front que je reprends conscience, rouvre les yeux, me redresse :
– Je gisais sur la pelouse, que je dis. Je n'ai plus mal, du moins ai-je oublié que j'avais mal.
– J'ai mis plus de temps à recevoir de la librairie l'ouvrage que je voulais qu'on m'apporte, que dit Calixthe Béyala. Si vous prenez l'avion demain pour Addis-Abéba, vous aurez tout loisir d'en prendre connaissance.

je regarde la couverture de l'ouvrage : deux guerriers nus, à la mine patibulaire, tout leur corps matachié ou tatoué, de gros nez épatés, des lèvres épaisses, de longs anneaux dans les oreilles, l'un avec une grande plume d'oiseau sauvage sous le bandeau qui lui ceinture la tête sans cheveux et l'autre portant sur le côté droit de son crâne ce qui semble être une perruque, peut-être même un scalp, d'un roux si flamboyant que ça doit être teint – pas moyen de voir vraiment les yeux, trop maquillés, sauf pour cette petite flamme qui en sort et se communique aux menaçantes lances que tiennent les guerriers à bout de bras ; sur la photo, pas de femmes à la bouche déformée par les énormes plateaux dont elles se servent pour se donner des lèvres de monstresses –

– Une image pareille, ça ne vous incite guère à visiter la vallée de l'Omo, que je dis, en mettant le livre de Bader à côté de moi dans le lit. Je vais laisser tomber, je crois bien. De toute façon, je suis déjà certain que même pour tout l'or du monde, Judith ne mettrait jamais les pieds au milieu d'une jungle pareille. C'est manifestement un piège qu'elle me tend encore. Elle souhaite peut-être que je meure là-bas, dans un monde si étranger que ça doit ressembler à l'enfer.

– Il ne faut donc pas y aller, que dit Calixthe Béyala. Les mauvais pressentiments sont des signes qui ne trompent que rarement.

– Faut tout de même que je sache, que je dis. Ça me paraît évident que j'en suis désormais à la dernière étape. Je ne peux donc pas y échapper : le côté qui est entêté en moi me le reprocherait à jamais.

– Comparé à l'Éthiopie, le Gabon peut être considéré comme un paradis, que dit Calixthe Béyala.

– J'en suis certain, que je dis. Mais il semble que ce soit là-bas qu'est venue au monde l'humanité. Plutôt que d'y trouver la mort, je naîtrai peut-être une nouvelle fois. L'homme vieillissant y trouvera peut-être son fond de penouil.

– Fond de penouil ? que dit Calixthe Béyala.

– C'est une expression qui me vient de ma grand-mère : on trouve son fond de penouil quand on atteint à la sérénité, que je dis.

vient pour se lever, calixthe béyala, mais je mets ma main gauche sur la sienne :

– J'ai une faveur à vous demander, que je dis. Accepteriez-vous de passer la nuit à côté de moi, juste avec ma main dans la vôtre, sans plus ? Je n'ai jamais fait une telle demande à personne, même pas à Judith. Mais ce soir, mon corps a besoin d'être conforté. Sinon, la jument de la nuit risque de m'emmener si loin que par comparaison, l'Éthiopie ce n'est rien de plus que la porte d'à côté.

– Il y a des années déjà que je dors seule, que dit Calixthe Béyala. Je ne sais pas si je pourrai.

– Je ne sais pas moi non plus, que je dis. Mais qu'importe que ça dure ou non ? Vous ne m'en voudrez pas et moi non plus. La beauté toute nue, ce n'est jamais une étendue, mais une profondeur. Une minute ou bien toute une année, ça n'a rien à voir avec le temps.

elle s'est allongée à mon côté, si près que c'est comme si tout le soleil d'afrique, par faisceaux de grande luminosité, me perçait la peau, les nerfs et les muscles – peut-être ai-je simplement rêvé que j'ai eu la poliomyélite, peut-être mon épaule et mon bras gauches n'ont-ils jamais eu recours à l'attelage gansé de cuir, peut-être ne suis-je encore qu'un tout jeune homme, aussi radieux que le paraît tout jeune homme quand il lui suffit de mordre dans la vie pour qu'en gicle joyeusement tout le blanc-mange dont elle est pleine ? –

– Merci, que je dis en fermant les yeux. Mille fois et une fois merci.

ce silence – jusqu'à ce que tout à coup on voit arriver au grand galop, avec la vitesse du vertige, le dernier soleil, le premier homme, le cheval noir avec un homme nu, absolument nu et vierge sur lui et

ME DIS :))))))

6

(((((ME DISAIS :

où suis-je donc, je n'entends que ce bruit que font les feuilles des trembles parce que le vent joue dedans, et parfois des crissements de pneus, ou une sirène d'ambulance, ça commence au loin, ça s'enfle et ça devient si strident que j'ai l'impression que c'est collé à mes oreilles – puis tout redevient silencieux et je n'ai plus dans la tête que cette image d'un œil monstrueux et plein de feu qui voudrait se jeter sur moi pour me rendre incandescent, et c'est pareil à un nuage sur quoi je me trouve, ou peut-être suis-je prisonnier au fond de cet avion qui a perdu le nord et pique droit vers la terre, vitesse folle, au travers de ces glaçons qui me perforent la peau, ou des lames de rasoir qu'on fait pénétrer loin sous le derme – mal au cœur, mal à la tête, mon ventre dur comme la pierre, aucun tunnel nulle part, que de l'affolement presque obscène : vite, sortir la langue pour qu'on vienne à mon secours, ouvrir les yeux pour que débarque de sur mon dos la jument de la nuit –

je ne peux pas ouvrir les yeux, mes paupières sont comme collées dessus, le feu dans mes neurones et mes synapses ne se rend plus jusque-là, quelques flammèches et ça s'éteint aussitôt et je tombe sans savoir c'est vers où, une vis sans fin qui s'enfonce profond dans la douleur : une fois, ça donne une chambre proprette, mais d'un tain de baume ou d'arôme qu'aucun bénédictin ne pourrait retrouver pour amener à point ses alcools de santé ; une autre fois, ça ressemble à une simple meule par un énorme soleil écrasée – où, où suis-je donc, répondez-moi quelqu'un ! –

ma bouche ne bouge pas, ma lèvre inférieure est elle aussi comme collée sur la lèvre supérieure, les muscles de ma mâchoire sont contractés, pris en gelée royale d'aspic, et mes bras, et mes jambes ; je ne sens rien dedans, ils ne pèsent même pas leurs poids de plumes : qui m'a ainsi encercueillé, dans cette caisse de bois de tremble qui sent le pourri, la terre noire des savanes, le varech rejeté par la mer, je pue tellement, purulent corps qui a implosé dans la nuit, mais quelle nuit, depuis quand la nuit, depuis quand cette nausée de la nuit ? –

un linge chaud a été mis sur mon visage, un semblant de voix jusqu'à mes oreilles, qui arrive enfin :

– Je suis là, que dit le semblant de voix. Le linge chaud va faire son effet, gardons ça calme, vous n'êtes pas mort puisque ça s'entend.

mes mâchoires se décontractent, les paupières se décollent de mes yeux ; quand on enlève le linge chaud de mon visage, les nerfs et les muscles obéissent enfin au désir brûlant que j'ai de penser à l'endroit et non plus à l'envers – je voudrais parler fort, je voudrais parler longtemps, mais ce doigt chaud se pose sur ma bouche et lentement les yeux s'ouvrent, œils de bœuf, petites lucarnes, soupiraux laissant passer peu de lumière, juste ce qu'il faut pour que je me rende compte que je suis dans une chambre d'hôpital, qu'une fenêtre est ouverte et donne sur ce gros tremble dont les feuilles bruissent – une sirène d'ambulance encore, je dois être juste au-dessus des grandes portes de l'urgence, et c'est par là que j'ai dû entrer moi-même, me semble me souvenir que mon frère aîné conduisait la vieille ford vert bouteille de mon père, que ça s'est arrêté brusquement en chemin parce qu'un enjoliveur de roue s'est détaché de la jante et que ça aurait été mal vu de le laisser rouler indéfiniment le long du trottoir – puis, plus rien, même pas de noir, même pas de blanc, aucune couleur – puis, une éternité plus tard, ce gros œil qui descendait d'un plafond jusqu'à mon corps, qui faisait éclater mes yeux en tout petits fragments : ça jaillissait des orbites et ça se consumait à quelques pieds de mon corps allongé sans doute sur une civière – puis, plus rien encore, aucune couleur, même pas de blanc, même pas de noir –

– Vous êtes atteint par la poliomyélite, que dit la voix qui n'a plus rien d'un semblant, mais ressemble à celle de l'orignal quand il brame. Treize jours, vous avez été dans le coma, mais vous en êtes sorti désormais. Ici où vous êtes, c'est le pavillon des contagieux de l'Hôpital Pasteur. Vous serez bien traité et quand vous en sortirez, ce sera sur vos deux jambes. Avec un peu de chance, vous devriez pouvoir vous servir à nouveau de votre bras gauche.

mon bras gauche, il est arrivé quoi à mon bras gauche ? – je mets trop de temps à le demander et le médecin m'a déjà abandonné quand les mots me viennent enfin – bras gauche maudit, qui pend du lit comme une guenille gelée, je le tâte de ma main droite, une horreur c'est, un coude sans tendons, un biceps en allé, plus d'attache à l'épaule, la moitié gauche de mon corps a mis treize jours et treize nuits de coma pour fondre comme un carré de sucre dans un verre de lait chaud – j'essaie de ramener mon bras vers le reste de mon corps, ça bouge à peine, un vieux pendule d'horloge déglinguée qui a besoin de ma main droite pour faire corps à nouveau, mais c'est si douloureux que mon front s'enperle aussitôt, mais c'est si roide que je dois mettre toute ma force dans la main droite, sinon ça resterait à jamais immobile sur le drap blanc – bougent les doigts de ma main gauche, je voudrais avoir l'un de mes stylos feutre, le mettre entre le pouce et l'index, tracer quelques mots sur du papier : si je peux encore écrire, ça ne sera pas vraiment la fin du monde, dès que je pourrai sortir d'ici, je m'en irai aux trois-pistoles : avec mon frère aîné, j'ouvrirai ce café-librairie devant le fleuve, au bout de la grève des seigneurs rioux, et tout en servant les quelques clients qui viendront nous rendre visite, nous étudierons à fond la philosophie allemande, et kafka et artaud et hugo et kerouac et malcolm lowry, nous écrirons et publierons de violents manifestes pour promouvoir l'indépendance du québec : nous inviterons pierre bourgault, raoul roy, madeleine parent et michel chartrand, nous serons le noyau dur de la révolution sociale, laïque et culturelle, nous allumerons un énorme feu de la saint-jean qui sera visible même aussi loin que sur la côte nord, là où s'escouent les mains vertes et patriotes de la terre-kebek – infirme, ça ne me fera rien de me trouver là-bas, je ne serai pas le seul de mon état, tout l'arrière-pays en étant peuplé, des oligophrènes, des têtes d'eau abandonnées par le pouvoir, des orphelins élevés dans des pensionnats par des frères qu'obsède l'obscénité, des analphabètes qui aimeraient lire et écrire, mais dont personne ne s'occupe, du bois mort que disent les fonctionnaires, à laisser pourrir sur place parce que, au moins, serviront-ils d'engrais pour les arbres qu'on fera pousser sur des terres de roches âprement défrichées –

– Je vais rester ici combien de temps ? que je demande à l'infirmière en train de prendre mes signes vitaux.

– Un mois, peut-être deux si tout va bien, que dit l'infirmière.

– Je ne peux pas rester aussi longtemps, que je dis.

– Quelques semaines, c'est vite passé, que dit l'infirmière. Sinon, votre colonne vertébrale pourrait en souffrir et devenir aussi sinueuse qu'un *S*.

je remarque enfin que je suis couché sur un simple panneau de bois, qu'un autre panneau fait angle droit avec le premier au bout de mon lit, que mes pieds sont collés dessus et que tout comme mes jambes, ils ne peuvent pas bouger, des sacs de sable les tenant fermement emprisonnés ; je remarque aussi que la taie d'oreiller sur laquelle ma tête repose est mince comme une feuille de papier bible et ça me terrorise parce que ça prouve qu'on me considère comme une espèce de légume auquel on interdit tout mouvement :

– Laissez-moi au moins m'asseoir dans mon lit, que je dis en forçant de ma main droite pour me redresser.

– Pas question, que dit l'infirmière. Vous seriez vite atteint par la scoliose et vous ne pourriez plus marcher jamais. Tant que les médecins le jugeront nécessaire, vous devrez rester allongé. Même pour boire ou manger, vous devrez rester allongé. Quand vous voudrez changer de position, comme pour dormir sur le ventre, une ergothérapeute s'occupera de vous. Considérez ça comme une sorte de règlement. Si on vous surprenait à ne pas l'observer, nous serions forcés de vous attacher, et ça je ne vous le souhaite vraiment pas.

me tapote l'épaule et le bras gauches, puis s'en va, l'infirmière – je voudrais pleurer, mais je suis fait comme ma mère, je n'ai pas appris à le faire, il n'y a jamais eu de larmes qui ont coulé de mes yeux : vous me faites tant de peine que je braillerais tout le reste de ma vie, que disait ma mère, c'est plein d'eau dans mon cœur et pourtant ça ne veut pas sortir, peut-être que ça inonderait toute la maison et que ça nous noierait tous, chacun dans sa chacune – (((((sauf que moi, je n'ai pas de larmes à retenir, ni dans le cœur ni ailleurs dans mon corps : les microbes et les virus ont tout pris, comme un vieux morceau de cuir si patiné que l'eau ne passe plus au travers))))) – quelqu'un d'autre se lamente dans la chambre, je tourne la tête d'un côté, puis de l'autre : sur le bord de son lit est assis un vieil homme, qui fait bouger sa jambe droite, ou plutôt le moignon qui lui en reste parce que ça a été amputé à la hauteur de la cuisse – ce moignon nu, mal cicatrisé, un morceau de viande avariée, comment se fait-il qu'on l'ait mis dans cette chambre, tout au fond du pavillon des contagieux ? – (((((pas de lit disponible ailleurs sans doute))))) ; près de cette autre couchette, un garçon d'une quinzaine d'années a pris place dans un fauteuil roulant, il essaie de le faire rouler, mais ses bras et ses jambes sont pareils à des allumettes, peu secourables – et se lamente toujours celui que j'essaie de voir – cet angle mort, je n'aperçois dans le peu de mon champ de vision qu'une tête aux cheveux roux coupés en brosse, et parfois un œil quand la tête bouge, un gros œil de veau affolé qui beugle à l'éperdu, qui beugle parce que c'est terrorisé à mort et que c'est inconsolable quand c'est terrorisé à mort à un point tel, sans mesure aucune –

– T'en fais pas, que me dit le vieil homme assis sur le bord de son lit et qui ne cesse pas de faire bouger le moignon de sa jambe droite. Ça ira. Le pire, c'est quand les jambes sont atteintes, c'est dépiauté jusqu'à l'os et c'est raide comme des barres de fer. C'est parce que ça le fait souffrir que le garçon chiale, il sait déjà que ses nerfs et ses muscles ne guériront pas. Toi, t'as des jambes d'haltérophile, de fichus mollets comme on n'en voit peu souvent. Quand bien même il manquerait dedans un peu de nerfs et de muscles, ça ne t'empêchera pas de marcher encore, ni de courir peut-être aussi. T'es sûrement né sous une bonne étoile : rends-en grâce au Seigneur.

un virus se jette sur toi, mange ta chair pour ainsi dire jusqu'à la mouelle, et il faudrait que tu en rendes malgré tout grâce au seigneur ! – je hais tout ce qui se fait passer pour de la religion, je hais tout ce qu'il y a d'irrationnel, de naïf et d'invraisemblable dans les croyances : dieu est mort depuis longtemps, depuis que nietzsche l'a parfaitement assassiné dans *l'antéchrist*, je déteste l'omniprésence des églises, leur arriérisme, elles sont les serre-freins du progrès, elles sont les maréchal pétain de toutes les grandes puissances, elle se sont enrichies sur le dos des peuples qu'elles ont contribué à garder dans la misère noire, elles ont toujours travaillé en sous-main pour que les révolutions soient des échecs : restez pauvres et humbles de cœur, peu importe si les lions vous dévorent, ou que dans les usines les machines vous broient une jambe, ou que vous ayez plus d'enfants que vous ne pouvez en nourrir, ou que vous soyez illettrés, analphabètes et incapables même de compter sur vos doigts : dieu, ses archanges, ses anges et ses saints vous attendent loin au-dessus des nuages pour une éternité de félicité – mon trou du cul, oui, que la constipation a cimenté comme une porte de prison ! –

une infirmière est arrivée avec un préposé aux malades, ils me virent le corps sur le ventre, retroussent ma jaquette jusqu'aux reins, installent une bassine entre mes jambes, m'introduisent dans l'anus un long tuyau qui se termine par une énorme poire, puis pèsent à quatre mains dessus ; je sens ce liquide qui s'attaque aux étrons solidifiés dans mes intestins, c'est comme des dizaines de foreuses à pointes de diamant le long des galeries de mon ventre ; plus ça s'enfonce et plus ça fait mal, comme si les morceaux d'étrons, plutôt que de descendre vers l'anus, remontaient jusqu'à mon estomac – je serre les dents pour ne pas hurler, mais je ne pourrai pas tenir longtemps encore et ma bouche s'ouvre et les mots que je crie sont ces étrons dont j'étais plein, qui puent le purin de cochon, et ma face va se vautrer longtemps dedans avant que le préposé aux malades nettoie le pigras que ça a fait ! –

– Après treize jours de fièvre et de coma, ça se bloque dans les intestins et il faut faire fondre la matière dure, que dit l'infirmière. Vous sentez-vous mieux maintenant ?

me fait un clin d'œil, me tapote le bas du dos :

– Vous avez de belles jambes et de belles fesses, qu'elle dit.

on me retourne sur le dos, puis l'infirmière, qui voit mon sexuel avant que le préposé ne rabaisse la jaquette jusqu'à mes genoux, ajoute :

– Votre sexuel est pas mal aussi. Ne craignez pas pour lui : il saura bien se tendre comme avant, et peut-être même davantage qu'avant. La polio est souvent un excitant pour le sexuel. Mais ne vous masturbez pas trop vite : ça serait mauvais pour votre corps de trop l'échauffer.

elle rit de moi, c'est certain, et je veux bien rire d'elle à mon tour :

– Revenez me voir ce soir, que je dis. Je suis gaucher et je ne peux plus me masturber. Votre main me paraît tout à fait appropriée pour que se mousse mon créateur.

– C'est bien, l'humour, que dit l'infirmière. Il y a plein d'espoir dans l'humour.

l'infirmière et le préposé aux malades n'ont pas aussitôt quitté la chambre que ma main droite se rend jusqu'à mon sexuel et le caresse : ça grossit, ça s'enfle, on dirait que tout ce qu'il me reste de corps se réfugie dans mon sexuel, ça fait un obélisque sous le drap et, par-dessus, une pyramide s'est formée, si haute que j'en suis gêné, et d'autant plus qu'une bonne sœur s'approche de moi : ce gros chapelet et ce crucifix de cuivre qui pend au bout, cette cornette et ce visage peu ragoûtant à cause des verrues d'où sortent des poils follettes, au nombre de trois comme la sainte trinité, qui poussent sur ses joues et son menton –

– Nous vous offrons ici tous les secours de la religion, que dit la bonne sœur. Si vous voulez vous confesser, demandez-le à une infirmière qui fera venir l'aumônier. Si vous voulez communier, l'aumônier viendra aussi.

– Je suis agnostique, incroyant, mécréant et renégat, que je dis. Votre religion de trou du culte, vous pouvez bien vous la mettre là où je pense !

se signe la bonne sœur qui me tourne aussitôt le dos pour montrer à quelqu'un d'autre son crucifix de cuivre, sans doute au garçon à cheveux roux, bras et jambes maigres comme des allumettes ; il est plus fin que moi avec la bonne sœur, ce *notre-père-qui-êtes-aux-cieux* et ce *je-vous-salue-marie-pleine-de-grâce*, ça me tombe sur le gros nerf ; je colle mon oreille droite contre le mince oreiller et je mets ma main droite sur la gauche – je n'entends plus, j'essaie de faire de l'ordre dans ma tête, cette impression d'avoir oublié quelque chose entre le boulevard pie-le-neuvième et l'hôpital pasteur, ça n'a rien à voir avec le coma dans lequel j'ai sombré : quand la mémoire ne garde rien de ce qui a été vécu, le réel n'a pas de sens, l'irréel non plus et la surréalité encore moins, puisqu'aucun rêve ne les habite ; de la lumière noire, les images ne peuvent pas s'en gorger – (((((pourtant, j'ai oublié quelque chose à laquelle je tiens par-dessus tout, mais quoi donc et où c'est donc))))) ? –

la préposée frappe d'une cuiller la couchette de fer ; je tourne la tête vers elle, qui tient un plateau :

– C'est le temps de manger, qu'elle dit.

j'essaie de me redresser dans mon lit, mais la préposée me met aussitôt la main sur l'épaule droite :

– Même pour manger, faut que tu restes couché, qu'elle dit. Pour la soupe, tu peux la boire avec une paille. Si t'es incapable de te servir de la fourchette et de la cuiller, c'est moi qui te ferai manger. Mais commençons par installer la bavette.

– Je ne veux pas de bavette, que je dis.

– Ne chiale pas pour rien : sans bavette, tu vas te salir et souiller aussi ton lit. Les infirmiers n'aiment pas beaucoup s'occuper de ces dégâts-là. Tu risques donc de rester pas mal de temps dans ton pigras.

laisser la ficelle de la bavette me passer sous le cou pour qu'on puisse l'attacher par devant (((((quand je rendais visite à mon parrain, nous ne prenions pas de repas sans porter de bavette ; elles étaient roses, parsemées de petits canards jaunes : mon parrain mettait d'abord la sienne, puis mes deux cousins faisaient comme lui même s'ils étaient déjà dans la vingtaine, l'aîné étant comptable et le cadet professeur ; moi, j'avais peut-être quinze ans et mon parrain aurait considéré ça comme une insulte si j'avais refusé de porter la fameuse bavette rose parsemée de petits canards jaunes – heureusement que mes cousins avaient cessé, à dix-huit ans, de jouer avec des camions dans le carré de sable derrière la maison, car j'aurais été obligé de m'y mettre aussi !))))) –

bu ma soupe avec la paille, failli m'étouffer plusieurs fois, parce que j'aspirais en sarfe et que ce n'est pas évident d'avaler quand la tête fait longitude avec le corps ; mais c'est mille fois pire avec une fourchette, surtout quand, comme moi, tu n'en as jamais tenu une de la main droite, que tu dois y aller à l'aveugle pour piquer les petits morceaux de viande dans une assiette, les carottes en rondelles ou la patate pilée – quand tu y arrives enfin, amener le chargement jusqu'à la bouche, c'est loin d'être une sinécure si tu veux qu'il en reste un petit quelque chose une fois le trajet terminé –

– Je peux t'aider, que dit la préposée. Tu mangerais chaud au moins.

je n'écoute pas ce qu'elle me dit, je m'obstine, je trouve que je suis déjà assez humilié comme ça, je pense à artaud quand il était prisonnier à rodez, « en train d'écrire cette armée de microbes, de balayures tombées du travail de constitution des choses et à qui on n'a pas encore trouvé sa place et qui s'est révolté dans le hasard et dans l'enfer, mais cela ne se dit pas, mais cela se frappe jusqu'au néant, lequel a voulu être » – je souris, tout croche sans doute, puisque les nerfs et les muscles du côté gauche de ma bouche ne suivent pas la parade, ça s'est sans doute atrophié comme les nerfs et les muscles de l'épaule et du bras – je voudrais demander un stylo feutre bleu et quelques feuilles de papier parce que je veux savoir si je pourrai écrire encore de la main gauche ; sinon, ça serait là tout mon désastre – mais on refuse de me donner stylo et papier, je dois me reposer, je dois dormir même si je n'ai fait que ça depuis treize jours et treize nuits :

– Laissez-moi au moins téléphoner à Judith, que je dis à la préposée qui me libère de ma bavette rose parsemée de petits canards jaunes.

– Pas de téléphone dans les chambres, qu'elle dit. Donne-moi le numéro de Judith, le message que tu veux lui faire et je vais l'appeler du poste de garde.

je n'ai pas de message pour judith, je voudrais simplement entendre sa voix : au travers de ses mots, je verrais ses grands yeux violets et je ne sentirais plus la douleur

dans mon épaule et mon bras gauches, je pourrais me redresser dans mon lit, me mettre debout, puis prendre la
fuite : des nerfs et des muscles abîmés, ça doit bien se re-
constituer par la seule puissance de la volonté : quand mon
frère machine gun a eu ce grave accident de voiture, il a
porté un plâtre des pieds jusqu'à ses dessous de bras, six
longs mois que ça a duré, mais les nerfs, les muscles et les
os s'étaient refaits quand on l'a débarrassé de son plâtre,
c'est à peine si machine gun boitille lorsqu'il est fatigué à
mort parce qu'il a couru trop longtemps la galipotte avec
les danseuses du café du nord ou du belhumeur – (((((ces
interminables séances de trous du cul à vif dans ce chalet
de l'île-aux-fesses aux confins de morial-mort, de la bière
jusqu'aux genoux))))) –

si je pense trop à machine gun, c'est toute ma famille
qui va finir par y passer, et ces images-là je n'en veux pas :
famille, je t'aguis tellement, à te charcuter avec un gros
couteau aux odeurs de boucherie, à mettre les morceaux
dans des sacs verts en bordure de trottoir pour que m'en
débarrasse à jamais le camion à vidanges, vers le dépotoir
ces sales carcasses à goélands ! –

ME DISAIS :

ne pense plus à la famille, ne songe même pas à judith, essaie plutôt de te souvenir de ce que tu as oublié
quand du boulevard pie-le-neuvième on t'a emmené à
l'hôpital pasteur, quelque chose d'horrifiant c'est assurément – ai fermé les yeux pour mieux me concentrer, mais
c'est aussi pour ne pas voir cette infirmière qui m'a enlevé
ma jaquette, me masse la poitrine, le ventre et les cuisses,

puis me tourne de bord pour faire pareil avec mon dos et mes fesses : c'est comme si judith me caressait, c'est comme si ma mère me touchait pour la première fois, même les cellules mortes de mon corps en deviennent incandescentes – et mon sexuel se dresse et le bout de mon sexuel se lubrifie et je ne voudrais pas que l'infirmière me voie en pareil état, gros verrat monté, avec tout ce feu dans les testicules –

– Tu ne peux pas dormir sur le ventre, que dit l'infirmière. Faut absolument que ton dos colle au panneau de bois pour que ça ne se mette pas à dévier n'importe comment.

je voudrais bien résister aux efforts que fait l'infirmière pour que mon corps vire de bord, mais je n'ai plus d'énergie que dans mon sexuel ; quand l'infirmière le voit aussi vindicatif, elle me fait un clin d'œil :

– Toujours un homme et plutôt bien greyé. C'est ce que moi j'appelle de la bonne nouvelle.

de la main droite, elle tire mon bras gauche vers cette pyramide que fait mon sexuel sous le drap, puis je mets les mains dessus pour que ça se cante, mais c'est monté si dur que mes testicules prennent feu dès que j'essaie de coucher mon sexuel sur mon ventre –

– Le roi Priape est parmi nous, que dit l'infirmière. Peut-être qu'un peu de lecture le soulagerait là où le ventre perd son nom ?

le livre de kafka que j'avais avec moi quand mon corps a implosé sur le boulevard pie-le-neuvième, le coma me l'a fait oublier :

– Il est tombé par terre quand t'es sorti du coma, que dit l'infirmière. Ici, si quelque chose tombe par terre, faut qu'on lui fasse passer quarante-huit heures à la décontamination. Prends-en note pour l'avenir.

elle jette un coup d'œil là où mes mains enveloppent la pyramide que fait mon sexuel sous le drap, et ajoute :

– T'as un petit paquet de kleenex sur la table à côté de ton lit. Si le besoin de te masturber devient irrépressible, utilise-les. Tu dormiras sous un drap propre, parce qu'on n'en change qu'une fois par jour après le repas du matin.

un gros ouvrage c'est que celui de franz kafka, pas facile à tenir ouvert d'une seule main quand on est couché sur un panneau de bois, avec une feuille de papier bible en guise d'oreiller ; mais je m'entête pour que mon sexuel débande et qu'enfin tranquillisé il se terre dans mes poils d'humanité – au hasard de cette page qui est comme venue d'elle-même au travers de mes yeux, ces mots : « Tout de même, ce n'est déjà pas si mal d'être couché un instant sur le sein d'un tas de gerbes et de s'y cacher la figure » (((((au contraire de son ami max brod, kafka n'a pas ce droit-là, il travaille comme fonctionnaire, on vient de lui refuser une augmentation et il ne se porte pas assez bien pour fuir à la campagne : « J'ai eu des douleurs rhumatismales dans le dos, puis elles me sont tombées dans les reins, puis dans les jambes, après quoi au lieu de tomber dans la terre comme on pourrait croire, elles me sont remontées dans les bras ; puis ce sont de gros clous aux fesses qui me forcent à me faire soigner : j'ai été frustré de la joie de crier contre le médecin par une brève syncope qui m'a forcé de m'étendre sur le canapé et pendant laquelle – chose étrange – je me sentais tellement dans la peau d'une fille que je m'efforçais de rajuster ma jupe avec mes doigts » – ces clous aux fesses mettent tant de temps à guérir qu'une des jambes de kafka finit par lui poser problème : « C'est pas très beau à voir, le pied surtout est très enflé », écrit-il, angoissé parce que son médecin lui apprend qu'il pourrait bien souffrir de la tuberculose et qu'un séjour au sanatorium de jungborn s'impose : « Mon mal principal consiste à trop manger, dit kafka à max brod : je me bourre comme une saucisse, je me roule dans l'herbe et je gonfle au soleil ; j'ai la sotte idée de vouloir grossir pour me soigner en général à partir de là, comme si le deuxième point ou même seulement le premier était possible ; et le bon résultat du sanatorium se montre en ceci qu'avec tous ces excès je ne m'abîme pas vraiment l'estomac, il devient simplement stupide » –

à cause de la fatigue de mes bras, je n'arrive plus à tenir l'ouvrage de kafka au-dessus de ma tête ; je le laisse tomber sur ma poitrine et mets aussitôt la main droite dessus pour qu'il ne glisse pas hors du lit, ce qui signifierait que je le perdrais pour les prochaines quarante-huit heures parce qu'on me l'enlèverait pour le décontaminer))))) –

ME DISAIS :

je sais par cœur beaucoup de passages du livre de kafka, mais je n'en ai pas retenu un seul qui soit en rapport, même de loin, avec cette maladie qui le faisait tant souffrir et qui l'a emporté alors qu'il était dans la jeune quarantaine (((((j'imagine que c'est ce qui l'a fait mourir étant donné que j'ignore presque tout de sa biographie, sauf le fait qu'il détestait son père et que sa mère ne cessait pas de le sermonner afin qu'il se rapproche de son géniteur – si je n'étais pas malade moi-même, sans doute aurais-je fait comme avant, sans doute aurais-je lu sans lire vraiment les pages que kafka consacre au sanatorium : n'être pas malade soi-même et s'intéresser aux maladies des autres, c'est transgresser un tabou, c'est attirer vers soi ce qui fait mal, une perte sans limites – l'infirmité))))) –

on ne pense jamais longtemps quand on se trouve à l'hôpital, cloué sur un panneau de bois, une feuille de papier bible en guise d'oreiller et des sacs de sable sur les jambes : il y a toujours quelqu'un qui doit s'en prendre à votre corps selon la règle qui veut que c'est en souffrant le plus possible qu'on arrive à la guérison – là, je vais avoir affaire à l'ergothérapeute, une berlinoise qui a fui l'allemagne nazie, mais qui pourrait bien être l'espionne en chef du fürher : de grands yeux bleu acier, des cheveux blonds comme les blés, un corps d'athlète qui pourrait faire deux fois de suite le marathon de boston sans se fatiguer ; quand elle te met la main dessus, vaut mieux ne pas résister parce que ses grands yeux bleu acier disent bien que l'ergothérapeute allemande est prête à tout pour te supplicier : quand elle enlève les sacs de sable sur tes jambes et le panneau contre lequel reposent tes pieds, quand elle tire ton corps à moitié hors du lit, serre les dents si tu ne veux pas que tes cris de terreur soient entendus dans tout l'hôpital – l'ergothérapeute s'assoit à califourchon sur tes jambes et pèse dessus de toutes ses forces pour que les nerfs et les muscles atrophiés retrouvent un peu de leur élasticité – comme des décharges électriques qui essaiment de tes jambes au travers de tout ton corps et font de toi un légume qui ne prend presque plus de place sur le panneau de bois tellement la douleur l'a condensé en un petit tas de sueurs froides –

ma chance aujourd'hui, c'est que l'ergothérapeute allemande n'en veut qu'à mon épaule et à mon bras gauches : elle ne s'assoira pas à califourchon dessus, se contentant de forcer mon bras pour qu'il se dresse et puisse être porté jusqu'au-dessus de ma tête : ça fait mal, comme si on t'arrachait tes nerfs et tes muscles, mais ça s'endure mieux que quand il s'agit des jambes, les décharges électriques sont moins fortes et plus espacées – après une demi-heure d'un pareil traitement, je suis prêt à subir la punition des pansements kenny : dans une grande chaudière, on fait chauffer d'épaisses pièces de laine qu'on retire à l'aide d'une pince et qu'on te met sur le corps, là où t'a atteint le virus de la poliomyélite ; sous les pièces de laine chaudes, on dirait bien que la peau est en train de brûler, de se desquamer pour faire fondre le peu de nerfs et de muscles qui recouvrent les os – malgré moi, les larmes me viennent aux yeux, mais je les retiens : pas question que l'ergo-thérapeute ait raison de ma volonté, je suis du bord d'artaud qui disait : « Le monde des démons est absent, il ne rejoindra jamais l'évidence ; le meilleur moyen de s'en guérir et de le détruire est d'achever de construire la réa-lité ; car la réalité n'est pas achevée, elle n'est pas encore construite ; de son achèvement dépendra dans le monde de la vie éternelle le retour d'une éternelle santé » –

m'assoupir, ne plus penser à mon épaule et à mon bras qui me font mal comme s'ils avaient grillé sous le soleil, m'imaginer en jeune homme costaud qui s'exerce au patinage de vitesse, à la boxe, au hockey et au football, qui va danser le samedi soir au centre paul-sauvé et qui reconduit chez elles les jeunes filles, jusqu'à saint-léonard-de-port-maurice, jusqu'à ville-d'anjou, jusqu'aux confins de la rivière des pourris, puis qui doit traverser presque toute la ville à pied parce qu'il n'y a plus d'autobus en cir-culation et que je n'ai plus les moyens de me payer le taxi – ne pas céder à la tentation de faire du pouce, trop risqué c'est au petites heures du matin, tous ces fifs saouls qui sortent des grills et sillonnent les rues en quête d'une proie :

masturbe-moi, suce-moi, laisse-moi voir ton joli petit trou du cul, laisse-moi te mettre un doigt dedans ! –

pas moyen d'être tranquille bien longtemps quand on est à l'hôpital, même pas le soir : c'est l'heure des visites et la préposée me dit que mes parents sont là, que je n'ai qu'à dresser un peu la tête pour les voir : je jette un coup d'œil vers la porte dans laquelle on a percé un hublot et c'est au travers de la vitre que mes parents me regardent (((((ils n'ont pas le droit d'entrer, car je pourrais encore être contagieux, le virus de la poliomyélite mettant parfois du temps avant de s'éteindre complètement en soi – c'est ma mère qui, la première, s'est montrée derrière le hublot ; elle a juste hoché la tête avant de laisser la place à mon père : il a esquissé un sourire, puis m'a salué de la main avant de disparaître – moi, je n'ai pas bougé, j'ai fait comme si je ne les avais pas vus, j'aurais voulu avoir un fusil et tirer férocement vers le hublot))))) – ont laissé pour moi une radio au poste de garde, une petite boîte en plastique vert bouteille comme la vieille voiture de mon père – comme s'ils ne savaient pas que je n'écoute jamais la radio ! – quand on va me l'apporter après quarante-huit heures de décontamination, je la donnerai au garçon à cheveux roux qui a tout le corps pris dans un seul morceau et comme recouvert de ciment – incapable de faire le moindre mouvement –

j'ai beau insister auprès des infirmières et des préposés, personne ne veut me dire combien de temps je devrai passer à l'hôpital, ni même quand j'aurai le simple droit de m'asseoir enfin dans mon lit – c'est le vieil homme à la jambe amputée qui m'en informe finalement :

– Tu ne pourras pas t'asseoir tant que tu ne toucheras pas tes genoux avec ta tête, qu'il dit en caressant le moignon de sa jambe.

ça ne devrait pas être bien difficile à réaliser : j'ai toujours eu beaucoup de souplesse ; de mon pied, je frappais le haut des cadres de porte sans trop me fatiguer ; et je pouvais croiser mes deux jambes derrière la tête, sans trop me fatiguer aussi ; et comme mon grand-père antoine, je faisais le poirier fourchu dans le sable de la grève de fatima – (((((mais si je mets ma volonté à l'épreuve dès maintenant, les préposés, les infirmières et les médecins vont sans doute me sonner les cloches et, avec de larges ganses de cuir, m'attacher sur mon lit pour que je ne puisse même pas lever le petit doigt – je vais attendre que la nuit vienne, j'aime veiller dans le noir, j'aime être le seul à garder les yeux ouverts tandis que tout le monde se laisse emporter dans le chaos par la jument de la nuit – ce silence entrecoupé parfois par un pet tonitruant, ou un cri aigu parce que les corps abîmés ont mal, un rire parfois aussi éjecté d'un rêve joyeux, ou le ronflement intermittent du vieil homme à la jambe amputée – ça serait le moment idéal pour lire kafka, pour en apprendre davantage sur sa tuberculose et l'entêtement qu'il a dû se forger pour pouvoir écrire quand même *le château* et *l'amérique* entre deux longs séjours au sanatorium – mais il n'y a qu'une toute petite lampe de chevet entre chaque lit, au ras du plancher, et c'est impossible de lire un seul mot dans n'importe quel livre –

ME DISAIS :

pas tellement ma maladie et ses conséquences qui me font peur : même avec une épaule et un bras en moins, ça ne m'empêchera pas d'écrire, bien au contraire, parce que va monter en moi cette grande fâcherie contre le monde qui va me forcer à faire venir les mots, puissamment, continuellement, comme quand les lacs et les rivières calent au printemps, projetant leurs eaux glacées sur le paysage, le noyant dans cette fureur obscène et destructrice qui force tout un chacun à reconstruire, à se reconstruire pour se déprendre enfin des autres et de soi-même – je serai cet écrivain qui fera venir les grandes crues, les inondations, les orages cosmiques et le tonnerre et la foudre qui fendra en deux les grosses épinettes noires, les maisons et les églises et tous ces hommes et toutes ces femmes veules qui s'accrochent au passé pour ne pas avoir à se libérer de la fin du monde qui ferait enfin d'un petit peuple une grande nation goûtant voracement aux plaisirs de toutes les libertés et de tous les dérèglements, raisonnables ou pas –

ME DISAIS :

j'ai besoin de judith malgré tout, j'ai besoin de cette folie qui la porte, qui déconstruit le fond de ma nature d'habitant qui aime à regarder ce qui se passe au ras des pâquerettes parce qu'il ne connaît pas grand-chose aux grandes, longues et très sexuelles aventures, à corps perdu je voudrais que mon corps s'y lance, judith me poussant dans le dos, judith provoquant l'obscénité et me la faisant vivre pour que je ne sois plus comme tout le monde, ce rien d'autre-là qu'un peu d'épiderme, mais une force implacable que plus rien ne serait en mesure d'arrêter (((((je vois à l'heure où je me dis ceci le visage rouge sanglant du

peintre des choses venir à moi dans une muraille de tour-
nesols écroulés))))) –

plus de vie dans la chambre, tout dort profondément,
les corps abîmés, le radiateur, même les bruits du dehors
qui pourraient traverser la fenêtre pour danser, disloqués,
au-dessus des lits – me redresse lentement, appuie le dos
contre le panneau de bois à la tête de mon lit, et cette
pourtant simple opération m'a coupé le souffle tant ma
force s'en est allée de moi; je passe la main sur mon front
et c'est déjà plein de sueur à la racine des cheveux; je respire long pour calmer mon cœur, comme un cheval il est,
lancé en fine épouvante parmi une meute de loups – puis,
quand ça se modère dans son transport, je saisis ma main
gauche de la droite, je porte mes bras par devant, je penche
mon corps pour dénouer les nœuds qui emprisonnent les
nerfs et les muscles de mon dos, et j'essaie de la tête d'atteindre mes genoux – surprise, étonnement et déception :
mon dos a bougé peut-être d'un pouce, puis a refusé d'aller plus loin; j'y mets encore tout ce que j'ai d'énergie, mais
sans plus de succès : j'ai le dos barré, comme une porte de
chêne dont l'accès serait interdit par un gros cadenas – je
m'entête tout de même, j'essaie et j'essaie encore, puis ma
volonté se défait en tout petits morceaux; même rester
simplement assis est au-dessus de mes forces et je glisse
lentement sur le panneau de bois et mon corps gluant pisse
de l'eau par tous ses pores – j'entends mon cœur battre
jusque dans ma tête, par grands coups de marteau qui
m'étourdissent, et la jument de la nuit en profite pour se
jeter sur moi : je suis devenu un cochon qu'on saigne, qu'on
attache à une échelle, qu'on éventre, et des tas d'anchets
difformes en sortent, et des tas de crapauds aussi, monstrueux comme ceux qu'on peut voir dans les livres du

biologiste jean rostand, et cet amas d'étrons qui rend extrêmement puant le fond de l'air – (((((au secours, quelqu'un !
– vitement, au secours quelqu'un ! – au secours !))))) –

– Faut laisser le temps faire son temps, que dit le médecin en m'examinant.

– Je suis ici depuis un mois déjà, je peux maintenant
toucher les genoux avec ma tête, je devrais avoir le droit
de quitter mon panneau de bois et de marcher enfin,
que je dis.

– On peut essayer, mais je doute fort que vous puis-
siez aller très loin, que dit le médecin.

assis sur le bord du lit, j'ai juste hâte de mettre les
pieds sur le plancher de terrazo : faire ces quelques pas
vers la porte de la chambre et aller voir dans le corridor si
j'y suis – je chambranle sur mes jambes comme une vieille
picouille, j'ai à peine le temps de mettre un pied devant
l'autre que, tout étourdi, j'ai l'impression de m'enfoncer
dans du beurre mou, et le médecin m'enserre de ses bras
et me rassoit sur le bord du lit – il sort d'une petite valise
une paire de genouillères comme celles que portent les
horticulteurs quand ils ne veulent pas attraper les rhu-
matismes, puis une autre paire, plus petite, qu'il me met
aux coudes –

– Vous n'êtes pas encore prêt à marcher debout, que
dit le médecin. Je vous autorise à déambuler à quatre pattes,
sans toutefois aller plus loin qu'aux portes de l'ascenseur
au milieu du corridor.

marcher à quatre pattes dans un corridor, sur les genoux et sur les coudes, parmi les médecins, les infirmières
et les préposés, ça a quelque chose de profondément humiliant : je n'ai plus corps d'homme, mais celui d'une bête,
un vieux chien tout galeux et maigre comme un clou, qui
porte la tête basse pour ne pas voir les sourires ironiques

qu'on lui adresse – heureusement que je ne suis pas le seul à déambuler ainsi : je croise des garçons et des jeunes filles qui font pareil à moi : marcher sur les coudes vous remonte l'arrière-train, et les jeunes filles l'ont toutes beau, leur arrière-train ; portent des jeans que la pression faite par les genoux moule obscénement, pas besoin d'avoir beaucoup d'imagination pour deviner la peau qui est dessous, onctueuse à cause de l'huile dont on se sert quand on les masse, ça doit être chaud, tendre, presque maternel si on s'y fourre le nez – ces odeurs des jeunes filles, là où, au milieu des fesses, s'ouvre la fleur de lotus – je prends place derrière la jeune fille dont les fesses me rappellent celles de judith dans la chapelle des abîmes, et je la suis d'aussi près que je peux et le désir fait de moi un puissant taureau lâché lousse dans le champ du sexuel, je n'ai plus d'atrophie dans mon épaule et mon bras gauches, je n'y sens plus aucun mal, les os sont forts, les nerfs et les muscles gonflés comme ceux d'un haltérophile bulgare – défoncer, entrer profond dans la fleur de lotus, coups de boutoir de plus en plus forcenés et tout ce blanc-mange qui gicle brusquement, à remplir d'un seul jet toutes les bassines de l'hôpital ! –

une main se pose sur mon col de chemise, me force à m'immobiliser ; je reconnais l'odeur de bois pourri d'une robe de bonne sœur, j'entends le chapelet de fausses perles qui frappe le crucifix cuivré, puis je discerne l'affreuse cornette et l'affreux visage qui est dessous, petits yeux porcins, nez épaté, bouche sans lèvres, menton qui a l'air d'une grosse verrue en bas de figure –

– Garçon impur ! que dit la bonne sœur. Dans ta chambre, tusuite ! Dans ton lit, tusuite ! Et vaudrait mieux que tu y sois avant que n'arrive l'aumônier !

je passe entre les jeunes filles et les garçons : celles et ceux qui sont assez grands pour comprendre rient bruyamment et je me mets à faire comme eux ; et même une fois que je me trouve assis dans mon lit, je ne cesse pas de rire, et mon sexuel toujours dressé ne cesse pas non plus de rire, je vois la tache de plus en plus grande qui traverse le tissu de mon pantalon pour y dessiner une superbe fleur de nénuphar –

l'aumônier a pris une chaise près de la porte de la chambre, l'a traînée jusqu'à mon lit, puis s'est assis, a allumé le gros cigare qu'il a enfoncé profond dans sa bouche, a tiré dessus sept fois, le temps que ça lui a pris pour faire un cercle parfait de fumée ; puis il a sorti le cigare de sa bouche, a croisé les doigts dessus, si près de sa soutane que le feu aurait bien pu prendre dedans – un gros bonhomme, l'aumônier : son ventre est si proéminent que sa soutane a dû être faite sur mesures, de même que son col romain, à cause de ce cou qui est aussi énorme que la tête ; et le visage est si gras que les yeux, la bouche et le nez semblent s'être perdus dedans, rien que de la peau rose de gros bébé joufflu pour faire risettes avec –

– Tu crois en Dieu ? que dit l'aumônier.

– Je suis malade, que je dis. Je ne suis pas fou. Le Dieu dont vous parlez est mort depuis longtemps, tout comme l'homme d'ailleurs, du moins celui qui fait partie de vos ouailles. Moi, je crois seulement au progrès de la bête que je suis et dont l'avenir est de devenir surhomme. C'est pas par des prières ni par des cultes rendus à des idoles pourries qu'on peut y arriver.

– Tu ne penses pas que ta maladie pourrait être une punition de Dieu ? que dit l'aumônier.

– Parce que je me suis trop masturbé peut-être et que même avec vous à côté de moi, il m'en vient pareil une féroce envie ? que je dis.

– J'ai discuté avec tes parents, que dit l'aumônier. Ce sont des gens bons...

– Des jambons, ça c'est bien trouvé ! que je dis.

– Que tu te prétendes incroyant, ça je peux l'accepter, que dit l'aumônier. Saint Augustin l'a été presque la moitié de sa vie avant que ses yeux ne s'ouvrent sur la réalité profonde, c'est-à-dire la foi. Mais le blasphème à propos de tes parents n'est pas qu'un péché, c'est une abomination.

– Je les aguis, que je dis. Vous voulez savoir pourquoi ? Parce qu'ils vous ressemblent : se confortent aux idées reçues, n'ont plus le pouvoir de penser parce que votre Église et toutes les autres les ont lobotomisés. Et tout ça pour jouir d'une vie éternelle, qui n'est rien de moins qu'une chimère. Quand on meurt, le corps pourrit, et c'est ça la vie éternelle : un petit tas d'ossements qui finit par disparaître complètement, rien d'autre.

– Que fais-tu donc de l'esprit immatériel qui ne meurt jamais, lui ? que dit l'aumônier.

– Je voulais devenir biologiste, mais mes parents ont refusé de cautionner le prêt d'honneur que j'aurais pu avoir, que je dis. J'ai quand même lu Jean Rostand. Il a prouvé que l'esprit est matériel et ne fait qu'obéir aux réactions chimiques qui se font dans le cerveau. Plus de corps, plus d'esprit.

– T'es vraiment un mécréant, que dit l'aumônier.

– Et vous, un catholique, c'est-à-dire un imbécile heureux, que je dis. Grand bien vous fasse. *Ite missa est.* Alléluia.

le gros aumônier a rallumé son cigare, se lève et, sans mot dire, va remettre la chaise près de la porte ; puis il sort sans même me jeter un dernier regard : (((((tant que je serai à l'hôpital, je ne le reverrai plus))))) ; il m'enverra plutôt les bonnes sœurs de la providence qui voudront dire le chapelet, agenouillées à côté de mon lit ; moi, je vais chanter les horribles chansons de serge deyglun en guise de réponse aux *je-vous-salue-marie*, mais comme ça n'a pas beaucoup d'effet sur les bonnes sœurs, je me force pour bander afin que mon sexuel devienne pyramide sous le drap, puis je montre la pyramide aux bonnes sœurs en train de prier pour moi :

– J'ai une envie féroce de me masturber, que je dis. Je serais d'accord pour que vous me donniez un petit coup de main. De l'incandescence du sexuel jaillit le feu de l'orgasme, a dit le Christ.

se signent, invoquent chérubins, séraphins, trônes et dominations d'avoir pitié de mon âme, puis déguédinent les bonnes sœurs ; débarrassé d'elles, je me plie à la discipline thérapeutique parce qu'il y a déjà plus d'un mois que je suis enfermé ici-dedans et que j'ai sacrément hâte de m'en aller ; maintenant que j'ai droit au fauteuil roulant, j'en profite pour me rendre à l'autre bout du corridor où se trouve le pavillon des filles : nous nous racontons des histoires obscènes et, chaque fois, nous rions comme si c'était la trouvaille du siècle ; j'ai toutefois moins de succès quand je parle de pierre bourgault et de ses discours séparatistes : je suis le seul qui croit à l'indépendance du kebek et, quand je m'imagine en pierre bourgault (((((j'ai déjà gagné un premier prix en improvisant sur une poignée de porte durant cinq longues minutes devant les grosses légumes du club des optimistes et du club des lions))))), je parle de la putain d'ottawa, et des sans-couilles kebekoises qui nous gouvernent, mais je suis loin d'être applaudi par mon auditoire comme l'est le leader du rassemblement pour l'indépendance nationale : on me traite de terroriste et on m'envoie voir ailleurs si j'y suis –

dans cet ailleurs où je suis, personne ne m'a encore rendu visite ; j'ai su par la mère de judith que mes camarades ont peur de venir à l'hôpital, qu'ils croient que je suis couché dans un lit, plâtré des pieds à la tête, avec des tas de cordes et de poulies que les infirmières actionnent quand elles veulent me faire changer de position ; et puis, leurs parents, parce qu'ils sont persuadés que je suis encore contagieux, ne veulent pas que mes camarades se présentent à l'hôpital : familles, que je vous aguis, que je vous aguis donc ! – quant à judith, même sa mère ignore où elle est, sans doute encore aux états-unis, à la recherche de son frère perdu dans la brume de la côte est, dans les marécages de la floride, dans le village gai de san francisco : longues bottes, pantalon et veste de cuir qui lui moulent le corps, plutôt agréable à regarder sur les photos de lui que m'a montrées la mère de judith –

pour tuer le temps parce qu'il passe lentement à l'hôpital, je lis cet ouvrage de kafka, là où ça parle de ses séjours au sanatorium de jungborn alors que, malgré la maladie, il essaie d'écrire *l'amérique* :

« Je ne nage pas précisément dans la félicité, mais je me plais beaucoup ici, c'est si beau d'être indépendant, et une intuition de l'Amérique est insufflée à ces pauvres corps ; quand on marche à travers champ et qu'on pose ses sandales à côté des lourdes bottes à revers d'un vieux paysan qui passe, on n'a pas lieu de se sentir très fier ; mais qu'on soit seul, couché dans le bois ou dans les prés, et tout va bien ; ma maison me donne aussi beaucoup de plaisir : le sol est continuellement jonché d'herbes que j'apporte moi-même ; hier, avant de m'endormir, j'ai même cru entendre des voix de femmes : quand on est couché et qu'on ne connaît pas le craquement des pieds nus dans l'herbe, un homme qui passe en courant fait l'effet d'un buffle filant à toutes jambes, mais je ne parviens tout de même pas à apprendre à faucher » –

bien sûr, c'est l'ironie qui détermine l'écriture de kafka durant son séjour à jungborn, parce qu'il ne tient pas à parler du mal dont il souffre et des traitements qu'on lui impose – mais ses épiphanies sur la campagne me vont droit au cœur ; en les lisant, je me demande si je pourrai, en sortant de l'hôpital, faire ce que j'ai toujours fait depuis que ma famille a émigré aux confins de morial-mort : dès que je peux profiter de mes vacances à la banque, je prends le train vers les trois-pistoles, je loue une chambre à l'hôtel victoria, j'emprunte une vieille bicyclette qui a l'air d'un char d'assaut puis, tous les matins, je l'enfourche et roule jusqu'à saint-paul-de-la-croix où je suis né, je traverse le rang des bœufs puis, piquant à travers champs, je me rends à saint-jean-de-dieu, au bout de ce rang rallonge où la vie se faisait si aimante pour moi : ce petit potager que je cultivais dans ce que j'avais pu défricher des écores de la boisbouscache, ces plants de citrouilles que je faisais monter aux arbres et dont les courants accrochés aux branches produisaient d'énormes fruits orange, qui dépassaient de beaucoup par leurs tailles et leur tendreté ceux que ma mère récoltait dans le potager familial – (((((et cette remontée de la rivière boisbouscache jusqu'aux lointains pâturages où, l'été, on mettait les taurailles et les bouvillons à brouter ; m'assoyant sur cette grosse roche dont l'assiette surplombait la boisbouscache, je me masturbais et faisais don aux perchaudes de mon sperme ; puis j'allais me rouler dans la luzerne et le trèfle et, tout comme kafka, j'espérais qu'une jeune fille passe dans les environs et, voyant mon sexuel toujours dressé, se jette dessus pour le manger jusqu'à l'os))))) –

ME DISAIS :

je ne sais pas si c'est la maladie et le fait qu'elle fera sûrement de moi un infirme qui me rend aussi sexuel, aussi bien de corps que de tête ; avant, j'avais d'irrépressibles envies, mais elles ne me venaient que par escousses, puis s'apaisaient aussitôt ; maintenant, je me sens comme don quichotte, toujours monté sur sa rossinante, sa lance dressée haut dans les airs, et ça a l'air de lui faire mal entre les cuisses où il en retient l'extrémité : don quichotte ne se battait peut-être pas seulement contre les moulins à vent, mais aussi contre l'âpre sexuel qui le dévorait même s'il n'était plus qu'un vieil homme osseux et sans doute pas très ragoûtant pour les femmes qui lui voyaient la triste figure –

ME DISAIS :

je m'ennuie de judith, j'ai la mémoire des mots, mais je ne retiens guère l'image des corps, sauf pour quelques détails singuliers grâce auxquels je les différencie les uns des autres ; et j'ai peur que ce soit bientôt le cas avec judith : je ne trouve presque plus rien quand je pense à ses jambes ou à ses mains : osseuses, longues, dodues ou courtes, je ne sais déjà plus en faire le dessin ; et de son ventre ne me reste que le nombril parce qu'au contraire du mien qui est comme un clou enfoncé creux dans la chair, celui de judith est tout sorti, comme un bourgeon de fleur ; ses seins, quelles formes ont-ils entre le petit lac tari qui les sépare, comme deux coupoles, ou pareils à des poires à minuscules ou grosses tétines ? – les couleurs de la peau de judith s'estompent aussi, la forme de sa figure même me devient floue – seuls me regardent toujours avec une brûlante intensité les grands yeux violets, et je finis par tomber dedans, et je me sens comme si j'étais au beau mitan d'une forêt de bâtonnets lumineux, pareil à ce temps-là que j'allais par petit matin quérir les vaches sur le coteau des épinettes : le soleil faisait de la rosée une multitude d'étoiles de toutes les manières si couleurées que j'avais l'irrépressible besoin de me mettre nu et de me rouler là-dedans à l'éperdu de ma fébrilité –

au poste de garde des infirmières, ai téléphoné tantôt à la mère de judith, sans succès ; ai appelé aussi le gros pharmacien, mais ça n'a pas répondu : j'aurais peut-être eu plus de chance avec certains de mes camarades, mais je leur en veux trop parce qu'ils ne se sont manifestés d'aucune façon depuis que je suis à l'hôpital, même pas par un petit mot qu'ils auraient pu m'envoyer ; seul le libraire victor téoli m'a rendu une courte visite : dans une boîte à chaussures italiennes, il m'a apporté quelques livres, puis a joué quelques airs de son pays sur ce banjo qui l'a suivi de la méditerranée jusqu'à la rue monselet : même les bonnes sœurs ont cessé de réciter leurs litanies au bout du corridor pour venir dans la chambre entendre jouer victor téoli ; et je les déteste tellement, les bonnes sœurs, que je leur ai crié pouilles : mais le plaisir que je prenais à le faire s'est vite transformé en cette agressivité qui m'a fait perdre tout contrôle, de sorte que je m'en serais volontiers pris physiquement avec celle que j'aguis le plus si deux infirmiers n'étaient pas venus m'en empêcher – allongé de force par eux sur mon lit, j'étais rouge des pieds à la tête et mon cœur battait si fort que j'en avais les oreilles assourdies (((((le médecin qui est venu me voir m'a dit que c'était là une des conséquences de la poliomyélite : les nerfs atteints par la maladie rendent le corps sensible aux contrariétés; si on n'en prend pas conscience, on peut facilement devenir hystérique))))) – mais la bonne sœur en charge de l'hôpital a été moins compréhensive : en me postillonnant dans la face, elle m'a menacé de me jeter à la porte si je récidivais, et ça même si vous êtes encore loin de l'ombre de la queue d'une guérison, a-t-elle ajouté avant de faire le signe de croix, d'embrasser son crucifix et de déguédiner –

j'en suis là, à tourner en rond avec mon moi-même comme seul interlocuteur, je n'ai même pas envie de savoir comment ça va pour kafka au sanatorium de jungborn, ni d'ouvrir la boîte à chaussures italiennes de victor téoli, boîte qui m'est revenue de la décontamination et que l'infirmière a déposée au pied de mon lit, sur ces sacs de sable que désormais on ne me met plus sur les jambes que la nuit – c'est comme si je me rendais brutalement compte pour la première fois que je suis devenu un infirme et que le risque est grand que je le reste toute ma vie : ces jeunes filles et ces garçons que je vois sortir d'ici, harnachés de prothèses, se trimbalant à l'aide de béquilles ou bien condamnés à jamais à se mouvoir en fauteuil roulant, je ne veux pas leur ressembler : certes, on peut se prétendre écrivain même si on en est réduit à n'être plus qu'un cul-de-jatte, mais moi j'ai trop d'énergie pour me contenter de seulement écrire, surtout dans ce semblant de pays pour lequel les mots ont autant de poids qu'une plume de poule mouillée ; je veux vivre, et par tous mes sens connaître les plaisirs que seule la force autorise : je suis loin d'être grec, je déteste tout ce qui peut être mesuré, tout ce qui s'appelle économie et tout ce qu'on nomme sagesse ; je veux vivre dans une joyeuse folie parce qu'on m'a appris à être dur pour mon corps et que depuis, mon corps aime bien que ce soit dur pour lui, il aime travailler fort pour le simple contentement que ça te donne quand, toute ton énergie dépensée, tu peux t'allonger quelque part et te mettre à rêver et te mettre à manger les rêves qui te viennent comme si tu étais le taureau du soleil au beau mitan d'un champ de luxuriante luzerne ! –

une main toute douce ma tapote l'épaule : c'est celle de la mère de judith venue me rendre visite en compagnie du gros pharmacien ; elle m'apporte ce cadeau, une tête de lion gossée dans le bois, à l'énorme crinière rousse et dont les grands yeux ont été teints avec application au jus de bleuet (((((on dirait ceux de judith, si singuliers))))) –

– C'est le Grand Bardo et Caïus Picard qui t'offrent ce présent, que dit la mère de Judith.

– Vous les avez tués l'autre jour, que je dis en regardant le gros pharmacien.

– Non, que dit le gros pharmacien. Ils méritaient qu'on leur donne une bonne leçon et je m'en suis simplement occupé. Aujourd'hui, le Grand Bardo et Caïus Picard travaillent dans une fabrique de boîtes électriques. Ils ne blasphèment plus. Caïus Picard s'est même fait une nouvelle blonde. Il lui manque ses ovaires, mais quand on n'a même plus ses testicules, j'imagine que ça ne change pas grand-chose dans l'art d'aimer ou de se faire aimer.

– Et Judith ? que je dis. Est-elle rentrée des États-Unis et quand va-t-elle venir me voir ?

– Judith est à la maison de la rue Drapeau, que dit le gros pharmacien. Elle est revenue bredouille de son voyage, ce qui était prévisible : croire qu'on va retrouver son frère dans un pays aussi étendu que le sont les États-Unis, c'est de l'utopie.

– Elle ne veut plus de moi ? que je dis.

– Là n'est pas le problème, que dit la mère de Judith. Quand elle était toute petite, j'ai eu le cancer de l'utérus, on l'a brûlé au radium, on ne m'accordait aucune chance de survie. Le père de Judith l'a donc amenée à l'hôpital pour qu'elle puisse me voir au moins une fois avant ma mort appréhendée. De me regarder toute amaigrie, souffrante et la bouche creuse à cause de mes fausses dents qu'on m'avait enlevées, ça a été un tel choc pour Judith qu'elle n'est plus capable de mettre les pieds dans un hôpital : c'est au-dessus de ses forces. Quand tu sortiras d'ici, tu reviendras à la maison parce que je te vois comme ce fils que j'aurais dû avoir si le cancer ne me l'avait pas tué, et tu guériras, et par le fait même Judith guérira aussi.

me tapote encore l'épaule, puis m'embrasse sur les joues en y laissant presque tout le rouge à lèvres dont elle s'est généreusement beurrée la bouche : quand la préposée veut me nettoyer le visage, je refuse ; le rouge à lèvres va y rester tant que ça ne se sera pas effacé de lui-même :

– T'es un garçon bizarre, que dit la préposée en regardant la tête de lion sur ma table de chevet. Moi, j'aurais de la difficulté à m'endormir avec quelque chose d'aussi laitte à côté de moi.

– Ça me donne pourtant le goût de me masturber, que je dis. Vous avez une bonne main. Ça serait encore meilleur si vous me branliez vous-même : je ne suis toujours pas très performant de la main droite.

ce n'est qu'une blague de ma part, que la préposée prend tout de travers, ce qui me vaut presque aussitôt de voir surgir dans ma chambre la bonne sœur qui dirige l'hôpital ; elle me sermonne, elle me menace :

– Un seul autre écart de conduite et vous prenez vos cliques et vos claques et vous disparaissez d'ici, que dit la bonne sœur. Les vicieux de votre espèce, je ne prie même pas pour eux autres.

si fâchée la bonne sœur qu'elle n'a même pas remarqué le rouge à lèvres de la mère de judith sur mes joues – (((((je m'en crisse-tu d'être mis à la porte de l'hôpital pasteur!))))) – je pourrais au moins revoir judith et me remettre à écrire, ça me guérirait peut-être plus rapidement et mieux que ces affreux traitements aux pansements kenny et ces séances de torture dirigées par l'ergothérapeute allemande et nazie – aussi, je demande à cette préposée, qui ne travaille qu'à mi-temps parce qu'elle étudie, de m'acheter un calepin et un stylo feutre, puis je réclame une planchette parce qu'à cause de mon épaule et de mon bras gauches abîmés, je ne peux pas écrire si je n'appuie pas mon coude sur quelque chose de dur ; et comme le deltoïde supérieur est atteint aussi, je dois, après chacun des mots que j'écris, faire avancer ma main gauche sur le papier en me servant de la droite – (((((déconcrissant!))))) – il faut que je me concentre tellement là-dessus que j'en perds le fil de ce que je veux écrire (((((ça n'a rien à voir avec celui d'ariane parce que je n'ai pas inventé le labyrinthe, et l'aurais-je fait que le minotaure serait trop primesautier pour rester dedans – laborieusement, je me contente donc d'écrire sur la maladie qui m'a atteint, sur l'hôpital pasteur et sur les bonnes sœurs de la providence qui ont autant de commisération pour les patients que nous sommes qu'un lion affamé en a pour sa proie ; les bonnes sœurs, elles n'en ont que pour l'argent, de vieilles peaux frustrées même si elles se masturbent avec des cierges, qui sentent mauvais, leurs horribles robes noires puant le camphre à plein nez, et portant ces fausses dents mal ajustées qui s'entrechoquent comme les claquoirs qu'elles utilisent quand elles veulent faire silence autour d'elles))))) – j'avance lentement dans ce que j'écris : après dix minutes, le stylo feutre me tombe de la main, mes doigts

engourdis me donnent l'impression que je travaille avec
un billot d'épinette de douze pieds de long plutôt qu'avec
un simple stylo feutre – je dois attendre au moins une
demi-heure pour que l'énergie revienne dans ma main ;
et quand elle est là, je me force à aller le plus rapidement
possible, comme quand j'allais à la petite école, qu'on m'interdisait d'écrire de la main gauche et que ma mère me
surveillait avec sa règle de fer lorsque, au bout de la table
de cuisine, je devais faire mes devoirs : dès qu'elle avait le
dos tourné ou qu'elle relâchait sa surveillance parce qu'elle
devait tout de même faire les travaux ménagers, je trans-
férais mon crayon de la main droite à la main gauche et
j'allais le plus vite que je pouvais sur la page lignée de mon
cahier d'école ; ma mère reprenant sa vigile, je faisais semblant de besogner de la droite ; et si je me faisais prendre
à tricher, la règle de fer s'abattait sur ma main avec une
telle force que le lendemain c'était encore tout rouge et ça
me faisait mal comme si on m'avait marché sur les doigts
– que je la détestais, ma mère, au point que les quelques
fois où j'ai prié pour elle, c'était pour qu'une terrible maladie l'atteigne et la fasse rapidement mourir ! –

ME DISAIS :

laisse tomber les souvenirs, ne pense qu'à ta main que
tu dois désengourdir, masse surtout le pouce que la vie
dedans est froide comme un glaçon, laisse tomber les souvenirs, laisse tomber la haine et le ressentiment, ils brûlent pour rien l'énergie que tu as encore, pense juste à ta
main que tu dois rendre efficace, elle seule a de l'importance désormais, elle seule peut te sortir de ton infirmité –

j'éternue – chaque fois qu'on apporte des fleurs dans la chambre, j'éternue ; je lève les yeux de ma main : quand je vois que les fleurs sont pour moi et que c'est arnold cauchon, tout scintillant dans son costume de hussard, qui me les apporte, je voudrais pouvoir me glisser sous le panneau de bois me servant de matelas et y faire le mort tant et aussi longtemps qu'il restera dans la chambre ; mais l'effort que j'ai mis à écrire n'a pas qu'engourdi ma main gauche, il a aussi ankylosé les nerfs et les muscles de mon corps, de sorte que je me montrerais encore plus lent qu'une tortue si j'essayais seulement de sortir de mon lit –

– Mon frère m'a appris que tu n'allais pas très bien, que dit Arnold Cauchon. J'ai tout de suite pensé que je devais te rendre visite, au nom de l'amitié et de l'affection que je te porte. Est-ce que je peux faire quelque chose pour t'aider ?

– J'ai tout ce qu'il me faut, même la maladie, que je dis.

– Tes parents, tes amis, tes connaissances, ils viennent te voir au moins ? que dit Arnold Cauchon.

– J'aime autant ne pas parler d'eux autres, que je dis.

pour qu'il ne revienne pas sur le sujet, j'ai appuyé mon dire d'un geste si brusque de ma main droite que j'en ai échappé mon calepin qui est allé choir aux pieds d'arnold cauchon ; il s'est penché pour le ramasser, en a fait rapidement glisser les pages entre ses doigts :

– Tu écris, que dit Arnold Cauchon. Un roman ?

– J'ai-tu l'air de quelqu'un qui peut courir le marathon ? que je dis. Je note simplement les quelques idées qui me viennent depuis que je suis ici-dedans.

– Je peux jeter un coup d'œil ? que dit Arnold Cauchon.

– J'aimerais mieux pas, que je dis.

– Trop tard, ta réponse est venue trop tard, que dit Arnold Cauchon.

ai fermé les yeux parce que je ne veux pas voir aucune des réactions que pourrait bien avoir arnold cauchon en prenant connaissance de ce que j'ai écrit et qui ne ressemble même pas à des épiphanies tellement mes mots sont à ras de terre et manquent désastreusement de poésie –

– J'aime bien, que dit Arnold Cauchon une fois qu'il a passé au travers des quinze pages écrites de mon calepin. T'as le sens du journalisme, c'est certain, avec un petit côté rageur et forcené qui n'est pas déplaisant. Pierre Gascon, un bon ami à moi, dirige *Perspectives*, ce magazine qui paraît le samedi dans tous les grands journaux du Québec. Si je lui montre ce que tu as écrit, je peux t'assurer qu'il va te commander un article. Tu entrerais ainsi par la grande porte dans le royaume sacré du journalisme.

– Vous riez de moi et ça ne me dit rien aujourd'hui de faire rire de moi, que je dis.

– Je te propose d'apporter à mon bureau ton calepin pour que ma secrétaire le tape à la machine et qu'ainsi je puisse le présenter selon les formes à Pierre Gascon, que dit Arnold Cauchon.

– Je vais écrire avec quoi en attendant ? que je dis.

– Je t'envoie d'ici une heure un autre calepin, que dit Arnold Cauchon. Ça te convient ?

je ne rouvre pas les yeux, je ne dis plus rien à arnold cauchon – j'aurais mieux fait de m'y livrer pourtant : ainsi aurais-je pu éviter ce baiser qu'il m'a donné sur la joue, lèvres moites aux odeurs de framboise et de fraise ; ça me dégoûte et je vais passer un long moment à me sabler pour ainsi dire la joue avec la rugueuse manche de ma jaquette – maudit fif ! maudite tapette ! maudite face laitte !

que je me dis en ne cessant pas de me sabler la joue, si
furieux par-devers arnold cauchon que mon corps est partout marbré de grandes plaques rouges – pour m'apaiser,
je voudrais lire quelques pages de kafka quand il se trouve
au sanatorium de jungborn, sauf que ça ne me tente pas
de lire, même une seule ligne de n'importe qui sur n'importe quoi : ce n'est plus le baiser d'arnold cauchon qui
nourrit maintenant ma fâcherie, mais ceux que judith me
donnait dans la chapelle des abîmes et auxquels je répondais par de petites mordées dans sa peau, de son cou à ses
fesses, de son cou à son sexuel – *boire dedans l'ombre de tes
cuisses écartelées, boire dedans la source de ton vibrant trou
du cul* (((((ma seule tentative d'écrire de la poésie, je n'ai
pas les mots qu'il faut pour être élégiaque, ça demande plein
de sentiments, plein d'émotions, et je suis comme ma
mère, je suis comme mon père, ça manque de ce côté-là
des choses, trop taciturne pour être décourageable, et dé-
couragés les poètes le sont toujours parce qu'ils croient à
l'idée du bonheur ; et comme le bonheur n'existe pas, ça
les fait vomir de déplaisir jusque dans l'encre de leurs mots,
et malheureux comme des chiens ils sont parce qu'ils se
battent contre des moulins à vent – tandis que moi, ni
heureux ni malheureux, ça ne fait que vivre, même abîmé
comme je suis ça ne fait quand même que vivre ; et ça me
suffit que ça puisse vivre quand même : je peux encore
penser et c'est déjà mieux que ce que font ma mère et mon
père, mes frères et mes sœurs, et la plupart du monde que
je connais (((((prendre la raison pour ce qui ne fait que
résonner, par-devers la religion comme par-devers la politique ; aimer mieux la superstition et consentir à l'aliénation plutôt que de vivre vraiment au-delà de la banalité
du quotidien, comme l'a écrit artaud :

« Oui, toute la terre envoûte artaud pour vivre et elle ne vit que de la mort quotidienne d'artaud, de son sommeil de chaque nuit ; pendant lequel elle se recharge à bloc un peu plus chaque nuit de tout ce qui fait la vie : souffle, sang, sperme, salive, sécrétions internes, bile, sumac, humeurs, tumeurs, prostate, albumine »))))) –

une bonne sœur passe dans les chambres et, de sa voix crailleuse de corneille, annonce la fin des visites – commence déjà à faire nuit, on va éteindre toutes les lumières tantôt et je vais être obligé de rester assis dans mon lit parce que je n'aurai pas sommeil et que je refuserai de prendre les somnifères qu'on m'apportera : je demanderai plutôt qu'on déploie ce rideau qui ceinture mon lit, je pourrai au moins me masturber : faut bien que je pratique ma main droite maintenant que l'autre ne sait plus comment répondre au désir – fermer les yeux, imaginer que je me trouve sur cet escarpement rocheux qui surplombe la rivière boisbouscache du rang rallonge et, par attouchements, faire dresser mon sexuel : je voudrais qu'il soit haut comme un obélisque égyptien, aussi raide qu'un sexuel d'étalon quand la jument lui présente sa grosse et rose vulve ! –

une autre main que la mienne enserre mon sexuel et je ne rouvre même pas les yeux : être touché me manque tellement depuis ma naissance que je laisserais même une bonne sœur mettre ses doigts dans mon trou du cul –

– C'est moi, que dit Judith. Même s'il est tard, on m'a permis de te voir parce qu'il y a urgence.

je regarde : les pupilles de ses grands yeux violets sont tellement dilatées que je n'ai pas besoin de voir le bras de judith pour comprendre qu'elle s'est soignée à l'héroïne –

– Autrement, j'aurais été incapable d'entrer ici-dedans, que dit Judith. L'hôpital me rend hystérique, tu le sais.

je regarde encore : judith n'a pas l'habitude de se maquiller autant, on dirait une tête de carton de carnaval dont les couleurs, forcenées, lui donnent l'aspect d'un oiseau mal bariolé :

– Je ne voulais pas que tu puisses voir jusqu'à quel point je suis fatiguée et jusqu'à quel point j'ai honte, que dit Judith.

– Honte ? que je dis. De quoi tu as honte ?

– De t'abandonner, que dit Judith.

– Tu ne m'abandonnes pas, puisque tu es là, que je dis.

– Je repars ce soir pour les États-Unis, que dit Judith. Faut que je retrouve mon frère. Tu comprends : je ne peux pas vivre sans lui et mon frère ne peut pas vivre non plus sans moi. Après, je te reviendrai. Après, je reviens toujours.

– Pourquoi tu ne me dis pas que tu ne veux plus de moi ? que je dis.

– Parce que je te mentirais, que dit Judith.

– Pourquoi tu n'acceptes pas que chercher ton frère aux États-Unis, c'est encore plus hasardeux que de vouloir trouver une aiguille dans une botte de paille ? que je dis.

– Je sens qu'il a besoin de moi, que dit Judith. Quand on le sent à ce point-là, on ne peut pas faire autrement que de trouver.

– Et moi, je n'ai pas besoin de toi ? que je dis.

– Peut-être, je ne sais pas, que dit Judith. C'est surtout de toi-même dont t'as besoin maintenant. Tu ne croiras jamais qu'en toi et le monde ne fera que tourner autour de ce que tu es. Tu ne laisseras jamais personne pénétrer loin en toi.

– Montre-moi comment faire, que je dis.

– Tu ne m'écouterais pas, que dit Judith.

– Je t'aime pourtant, que je dis.

– C'est ton sexuel qui m'aime, et je t'en remercie, que dit Judith. Mais je pense comme Artaud quand il a dit : « Il n'y a jamais eu d'êtres immanents en moi et les hommes auraient bien du mal à déterminer le point où ils se déduisent de tel ou tel être car ni l'être, ni eux, n'a jamais existé. Point du sommeil, nœud, corde, point du corps, corde, nœud. Du grumeau et pas d'être, pas d'état vrai. »

– On pense pareil là-dessus, que je dis.

– Non, dit Judith. Ce que prétend le poème d'Artaud n'est réel que pour moi. Toi, tu te charcuterais en petites pièces de viande que ça ne changerait rien à ton état vrai.

– Mon état vrai ! que je dis. C'est quoi ce fameux état vrai qui serait le mien ?

– Que tu vas devenir un grand écrivain parce que tu ne peux pas échapper à ton égoïsme, que dit Judith.

– Tout ça, c'est rien d'autre que des mots ! que je dis. Je ne veux pas que tu t'éloignes de moi.

– Je suis déjà parti, j'ai déjà commencé à quadriller les rues de New York, que dit Judith. Demain, je serai à Chicago, ou bien à Atlanta, peut-être aussi à Bâton Rouge. Mais je te reviendrai. Après, je reviens toujours.

me laisser aimer par judith, je voudrais que ça se passe comme c'était dans la chapelle des abîmes, je voudrais la monter par derrière, je voudrais l'entendre chialer, mais je ne peux pas à cause de mon épaule et de mon bras gauches, pas assez de force dedans pour que je puisse garder mon équilibre, ça me ferait mal et c'est déjà suffisamment souffrant de même, mon corps inerte qui n'arrive même pas à se débarrasser des sacs de sable qui m'emprisonnent les jambes, mon corps terrorisé parce qu'il sait bien que c'est la dernière fois que ça sera peau contre peau avec judith, mon corps taciturne à force de vouloir retenir les odeurs du corps de judith, qui sentent la fin du monde, comme quand, au salon funèbre, tu veilles un corps et qu'on a mis partout autour de lui de pourrissants glaïeuls –

– T'es beau, que dit Judith. Tu vas guérir.

elle m'embrasse sur la joue, là même où Arnold Cauchon a posé tantôt ses lèvres moites –

– T'es belle aussi, que je dis. Mais ne maquille plus tes grands yeux violets. La beauté nue doit le rester.

judith en allée, j'ai fermé les yeux : le rideau qui entoure mon lit me donne l'impression que je suis enfermé dans un mausolée, allongé sur une dalle de béton, et qu'on viendra bientôt me momifier – plus de viscères, plus de poumons, plus de cœur, toute la matière grise de mon crâne sucée par une grosse paille enfoncée dans le nez – vite ! – (((((que revienne le coma, qu'il reprenne possession de mon corps pour l'enfouir loin dans le creux de la terre, là où tout brûle dessous l'incandescence !))))) –

ME DISAIS :

tout le temps qu'on vit, on ne fait que se suicider, ça commence même dans le ventre maternel dès que les nerfs et les muscles se contractent pour t'expulser, et quand c'est fait, le suicide qui t'habite déjà empêche ta mère de te toucher, sans doute parce qu'elle a peur d'en accélérer le mouvement et que tu pourrais mourir dans ses bras et ça serait ressenti par ta mère comme si elle t'avait tué et son corps se mettrait à brûler aussi et ça serait sans fin ce remords et cette expiation –

ME DISAIS :

t'aurais dû comprendre avant aujourd'hui que judith n'a jamais été amoureuse de toi, que tu as momentanément remplacé son frère auprès d'elle – ne crois pas qu'elle est partie à sa recherche aux états-unis, puisqu'elle sait depuis le commencement où il se trouve, sans doute à travailler le jour à réparer des moteurs d'automobile, le seul héritage que lui a légué son père ; et lorsque la nuit tombe, il se retrouve avec judith, sans doute dans cette chapelle des abîmes qui s'est recréée d'elle-même, quelque part dans l'ouest américain, ou dans l'est, ou dans le sud, mais sûrement pas dans le nord, judith et son frère aimant trop le soleil pour vivre dans le plein de l'hiver de force – ses yeux, je ne verrai plus ses grands yeux violets, je manquerai toujours de lumière, ça restera à jamais givré entre le monde et moi : ce frette de fin de terre de baffin, ce frette si frette –

la préposée a fait glisser le rideau sous sa tringle pour exhiber mon corps mort à la vue de tous, puis elle se penche légèrement vers moi :

– J'espère que tantôt, j'ai été la seule à avoir vu ce que j'ai vu, car si la bonne sœur qui dirige l'hôpital devait en être informée, tu risques de te voir montrer la porte aussitôt.

– Ça ne me fera pas un pli sur ma différence, que je dis. Je m'en crisse maintenant de ce qui peut m'arriver.

– On a aussi apporté ça pour toi, que dit encore la préposée en me mettant une grande enveloppe sur la poitrine. Passe une bonne nuit : ça sera peut-être la dernière que tu vivras ici-dedans.

si je veux savoir ce que contient l'enveloppe, je suis aussi bien de m'asseoir dans mon lit, de l'ouvrir et de regarder dedans avant que ne s'éteignent toutes les lumières de l'hôpital – je me doute bien que je vais avoir affaire à arnold cauchon et à ses commentaires sur ce que j'ai écrit dans mon calepin –

ME DISAIS :

tant qu'à se suicider, aussi bien que ça se fasse au complet au cours de la même journée – je déchire une extrémité de la grande enveloppe et j'en retire ce qui s'y trouve, étonné de voir que mes mots ont pris une nouvelle forme : ils ont été composés comme on le fait pour les articles que publient les magazines, c'est beau rien qu'à regarder la typographie et la lettrine toute fionesque par laquelle commence mon texte – je lis et constate qu'arnold cauchon a corrigé les fautes que je fais à cause que je deviens dyslexique quand je suis fatigué (((((m'arrive même d'écrire de droite à gauche et à l'envers))))) – dans mes notes, j'ai écrit *reste faire* pour laisse faire, ils *font* pour ils vont, il *vient* pour il tient, et chaque fois, arnold cauchon m'indique mon erreur avec un brin d'ironie – c'est la première fois que je vois composé ce que j'ai écrit sous forme de pattes de mouches, difficiles à déchiffrer même par moi, et je suis ému par cette beauté que j'y trouve malgré ma fâcherie contre les bonnes sœurs, les ergothérapeutes allemandes et nazies, la nourriture avariée qu'on nous sert et ces traitements auxquels on nous force et qui nous font plus de mal que de bien – sous la dernière page de mes notes, ce mot d'arnold cauchon qui me dit avoir montré mon texte au directeur de *perspectives* et que celui-ci serait d'accord pour le publier si je le mène à terme : trois cents dollars que j'y gagnerais, ce qui représente deux mois de travail quand je besognais à la banque ! –

j'ai réussi à obtenir une petite lampe de poche d'une infirmière et je vais passer toute la nuit emporté par ma fébrilité – je m'échine à écrire comme un forcené ce que je vis à l'hôpital ; mais je ne suis pas certain que je le fais seulement parce que mon texte sera peut-être publié dans *perspectives* : je ne veux surtout pas penser à judith qui a dû prendre déjà la route vers les états-unis pour y retrouver son frère et la chapelle des abîmes de julien gracq, sans doute reconstruite à la façon américaine, démesurée, sons et lumières sophistiqués, instruments de plaisir plus nombreux que le nombre, verges d'or et godemichés brillants comme des rayons laser –

je m'endors au milieu d'un amas de papiers, si épuisé que mes jambes tressaillent sous les sacs de sable et que ma main gauche tremble tellement qu'elle a l'air de danser grotesquement la danse de saint guy – ces mots de kafka vont peut-être me rendre le sommeil apaisant :

« Je suis longtemps resté appuyé contre la vitre et, plus d'une fois, cela m'aurait arrangé d'effrayer le monde en me laissant tomber du haut du pont, mais durant tout ce temps-là, je me sentais trop solide pour que la décision d'aller m'écraser sur le pavé pût atteindre en moi la vraie profondeur où elle eût été décisive ; et puis, il me semblait aussi que rester en vie interromprait moins mon travail que la mort, en admettant même qu'il ne s'agisse que d'une interruption, uniquement d'une interruption et que, entre le début du roman et le moment où je m'y remettrais, dans quinze jours, je puisse me mouvoir d'une manière ou d'une autre et vivre au cœur même de mon œuvre » –

voilà la bonne sœur directrice de l'hôpital qui me bouscule pour que je me réveille : sous sa cornette de corneille à épinette, on dirait qu'elle s'est peint le visage de couleur rouge vif tellement l'acrimonie a pris possession d'elle ; elle me regarde comme elle doit regarder les incubes et les succubes qui viennent troubler ses rêveries obscènes :

– Vous quittez l'hôpital dès cet avant-midi, que dit la bonne sœur. Faire l'amour, sans doute avec une prostituée, dans cette chambre, alors que des enfants s'y trouvent, est une véritable infamie !

elle montre l'amas de papiers que, toute la nuit, j'ai protégé de mon bras droit sans m'en rendre compte, et ajoute :

– Et toutes ces choses que vous écrivez contre nous ! Nous faisons pourtant tout notre gros possible pour vous amener à la guérison ! Ce n'est rien de moins que de la diffamation ! J'ai appelé vos parents : ils vont venir vous chercher dans l'heure qui vient. Je souhaite seulement que Dieu vous prenne en pitié, car sans cette pitié-là, dites-vous bien que vous êtes déjà mort, en train de brûler au milieu des flammes de l'enfer !

– Et vous, mangez donc ce que vous êtes : un plein char d'étrons papistes ! que je dis.

je descends de mon lit dès que la bonne sœur sort de la chambre, je me fais apporter ma valise et fourre dedans tout ce qui m'appartient, puis je vais au poste de garde pour téléphoner à mes parents : ça ne répond pas, ils sont déjà en route vers l'hôpital ! – dans la chambre, le médecin m'attend avec la prothèse qu'on a fait fabriquer pour supporter mon épaule et mon bras gauches ; cette impression qu'on me harnache comme on le fait des vieilles picouilles pour qu'elles puissent encore besogner avant qu'on ne les vende pour en faire de la nourriture pour chiens et pour chats – puis l'attelage bien installé, qui va empêcher mon bras gauche de bouger, le médecin m'offre une canne :

– Les muscles de votre pied ont été atteints et quoique ce ne soit pas très gravement, vous risquez de tomber si par fatigue ils vous lâchent, d'où l'importance de la canne, qu'il me dit. Pour quelques mois au moins, ne marchez pas sans elle. Autrement, vous risquez de vous retrouver en fauteuil roulant pour le reste de vos jours.

me tapote l'épaule, me souhaite bonne chance et me laisse seul, assis sur le bord de mon lit, à jouer au chef d'orchestre avec ma canne – les camarades dans la chambre applaudissent, sauf le vieil homme qu'on a transporté hier dans un autre hôpital parce que la gangrène s'est mise dans sa jambe amputée et qu'il faut maintenant lui scier le moignon là où il s'attache au reste de son corps –

tout endimanché, mon père est entré dans la chambre, suivi par ma mère habillée comme quand, le dimanche, elle va à la grand-messe à l'église de saint-vital – sans me regarder, mon père s'arrête à trois pieds du lit et ma mère l'imite aussitôt :

– Ta mère et moi, nous sommes déçus, que dit mon père. T'étais en bonne voie de guérison et voilà que tu gâches tout à cause de la maudite tête de cochon que t'as.

– J'ai du sang de cochon aussi, que je dis. Vous l'avez oublié ?

– Pas de chicane, que dit ma mère. Surtout pas ici-dedans. Allons-nous z'en plutôt.

lorsque mon père vient pour prendre ma valise, je mets la main dessus :

– Je ne m'en vais pas avec vous autres, que je dis.

– Comment ça ? que dit mon père. Comment ça que tu t'en viens pas avec nous autres ?

– Parce qu'on a le droit de choisir sa famille et que la mienne est ailleurs désormais, que je dis.

– Tu ne peux pas nous faire ça, que dit ma mère. On a besoin de ta pension pour joindre les deux bouts.

– Je vais retirer dix-sept dollars par semaine d'assurance-chômage, que je dis. Ce n'est même pas assez pour vous payer pension. Là où je vais rester, ça me coûtera rien.

– T'es un maudit sans-cœur, que dit mon père. Et tu l'es à cause de cette fille que tous les bardeaux ne sont pas cloués comme il faut sur son dessus de tête. Reviens à la réalité, maudit blasphème !

– M'en crisse de votre réalité ! que je dis.

– On s'est informé sur ta belle-famille, que dit mon père. Ça sent plutôt mauvais de ce bord-là des choses.

– Si vous pensez que ça sent meilleur avec vous autres, vous vous trompez, que je dis.

– Tu fais pire que blasphémer ! que dit mon père. Et ça je ne le prends pas, pantoute !

– Vous avez juste à déboucler votre ceinture pour me frapper avec, comme vous faites avec les filles ! que je dis. Ça va peut-être vous calmer le gros nerf !

– Un mauvais fils ! que dit mon père. Quand je pense qu'on a mis au monde un mauvais fils ! Je regrette quasiment...

– Que je sois sorti du coma ? que je dis. Rassurez-vous parce que vous n'avez pas tout perdu : je suis infirme maintenant, et les chances ne sont pas pires pantoute pour que je le reste jusqu'à la fin de mes jours.

– C'est de notre faute, je suppose ? que dit mon père.

le tire par le bras, ma mère : cette peur qu'elle a que mon père fasse ces quelques pas vers moi et me frappe au visage :

– Viens-t'en, que dit ma mère. Tu vois bien que ça ne sert à rien de lui parler.

– Je vais quand même ajouter une dernière chose, que dit mon père. Sois certain que si tu reviens à la maison, tu ne trouveras rien d'autre que la porte barrée et que ça sera définitif!

se laisse entraîner par ma mère vers la porte de la chambre et disparaissent ainsi tous les deux dans le corridor – attendre qu'ils se rendent au stationnement de l'hôpital et montent dans la vieille ford vert bouteille puis, ma valise prise de la main droite et le bout de ma canne dans la main gauche, je sors à mon tour de la chambre – j'aurais bien voulu saluer les camarades avant de m'en aller, mais les bonnes sœurs, pour que je ne devienne pas un mauvais exemple pour eux autres, les ont tous rassemblés dans le petit gymnase que les portes vitrées ont été obstruées avec de grands morceaux de carton; dans le corridor et dans l'ascenseur, je ne verrai personne non plus, et ça sera pareil au rez-de-chaussée : simple coïncidence ou signe que je suis vraiment maudit comme mon père n'a pas cessé de me le rabâcher pendant notre affrontement? –

ça me fait quand même du bien de me retrouver dehors, de voir le soleil, les nuages, les arbres, la rue sherbrooke, les voitures qui passent vite dessus, d'entendre des voix qu'on dirait que ça chante dedans plutôt que celles criailleuses des bonnes sœurs, ou rudes des ergothérapeutes allemandes et nazies, ou désespérées des malades quand on force leurs muscles atrophiés – ça fait du bien aussi de respirer pour vrai de l'air qui ne sort pas tout drette de l'alcool à friction, des chaudières pour les pansements kenny, des désinfectants et des puantes bouteilles de médicaments liquides! –

ME DISAIS :

je suis vivant, je suis toujours vivant, et c'est parce que
j'aime par-dessus tout la vie que je vais le rester encore longtemps même si ça ne doit être que dans la fureur et l'obscénité, il y a tant à dire parce qu'on nous a forcés à rester muets,
on ne voulait pas que ça explose de l'extérieur, même pierre
bourgault et son parti indépendantiste sont voués à rester
marginaux : ne sont pas assez forcenés, leur manque ce courage qui fait que l'engagement est en même temps moyen et
finalité, indissociable c'est l'un de l'autre, l'idée de meurtre
ne doit pas rester une idée, elle doit devenir une lance
empoisonnée au curare, elle doit frapper partout, chez
tous ces sales bourgeois que l'ambition a pourris, chez tous
ces sales anglais qui, retranchés dans leur rhodésie du grand
morial, ne veulent pas savoir que la liberté ce n'est pas qu'à
eux autres qu'elle appartient, mais qu'elle doit devenir
l'habitation de chacun : mettre le feu chez tout ce monde-
là pour que la vie puisse renaître autrement, pour qu'en
dépit des manquements et des infirmités elle produise enfin cette beauté toute nue parce que souveraine, la beauté
toute nue du droit et la beauté toute nue de l'émotion – et
s'il faut que j'écrive jusqu'à quatre-vingt-dix ans, s'il faut
même que j'apprenne à aligner des phrases de la main
droite, je le ferai parce que ça doit se faire, comme kafka
s'y est entêté malgré la tuberculose qui le minait :
« Le problème moral, a-t-il écrit à Max Brod, est peut-
être la dernière chance, ou plutôt pas même la dernière,
c'est le sang qui est la première et la deuxième et la dernière ; il s'agit de savoir combien il y a là de passion, combien de temps il faut pour que le cœur à force de battre
amincisse assez ses cloisons, si toutefois le cœur n'est pas
devancé par les poumons » –

la cadillac du gros pharmacien monte l'allée bordée de faux peupliers et s'arrête devant l'espèce de parvis sur lequel je me tiens, ma valise à la main droite et le bout de ma canne dans la main gauche – la mère de judith descend de la cadillac, un petit bouquet de lys chinois comme plaqué sur sa poitrine : comme toujours, la mère de judith est resplendissante : bouche rieuse, joues rieuses, yeux rieux, longue chevelure rousse rieuse, comme ça fait du bien de voir tout ça s'approcher de moi, comme ça fait du bien à mon corps quand ça m'effleure, puis me serre, puis m'embrasse : sur cette espèce de parvis de l'hôpital pasteur, je resterais au moins jusqu'à demain dans les bras de la mère de judith tellement ça réconforte tant de sang chaud si offrant – dans la cadillac, le gros pharmacien s'impatiente, il appuierait bien sur le klaxon pour nous le faire savoir, mais ici il n'est pas dans son royaume mafieux de morialmort, il est devant un hôpital, ce qui le force à la discrétion : d'une pichenette, se contente donc d'envoyer rouler sur l'asphalte le long cigare qu'il a à peine entamé, puis fait démarrer le moteur de la cadillac – je voudrais m'asseoir sur le siège de derrière, mais la mère de judith insiste pour que je prenne place entre elle et le gros pharmacien (((((johnny cash chante à la radio, c'est déjà mieux que jean lalonde, michel louvain ou willy lamothe que mes parents, mes frères et mes sœurs tripent fort sur eux autres))))) – j'apprécie surtout le fait que la cadillac est décapotée, que le gros pharmacien a le pied pesant et qu'ainsi, ce n'est pas parlable dans la voiture –

dès que nous entrons dans la maison de la rue drapeau, la mère de judith m'invite à passer au salon avec le gros pharmacien : trois coupes et une bouteille de champagne dans un seau dont les glaçons ont presque tout fondu nous y attendaient ; le gros pharmacien va faire sauter le bouchon, verser le champagne dans les verres, puis la mère de judith frappe sa coupe contre la mienne :

– Je suis heureuse que tu sois avec nous, qu'elle dit. Je suis heureuse de t'accueillir comme le fils que j'ai toujours rêvé d'avoir et que je n'ai pas eu bien que j'en aie mis un au monde. Tu seras un écrivain célèbre, je n'en doute pas. Mais pour que tu puisses l'être selon ton ambition, il faut d'abord que tu prennes soin de ton corps. J'ai pris rendez-vous pour toi à l'Institut de réhabilitation. Comme c'est au bout du monde, quelqu'un viendra te prendre tous les matins et te ramènera après tes séances de thérapie.

– J'aimerais mieux m'y rendre en autobus, que je dis.

– Oublie ça, que dit le gros pharmacien. Cinq changements d'autobus, deux heures de voyagement seulement pour l'aller, moi c'est ce que j'appelle une perte de temps. Vaut mieux que ce temps-là, tu le prennes pour lire et pour écrire, et d'autant plus, m'a dit mon frère, que le magazine *Perspectives* t'a déjà commandé un article.

– Pour ce que je pense, ça ne change rien : je tiens par-dessus tout à ma liberté.

– Qu'on te donne un petit coup de pouce ne remet nullement en cause ta liberté, que dit le gros pharmacien.

– Je ne veux rien devoir à personne non plus, que je dis.

– Et tu ne nous devras jamais rien non plus, que dit le gros pharmacien. Là-dessus, tu pourras toujours dormir sur tes deux oreilles.

– Je suis fatigué, que je dis. Ça chambranle dans mon corps à cause du champagne. J'aimerais aller me reposer en bas.

– Ça va de soi, que dit la mère de Judith. Je t'accompagne.

nous descendons au souterrain et je fais de grands yeux quand je vois qu'on en a fait un studio : plus de cloisons, plus de planches mal embouvetées, plus de trous dans les murs, plus de crasse : une grande table de pommier au beau mitan du souterrain et, sur elle, une machine à écrire toute neuve ; à son côté, une pile de beau papier comme ceux qu'utilisaient les notaires d'autrefois quand ils voulaient impressionner leurs clients – je n'ose pas dire à la mère de judith que je n'aime pas écrire dans de grands espaces, que j'ai besoin de m'enfermer comme un moine trappiste dans sa cellule, comme le marquis de sade emprisonné à la bastille : je m'applique mieux quand je me sens serré dans mes entournures, les distractions ne viennent pas me perturber, les mots ne peuvent pas fuir, ils restent au ras du papier comme des oiseaux qui s'y colleraient les pattes –

– Ça te plaît ? que dit la mère de Judith.

– Je me croirais chez Henri Troyat dont j'ai vu le bureau où c'est qu'il travaille, que je dis.

me laissant entraîner vers l'entrée nord du souterrain, j'ouvre la porte qui y mène : rien a changé ici-dedans, les murs sont toujours lambrissés de canettes de bière et le plancher peint des restes de canisses de peinture qu'on a négligemment versés dessus : une toile automatiste sur laquelle se laissent reconnaître des semblants de visages, des semblants de bêtes sauvages, des semblants de portes et de fenêtres :

– On n'a pas touché à cette partie-ci du souterrain, que dit la mère de Judith. Quand on la restaurera, ce sera selon ce que tu voudras qu'on en fasse. En fait, seul le lit a été modifié : ton médecin à l'hôpital Pasteur nous a dit que pendant quelque temps encore, c'était souhaitable que tu dormes sur un panneau de bois, avec des sacs de sable sur tes jambes. Est-ce que ça te convient, pour le moment, je veux dire ?

pour toute réponse, je prends la mère de judith dans mes bras, je la serre fort contre moi, puis je l'embrasse dans sa longue chevelure rousse –

– Je... je vous aime bien, que je dis.

me sourit, ses grands yeux jaunes pleins de lumière, puis s'en va – moi, je m'assois sur le bord du lit, j'y dépose la canne qui n'a pas quitté ma main gauche depuis ma sortie de l'hôpital, puis je défais l'attelage qui m'emprisonne l'épaule et le bras gauches : ça tombe aussitôt le long de mon corps et j'aurais beau faire des efforts surhumains, les nerfs et les muscles n'arriveraient même pas à soulever mon bras pour qu'il forme au moins un angle droit avec mon corps ; c'est comme si je m'en rendais compte pour la première fois : à l'hôpital pasteur il y en avait tant de pareils à moi, mal pris dans leurs corps, que j'ai fini presque malgré moi à croire qu'il en est ainsi partout ailleurs, que sur la rue sherbrooke et la rue saint-denis déambule un peuple affligé de toutes sortes d'infirmités – mais me retrouver seul dans cette chambre lambrissée de canettes de bière, ça me dit jusqu'à quel point je suis devenu anormal et pour ainsi dire unique dans ce qui s'est atrophié de mon corps – m'allonger sur le panneau de bois ; si le désespoir avait un sens pour moi, je sombrerais dedans et je n'en remonterais plus jamais – respirer profondément, chercher après les odeurs de judith dont il doit bien rester quelque chose dans la chambre, mais ça ne sent que le bouquet de fleurs de fin d'été qu'on a mises dans un grand vase au pied de mon lit : j'aimerais bien le sortir d'ici pour que les odeurs de judith me reviennent, sauf que ma fatigue est telle que je n'arrive pas à me mouvoir : fermer les yeux, me dire que kafka devait vivre bien pire au sanatorium de jungborn et que, malgré tout, il restait tourné du côté de la vie : se dresser, bondir, terrasser, n'est-ce pas encore là la meilleure forme de l'attaque, comme l'écrivent tous les correspondants de guerre ? – je le pense sans aucune tristesse ; d'ailleurs, je ne suis jamais essentiellement triste : faut être capable de s'ensorceler soi-même si on veut obtenir quelque chose qui aille plus loin que le quotidien et ses avatars – (((((bref, je devrai me satisfaire de ma vie ici-dedans))))) –

ne pourrai pas dormir cette nuit, ça se rêverait tout de travers en moi, rien que des débris, tête de cochon qu'on saigne, jambe amputée à hauteur de cuisse, oreilles coupées, crâne qu'on scie de part en part, amourettes nauséabondes : me dresser plutôt, bondir, terrasser, car je dois suivre l'exemple de kafka, je dois refuser d'être essentiellement triste, et ensorceler ! – me redresse sur mon panneau de bois, y mets ma valise et l'ouvre : mon calepin et l'enveloppe d'arnold cauchon sont sur le tas de linge : m'en emparer et me rendre jusqu'à la table, ce qui paraît plus simple à dire qu'à faire : sans mon attelage, j'ai l'impression qu'en plus d'être inutile le côté gauche de mon corps a besoin que le droit lui porte secours pour que je ne perde pas l'équilibre ; vers la table, je marche à petits pas en gardant mon corps aussi raide que je peux, comme un pingouin je me sens, qui se méfie de la glace vive sur laquelle il déambule – quand je m'assois enfin sur la chaise devant la table, je suis aussi épuisé que si j'avais couru le marathon de boston, mon cœur bat furieusement et tremblent mes extrémités de pieds et de mains ; je ne veux pas que la panique me prenne et fasse de moi un hystérique : je respire donc profondément plusieurs fois, la tête renversée par derrière en essayant de ne penser qu'à judith même si, à l'exception de ses grands yeux violets, je n'arrive déjà plus à me souvenir de son corps, je veux dire : les formes de judith restent floues et pires que floues : si je mettais réellement la main dessus, elles s'enfonceraient au travers de mes nerfs et de mes muscles sans rencontrer de résistance, comme un poulet évidé que les doigts traversent de bord en bord –

ai relu ce que j'ai déjà écrit sur l'hôpital pasteur et je n'aime rien des mots que j'ai mis sur les lignes de mon calepin : c'est mou de veau, ni chèvre ni chou, c'est fait pour attirer la pitié sur soi, ça ne provoque rien, ça ne se dresse pas, ça ne bondit pas, ça ne terrasse pas, ça n'attaque pas – faut que je déchire tout et que je recommence (((((les premiers vrais mots sont difficiles à faire venir, non pas parce que j'ignore ceux que je dois utiliser et comment je dois les utiliser : c'est ma main gauche qui me pose problème ; quand elle ne tressaute pas pour tracer d'infâmes barbots sur la feuille de papier, ce sont mes doigts qui deviennent gourds, et j'en échappe mon stylo feutre bleu – ma main droite doit donc me tenir le poignet et, après chaque mot écrit, elle est forcée de faire légèrement avancer ma main gauche sur le papier))))) – je ne suis pas habitué d'aller aussi lentement, et mon esprit non plus : quand la pensée vient, ça doit être comme une coulée de lave, comme une tornade, comme l'éclatement d'un barrage ; ça doit être inattendu, fulgurant, et tout emporter sur son passage : les tortues ne font pas de bons totems ni de bons talismans d'écriture, les escargots et les limaces non plus –

cette solution, peut-être : écrire pour ainsi dire dans ma tête un paragraphe, puis le transcrire machinalement sur le papier ; ça demande davantage de concentration, mais ça a aussi son avantage, les phrases n'ont plus besoin d'être retouchées, corrigées ou raturées, elles arrivent dans une forme définitive, comme autant de petites sculptures ciselées à jamais –

quand il ne restera plus de nuit au-dedans de morialmort, forcée à s'escamoter par la montée du soleil, mon article pour *perspectives* sera rendu dans ses grosseurs et moi, je n'aurai plus que la force de ramper jusqu'à mon panneau de bois et m'y étendre : l'écriture et la nuit m'ont pris pour saint sébastien et m'ont planté dans l'épaule et le bras gauches une multitude de flèches aux pointes faites comme des hameçons, de sorte que malgré tous mes efforts je suis impuissant à les retirer de mes nerfs et de mes muscles (((((est-ce que ça va se passer de même chaque fois que je vais mettre quelques heures à écrire et si ça doit être le cas, comment pourrais-je écrire des romans en y travaillant toute la journée et peut-être même toute la nuit comme je faisais avant que ne me frappe la poliomyélite ?))))) –

à force de me concentrer, je finis par m'assoupir et les clous que je cogne brisent les flèches enfoncées dans mon épaule et mon bras gauches ; puis, je me redresse sur mon panneau de bois, je m'assois du mieux que je peux en me servant du ciel de lit comme appui : quand je ne dors pas vraiment, je suis incapable de rester allongé : ce sentiment qu'on me met de grosses pierres sur la poitrine, j'angoisse, j'étouffe, je panique et j'exploserais si je ne me relevais pas pour que les grosses pierres déboulent du panneau de bois – je pense à ces treize jours que j'ai passés dans le coma, j'essaie de traverser cette lumière noire qui me détient : quelque part, il doit bien y avoir un trou de clarté grâce auquel je pourrais savoir pourquoi les grosses pierres s'empilent sur ma poitrine dès que je me retrouve allongé ; j'ai beau jouer à l'explorateur, je ne fais que me perdre dans le noir de mon coma : aucune forme ne s'y présente, aucune voix ne s'y fait entendre, aucun souvenir ne s'y gîte : (((((de la grande noirceur partout))))) –

une odeur de cigare me ramène à la réalité : le gros pharmacien est à côté de mon lit, me regarde, puis regarde la table sur laquelle j'ai laissé mes papiers :

— Je trouvais que tu as l'air de quelqu'un qui a passé la nuit sur la corde à linge, que dit le gros pharmacien. Je sais maintenant pourquoi. Heureusement que tes séances d'ergothérapie ne commencent que demain à l'Institut de réhabilitation parce que si c'était aujourd'hui, on te retrouverait à l'urgence de l'Hôpital Pasteur, pas au gymnase.

je ne suis pas intéressé à entretenir la conversation sur ce sujet-là avec le gros pharmacien :

— Je voulais terminer mon article pour *Perspectives*, que je dis. Je dormirai aujourd'hui. Je n'ai rien d'autre à faire de toute façon.

je m'informe de la mère de judith : pourquoi c'est le gros pharmacien qui se trouve là, à côté de moi, à tirer sur son cigare, plutôt que la mère de judith ? –

— Elle travaille, que dit le gros pharmacien. Elle commence toujours très tôt le matin. Elle pourrait profiter de tout ce que je suis, mais c'est une femme vaillante qui a besoin d'agir par elle-même pour se sentir bien dans sa peau. Faut dire qu'avec le mari qu'elle avait, si fainéant et si soulon, elle n'avait guère le choix.

le gros pharmacien jette un coup d'œil aux canettes de bière qui tapissent les murs, regarde la porte et le plancher peinturés de toutes sortes de couleurs, puis ajoute :

— Tout le reste du sous-bassement a été restauré pendant que tu étais à l'hôpital, tout y est propre et lumineux. C'est quoi l'idée de t'enfermer ici-dedans ?

— Ça me convient, que je dis. Pas d'autre raison.

je pourrais apprendre au gros pharmacien que c'est la première fois que j'ai une chambre à moi, que peu m'importe qu'elle soit délabrée, basse de plafond et sombre : au moins je n'y couche pas à cinq ou six avec mes frères comme c'était le cas rue monselet ; pour écrire sans être dérangé, ici-dedans je n'ai pas besoin de me réfugier sur un balcon, de m'asseoir sur un coffre qui sert de poubelle et d'entendre les cris, les rires et les pleurs des enfants qui jouent dans la ruelle (((((si on a trop d'espace devant soi, les mots fuient dedans plutôt que de s'inscrire sur le papier, ils laissent plein de blancs entre les phrases, et ça devient difficile de les combler parce que la pensée n'aime pas revenir en arrière : une fois la flèche lancée, elle doit filer drette vers la pomme que toute personne et que toute chose ont sur la tête, elle doit entrer avec force dedans et la faire éclater pour qu'apparaisse la métaphore dans toute son incandescence, dans toute sa surréalité mise à nue))))) –

– Ton petit déjeuner est sur la table dans le studio, que dit le gros pharmacien. Passe la journée bonne.

j'ai faim, mais l'énergie me manque encore pour m'asseoir sur le bord de mon panneau de bois et mettre à mon épaule et à mon bras gauches leur attelage : toute cette partie-là de mon corps me démange, comme si les nerfs et les muscles s'étaient transformés en bois de pin pourrissant et que dedans, les fourmis charpentières s'en donnaient à cœur joyeux –

ME DISAIS :

je suis vivant et c'est tout ce qui importe, je suis libre et c'est encore tout ce qui importe ; je n'ai pas à me presser, puisque je suis désormais incapable de faire vite ; j'apprendrai à réfléchir autrement, à lire autrement aussi pour que ma pensée ne se fasse pas zigzags, pour qu'elle ne se perde pas en route, mais aille tusuite là où je veux qu'elle me porte : le temps ainsi économisé, je le mettrai à écrire plus

longtemps – et puis, mon cerveau finira bien par contrôler ces nouveaux automatismes qui permettront à ma main
gauche d'augmenter graduellement la cadence et sans que
ma main droite soit obligée de lui servir de support : je
suis vivant et c'est tout ce qui m'importe, je suis libre et
c'est encore tout ce qui m'importe –

le simple fait de mettre l'attelage à mon épaule et à
mon bras gauches me demande tant d'effort que j'en sue
abondamment ; c'est pareil pour me rendre de la chambre
au studio : quand je m'assois à la table, c'est encore comme
si je venais de faire le tour de france sur vélo ou que les
russes m'avaient mis dans un spoutnik pour me lancer loin
dans le cosmos ; l'impression de peser deux tonnes, avec
les nerfs et les muscles de ma figure qui s'étirent désastreusement vers le bas – vite ! – boire ce café qui me redon-
nera un semblant d'allure ! (((((mais encore faut-il que je
puisse arriver à le verser de la cafetière dans ma tasse, et
ma main droite est si malagauche qu'il y aura bientôt plus
de café sur la table que dans la tasse ; et ça va trembler
tellement quand je vais porter la tasse à mes lèvres que je
devrai me contenter d'un semblant de licherie))))) –

ME DISAIS :

t'es vivant et c'est tout ce qui t'importe ; t'es libre et
c'est encore tout ce qui t'importe : même si tu n'avais plus
que la tête hors de l'eau à cause du pigras que tu fais, tu
serais encore vivant et c'est tout ce qui importe ; tu serais
encore libre et c'est encore tout ce qui importe – pour
manger tes œufs sur le plat, t'as qu'à baisser la tête, qu'à

pencher l'assiette juste ce qu'il faut pour qu'en ouvrant la bouche, tu puisses gober la nourriture; dis-toi bien que ça pourrait être pire, par exemple: s'il n'y avait rien dans ton assiette ou s'il y avait une grosse pièce de viande qu'il te faudrait dépecer avec tes doigts –

si j'oblige mon esprit à faisander ainsi, c'est que je ne veux pas penser à judith et au ressentiment que j'éprouve par-devers sa trahison (((((car pour moi sa fuite aux états-unis et la recherche de son frère ne sont qu'un stratagème inventé de toutes pièces: me donner espoir pour que la rupture me fasse moins mal – alors que c'est précisément ça qui fait mal, ce doute que je reste pris avec bien que je sache qu'il n'a rien de positif, comme quand kafka a attrapé la tuberculose: « Après le premier examen, j'étais presque en parfaite bonne santé, disait-il; après le deuxième, c'était encore mieux, plus tard il y a eu un léger catarrhe bronchique à gauche, plus tard encore une tuberculose à droite et à gauche, mais qui guérira complètement et vite à prague, et maintenant pour finir, je puis un jour, un jour, espérer sûrement un progrès; c'est comme si le médecin avait voulu me cacher avec son large dos l'ange de la mort qui se tient derrière lui »))))) – l'ange de la mort, il passe tout le temps au travers de mes yeux depuis que, pour la dernière fois, judith m'a serré dans ses bras sur mon panneau de bois à l'hôpital pasteur –

ai réussi à me rendre jusqu'au comptoir pour y prendre ces torchons afin de nettoyer le pigras que j'ai fait sur et sous la table, si concentré là-dessus je suis que je ne vois pas arnold cauchon entrer dans le souterrain: je ne me rends compte de sa présence que lorsqu'il se trouve devant moi de l'autre côté de la table, les boutons dorés de son costume de hussard tout ruisselants de lumière –

– Mon frère m'a téléphoné pour me donner de tes nouvelles, que dit Arnold Cauchon. Il m'a aussi appris que tu as passé la nuit à écrire et que ton article pour *Perspectives* est terminé. Je peux le lire ?

j'aimerais être capable de me fâcher pour abîmer arnold cauchon de bêtises et le mettre à la porte, car cet homme-là a tout faux, de la tête aux pieds, à l'extérieur de son corps comme à l'intérieur : s'il avait le dos aussi large que celui du médecin de kafka, c'est derrière lui que se tiendrait l'ange de la mort ; mais je suis trop fatigué pour me mettre en colère, les mots que je dirais auraient tant d'accents aigus qu'arnold cauchon ne les entendrait même pas – je l'autorise donc à aller dans ma chambre afin qu'il y prenne l'article que j'ai écrit ; quand il en revient, le tenant à la main, il fait semblant que c'est un éventail et le passe plusieurs fois devant sa figure –

– Des murs bardés de canettes de bière, une vieille moquette qui sent le diable, un semblant de fenêtre qui éclaire autant qu'un soupirail ! que dit Arnold Cauchon. Tu ne devrais pas t'enfermer là-dedans. T'as besoin de lumière, de beaucoup de lumière.

– Cessez de me sermonner comme un vieux curé et lisez donc ce que j'ai écrit, que je dis.

il va passer rapidement au travers de mon texte en tapant légèrement du pied, comme s'il lisait une partition de musique plutôt que de simples mots alignés tout croches les uns après les autres –

– C'est bon, c'est très bon, qu'il dit une fois sa lecture terminée. Je vais dès aujourd'hui aller porter ton texte à *Perspectives*. Ça devrait paraître dans la prochaine édition. Mais ne me remercie pas tusuite. J'ai encore une bonne nouvelle à t'apprendre.

il sort de l'une de ses poches une coupure de journal, mais me laisse à peine le temps d'y jeter un œil –

– Ça sera l'Exposition universelle de Montréal le printemps prochain, que dit Arnold Cauchon. Les Éditions Larousse et Hachette organisent un grand concours littéraire sur le thème de la Terre des hommes, des droits et des libertés. Le gagnant du concours aura droit à un séjour de six mois en France, toutes dépenses payées, y compris le transport pour s'y rendre : l'aller sur Air-France et le retour sur le paquebot *France* jusqu'à New York. On ne peut pas être écrivain si on ne connaît pas Paris.

– J'aimerais mieux aller à Jungborn, quelque part sur la route qui mène à Prague, que je dis.

– Cesse de me niaiser, que dit Arnold Cauchon. C'est sérieux de quoi je te parle !

– C'est sérieux aussi ce dont moi-même je vous parle, que je dis.

– Tu connais Victor Hugo par cœur, que dit Arnold Cauchon. S'il y a quelqu'un qui a défendu les droits et les libertés sur la Terre des hommes, c'est bien lui. Écrire vingt-cinq pages sur un sujet pareil, ça va te prendre trois jours. Et je suis certain déjà que ça sera toi le lauréat.

– Pourquoi ça serait moi plutôt que n'importe quel autre scribouilleur ? que je dis.

– Parce que t'es né sous une bonne étoile et ça ne fera jamais de toi un perdant, même magnifique. Tu mets la main à la roue puis, avec le moindrement de persévérance, tu laisses derrière toi, et loin derrière toi, tous ces faiseurs de mots qui n'ont aucune idée de ce que peut être l'écriture.

– Je n'ai pas mes livres de Hugo ni aucun de ceux qu'on a écrits sur lui, que je dis. Je les ai laissés chez nous quand j'en suis parti.

– Je peux m'occuper de ça, que dit Arnold Cauchon.

– Pas question que vous alliez chez mes parents, que je dis. Les ponts pour s'y rendre, je les ai tous dynamités.

– Comme tu veux, que dit Arnold Cauchon. Mais accepte le fait que quand on écrit, on doit se comporter comme un gouvernement et avoir une politique plutôt que de stériles sentiments. Réfléchis là-dessus. On s'en reparle demain, lorsque je te confirmerai la parution de ton article dans *Perspectives*. Toute mon amitié, mon bon.

il veut m'embrasser, mais je baisse la tête pour que ses lèvres n'effleurent que mes cheveux, puis je le regarde disparaître derrière la porte du souterrain, si excentrique dans son allure que je pourrais croire que je sors une autre fois du coma – les barreaux de la chaise sur laquelle je suis assis me scient le dos, font venir cette douleur qui essaime de mon épaule à mon bras gauche : si je reste ici, les fourmis charpentières vont forer dans mes nerfs et mes muscles, pénétrer loin dedans et dévorer le peu de matière que j'ai encore : me lever tandis que craquent de partout mes articulations, et marcher jusqu'à la chambre lambrissée de canettes de bière, me laisser tomber sur le panneau de bois, le haut du corps soutenu par les gros oreillers – je veux savoir comment kafka s'en tire au sanatorium de jungborn, si sa maladie progresse ou pas et si, par-devers elle, il trouve encore le courage d'en parler avec ironie et humour noir :

« Ma vie est parfaite, dit-il à son ami Félix Weltsch, du moins avec le beau temps que nous avons jusqu'à présent ; sans doute ma chambre n'est pas ensoleillée, mais j'ai une place grandiose pour m'étendre au soleil ; c'est une hauteur, ou plutôt un petit haut plateau au centre d'une vaste cuvette en demi-cercle que je domine ; je suis couché là comme un roi, à peu près à la hauteur de la chaîne de collines qui délimite mon terrain ; avec cela, grâce à la disposition favorable des environs immédiats, c'est à peine si quelqu'un peut m'apercevoir, ce qui est très agréable étant donné l'installation compliquée de ma chaise longue et de ma demi-nudité ; parfois, mais très rarement, quelques têtes oppositionnelles montent sur le bord de mon haut plateau et me crient : descendez de la banquette !, mais les exclamations plus radicales, je ne les comprends pas à cause du dialecte ; peut-être deviendrai-je un jour l'idiot du village, l'actuel, que j'ai vu hier, vit semble-t-il en fait au village voisin et il est déjà vieux » –

(((((me doute bien que si kafka écrit tel qu'il le fait, c'est pour cacher l'angoisse qui le ronge tout rond, comme s'il savait déjà qu'il ne guérira pas de la tuberculose qui va finir par avoir raison de ses poumons ; mais même si je le sais tout autant que lui, ça me fait du bien de lire les lettres qu'il envoie à ses amis, ça me permet de rêver encore aux terres du rang rallonge que mon père a vendues : je m'y vois en train de traire les vaches, de nettoyer la soue de son purin, de labourer le clos des moutons, de faire les foins dans le platin de la rivière boisbouscache, ou bien de la traverser à dos de cheval, mes mains fermées sur les longs poils de la crinière ; mes jambes sont fortes, mes gros mollets musclés font aussi un puissant cheval de moi, ça galope parmi les hautes herbes, les narines écartées, je hennis comme un bronco sauvage, puis me laisse choir sur la grosse roche qui surplombe la boisbouscache : me mettre nu, laisser le soleil me brûler les poils d'humanité, me masturber tandis qu'en bas, les reptiles sortent leur tête écailleuse de l'eau et attendent, gueule ouverte, le long jet de blanc-mange que mon sexuel va projeter vers eux))))) –

je cesse brusquement de me masturber : on frappe à la porte entrebâillée de ma chambre ; je m'abrille le bas du corps d'une couverture, je n'ai pas besoin de dire entrez pour qu'apparaisse encore arnold cauchon, portant une caisse qu'il met sur la chaise devant la table, avant de sortir un mouchoir de son pantalon et de s'essuyer les mains –

– Voilà tes livres de Victor Hugo, qu'il dit. Tu n'as plus d'excuse maintenant pour ne pas participer au concours des Éditions Larousse et Hachette. Fais-moi signe quand tu seras prêt à me donner à lire ton ouvrage.

il va vers la porte, s'y arrête :

– De l'autre côté, il y a quelqu'un qui veut te voir, que dit Arnold Cauchon avant de s'éclipser.

– Je ne veux voir personne, que je dis, bien inutilement parce que ma mère apparaît déjà sur le seuil de la porte, portant cette robe noire à gros pois blancs comme cette seule fois-là qu'elle est venue me rendre visite à l'Hôpital Pasteur.

je ne vois que ses grosses jambes variqueuses aux chevilles enflées et ça s'avance vers mon lit et ça s'arrête à deux pieds de moi et sans que le corps ne se déraidisse, ça me tend la main plutôt que de se pencher vers moi pour m'embrasser, ne serait-ce que du bout des lèvres sur le front – je fais comme si je ne voyais pas la main tendue, je regarde le plafond et les gros spots qui y sont accrochés, tandis que ma mère semble compter combien il a fallu de canettes de bière pour lambrisser les murs de la chambre –

– Je regrette, qu'elle me dit sans me regarder. Je regrette d'avoir laissé le médecin te dire que tu avais du sang de cochon parce que les vaccins ne prenaient pas sur toi. Je regrette aussi de t'avoir souvent accusé d'avoir une tête de cochon parce que tu t'obstinais à écrire de la main gauche. Je regrette. Vas-tu me le pardonner un jour ?

– Non, que je dis.

elle vient pour ajouter quelque chose, mais ne le fait pas : je vois encore ses grosses jambes variqueuses aux chevilles enflées qui s'en vont vers la porte, franchissent le seuil puis, lentement, s'escamotent dans l'espace – j'aimerais juste que ma mère revienne près de moi, je voudrais juste la voir pleurer, ça me ferait du bien que ses fortes épaules tressautent et que tressaillent les muscles de ses mâchoires, ça me ferait du bien qu'elle chiale enfin, ça lui donnerait peut-être les mains qu'il faut pour caresser, juste du bout des doigts ça serait correct, de la tendresse enfin, fleurifleurante sur la peau, se donnant simplement pour le plaisir de se donner, gratuitement, parce que la joie est si éphémère que ça n'a pas de sens, les fois que c'est possible, de faire semblant que la réalité ne s'y trouve pas – (((((cette attitude inforçable de ma mère pour que l'émotion ne l'atteigne jamais, là où la souffrance deviendrait vite insupportable : mais souffrance par-devers quoi ou par-devers qui, je me le demande pour rien étant donné que je ne sais rien de ma mère : pas une seule fois je ne l'ai entendue parler d'elle, de ce qu'elle a vécu dans sa petite enfance, je ne connais aucun portrait de la jeune fille qu'elle a été, je n'ai reçu aucune confidence sur ses premières amours, aucune non plus sur ce qui a bien pu l'inciter à épouser mon père : peur de coiffer la sainte-catherine, de devenir cette vieille fille forcée de servir ses parents jusqu'à leur mort, peur de vivre seule après leurs funérailles dans une maison dont elle n'aurait pas su quoi faire ? (((((le plaisir du sexuel, ma mère n'a jamais su ce que ça peut être : quand il avait un verre dans le nez, mon père le lui reprochait : tu fais de moi un lapin qu'il lui disait, bing et bang, deux petits coups par devant, bing et bang, deux petits coups par derrière, et c'est déjà trop pour toi, tes maudites culottes à grand-manches, avec juste un bouton qui s'ouvre sur une fente pas plus longue qu'un pouce sur un pied-de-roi, pas moyen de chatouiller ça, pas moyen de mettre la tête sur ça et de faire juste sentir, non, non, maudit, bing et bang, deux petits coups par devant, bing et bang, deux petits coups par derrière, et c'est déjà et toujours trop pour toi, maudit blasphème !))))) –

je souris à cause de la frustration de mon père, mais je me renfrogne vite : si ma mère manque autant de chaleur et de tendresse, si elle n'aime pas toucher les autres et être touchée, c'est peut-être que, quelque part dans sa lointaine enfance, elle a été forcée dans le secret de son sexuel, violemment comme font les bêtes en l'état du rut, coups de sabots, ruades, mordées aux cuisses, mordées dans le cou, mordées à l'épaule, puis les cheveux tirés sauvagement par derrière, tandis que s'enfonce profond en soi le gros sexuel étranger –

assez rêvassé pour rien à ma mère – me lever de table, chambranler sur mes jambes puis, mon équilibre retrouvé, mettre les mains sous la caisse de livres de victor hugo ; mais je n'arriverai pas à la soulever et j'aurais dû le savoir avant même de m'y essayer : bien qu'il soit immobilisé dans son attelage, ça ne redonne pas pour autant à mon biceps la force qu'il a déjà eue ; je ne peux même pas me servir de mon bras comme d'un simple appui et si je persiste, je ne réussirai qu'à échapper la caisse et tous les livres de victor hugo vont se retrouver par terre : c'est aussi bien que j'en prenne seulement deux, que j'aille les porter sur la table dans ma chambre, puis que je recommence jusqu'à l'épuisement des stocks comme dirait victor téoli – quand ça sera terminé, j'aurai le bras gauche mort même s'il n'aura fait que suivre la musique tout le temps que ça m'aura pris pour venir à bout du déménagement des victor hugo – je regarde mon panneau de bois, il faudrait que je m'y allonge, juste une heure, mais je n'en ferai rien : si je ne veux pas me mettre à le détester, faut que je continue de me montrer dur par-devers mon corps : même blessé à une jambe, mon grand-père charles continuait pareil à labourer malgré le sang qui coulait dans sa botte (((((ça faisait flic et flac chaque fois qu'il mettait le pied dans le sillon creusé par la charrue, flic et flac, sans répit))))) –

l'un après l'autre, j'ai feuilleté les livres de victor hugo ; en réalité, je n'ai qu'à lire le premier paragraphe de chacun de ses ouvrages, qu'à fermer les yeux pour que ma mémoire photographique me redonne les mots de hugo, ses personnages, leur histoire et ce qui sourd de leur histoire, cette passion pour un pays profondément aimé, mais agui profondément aussi parce que dirigé par des politiciens médiocres, narcissiques, spoliateurs et voleurs : pour ses principes, le droit, la justice, la fraternité et la liberté, victor hugo s'exilera durant dix-neuf ans, mettant au-dessus de tout ce peuple que les gouvernants de la france considéraient comme une machine désâmée à exploiter sans vergogne – j'aime ce hugo de l'exil pour qui toute la vie se résume à un mot : écrire sans relâche, pareil à une fleuve sortant de son lit pour occuper tout l'univers – comme j'aimerais être de même, ce prodigieux saint-laurent débordant de ses eaux, chargé de limon et de varech, cette force implacable capable de rendre fécondes même les terres les plus stériles – (((((aussi : ce dieu vengeur, ce prophète, ce chantre des grands plaisirs auxquels a droit l'humanité))))) –

ME DISAIS:

nous kebekois, nous sommes trop modestes, si long-temps nous nous sommes contentés de faire juste survivre que notre esprit est devenu bas de plafond, nous n'osons pas abattre ces poutres et ces madriers qui nous empri-sonnent, qui nous empêchent d'atteindre à ce niveau de conscience qui nous propulserait, comme le dit pierre bourgault, au cœur même de la liberté : être soi, si totale-ment soi, qu'on devient pour ainsi dire tout le monde, génie d'un peuple réconcilié avec lui-même, habilité à devenir race, peuple et nation, habilité à créer une beauté qui ne serait jamais venue autrement – (((((c'est sur ce thème-là que je vais écrire mon texte sur victor hugo, une vingtaine de paragraphes conçus comme autant de chapi-tres de quelques pages, mais emportés par un fiévreux mouvement, tel celui qui envahissait victor hugo quand il se mettait à écrire, si rapide que trois copistes ne fournis-saient pas à la tâche pour retranscrire ces feuilles qu'il je-tait derrière lui dès qu'une page était pleine de mots))))) –

ME DISAIS:

faut que je dorme un peu maintenant si je veux que mon épaule et mon bras gauches puissent suivre le rythme un brin halluciné que je donne à mes phrases – me man-que la simple énergie qu'il me faudrait pour laisser ma chaise et me rendre jusqu'à mon panneau de bois : j'ap-puie donc du mieux que je peux ma tête au dossier de la chaise, je ferme les yeux et, comme toutes les fois que je ferme les yeux, je m'endors presque aussitôt : je devrais rêver à victor hugo contemplant le vaste océan qu'il voit de son belvédère de guernesey, mais c'est ma mère qui fait irruption dans mon sommeil : elle est devenue une très vieille femme dont le corps est comme momifié tellement ont fondu la graisse, les nerfs et les muscles ; elle vit dans un logement insalubre, même pas chauffé malgré qu'on soit dans le plein de l'hiver de force ; même la porte ne ferme qu'à moitié, la neige ayant glacé sur le seuil – mes frères et mes sœurs me téléphonent, parce que ma mère refuse tous de les voir et me réclame auprès d'elle ; je ne veux évidemment pas lui rendre visite et j'essaie de fuir dans cette savane marécageuse qu'il y a à proximité de la maison des trois-pistoles – mais peu importe la direction que je prends, je me retrouve toujours devant ce logement qui a l'air d'un pain de glace au milieu des grands cèdres givrés – je devrai entrer dans ce pain de glace ; muni d'une lourde hache, je vais libérer la porte entrebâillée en fracassant le verre qui l'obstrue – tourne en rond ma mère dans le logement, toute nue, et grelotte, et balbutie : viens me réchauffer, toi seul peut le faire ; viens, bibi, j'ai besoin que tu me touches et j'ai besoin de te toucher aussi, viens, mon bibi, viens vite si tu ne veux pas que je meure – (((((non, que je dis, c'est trop tard))))) – pardonne-moi, le ciel me sera interdit si tu ne me pardonnes pas – (((((non, c'est trop tard pour ça aussi, que je dis))))) – et je reste là sur le seuil de la porte, à regarder ma mère devenir glaçon, et je reste là encore sur le seuil de la porte, à regarder ma mère se défaire, à la regarder s'effriter, et ça ne me fait rien : pour ma mère, je n'ai jamais eu de cœur –

dans mon sommeil, cette main qui se pose sur la mienne, avec une douceur telle que ça ne peut être que celle de judith ; je porte cette main-là à ma bouche, je l'embrasse :

– T'es enfin de retour, que je dis. Allonge-toi à côté de moi, faisons l'amour. Ça me manquait tellement depuis ton départ.

un grand éclat de rire me sort de mon rêve : c'est la mère de judith qui est à mon chevet et qui s'amuse, sans doute parce qu'elle a vu mon sexuel se dresser et que peut-être même elle l'a effleuré quand ma main a voulu entraîner la sienne vers lui –

– Je m'excuse, que je dis en me redressant sur mon panneau de bois. Je pensais à Judith, je croyais qu'elle était revenue des États-Unis.

– Ne t'excuse pas, que dit la mère de Judith. J'ai été jeune moi aussi. Je sais comment c'est. Prépare-toi plutôt. Tu dois te rendre à l'Institut de réhabilitation et la voiture qui doit t'y mener est déjà devant la porte.

– J'ai dit que je préférais y aller en autobus, que je dis.

– Pas aujourd'hui, que dit la mère de Judith. On verra plus tard si ça doit changer.

j'enfile mes vêtements le plus rapidement que je peux, j'assujettis l'attelage à mon épaule et à mon bras gauches, je monte les marches qui me conduisent du souterrain aux grands cèdres de la rue drapeau, puis j'embarque dans la grosse voiture noire, à côté du chauffeur, italien comme l'est victor téoli, mais qui ne s'intéresse guère à la littérature, pas plus qu'à moi d'ailleurs : ses mains gantées vissées sur le volant, le chauffeur regarde drette devant lui, les muscles de ses mâchoires contractés : l'air d'un taureau enragé qui se prépare à foncer vers la cape rouge du toréador – j'ouvre le kafka que j'ai apporté avec moi, je lis :

« Cher Max, au fond j'ai toujours été étonné que tu aies eu cette parole pour moi et d'autres : "Heureux dans le malheur", et cela à titre non pas de constatation ou de regret ou à l'extrême rigueur d'avertissement, mais de reproche : ignores-tu donc ce que ça signifie ? C'est probablement avec cette arrière-pensée, qui contient bien entendu en même temps le "malheureux dans le bonheur", qu'on a marqué du signe le front de Caïn ; lorsque quelqu'un est "heureux dans le malheur" ça signifie d'abord qu'il a cessé de marcher du même pas que le monde, ensuite que tout ce qu'il a lui est tombé ou lui tombe en morceaux entre les mains, qu'aucune voix ne l'atteint plus sans se briser et que, par conséquent, il n'en peut suivre aucune sincèrement » –

(((((kafka se trouve alors au sanatorium de zürau et passe ses journées à se laisser gaver de lait caillé et à faire la sieste dans un vieux et vaste fauteuil rembourré, avec deux tabourets posés devant : « Cette combinaison est excellente, dit-il, puisque je n'ai pas besoin de couvertures, car pourquoi m'envelopper ? Ne suis-je pas au soleil, en regrettant de ne pas pouvoir ôter le pantalon qui a été ces jours-ci mon unique vêtement ? Ceci seulement est sûr : il n'y a rien à quoi je me confierais avec un abandon plus total qu'à la mort »))))) –

me trouve maintenant dans cette chambre à l'institut de réhabilitation où je vais passer trois heures allongé sur une table, avec deux ergothérapeutes qui qualifient et quantifient la force de chacun des muscles de mon corps – me dis que je réussirai là où kafka a échoué, puisque je ne m'abandonne pas à cette mort qu'il appelait quand l'assaillait le découragement – moi, je ne suis pas découragé : du moment que la mort ne dégage pas d'odeurs nauséabondes et qu'elle me permet de penser à victor hugo et au petit essai que j'écris sur lui, on peut bien faire ce qu'on veut de mon cadavre, je n'éprouve aucun sentiment par-devers lui –

de toute façon, la mort est rusée, te prend, te délaisse, te mamoure, puis rompt avec toi, elle est comme judith qui se laisse prendre et se déprend ensuite et quand ça lui chante : deux grands yeux violets au travers lesquels tu fais surface, ou sombre, dévoré par la lumière ou la dévorant, puisque le coma ça n'a rien d'une profondeur ni d'une étendue, juste un trou de ver indéfini dans l'espace-temps, là où matière et antimatière ne sont plus mesurables, de la vie peut-être, de la mort sans doute, comme quand victor hugo s'adonnait au jeu des tables tournantes, happé par l'une ou l'autre des dimensions secrètes de l'univers –

à l'institut de réhabilitation, les dimensions secrètes de l'univers sont nombreuses aussi : l'examen de mes muscles terminé, j'ai droit à une collation – biscuits, jello, café –, puis je me laisse mener à cette autre chambre où l'on arrive après avoir emprunté une série de corridors si dissemblables que dédale et son fils icare ont dû en être les auteurs – la chambre du minotaure ressemble à une salle de jeux pour enfants : c'est plein de petits objets en forme de cubes, de ballons, de clefs anglaises, d'haltères et de sacs de sable ; sur les murs sont accrochés des panneaux troués, avec des espèces de longues vis qu'il faut insérer dedans ; durant une heure, je vais devoir me mettre à quatre pattes, m'agenouiller et me redresser, selon que je lance un sac de sable, joue avec un ballon ou essaie d'entrer les vis dans les panneaux troués ; malgré l'attelage qui est sensé faciliter la tâche aux muscles de mon épaule et de mon bras gauches, je manque nettement d'adresse : le sac de sable n'entre jamais dans l'ouverture indiquée, le ballon va partout sauf là où il le devrait, les panneaux manquent de trous pour que je puisse mettre les vis dedans – je ne me rendrai même pas à la limite du temps qui a été fixé pour mes exercices : après trois quarts d'heure, mon bras gauche est mort, mon cerveau ne répond plus et mon linge de corps est tout mouillé tellement je transpire –

– Six mois, que me dit l'une des ergothérapeutes. Six mois et vous ferez à peu près n'importe quoi avec votre épaule et votre bras gauches. On renforcera aussi le côté droit de votre corps pour qu'il puisse mieux prendre la relève de vos muscles gauches atrophiés.

– Ça ne guérira donc jamais ? que je dis.

– Ça sera long avant qu'on le sache, que dit l'ergothérapeute. Si vous voulez, je vous explique.

je ne laisserai pas le temps à l'ergothérapeute de le faire : tout ce que je veux, c'est de me retrouver dehors, loin de ce labyrinthe au milieu duquel grogne un minotaure infirme qui se déplace avec des béquilles en fer, son corps prisonnier de toutes sortes d'attelages aux ganses de cuir qui brillent même dans l'obscurité à cause des rivets dorés les traversant de part en part ; ça ne m'intéresse pas de devenir comme lui, avec les seules odeurs de la mort pour me tenir compagnie : moi, je veux vivre, je veux mettre au pas la muraille noire d'antonin artaud, je veux mettre au pas les déplacements de l'interne liqueur, le monde des larves invertébrées d'où se détache la nuit sans fin des insectes inutiles : poux, puces, punaises, moustiques, araignées, tout cela se produit parce que le corps de tous les jours a perdu sous la faim sa cohésion première, parce qu'il perd par bouffées, par montagnes, par bandes, par théories sans fin, les fumées noires et amères des colères de son énergie : je suis antonin artaud, je suis bibi beauchemin et je pourrai le dire comme je sais le dire – immédiatement vous verrez mon corps actuel voler en éclats et se ramasser sous dix mille aspects, un corps où ne vous pourrez plus jamais m'oublier, tel celui de victor hugo, un corps de gloire qu'il a travaillé toute sa vie, comme un gigantesque bloc de marbre sculpté sans fin par cet autre génie (((((rodin))))) –

c'est ce que j'essaie de dire en d'autres mots à la mère de judith et au gros pharmacien dans ce salon où nous sommes assis – ces odeurs de liqueur de framboise et ces odeurs du cigare que mâchouille le gros pharmacien, je voudrais boire et je voudrais fumer aussi, mais ça serait faire le contraire de ce que je prétends, ça envenimerait mon corps, ça le mettrait hors de portée de la gloire, non celle qui te vient du regard de l'autre, mais au travers de ton propre œil, seul capable de mesurer ce que tu es et pourrais être –

– Que tu ne veuilles plus des soins de l'Institut de réhabilitation, c'est ta décision et je la respecte, que dit le gros pharmacien. Mais tu as besoin de renforcer ton corps. Si tu passes tes journées assis devant une table à écrire et à lire, tu vas finir par manquer d'air et cette fois-ci, ça pourrait être définitif.

– J'ai rapporté avec moi le cahier d'exercices de l'Institut de réhabilitation : rien là-dedans que je ne peux pas faire par moi-même, que je dis.

la mère de judith vient vers moi, m'embrasse sur le front, passe sa belle main de vamp du cinéma dans mes cheveux :

– T'es comme mon fils, qu'elle dit. Je ne veux que du bonheur pour toi et si tu pouvais partager celui qui m'habite, je serais une femme et une mère comblée.

je n'ai même pas bu la moitié de mon verre de liqueur de framboise et la tête me tourne déjà ; avant que ça n'atteigne le côté gauche de mon corps, il vaut mieux que je déguerpisse du salon, sinon j'aurai besoin d'aide pour me rendre à ma chambre dans le souterrain, et ça sera pour me laisser tomber sur mon panneau de bois plutôt que d'écrire ce texte sur victor hugo – ce n'est pas le fait de séjourner en france durant six mois qui m'excite le poil des jambes : j'ai l'esprit de compétition et quand je m'engage en quelque chose, je le fais pour gagner ; je n'ai pas l'esprit olympique, je ne crois pas au plaisir qu'on peut avoir à simplement participer : il faut écraser l'adversité, il faut écraser l'infâme comme disait voltaire, ne faire quartier à personne pour y arriver, même pas à soi-même ; c'est en travaillant ainsi, forcené, enragé, belliqueux, qu'on finit par triompher (((((que la chose s'avère dans les minutes qui viennent ou après cinquante longues années de labeur forcené, quelle importance quand, comme moi, on ne croit pas au temps ni à ce qu'on appelle la simple réalité ?))))) –

ainsi je ne lis pas victor hugo comme peut le faire n'importe quel lecteur : je ne suis pas très sensible aux histoires qu'il raconte ni même aux personnages auxquels il donne vie – c'est le mouvement de son écriture qui me fascine, ce flux inépuisable d'un homme qui ambitionne d'être le plus grand de tous et qui y parviendra au terme de dix-neuf ans d'exil durant lesquels, face à l'océan sur l'île de guernesey, il sera à peine un corps, embrasé par une incandescence de mots conçus comme les innombrables pièces pyrotechniques d'un fulgurant feu d'artifice au-dessus de tout l'occident (((((cette écriture multiforme et perpétuelle protège hugo de la maladie parce qu'il n'y a pas de trous entre lui et l'espace, pas de trous entre son corps de gloire et le corps de gloire du monde – s'il avait moins écrit, il aurait dû s'interroger et quand on s'interroge (((((l'exemple d'artaud est là pour le démontrer))))), on devient la proie des accapareurs, des profiteurs, des initiés, des initiateurs, des cuistres et autres souteneurs d'une conscience perpétuellement infantilisée))))) –

je besogne donc durement sur mon texte : j'ai oublié qu'il ne doit pas avoir plus d'une vingtaine de pages et j'en suis rendu à la cent-cinquantième quand je m'en rends compte – je vois tomber la neige malgré les canettes de bière qui obstruent la fenêtre : je n'ai pas vu le temps passer, pas vu que l'hiver de force nous est déjà tombé dessus parce que je ne faisais qu'aligner des mots en forme de pattes de mouche, je ne suis guère sorti de ma chambre, encore moins du souterrain qui est plein d'appareils que le gros pharmacien y a fait apporter pour que je puisse faire de l'exercice : une bicyclette stationnaire, un tapis roulant, une série d'haltères et une dizaine d'autres instruments de torture que je n'ai même pas sortis de leurs caisses : pédaler ou marcher sans que ça s'en aille quelque part étant le maximum que je peux tolérer, et même pas tous les jours (((((la chance que j'ai, c'est que la mère de judith et le gros pharmacien n'en savent rien : ils sont partis vers la floride et n'en reviendront que dans les aveilles de noël ; tous les trois jours, l'une des sœurs de la mère de judith, qui ne veut pas se faire appeler autrement que la grosse aiguille, m'apporte de la nourriture : elle a longtemps été cuisinière à l'asile de saint-jean-de-dieu et croit que je dois manger autant qu'une tête d'eau, de sorte qu'il faut que je jette à la poubelle les trois quarts des plats qu'elle prépare pour moi))))) –

même si je ne réponds pas au téléphone quand il m'appelle ou qu'il vient sonner à la porte de la maison de la rue drapeau, arnold cauchon n'est pas décourageable : me fait livrer par son chauffeur des messages que je ne prends même plus la peine de lire parce qu'ils parlent toujours des mêmes niaiseries : mon amitié, mon affection, mon inquiétude, mon plaisir à te voir, et ce texte sur victor hugo que j'aimerais lire et qu'il faut que tu envoies à paris bientôt si tu ne veux pas passer à côté de ce séjour en france, mémorable ça sera dans ta vie et dans ta carrière –

j'ai mis de côté les cent-cinquante pages que j'ai écrites sur victor hugo, j'ai entassé dans la caisse tous les ouvrages que j'ai de lui, je suis allé porter la caisse dans le souterrain, puis une fois assis de nouveau à la table, j'ai placé devant moi vingt feuilles de papier, j'ai décapuchonné mon stylo feutre et sur le métier, je me suis remis à mon ouvrage : une journée et une nuit vont me suffire pour rédiger ce texte que je vais ensuite taper à la machine, fourrer dans une enveloppe et envoyer à paris (((((c'est en revenant de la poste que je passe devant la patinoire du petit parc de la rue de castille : la glace est bien prise, les bandes ont été installées, de même que les filets rouges à chacune des extrémités – et je me souviens que, dans la garde-robe de ma chambre, j'ai vu ce chandail de hockey, ces patins, ce bâton et cette rondelle que le frère de judith n'a pas cru bon emporter avec lui aux états-unis – vite ! – que je m'en aille sur la patinoire, que je me retrouve sur la glace, que je fasse quelques tours le long des bandes – vite ! – mettre la rondelle sur la glace et du bout de mon bâton, m'amuser avec ! – (((((la déception est grande : l'attelage que j'ai à l'épaule et au bras gauches m'empêche de synchroniser les mouvements de mes deux mains, je frappe la glace plutôt que la rondelle, ou bien mon bâton passe par-dessus ou à côté : j'ai beau m'appliquer et découper dans ma tête par petites séquences tous les gestes que je dois faire, je n'arrive que rarement à toucher à la rondelle ; et quand c'est le cas, je n'ai pas assez de force pour que mon tir se rende jusqu'au filet – pourtant je m'obstine et m'enrage et deviens furieux et mets toutes mes forces à tirer cette maudite rondelle ! – je voudrais entendre le bruit que ça fait quand ça frappe l'une ou l'autre des tiges de fer du filet, je voudrais entendre le bruit que ça fait quand ça heurte violemment le bas ou le haut d'une bande, je voudrais entendre l'écho de ces bruits-là et je voudrais que tout morial-mort l'entende aussi – je transpire comme si j'étais dans une étuve même s'il fait froid à fendre les pierres, tout mon linge de corps est mouillé, à croire que je me suis habillé de ces affreuses pièces de laine qu'on mettait sur moi quand j'étais à l'hôpital pasteur – et mes mains tremblent, et tout le côté gauche de mon corps tremble : même immobile, je ne suis plus capable de rester debout, les jambes me manquent, je tombe à genoux, la neige va se mettre à neiger et le vent va la souffler dans ce coin de patinoire où je me tiens, un banc haut de huit pieds sous lequel je vais disparaître, frigorifié, jusqu'au prochain printemps))))) –

c'est la mère de judith qui m'a sauvé de la patinoire et du banc de neige : à miami, elle s'est fort chicanée avec le gros pharmacien, rentrant même sans lui à morial-mort : quand elle est descendue dans le souterrain, qu'elle a vu la porte ouverte de la garde-robe et l'attirail de hockey qui n'était plus dedans, la mère de judith a vite compris que je devais être en train de faire un fou de moi sur la patinoire du parc de la rue de castille – je ne sais pas comment elle a fait pour me ramener à la maison, je n'avais plus de jambes et plus de bras, je n'entendais plus battre mon cœur, j'avais la tête gelée par dehors et par dedans, ça ne pensait plus, à peine résistaient encore quelques mots d'artaud en fins flocons de neige qui virevoltaient alentour de toutes choses : « Pour croire à ce moment-là avoir été ensorcelé il a fallu que vous soyez en plein délire, et si j'avais été là vous n'auriez pas écrit ce livre » –

reprendre vie, me revoir allongé sur mon panneau de bois, le corps emmitouflé par d'épaisses couvertures chauffantes, et ces mains extrêmement agiles qui me massent poitrine, ventre et cuisses : depuis quand judith est-elle revenue des états-unis et depuis quand me donne-t-elle

autant de chaleur juste à promener ses mains sur moi ? –
ses grands yeux violets, comme j'ai hâte de regarder au
travers d'eux autres pour y voir s'enfuir aux confins de
morial-mort enneigé la stérile jument de la nuit ! – j'en
retarde toutefois le moment, à cause que les mains glis-
sagilant sur mon corps me redonnent vie, forçant même
mon sexuel à se dresser sans qu'elles aient besoin de seulement le toucher ; puis s'arrêtent les mains de vironner et
les épaisses couvertures chauffantes me recouvrent à nouveau, comme sous un amoncellement d'aiguilles de sapin
je me trouve, sans doute dans les écores de la boisbouscache me suis-je laissé tomber, mousses, feuilles mortes,
cocottes grignotées par les écureuils, terre noire qu'un
soleil de plomb chauffe, son grand œil jaune trouant par
ronds lumineux le couvert du sous-bois –

– Merci, que je dis. Merci, Judith.

deux grands yeux jaunes me regardent : ce ne sont pas
ceux de judith, mais ceux de sa mère qui m'offre un bouillon de poulet à boire – assise au pied du panneau de bois,
elle ne dit rien, se contentant par intervalles de soulever de
la main sa longue chevelure de vamp du cinéma, longues
boucles innombrables, roux moiré que ça vaguelâme –

– Désolé, que je dis. Mais quand j'ai vu les patins, le
chandail, le bâton et la rondelle dans la garde-robe, ça a
été plus fort que moi : fallait que j'embarque sur une patinoire même si je savais avant de le faire que ça serait pour
le pire.

– Pas besoin de m'expliquer, que dit la mère de
Judith. Ton sentiment, je le comprends. J'éprouvais le
même en m'en revenant de Miami.

– Il s'est passé quoi là-bas ? que je dis.

– Quand je bois trop, je ne suis plus de service, je suis
comme le Grand Bardo et comme Caïus Picard, que dit

la mère de Judith. J'ai beau chercher les pédales de mon bicycle, rien à faire : elles ont pris le champ, je ne peux plus me retenir à quoi que ce soit, je chante pouilles, je chante bêtises, je fais mal et ça me donne tant de plaisir que c'est de la grosse peine perdue pour moi et pour les autres de vouloir m'arrêter.

– Le gros pharmacien, il a pourtant l'air de vous aimer et de savoir pourquoi il vous aime, que je dis.

– À Miami, ce n'était pas lui, le problème, mais moi, que dit la mère de Judith. Quand je vivais avec mon mari, fallait bien que j'aie toujours ma tête sur les épaules parce que lui n'avait plus la sienne. Depuis sa mort, depuis que Judith et son frère ne restent plus ici-dedans, je ne vois pas pourquoi je devrais toujours marcher en ligne drette, et juste pour que les autres y trouvent leur plaisir. J'ai besoin que pour moi seule, ça explose dans ma caboche de temps en temps. Sinon, j'aurais l'impression que mon mari est mort pour rien, que mon fils et ma fille se sont en allés pour rien aussi de la maison, comme le Grand Bardo et comme Caïus Picard. Je sais bien que je vais devenir une vieille femme, qu'un jour je ne serai plus bonne qu'à être enfermée au fond d'un hospice, mais ce n'est jamais demain la veille : tant que mon corps ne me lâchera pas, je tiens à ce qu'il me donne ma part de plaisir, ma part de bonheur. J'en demande peut-être trop et je le demande peut-être trop tard.

je ne sais pas quoi rétorquer à la mère de judith, mon épaule et mon bras gauches me font trop mal, comme si j'étais encore sur la patinoire du parc de la rue de castille, avec patins, chandail des bruins de boston, bâton de hockey, et mettant toutes mes énergies à frapper pour rien la rondelle – ce givre qu'il y a partout, ce vent cinglant qu'il y a partout, autour et au-dedans de moi – froidure, rien d'autre que l'hiver de force, forcené c'est (((((comment pourrais-je être sensible à ce que m'a raconté la mère de judith quand mon corps est pris dans la glace et se demande comment faire pour lui survivre : « Les êtres collent à mon esprit, à mon cerveau, à mes fluides, à leur corps, mais pas à moi, c'est sur leur corps qu'ils sont collés sur moi »))))) –

c'est la main de la mère de judith se posant doucement sur mon genou qui m'a fait dériver vers artaud –

– T'aurais pas dû te désabrier, que dit la mère de Judith. Ton genou est aussi frette qu'un gros glaçon.

son corps, comme un pendule qui oscille au rythme de la main réchauffante, mais le frette est si intense dans mes nerfs et dans mes muscles que de seulement se faire effleurer, mon genou répond mal : un petit iceberg descendant le long des côtes du labrador quand le printemps n'ose pas encore se montrer vraiment le bout du nez – la mère de judith va finir par s'en rendre compte et cesser de me caresser le genou ; elle m'abrille comme il faut, se glisse sous les couvertures chauffantes, se colle à moi, m'enserrant les épaules de ses bras, entrecroisant ses jambes aux miennes –

– Je ne veux pas que tu meures, qu'elle dit. T'es le fils auquel je rêvais toujours quand j'étais enceinte, celui qui doit mettre un peu plus de beauté dans le monde. Écrire, j'imagine que ça ressemble à ce que faisait mon grand-père d'Amqui quand les travaux des champs lui laissaient un peu de répit : il plantait des arbres autour de la maison et des bâtiments, il peinturait de jolies couleurs les clôtures, il faisait de petits jardins de fleurs sauvages, il aménageait en sentiers le sous-bois derrière chez nous. Ça attire la lumière, qu'il disait. Et la lumière, c'est de la chaleur qui vaut son pesant d'or, qu'il disait aussi.

les paroles de la mère de judith me traversent le corps comme le feraient de petits soleils extrêmement réconfortants ; je n'ai plus peur de mourir comme c'était le cas quand le virus de la poliomyélite s'est jeté au travers de mon corps pour le dévorer vivant ; je n'ai plus peur de mourir comme c'était le cas chaque fois que je m'endormais sur mon panneau de bois à l'hôpital pasteur ; je n'ai plus peur de mourir comme c'était le cas lorsque, à genoux sur la patinoire du parc de la rue de castille, je laissais le froid m'envahir, tous mes nerfs et tous mes muscles roidis par eux – cette angoisse qui tressait de gros nœuds au travers de moi, j'en suis enfin débarrassé, elle ne m'atteindra plus au beau mitan de mon être, elle restera à sa superficie, dans les odeurs de l'épiderme ; même judith ne m'a jamais aussi bien touché que le fait sa mère, de quoi me réconcilier pour un moment avec la mienne, de quoi oublier le besoin de me poser encore cette question qui me hantait depuis ma maladie : la poliomyélite se serait-elle attaquée à mon corps si ma mère m'avait dorloté, caressé et dodiché quand je suis venu au monde ? –

– C'est bien, que dit la mère de Judith. Maintenant, le sang circule mieux. Une bonne nuit de sommeil et nous serons prêts tous les deux pour entrer joyeusement dans les aveilles de Noël. Nous allons planter des arbres qui seront des pâtés, des tourtières et des cipailles, nous allons peinturer de jolies couleurs des clôtures qui seront des gâteaux gorgés de fruits, nous allons faire de petits jardins de fleurs sauvages qui seront des chocolats, nous allons aménager le sous-bois qui sera un arbre de Noël, plein de bougies et de guirlandes.

je suis juste un petit homme qui tiendrait tout entier dans la main ouverte de la mère de judith, comme si je venais au monde pour la première fois, mais bien autrement que la première fois, sorti sans lutte du ventre de ma mère parce que je n'ai plus peur d'affronter le monde, si désireux de vivre que mes petites mains se ferment sur l'espace : je ne suis pas possédé par ce nouvel espace-là, c'est moi qui le possède, c'est moi seul qui peux en justifier la qualité – je ne pleure pas tandis que ma mère me tient dans sa main ouverte, je rie, chatouillé par son nez, chatouillé par sa bouche qui se promènent sur mon corps, comme c'est vivifiant, comme c'est réconfortant, comme ça rend joyeux, tant d'invulnérabilité ! –

– Faut que tu dormes maintenant, que dit la mère de Judith. Moi, je vais monter à la cuisine, sortir de l'armoire chaudrons, marmites, casseroles et moules à gâteaux, je vais faire de la pâte, couper les fruits, friser les légumes, les faire cuire au four à feu lent, car c'est ainsi que se répandent le mieux les odeurs des aveilles de Noël, par petits paquets olfactifs qui vont prendre possession de tous les êtres de la maison.

elle m'embrasse sur le front, les joues et la bouche, je suis comme un grand-père trempé dans le sirop d'érable, mon corps sent bon pour la première fois de ma vie, il n'y a plus de maladie en lui et il n'y en aura plus tant que je vivrai ; c'est pareil pour l'infirmité qui a atrophié mes nerfs et mes muscles, elle n'exercera plus aucun contrôle sur moi, je vais la dominer, la forcer à suivre le rythme de mon esprit, forcené ça sera, dans ma vie comme dans les mots que je ferai venir : la jument de la nuit, elle ne galope plus dans le noir, sous les arbres des rêves démentiels, elle trotte au travers de la surréalité sous un soleil qui refuse désormais de tomber dans la mer : ça s'appellera toujours *vivre* et ça s'appellera toujours *écrire* et ça sera comme une gigue simple, puisque le vrai plaisir c'est de danser : vite !, vite !, comme artaud je vais bousculer ma vie, comme artaud,

je ne vais pas l'embellir, je vais en faire une autre, pure-
ment et simplement une autre, et ce sera comme les peintures de van gogh :

« Violet, vert, jaune, lilas, héliotrope, vert véronèse,
jaune d'or, ocre d'or, mauve, lilas, violet héliotrope, véronèse, jaune d'or, jaune d'or, jaune d'or, hyacinthe des cré-
puscules provençaux, puis jaune d'or, vert d'herbage, vert
émeraude, bleu de prusse, bleu de cobalt, toujours la même
gamme obstinée qui reviendra, de campagne de préférence estivale, chauffée à blanc, calcinée, où orage poin-
tera, car le déluge sera nécessaire, les vieilles terres doivent
être inondées, les vieux mots doivent être inondés : permettre dans l'espace l'insertion d'un signe neuf » –

j'ai laissé mon panneau de bois, me suis habillé, puis
j'ai installé comme il faut l'attelage à mon épaule et mon
bras gauches, puis j'ai enfilé mes bottes et ma gabardine,
puis je suis sorti du souterrain pour marcher dans la neige
jusqu'aux genoux, je suis comme un bûcheron, je tiens une
grosse hache à la main, je m'enfonce dans l'épopée blanche,
je cherche ce sapin aux branches bien fournies que je vais
abattre et traîner jusqu'à la maison de la rue drapeau ; l'installer ensuite dans l'une des encoignures du salon, le décorer de ces curieuses bougies dont le liquide colorée se met à
bouillonner dès qu'on les allume – (((((et ces guirlandes
pareilles à de longs anacondas enserrant le sapin chargé
de boules rutilantes comme autant de joyeux soleils))))) –

ME DISAIS :

chez mes parents, ce n'était pas possible de décorer un
sapin de noël comme il doit l'être, chacun voulait y mettre

quelque chose de lui, chacun tenait à prendre charge d'une branche, on ne voyait plus guère l'esprit du sapin, ce n'était plus lui qui était mis en valeur, mais le manque de goût de mes frères et de mes sœurs ; ils n'auraient pas décoré autrement une grosse pièce de viande, ou un vieux bidon de lait, ou un épouvantail à moineau – laid suprêmement, et ça l'était encore davantage quand ma sœur aînée installait son pick-up dans le salon et faisait tourner dessus des chansons de rosita salvador, de pierre lalonde, de tony massarelli ou de perry como : pas de symboles, ni chez l'une ni chez les autres, pas de beauté, que le reel banal du banal quotidien (((((à mille milles de toute fête, trop de frustrations chez chacune et chacun, deux petits verres de vin saint-georges, deux petits verres bus par chacune et chacun faisaient se dérober le plancher sous les pieds, concert criard de doléances, litanie d'accusations, gros mots, pleurs, menaces, coups de poing et coups de pied, puis chacune et chacun faisant claquer la porte de la maison, vers l'église s'en allant pour y assister à la messe de minuit))))) –

ME DISAIS :

ce qu'il y a de différent avec la mère de judith, c'est cette curiosité qui la porte vers la vie : pas besoin pour elle de savoir pourquoi les choses se présentent ainsi et ce n'est pas ce qu'elle questionne non plus (((((mais comment elle doit s'y prendre pour que le maximum de plaisir lui advienne : j'aime cet égoïsme qui prend d'abord, puis redonne ce qu'il y a en trop et seulement s'il y a encore de l'énergie à partager, j'aime cet égoïsme qui ignore la

culpabilité et le remords parce qu'il est resté à l'état sauvage et que ça ne peut pas être apprivoisé par quiconque
– le soi seul importe puisque lui seul permet de s'égaler à
ce que la vie a de plus jouissif, la solitude, la sienne propre,
seulement la sienne propre, comme le disait kafka à son
ami max brod :

« Quelle force gigantesque faut-il, quelle force gigantesque, et quelle expérience préalable de la solitude, pour
ne pas succomber à la présence d'un être humain auprès
de qui on marche un certain temps au milieu de démons
qui sont à vous et à lui, de démons dont on n'est pas
moins le centre que ne l'est leur vrai possesseur »))))) –

quand je sors de ma rêvasserie, les aveilles de noël
sont déjà toutes fleurifleurantes ; la maison de la rue drapeau est devenue comme une extension du sapin décoré
splendidement au salon : guirlandes, feuilles de gui, totems religieux et chaînes de lumières courent sur les murs
et les chambranles de portes ; c'est la mère de judith qui
a insisté pour qu'il y en ait autant (((((comme si elle avait
voulu me prouver qu'elle est vraiment la sœur du grand
bardo scieur de longue scie et de caïus picard et qu'elle
aussi peut gosser dans le bois toutes sortes de figures
étranges comme celles des oncles jumeaux, mais pareilles
à des cheveux d'ange, dénoués de toute perversité))))) –
cette nourriture que la mère de judith a préparée, si abon-
dante que la tempête du siècle pourrait bien tomber sur
morial-mort en forme de déluge de neige ou de verglas,
qu'on ne s'en apercevrait même pas : manger comme des
cochons, boire ces nombreuses bouteilles de vin et de liqueur à la framboise, à la fraise, au bleuet, à la gadelle et
à la mûre, assis au fond du souterrain, d'épaisses couvertures de cheval nous emmitouflant, un petit feu de copeaux
de bois brûlant gaiement – mais cette surabondance dans

le manger, le boire et la décoration a peut-être son secret, et comment pourrais-je m'empêcher de poser la question à la mère de judith :

– Si Judith et son frère doivent célébrer Noël avec nous, j'aimerais le savoir maintenant, que je dis.

– Tous les deux détestent l'hiver pour le tuer, que dit la mère de Judith. À ce temps-ci de l'année, la Californie, le Nouveau-Mexique ou la Floride conviennent mieux à Judith et à son frère.

– Une raison pour un tel besoin de soleil ? que je dis.

– Quand Johnny Bungalow vivait, c'était toujours l'enfer pendant l'hiver, que dit la mère de Judith en mettant toutes sortes de victuailles dans deux caisses. Une fois qu'il était saoul, il nous forçait à nous réveiller et nous jetait dehors même si nous ne portions que des jaquettes et que nous étions nu-pieds. Nos voisins refusaient de nous ouvrir leurs portes, il fallait nous rendre jusqu'au poste de police pour que je porte plainte contre mon mari et le fasse enfermer à la prison de Bordeaux jusqu'au printemps. Quand il en ressortait, il jouait à l'innocent qui a les mains pleines, il se vengeait de moi sur les enfants.

la mère de judith en est là dans ses explications quand la porte s'ouvre sur le gros pharmacien, un capot de chat sauvage sur le dos, un sac sous chaque bras, desquels pointent, tout enrubannés, ce qui ne peut être que des étrennes –

– Faut que je te parle, que dit le gros pharmacien à la mère de Judith.

– Tu l'as fait en Floride, que dit la mère de Judith. Tu m'as humiliée et traitée de tous les noms pourris que vous seuls les Italiens vous connaissez. Tu l'as fait parce que tu voulais que je vire ivre-morte quand tu savais très bien que j'avais pris des médicaments pour dormir. C'était odieux.

je ne suis pas intéressé d'en savoir davantage sur l'odyssée manquée du gros pharmacien et de la mère de judith :

– J'ai besoin de prendre l'air, que je dis. Je vais faire
un tour dehors.

la mère de judith me montre les deux caisses qu'elle a
remplies de nourriture :

– J'apprécierais si tu acceptais d'aller les porter au
Grand Bardo et à Caïus Picard. Ils vivent peut-être comme
des chiens pas de queue dans le souterrain du Café Belhumeur, mais ils ont le droit comme tout le monde de
réveillonner le ventre plein.

elle regarde le gros pharmacien et ajoute :

– Bibi va se servir de ta voiture pour se rendre au
Belhumeur. Les clés sont dedans ?

je voudrais bien prendre les deux caisses de nourriture et disparaître aussitôt avec, mais je n'ai pas la force
qu'il faut pour le faire ; la mère de judith va s'occuper de
la plus grosse et moi de la plus petite ; quand on les a dé-
posées sur le siège arrière de la cadillac du gros pharmacien, la mère de judith dit :

– N'oublie pas de revenir. Je tiens à ce que tu sois là
pour le réveillon.

– Vous avez des choses à régler, le gros pharmacien et
vous, que je dis.

– Ça sera vite fait, que dit la mère de Judith. Alors,
arrange-toi pour ne pas lambiner en chemin.

elle sort de la poche de son tablier une liasse de billets
de banque que maintient roulée un gros élastique et me la
met dans la main :

– Tu la donneras au Grand Bardo, pas à Caïus Picard
qui manque trop de jugement pour savoir quoi faire avec
de l'argent.

je m'assois derrière le volant de la cadillac, c'est un plaisir de conduire cette puissante voiture dans les rues enneigées de morial-mort : quand je vois un gros amas de neige en bordure de trottoir, je fonce dedans, juste pour faire tourner les roues sur la glace en pesant fort sur l'accélérateur pour que la grosse cadillac vrombisse autant qu'une locomotive et que les roues, mordant brusquement dans l'asphalte, la projettent par-devant dans un formidable bruit de pneus qui puent le caoutchouc brûlé –

c'est encore trop tôt pour que le café belhumeur soit ouvert – je gare donc la cadillac derrière, là où il y a ces portes qui donnent accès au caveau ; c'est enneigé et gelassé, mais à force de frapper sur les portes, je finis par pouvoir les ouvrir : au bas des marches, un tas de vieilles couvertures et deux piles de journaux – c'est ici que dorment le grand bardo scieur de longue scie et caïus picard, les deux piles de journaux leur servant d'oreillers ; mais parce que c'est le temps des fêtes et qu'il fait frette, le grand bardo et caïus picard ont reçu l'autorisation de se servir de la cave comme logement : ils se sont fait un petit chez eux, utilisant des caisses de bière comme cloisons, comme table et comme chaises ; un vieux matelas leur est utile parce qu'il leur convient aussi bien comme lit que comme garde-robe ; tout au fond, ce semblant d'établi sur lequel les oncles jumeaux se sont remis à gosser leurs étranges créatures comme ils le faisaient dans le souterrain de la maison de la rue drapeau, sauf que manquant d'espace ils font dans le petit plutôt que dans le grand – ça reste toutefois aussi monstrueux qu'avant et je ne sais pas qui voudrait mettre dans son salon une pareille crèche de noël que tous les personnages, les bêtes, les anges, les bergers et la sainte famille sont munis chacun d'un sexuel énorme qui se dresse comme une menace vers le ciel –

j'ai envoyé caïus picard chercher les deux boîte de nourriture dans la cadillac du gros pharmacien, tandis qu'apparaît le grand bardo scieur de longue scie : il marche sur des béquilles, un plâtre recouvrant chacune de ses jambes jusqu'à mi-cuisses ; quand je lui demande ce qui lui est arrivé, il me répond qu'il était dans le bar, en train de débarrasser les tables lorsqu'un petit pégreux sorti de nulle part a fait feu sur un client et l'a tué : le petit pégreux a été arrêté par la police, traîné devant les tribunaux et le grand bardo appelé à comparaître comme témoin de la couronne :

– Avant que je me présente en cour, le petit pégreux m'a menacé, que dit le Grand Bardo : « Tu témoignes et j'envoie quelqu'un te casser les deux jambes. » Un matin que j'allais traverser le boulevard Gouin pour me rendre au restaurant qui est en face d'ici-dedans, une voiture s'est arrêtée à ma hauteur, un fier-à-bras en est sorti et m'a massacré les deux jambes à coups de bâton de baseball.

caïus picard apporte les deux caisses de nourriture qu'il est allé prendre dans la cadillac du gros pharmacien, mais il n'est pas revenu seul avec les caisses : l'accompagne une femme laitte à faire peur, visage tout débifé, corps si maigre que je me demande comment si peu de peau peut bien tenir sur autant d'os –

– Ma blonde, que dit Caïus Picard. Il lui manque ses ovaires, mais on n'est plus d'âge à besogner pour la patrie.

– T'as été comme moi châtré comme un vieux verrat, que dit le Grand Bardo. Comment c'est qu'on peut prendre son plaisir quand on n'a plus de sexuel entre les jambes ?

caïus picard ne répond pas, trop occupé avec sa blonde à ouvrir les caisses de nourriture ; puis se jettent pour ainsi dire dedans tellement ils sont affamés – je suis aussi bien de m'éclipser maintenant, parce que je ne tiens vraiment pas à partager dans ce fond de cave, qui sent la pisse et la moisissure de bière, quoi que ce soit avec caïus picard, sa blonde et le grand bardo scieur de longue scie – je m'apprête à déguédiner lorsque le grand bardo m'arrête avec l'une de ses béquilles :

– Méfie-toi du gros pharmacien, qu'il dit. Ça ment comme un arracheur de dents. Caïus et moi, on n'a jamais couché avec Judith, mais le gros pharmacien ne s'en privait pas, lui.

– Tous ces coups de pied que vous avez donnés dans la porte de la chambre de Judith, c'était pour quoi d'abord ? que je dis.

– On voulait juste que le gros pharmacien débarque de sur Judith, que dit le Grand Bardo. On ne pouvait pas faire autre chose : la porte de la chambre avait été renforcée de l'intérieur. Vérifie. Tu verras bien.

je vais mettre beaucoup de temps à rentrer à la maison de la rue drapeau : au volant de la cadillac, je chauffe en fou, je roule là où il y a de gros bancs de neige, je fonce dedans le plus violemment que je peux ; je voudrais juste me débarrasser de l'idée que j'ai de judith et du gros pharmacien en train de la monter comme une bête, je voudrais juste couper ce cordon qui me retient toujours à elle même si je sais que j'ai eu affaire à une comète hallucinée et aussi fugace que l'éclair – ces grands yeux violets, je ne peux pas m'en passer, c'est comme si le peu de sentiment et d'émotion dont je suis capable tenait à ces yeux-là et à eux seuls : si je ne peux plus me mirer dedans, à quoi bon le génie de julien gracq et celui d'antonin artaud, à quoi bon toutes ces poésies apprises par cœur, et celle-ci en particulier : « Le théâtre de la cruauté veut faire danser des grands yeux couple à couple avec des coudes, des rotules, des fémurs et des orteils, et qu'on le voie : faites donc danser l'anatomie humaine » (((((et si judith me manque tant, c'est que j'aurais besoin de ses grands yeux violets pour apprendre à faire danser quand même mes nerfs et mes muscles atrophiés ; sans ces yeux-là, je ne vois rien d'autre que mon égoïsme et le peu de sentiment dont je suis capable même par-devers mon corps blessuré))))) –

ne prendre part aux fêtes de noël et du jour de l'an que pour la forme, me tenir le plus loin possible du gros pharmacien : peut-être le grand bardo scieur de longue scie a-t-il raison pour judith : peut-être judith a-t-elle été la proie de cet infâme prédateur et c'est pour fuir le massacre de son corps qu'elle s'en est allée aux états-unis en prétextant vouloir y retrouver son frère – j'écris des pages et des pages là-dessus, mais ça reste des fragments qui ne peuvent pas prendre le corps de la réalité parce que celle-ci ne se donne jamais comme vérité – rien de définitif – penser plutôt à autre chose, au livre des oncles jumeaux, au grand bardo scieur de longue scie, à caïus picard, à sa blonde aux ovaires manquants (((((mais depuis que mon corps s'est fortifié, il s'accommode mal de l'enfermement : quand je regarde par la fenêtre obstruée de canettes de bière, je vois bien que ça dégèle de partout à l'extérieur, que le printemps est à la toute veille de survenir, comme un cheveu sur la soupe, et j'aimerais tant mettre les deux pieds dans le fumier, j'aimerais tant posséder un grand carré de terre noire, j'aimerais tant faire pousser des fleurs, des fruits et des légumes – me rapprocher de la vie végétale, faire en sorte que la sève des plantes passe de leurs tiges à mon corps et me donne cette énergie lumineuse qui, seule, permet de s'élever au-dessus de toute infirmité –

je suis juste à morial-mort et l'espace me manque pour que je puisse y faire un jardin et arnold cauchon ne

cesse pas de me poursuivre à cause de l'exposition internationale du grand morial, et *le petit journal* a besoin de
jeunes journalistes pour couvrir les manifestations culturelles que les pays africains vont y donner, mais dont les
grands reporters du journal refusent de s'occuper :

– Tu y feras d'une pierre deux coups, que dit Arnold
Cauchon. T'apprendras les rudiments d'un métier qui
te fera connaître beaucoup de monde, ce qui te sera bien
utile quand tu remporteras le prix Larousse et Hachette.

je me laisse convaincre par arnold cauchon, mais ça
a rien à voir avec ces gens haut placés avec lesquels je pourrais prendre contact : le printemps me dérange l'esprit, je
n'arrive plus à me concentrer sur l'histoire du grand bardo
scieur de longue scie et de caïus picard, et ce n'est pas
mieux quand j'essaie de porter dans ses grosseurs ce nouvel hommage que je veux rendre à victor hugo : tout ça se
prend ensemble comme dans un pain au raisin sans levain,
je relis artaud et kafka, mais il y a dans leur désespoir
comme de la complaisance, qui freine ma pensée et le ton
triomphant que je voudrais donner à mes mots ; le souvenir de judith aussi (((((et toujours))))), ses grands yeux
violets, la débauche d'émotions qui passait dedans, ça
m'obsède avec obscénité (((((écrire des entrefilets sur l'exposition, de courtes entrevues avec toutes sortes de gens
venant de partout dans le monde, me dire que c'est comme
si je prenais soin d'un jardin et que je peux l'embellir juste
à parler de lui))))) –

j'en suis là à écrire cet article sur la lanterne chinoise
qui attire beaucoup de monde dans le grand morial quand
la mère de judith me téléphone, tout excitée elle est, qui me
dit qu'il y a urgence rue drapeau et qu'on m'y attend avec
impatience – je m'y fais mener en taxi, appréhendant le
pire pour judith : on a peut-être trouvé son corps à moitié

dévoré par les crocodiles des marécages de la floride et les oiseaux charognards lui ont becqué ses grands yeux violets; là où ça étincelait, plus rien que deux orbites dévastées! –

assis autour de la table dans la cuisine, la mère de judith, le gros pharmacien et arnold cauchon m'attendent; ils font tous des têtes d'enterrement, me regardent, ne disent rien, se regardent, ne disent rien –

– Judith, que je dis. C'est Judith, hein?

arnold cauchon me tend enfin un bout de papier: ce télégramme de paris, il me fait savoir que j'ai gagné le concours littéraire de larousse et hachette, que la remise du prix se fera au pavillon de la france, peut-être par le général de gaulle qui est à la toute veille d'arriver au kebek: à bord du navire amiral, il va entrer dans l'estuaire du saint-laurent, remonter le fleuve jusqu'à l'anse aux foulons, puis traverser tout le kebek jusqu'au grand morial en suivant le chemin du roy – mon euphorie est totale: ce prix que j'ai gagné et ce personnage de légende qui a libéré paris des horreurs du nazisme! – faut que je sois là quand le navire accostera à l'anse aux foulons, faut que je sois là quand le général de gaulle fera la traversée du kebek: nous n'avons jamais eu de père véritable pour que notre race, notre peuple et notre nation se libèrent de son joug; sans ce père tant attendu, nous sommes veules, velléitaires, poltrons et traîtres; nous ne savons rien de la beauté de la liberté –

je suis si excité que je loue une voiture et, tout le temps que durera le voyage du général de gaulle, je suivrai la parade, pas comme un mouton de panurge, mais comme ce bélier agressif qui est le symbole du rassemblement pour l'indépendance nationale; à sainte-anne-de-beaupré, je serai suffisamment proche de lui pour que je puisse lui serrer la main et le prendre en photo alors qu'il monte dans la limousine qui, par le chemin du roy, le mènera jusqu'au grand morial ; du haut du balcon de l'hôtel de ville, ce vive le québec... vive le québec libre ! qui fera de nous, foule tressée serré sur la grande place, cet énorme cri de joie et d'espoir – mais une race, un peuple et une nation qui n'ont pour leaders que des rois-nègres à la solde des puissances britannique et américaine ne savent pas lire leur destin dans les lignes de leurs mains (((((l'émotion retombée, le peuple continuera de se laisser enfirouâper par des politiciens trop provinciaux et trop aliénés pour prendre exemple du général de gaulle et agir comme doivent le faire les hommes d'état : à corps éperdu vers l'avenir))))) –

. je suis déçu que ce ne soit pas le général de gaulle qui me remette mon prix littéraire au pavillon de la france : j'aurais aimé l'entendre dire mon nom : il l'aurait prononcé de sa grosse voix aux intonations si bien placées, ça aurait été comme le rituel de la confirmation dans la religion chrétienne ou l'adoubement du chevalier à l'époque de la table ronde du roi arthur ; une étoile me serait venue au front et y serait restée à jamais (((((écrivain, qu'elle aurait dit : quand vous regardez cet homme, vous ne voyez que de l'écriture, que de la beauté, que de la liberté – ÉCRITURE !))))) –

ma valise paquetée, ne me reste plus qu'à monter dans la cadillac du gros pharmacien, avec la mère de judith à mes côtés ; rue de castille, le grand bardo scieur de longue scie et caïus picard m'envoient la main, mais c'est à peine si je leur réponds : j'aurais tant aimé que judith se manifeste avant mon départ : la serrer dans mes bras, la regarder une dernière fois, loin loin loin derrière ses grands yeux violets, comme c'est arrivé cette première fois-là dans la chambre des abîmes de julien gracq –

roule à petit train la cadillac du gros pharmacien vers
l'aéroport de dorval –

ME DISAIS :

ne pense à rien, oublie tout maintenant, surtout l'attelage qui te recouvre l'épaule et le bras gauches, oublie
tout maintenant, même les grands yeux violets de judith,
car une fois que l'avion sera haut dans les airs, tu devras
apprendre tant de choses pour te recommencer autrement
que tu n'auras plus le temps de faire jonglerie avec le passé :
la vie ne va que par-devant comme la flèche tirée par guillaume tell ; aurait dû ne frapper qu'une pomme, mais la
pomme était le passé et c'est pourquoi la flèche a traversé
de part en part la tête du fils ; autrement, il aurait dû marcher sans fin vers son père et sans fin aussi, il serait resté
prisonnier du passé –

ME DISAIS :

ne pense pas, même à rien, ne pense pas –
près du quai d'embarquement, se trouve ma mère,
toute raide dans son corps ; elle me tend la main, toujours
cette astuce dérisoire pour que nous restions à distance
l'un de l'autre :
– Je regrette, qu'elle me dit sans me regarder. Je regrette d'avoir laissé le médecin t'insulter avec ce sang de
cochon que t'aurais eu dans tes veines en venant au monde.
Je regrette aussi de t'avoir souvent accusé de faire la tête

de cochon parce que tu t'obstinais à écrire de la main gauche. Je regrette. Vas-tu me le pardonner un jour ?

– Non, que je dis. Jamais.

je tourne le dos à ma mère, je m'en vais vers l'avion, je monte dedans, je m'assois près d'un hublot, je regarde terre-kebek s'éloigner et

ME DISAIS)))))

7

ME DIS:

c'est à peine si je suis sur mon air d'aller, comme dans cet avion dans lequel je me suis embarqué à l'aéroport de libreville, sans calixthe béyala à mes côté, et je ne veux pas penser aux adieux que nous nous sommes faits – dans cette chambre d'hôtel, allongés dans le même lit, parfois mon bras droit lui enserrant la taille, parfois de mes doigts lui chatouillant le ventre et calixthe béyala se laissait emporter par un rire si joyeux, sa bouche s'ouvrant sur des dents si blanches que j'aurais voulu coller mes lèvres contre les siennes et goûter de ma langue les bonnes odeurs de l'intérieur de son corps ; et parfois aussi, calixthe béyala laissait glisser sa main sur ma poitrine, la paume et le bout des doigts légèrement calleux, comme c'est le cas de ceux qui mettent les mains à la terre pour la bêcher, faire pousser des plantes, les sarcler et les renchausser – ça me rappelait le rang rallonge de saint-jean-de-dieu, quand nous besognions aux travaux des champs, que l'intérieur de nos mains et le dessous de nos pieds ressemblaient à des sabots de bêtes, la peau devenue corne épaisse : on pouvait marcher sur un clou et ne même pas s'en rendre compte tellement c'était devenu imperméable aux obstacles –

calixthe béyala a dit : ta main, on dirait une grosse patte d'ours et ça me fait du bien qu'elle se promène ainsi

sur moi, elle réveille ce qui s'était endormi depuis si longtemps que c'est pour moi une véritable réjouissance ((((moi,
je n'ai rien dit de mon sentiment : après la fuite de judith,
je ne l'ai plus jamais fait avec aucune des femmes que j'ai
fréquentées et parfois partagé la vie durant quelques mois ;
un temps, je me trouvais bien avec elles, puis ça se mettait
à s'effilocher sans qu'elles en soient responsables : il suffisait que reviennent me hanter les grands yeux violets de
judith pour qu'ils s'interposent entre mon amoureuse et
moi, et ça devenait rapidement un gâchis impossible à
contrôler, à contourner : je n'étais plus bibi beauchemin,
je n'avais plus la tête et le corps de bibi beauchemin, mais
ceux d'une sculpture de pierre ; et les sculptures de pierre
ne parlent pas, ne manifestent pas leurs émotions, sont
insensibles à la réalité des autres –

ME DIS :

je me serais bien claquemuré quelques jours de plus
dans cette chambre d'hôtel de libreville, à faire rien
d'autre que de rester étendu aux côtés de calixthe béyala
– mais il aurait fallu que je boive moins de whisky et que
je n'aie pas reçu ce message de judith m'enjoignant d'aller
à addis-abéba pour la voir : je sais bien qu'après le caire, l'île
de pâques, stonehedge, le laos et le gabon, l'éthiopie sera la
dernière étape de cette surréelle voyagerie que judith m'a
forcé de faire depuis deux ans ; le secret de ses rendez-vous
manqués, c'est là qu'il se trouve – comment ne pourrais-je
pas m'y rendre maintenant que tout me tire vers la fin ?

ME DIS :

je ne peux pas demander à calixthe béyala de m'accompagner à addis-abéba : si judith devait s'y trouver vraiment,
elle n'accepterait pas que je sois avec une autre femme et
elle prendrait sûrement la fuite, et ça serait définitif, et je
ne saurais jamais pourquoi j'ai dû voyager aussi longtemps
et ça ne cesserait plus de m'obséder et je ne retrouverais
plus cette sérénité qui m'habite quand je m'installe à ma
grande table de pommier aux trois-pistoles pour écrire
sur l'homme vieillissant que je suis et qui s'entête à promouvoir l'indépendance d'un kebek trop peu patriote
pour la faire –
      c'est ce que j'aurais voulu dire à calixthe béyala avant
qu'elle ne s'en aille de ma chambre, sans doute convaincue
que nous n'allions plus jamais nous revoir ; ses remercie-
ments m'ont planté quelques flèches empoisonnées dans
la poitrine et, parce que je ne voulais pas souffrir à cause
d'elles, j'ai avalé plusieurs petits verres de whisky, puis je
me suis fait conduire à l'aéroport de libreville ; et là, la pensée m'est venue de rendre hommage à la beauté de calixthe
béyala : survoler le pays de sa naissance, ce cameroun dont
je ne sais rien, et passer au moins quelques heures à yaoundé,
la métropole du pays, une ville qui a les dimensions et la
population du grand morial et de ses banlieues –
      dans l'avion, je suis assis à côté de ce chargé de mis-
sion qui revient d'europe : il me prend pour un collègue
envoyé par mon gouvernement dans son pays, il croit que
je suis l'un de ces délégués qui doivent préparer le prochain
sommet de la francophonie ; je ne le dédis pas même si ça
serait préférable que je le fasse : quand on porte le nom de
wewere liking, j'imagine que ça doit être normal de parler

tout le temps, parfois en français et parfois en anglais, car le cameroun est un pays bilingue ai-je appris de calixthe béyala, colonisé par la grande-bretagne et la france avant la guerre d'indépendance – wewere liking parle de tout et de rien, mais surtout de rien, et quand je lui pose des questions plus pointues sur son pays, il se défile en bon fonctionnaire qu'il est ; il est visiblement fier de son pays qui, si j'en juge par ce qu'il me dit, fonctionne un peu comme le canada : une province anglophone et une province française dont le chef est, à tour de rôle, anglais ou français ; et comme partout ailleurs en afrique, les frontières du cameroun ont été établies au hasard de la colonisation européenne, sans qu'on n'y tienne compte des différentes ethnies qui vivaient dans la région ; certaines tribus ont été fractionnées par des frontières arbitraires et forcées de s'intégrer aux pays voisins dont ils ne partageaient ni la langue ni les coutumes, une source permanente de conflits, comme ce fut le cas tragique de la guerre entre les hutus et les tutsis qui fit près d'un million de morts – le gouvernement du cameroun se désigne comme étant une démocrature : ce ne sont pas les parlementaires qui y font la loi, mais le pouvoir exécutif contrôlé par le président paul biya, un autre roi-nègre que les français ont contribué à mettre au pouvoir, pour continuer d'exploiter à leur profit les riches ressources naturelles du pays qu'on ne transforme évidemment pas sur place, l'industrie tertiaire ne comptant que pour un maigre 7 % de l'économie, phénomène qui explique à lui seul un taux de chômage qui dépasse les 20 % et une majorité de la population qui vit sous le seuil de la pauvreté ; quand elle s'en offusque et le manifeste, le pouvoir se livre à la répression contre l'une ou l'autre des deux cents ethnies qui composent le cameroun –

– Et la corruption ? que je dis au fonctionnaire. Il me semble avoir lu quelque part qu'elle figure en tête de liste de tous les pays du monde.

– Ça s'explique, que dit le fonctionnaire. En 1980, le pays était au bord de la faillite. Une ville comme Yaoundé doublait sa population à tous les trois ans, mais n'était pas préparée pour accueillir autant de monde, et surtout pas le million de réfugiés qui sont entrés au pays pour fuir les guerres qui dévastaient le Tchad, le Nigéria et le Congo. Le Cameroun fit appel à l'Occident qui lui imposa un corset de fer : on dévalua la monnaie de la moitié de sa valeur et l'on força les travailleurs à accepter des baisses de salaires draconiennes. Chez les fonctionnaires, ces baisses allèrent jusqu'à soixante-dix pour cent de leurs revenus. C'est de là que vient leur corruption.

– Et les Chinois ? que je dis. Y en a-t-il au Cameroun comme il y en a au Gabon ?

– Les Chinois ont besoin de matières premières et ils ont désormais de l'argent pour les payer. L'Occident va devoir composer avec ce nouveau joueur et ça ne pourra que servir les intérêts du Cameroun, ce qui est déjà le cas d'ailleurs.

je ne pose plus de questions au fonctionnaire : j'ai simplement hâte que l'avion atterrisse pour que je puisse prendre un taxi et demander à son chauffeur de me faire faire un tour de la ville, ce qui n'est pas aussi simple qu'il n'y paraît : yaoundé a grandi trop rapidement pour qu'un véritable plan d'urbanisme puisse être appliqué – quelques vestiges architecturaux du temps que les allemands, les britanniques et les français ont occupé le territoire, puis des gratte-ciel à l'américaine et quelques beaux quartiers créés pour les nouveaux riches de yaoundé qui profitent

de la démocrature du pays pour s'en mettre plein les poches; en dehors de ce centre-ville-là, de nombreux quartiers qui s'étalent sur des milles et des milles et dont la
pauvreté saute aux yeux plus on s'enfonce dedans : des
rues qui ont la largeur de ruelles, qui ne sont pas pavées,
bordées de petites maisons qui ressemblent aux célèbres
cases de l'oncle tom : des toits, des murs, des vérandas de
tôle ou de chaume, et une multitude d'enfants dépenaillés
et si maigres que je me demande où ils puisent leur énergie
pour pouvoir s'agiter autant ((((j'en vois un, plus grand
que les autres, qui doit s'en aller à une célébration quelconque, car il porte un costume fait de feuilles, d'épis de
blé d'inde et de bouts de bois, sa tête cachée derrière un
énorme masque à long nez et aux yeux aussi grands que
des fonds de bouteille)))) –

je me dis :

c'est dans l'un de ces faubourgs populaires qu'ensei-
gnait calixthe béyala avant d'émigrer au gabon – quelle
misère elle a dû partager dans ce monde que ça lui prend
tout son petit change pour seulement survivre : pourquoi
y apprendrait-on à lire et à écrire quand on ne sait même
pas si on sera encore vivant demain ? –

de retour à l'aéroport, j'annule mes correspondances
pour kinshasa et kampala, je n'ai plus envie de voir le pays
de joseph mobutu et celui d'idi amine dada, mon épaule et
mon bras gauches se sont remis à me faire mal et je dépense tant d'énergie pour ne pas y penser qu'il ne m'en
reste plus pour être en mesure de profiter de quoi que ce
soit – assis sur ce banc, face à la grande baie panoramique
qui donne sur le tarmac de l'aéroport, des avions se préparent à décoller, tandis que d'autres atterrissent, rien de
plus banal, à yaoundé aussi bien que dans les milliers
d'autres aéroports qu'il y a dans le monde; pourtant, je

n'arrive pas à regarder ailleurs ni même à fermer les yeux, je suis trop angoissé, comme quand la jument de la nuit me monte sur le dos et qu'elle fait revenir du royaume des morts la triste figure de ma mère, les totems grotesques de caïus picard et du grand bardo scieur de longue scie, mes bêtes crevées par la tremblante du mouton et enterrées dans la chaux vive derrière ma grange des trois-pistoles ; en fait, le peu que j'ai vu dans les faubourgs de yaoundé pèse sur moi comme une tonne de briques : tous ces gens que l'avenir ne rattrapera sans doute jamais, ce désespoir pour ainsi dire tranquille auquel on est forcé de s'habituer, car autrement la vie, car autrement le peu de vie qui reste en soi vous ferait imploser ((((ce qui finit par arriver avant même qu'on soit rendu à bout d'âge, cinquante ans de misère sociale et l'on meurt, laissant derrière soi un tas d'enfants qui ne pourront pas sortir eux-mêmes du cercle vicieux dans lequel on les tient prisonniers ; jadis, ces peuples étaient fiers, de leur territoire, de leurs biens, de leurs femmes, de leurs enfants ; ils étaient capables de les protéger parce que leurs guerriers savaient jusqu'où aller pour la défense de leur coin de pays : mais le trafic des esclaves, choisis parmi les meilleurs, a détruit le tissu social, la solidarité et la culture ; les chefs de clans devenus rois-nègres ont trahi et ce sont leurs descendants qui habitent les beaux quartiers et amassent des fortunes en vendant leur âme au grand capitalisme international qui vide leur pays de ses matières premières, métaux, forêts, pétrole, café et fruits ((((d'où ces flambées de violence, ces armées de rebelles, qui tuent dans d'effroyables bains de sang avant d'être tués eux-mêmes dans d'autres effroyables bains de sang)))) –

je me dis :

j'aimerais revoir ce film qu'on a fait sur patrice lumumba qui a réussi, sans avoir recours aux armes, là où presque tous les leaders africains ont échoué : faire de la colonie du congo belge un pays indépendant et démocratique ; bien sûr, cette libération fut de courte durée : inspiré par gandhi, patrice lumumba s'était formé lui-même parce que le dévorait la passion de libérer son peuple de l'exploitation despotique des belges ; mais il y avait en lui une grande naïveté qui devait rapidement le mener tout droit au désastre : une fois l'indépendance acquise, lumumba croyait que le colonisateur belge plierait bagages et qu'ainsi il aurait les mains libres pour sortir son pays de la misère – ce fut loin d'être le cas : la belgique n'entendait pas se priver des richesses que lui rapportait le congo et les états-unis ne voulaient pas d'un pays et d'un gouvernement que lorgnerait sûrement l'empire russe : on y envoya donc des agents du pentagone qui, de concert avec les belges, s'employèrent à miner la crédibilité de lumumba tout en convainquant l'un de ses plus proches collaborateurs, moïse tshombé, de devenir le roi-nègre du katanga, une province sécessionniste ((((pourquoi le katanga ? – c'était un riche territoire minier dont l'économie du congo avait bien besoin pour au moins assurer le minimum vital à sa population ; pour les belges et les américains, le katanga avait aussi cet avantage d'avoir été à ce point décimé par l'esclavagisme qu'on l'avait repeuplé en y déportant des milliers de lubas, d'angolais, de rhodésiens et de rouandais condamnés par la force à travailler dans les mines – de véritables esclaves que rien ne liait entre eux, qu'on pouvait donc facilement contrôler, et moïse tshombé en profita : quand le roi-nègre des belges et des américains goûta aux effluves du pouvoir, il se montra moins conciliant, se rebella, embaucha des mercenaires et mis à feu et à sang le katanga – ça n'énerva guère les belges et les américains : moïse tshombé avait fait ce qu'on attendait de lui, il avait isolé patrice lumumba et

détruit son rêve d'un pays unifié et démocratique : un coup
d'état fomenté par le général joseph mobutu marqua la
fin de celui qu'on appelait le père de la nation : il fut arrêté, envoyé au katanga, torturé sauvagement, mis à mort
sous les yeux même de moïse tshombé, puis son corps démembré par deux soldats belges, on brûla ses restes dans
des barils de pétrole – pour tromper l'opinion mondiale,
on abattit un avion en plein vol et l'on annonça officiellement que patrice lumumba y était passager !)))) –

ME DIS :

on connaît bien l'hypocrisie de la grande-bretagne
post-colonialiste par-devers ce qu'on appelle, ironique-
ment, les droits de l'homme ; on connaît bien aussi celle
des états-unis d'amérique dont les prétentions démocratiques ne sont qu'une caricature ((((dans l'histoire de l'humanité, aucun empire n'a échappé à ce qui le fonde, cette
idée de suprématie que seul autorise le totalitarisme ; ce
fut le cas des empires d'extrême-orient, du proche orient,
de l'occident européen et de l'occident américain : quand
les mongols rasaient l'asie, les droits de l'homme ne comptaient pour rien dans leurs guerres sanguinaires ; philippe
et alexandre de macédoine ne firent pas mieux que les
mongols, le césar romain, non plus, le tsar de toutes les
russies et les rois et reines tarés de la grande-bretagne éga-
lement – pour que l'empire puisse s'enrichir, il doit constamment être en expansion, et il n'y a guère d'expansion
possible si on ne fait pas la guerre ; quand on pousse la
logique guerrière à son bout, on en arrive forcément aux
génocides : des populations se montrent trop rebelles,

refusent d'être considérées comme des esclaves ? – on les extermine, toujours au nom de cette civilisation dont l'empire seul a droit aux tenants et aux aboutissants : les cipayes de l'inde furent décimés, comme les boers d'afrique, les incas et les aztèques du sud-américain, les peuples sauvages de la nord-amérique, toujours sous l'aura du seul vrai dieu et de valeurs pseudo-démocratiques – des boucheries pour que dix pour cent de l'humanité vive du sang versé par tous les autres – et les petits colonisateurs ne valent pas mieux que les grands, ils sont aussi hypocrites : avant même l'indépendance du congo, les belges s'étaient acoquinés avec mobutu : il deviendrait leur roi-nègre s'il trahissait lumumba, il aurait l'appui des états-unis ((((ils se servirent plutôt de lui pour mener leurs guerres contre les régimes et les gouvernements africains qui ne voulaient pas d'eux dans leurs pays – évidemment, mobutu se fera payer très cher pour les services qu'il rend aux américains, aux belges et aux français ; mégalomane, il volera à son peuple des millions de dollars, se fera construire un château tout en marbre au milieu de la forêt congolaise, mènera grand train de vie tout en se constituant un trésor personnel que les banques suisses seront heureuses de gérer au nom de leur neutralité politique ((((quand l'empire russe s'effondrera, les américains et les belges laisseront tomber mobutu, mais pas la france qui, sous le prétexte qu'elle est la championne des droits de l'homme, l'accueillera à bras ouverts sur son territoire plutôt que de l'arrêter et de le traduire devant les tribunaux pour crimes de guerre : oubliée par tous, cette rébellion des étudiants congolais que mobutu fit abattre comme des chiens et jeter dans des fosses communes, les survivants étant enrôlés de force dans l'armée ! – après avoir été la fille aînée de l'église de rome, la france grande déesse des droits de

l'homme ? – parlez-en aux victimes de jean bédel bokassa
et à ceux qui survécurent au génocide tutsi qui fit un million de morts ! –

ME DIS :

comment font-ils pour aimer quand même la vie tous
ces peuples opprimés dont l'histoire va de charybde en
scylla, la mer démontée des grands naufrages ou l'échouage
violent sur des récifs aussi pointus que des dents de hyène,
toujours pour le pire les changements, ces disettes, ces
famines, ces maladies, ces morts, peut-on croire vraiment
qu'un jour il y aura là du bonheur, humain ce bonheur,
simplement humain, ce bonheur ? –
assis sur mon banc devant la grande baie panoramique de l'aéroport de yaoundé qui me donne toujours à
voir des avions qui décollent ou atterrissent, je me sens
comme une pomme en train de pourrir, je me demande
pourquoi j'ai entrepris cette voyagerie absurde aux quatre
coins du monde – pour judith que je n'ai pas eu le temps
de connaître vraiment, cette fuite vers les états-unis, ce
silence, puis ces rendez-vous dont j'ignore toujours ce qu'ils
signifient pour elle, peut-être est-ce simplement irrationnel, irréel, surréel, comme l'est l'œuvre d'antonin artaud,
cette matière noire de l'univers qui ne laisse voir que deux
grands yeux violets, comme ces trous de vers lumineux
dont on prétend qu'ils traversent le cosmos dans ses mul-
tiples dimensions – cette fatigue, cette lassitude, cet ennui qui m'atteignent, ce découragement aussi, comme si
mon esprit et mon corps voulaient que je lâche prise : ne
va pas en éthiopie, tu risques de ne pas en revenir ; quand

bien même tu boirais du whisky par pleins siaux, ça ne sera pas suffisant pour que tu puisses passer au travers de l'épuisement, et peut-être est-ce cela que recherche judith depuis le début, que tu meures à des milliers de milles de ta maison, de tes bêtes, de ton écriture, de ta mémoire – ne prends pas cet avion pour addis-abéba, reviens plutôt sur tes pas, vers le gabon, vers libreville, revois quelques fois encore calixthe béyala, laisse-la dormir paisiblement à tes côtés, contente-toi de la regarder, contente-toi de lui prendre un peu de sa chaleur, un peu de sa force, un peu de son courage, un peu de sa beauté, puis monte dans cet avion, rentre dans le grand morial, rentre aux trois-pistoles, revois tes bêtes, refais de l'ordre dans tes jardins, les sous-bois et les étangs, puisque seule la solitude est nourrissante et guérissante quand on n'est plus qu'un homme vieillissant dont l'épaule et le bras gauches sont en train de se momifier sous l'attelage qui les maintient en place –
un voyageur est venu s'asseoir sur le banc à côté de moi, un paquet de feuilles à la main, une serviette noire sur les genoux – il a lu quelques-unes des feuilles, a hoché la tête, s'est levé et a jeté le paquet sur le banc avant de marcher à grands pas vers un quai d'embarquement – j'ai pris les feuilles : des photocopies faites d'un site internet fréquenté par de jeunes poètes africains ; je lis ce qui se trouve sur la première page, un poème de jean-marie adiaffi écrit à abidjan ; et comme il arrive parfois dans le monde des coïncidences, on dirait que ce poème, intitulé *étranger*, s'adresse à moi : étranger, que dit adiaffi, on sait que ce mot n'est pas africain ; il y est aussi impossible qu'impossible n'est pas français puisque tu es chez toi chez moi et moi chez moi chez toi ; chacun est chez lui partout sur la terre africaine, chacun est chez lui partout sous le ciel africain, personne n'est nulle part, tout le monde est partout,

aucune pancarte ne jette sur le voisin le soupçon de vol ((((défense d'entrer, chien méchant, la formule poétique étant défense d'entrer homme enragé)))) – vaccinez-vous contre l'homme, frères de sang, l'homme est ma demeure dernière contre la terre au ciel et le ciel à la terre, l'homme est ma mort et ma naissance, l'homme est mon cimetière ma douleur mes larmes – je t'invite donc homme frère de sang à un voyage qui ne mène nulle part sinon au cœur d'un homme malade de l'homme – vois, l'ambition n'est pas démesurée – modeste bien modeste est mon vœu : il ne relève d'aucune pérégrination qui mène au pays fastueux des légendes au pays qui comble tous les rêves lointains qui caresse toutes les illusions qui flatte la passion des grandes explorations des espaces arides –

venu d'abidjan, ce poème a été écrit assurément pour moi, il me dit d'oublier l'éthiopie et addis-abéba, il me dit que l'avenir de l'homme vieillissant que je suis est derrière moi, pour une part à libreville, puisque pour la première fois depuis de longues années mon corps, tout roidi par l'infirmité, s'est laissé porter par le sentiment, par cette tendresse qui n'exige rien parce que c'est de la beauté toute nue qui vous l'offre – odeurs de mangue, et de manioc, de banane, et de café ; mots légers à la mangue, au manioc, à la banane et au café ; mangue est la couleur de l'émotion, manioc est la mesure de l'émotion, banane est la douceur de l'émotion, café est la lecture de l'émotion, et calixthe béyala, dans cette pudeur de la peau toute noire, alors qu'elle se tenait simplement allongée à mes côtés, m'a fait goûter aux unes et aux autres : une seule autre nuit comme celle d'hier et je ne serais plus un homme enragé parce que, de toutes les nuits, ça serait la dernière, je pourrais m'en retourner aux trois-pistoles et reprendre cette routine que j'applique avec une rigueur de fer ((((éloigner le plus longtemps possible ce jour où je ne serai plus bon qu'à me véhiculer en fauteuil roulant, sur cette galerie qui fait tout le tour de ma maison, condamné à voir mes jardins se défaire, mes sous-bois se peupler de fardoches, le pâturage de mes bêtes dénaturé par les chardons, la chienlit des queues de renard et de l'herbe à poux, mes arbres fruitiers détruits par la gangrène des champignons meurtriers, mon cimetière ma douleur mes larmes)))) –

ce problème que je n'ai jamais résolu, ni enfant ni jeune homme ni vieil homme bientôt : j'ai toujours été très entêté, je suis incapable d'abandonner quoi que ce soit quand c'est commencé, impossible que ça me sorte de la tête une fois que ça s'y trouve : j'ai beau enterrer l'os profondément dans ma mémoire et ne plus y penser, il finit quand même par refaire surface, comme c'est arrivé pour plusieurs des livres que j'ai écrits, mal venus au monde dans ma jeunesse, jetés comme détritus aux éboueurs, puis de longues années sans qu'une seule ligne d'eux ne vienne me tarauder l'esprit, puis voilà qu'un matin je me réveille et que j'entends toute la musique de ce que j'avais écrit et détruit, je l'entends et je la vois et elle ne peut plus m'échapper et je ne peux plus lui échapper, car dans les limbes de la mémoire elle s'est constituée, et comme l'univers qui est en expansion, elle a tissé une vaste toile sans que je ne m'en rende compte, et je suis à la fois l'araignée qui l'a modelée et l'insecte qui tente de s'en libérer et voilà pourquoi quand c'en est là, je dois m'attabler, décapuchonner mon stylo feutre et écrire, écrire par tout mon corps éperdu, comme un marathonien, une course contre la montre, un seul objectif : courir vite, courir plus vite encore, jusqu'à la dernière phrase, jusqu'au dernier mot, emporté par une force triomphante, tous les jours ces longues heures, sans fléchir, sans réfléchir, joyeuse est la folie quand elle se fait obsession compulsive et urgence, seule réalité, seule sur-réalité capable de repousser les limites de la résistance, donc celles de la mort –

c'est ainsi que depuis presque trois ans maintenant je cours après judith comme après une phrase qui m'est venue il y a plus de quarante ans, qui est resté inachevée et dont je dois trouver la fin, puisque c'est l'obsession qui la détermine désormais : il faut que j'aille jusqu'au bout, malgré la mort qui m'y attend peut-être ((((mais au moins m'arrivera-t-elle comme j'ai toujours vécu, têtu, entêté de la tête aux pieds ((((aucune des femmes que j'ai connues après judith n'a pu me libérer de mon obsession, sans doute parce qu'elles n'avaient pas les grands yeux violets de judith, sans doute parce qu'elles ne pouvaient même pas imaginer que puisse exister, grâce à julien gracq, antonin artaud, et franz kafka, cette chambre aux abîmes, ce combat extrême de la sur-réalité contre elle-même par l'explosion de cet onirisme qui rend impudiques les corps au point de les libérer de toute culpabilité et de tout remords, cette obscénité joyeuse parce que toute nue)))) –

je feuillette l'amas de feuilles laissées par le voyageur sur le banc près de moi, je n'y trouve pas de quoi mettre fin à mon hésitation : vais-je remonter dans les airs vers addis-abéba ou vers libreville, je ne sais pas encore : pour me décider, il faudrait que l'afrique se remette à me parler – ces mots de david diop, mort dans sa trente-troisième année, en 1960 :

Le soleil brillait dans ma case
et mes femmes étaient belles et souples
comme les palmiers sous la brise des soirs.
Mes enfants glissaient sur le grand fleuve
aux profondeurs de mort

et mes pirogues luttaient avec les crocodiles.
La lune, maternelle, accompagnait nos danses,
le rythme effréné et lourd du tam-tam,
tam-tam de la joie, tam-tam de l'insouciance
au milieu des feux de liberté.

Puis un jour, le silence.
Les rayons du soleil semblèrent s'éteindre
dans ma case vide de sens.
Mes femmes écrasèrent leurs bouches rougies
sur les lèvres minces et dures des conquérants
aux yeux d'acier
et mes enfants quittèrent leur nudité paisible
pour l'uniforme de fer et de sang.
Votre voix s'est éteinte aussi,
les fers de l'esclavage ont déchiré mon cœur
tam-tams de mes nuits, tam-tams de mes pères.

ce poème me rappelle quelque chose, une voix sans doute qui me l'a déjà fait entendre, je ne sais pas à qui était cette voix-là, quand elle m'a parlé ni de où, mais l'émotion qu'elle me donne me réchauffe davantage que le whisky que j'ai ingurgité, davantage même que cette nuit passée avec calixthe béyala – je cherche, je voudrais que tout mon corps entre dans ma mémoire, en traverse méticuleusement toutes les strates pour que je puisse identifier cette voix qui m'a lu, vibrante comme une corde de violon, le poème de david diop – il faudrait que j'y mette des heures, des jours peut-être bien aussi, mais voilà que cette autre voix se fait entendre : dernier appel pour l'embarquement vers addis-abéba – deux grandes lampées de whisky et je me redresse, quitte mon banc, ma petite valise à la main, comme zombi je me sens, la tête si vide ou si pleine qu'aucune idée ne me traverse l'esprit, je ne sens même pas la douleur qui me broie l'épaule et le bras gauches sous mon attelage : je suis le petit flot de voyageurs jusqu'au tarmac, jusqu'à l'avion, puis je monte dedans, puis ça se met à rouler sur la piste, puis ça monte dans un ciel que de gros nuages assombrissent ; une fois au-dessus, on dirait que plus rien ne bouge, sauf le bout des ailes de l'avion –

une fois avalé le whisky que j'ai commandé, je pense à ce livre que m'a offert calixthe béyala : je le prends dans le sac à mes pieds, je regarde la couverture, *les guerriers nus* que ça s'intitule, et une photographie nous en montre deux, mais on ne peut pas savoir si, réellement, ils sont nus puisque l'image ne montre que le haut de leurs corps : deux crânes rasés, l'un arborant une étrange perruque rousse et l'autre un large bandeau dans lequel une longue plume d'oiseau a été insérée ; les lobes des oreilles sont si grands qu'on ne voit d'abord qu'eux, puis ces nez épatés, ces faces matachiées de teinture blanche, ces yeux qu'on ne sait pas s'ils sont ouverts ou fermés à cause de ce maquillage noir sur les paupières et sur les cils ; les corps sont maigres, l'un tout peinturluré de petits cercles blancs et l'autre de grands traits verticaux ; les bras dressés tiennent des lances de bois qui ressemblent à de longues broches à tricoter : les guerriers ont visiblement pris la pose et peut-être leur a-t-on demandé de montrer cet air belliqueux et arrogant qui les singularise ((((l'explorateur christian bader étant français comme ses deux compagnons de voyage, je ne m'étonne pas qu'il passe autant de temps à se vanter de ses exploits, de sa force et de son endurance ; je ne m'étonne pas non plus que le guide indigène qu'il a embauché devienne rapidement son souffre-douleur : il est paresseux, ne se lave pas, a peur de son ombre, est hypocrite et sournois ; on se croirait à l'époque du colonialisme quand l'homme supérieur français méprisait les peuples qu'il asservissait)))) – je laisse le livre de bader me tomber des mains, il glisse entre mes genoux et se retrouve sur mon pied gauche, et je vais l'y laisser, je n'ai pour le moment pas le cœur à son ouvrage, ça n'a pas été écrit pour le moi que je suis depuis que je me suis embarqué pour l'éthiopie, mais peut-être qu'une fois arrivé à addis-abéba et enfermé dans une chambre d'hôtel en attendant le message que judith me fera parvenir, je prendrai mon pied avec ce qu'écrit bader; là, je file plutôt jarnilaine et quand c'est ainsi le recours à la poésie devient ma bouée de sauvetage, il me libère de mon ennui, il me libère du sentiment que j'ai d'avoir perdu corps avec la réalité, d'avoir perdu corps avec mon propre corps, de sorte que je ne peux plus me relier au monde ((((ce sentiment, il me semble que je l'éprouve de façon singulière chaque fois que je prends l'avion et qu'on survole des tas de cités, de villages, de forêts dans lesquels, en morceaux épars, survivent à la sauvage ce qu'il reste des clans qu'on aurait voulu exterminer totalement – des millions d'hommes, de femmes et d'enfants qui ont oublié le droit qu'ils ont au bonheur, qu'on a chassés de leur coin de pays, poursuivis sur des territoires qui n'étaient pas les leurs, mutilés, violés, mis à mort)))) – il me semble que c'est tout ça qu'exprime reesom haile dans son court poème *desta* :

Desta, fille née en exil,
rentre chez elle pour la première fois.
Je te présente ta grand-mère,
sa famille, ses voisins –
Ta famille, tes voisins.
Ton pays, chez-nous.

Mange, je te prie,
ces légumes et cette viande
et un régal de racines sauvages.
Je t'ai peut-être dégoûtée ?

Non, papa, j'aime ça.
Mais il nous faut des fenêtres.

quand la peur de la mort vous tenaille de jour comme de nuit, j'imagine que percer des fenêtres dans une telle peur est ce qu'il y a de plus difficile à faire : ne vaut-il pas mieux rester enfermé dans ce qu'on a réussi malgré toutes les embûches à sauver de soi plutôt que de mettre des fenêtres et risquer d'avoir affaire à la barbarie du monde, car voir c'est aussi être vu, et être vu c'est exciter le diable et, peut-être, être forcé de lui serrer la main pour que recommence le cycle de la violence, des mutilations, des viols et de l'exil ((((ce que, faisant suite au poème de reesom haile, raconte david diop :

Le soleil brillait dans ma case
et mes femmes étaient belles et souples
comme les palmiers sous la brise des soirs.
Mes enfants glissaient sur le grand fleuve
aux profondeurs de mort
et mes pirogues luttaient avec les crocodiles.
La lune, maternelle, accompagnait nos danses
le rythme frénétique et lourd du tam-tam,
tam-tam de la joie, tam-tam de l'insouciance
au milieu des feux de liberté.
Puis un jour, le silence.
Les rayons du soleil semblèrent s'éteindre
dans ma case vide de sens.

une case, symbole de territoire ; et pas plus l'homme noir d'afrique que n'importe quel autre de n'importe quel continent n'a pu en jouir en paix longtemps, pas plus aujourd'hui qu'en ces temps anciens où l'homme était à peine une réalité : seule la force a toujours déterminé qui a droit au bonheur et qui n'y a pas droit, puisque telle est la nature : une telle anarchie dans la prolifération que la destruction pourrait être considérée comme une nécessité – sinon, toutes les vies deviendraient la même vie qui se décimerait par cannibalisation ; ce n'était pas seulement parce qu'elle avait faim que l'humanité, dans son commencement, mangeait son semblable : elle le faisait aussi pour que le territoire qu'elle occupait ne soit pas envahi par des peuples étrangers qui en auraient fait une multitude indifférenciée dont la simple expansion aurait été la loi ; l'humanité n'est sans doute qu'une seule espèce, mais si elle a pris autant de visages, de corps et d'esprits singuliers, ça a été pour échapper à cette simple expansion qui, si on la poussait à son bout, ne porterait plus la vie, mais la mort ; tous les empires se sont effondrés parce qu'ils ne pouvaient plus contrôler leur expansion ((((cette crainte des scientifiques qui croient que le cosmos lui-même est entré dans une phase de grande expansion et que si celle-ci devait continuer, c'est tout l'univers qui finirait par disparaître)))) –

entre deux rasades de whisky, je rêvasse ainsi, puis je somnole, et les grands yeux noirs de calixthe béyala se font vrilles pour pénétrer loin dans mon corps, et les grands yeux violets de judith se font vrilles pour pénétrer encore plus loin dans mon corps : tel que je suis je ne me plais pas et le fond non plus ne me plaît pas car il est l'esprit déposé de ma vieille douleur totale et présente, disait artaud – et tout cela se concentre dans mon sexuel et le fait se durcir comme quand j'habitais le souterrain de morial-mort et que, pour me déprendre de mon désir de judith en allée, je me mettais à écrire férocement tout en me masturbant ; quand je n'écrivais pas, ça redevenait comme glacé dans mon corps, j'avais l'impression d'être saint antoine quand ses fantasmes obscènes le prenaient pour le faire osciller entre le terrorisme et la sainteté – puis l'homme-taureau en moi s'est lentement apaisé, son sexuel presque tout cannibalisé par les soixante-dix ouvrages écrits d'une main gauche rebelle : les mots sont du sperme, les livres sont des éjaculations, toute œuvre est le viol permanent de son propre corps – et si l'homme vieillissant n'a pas cessé d'écrire, c'est que l'énergie vitale, malgré l'épaule et le bras gauches sous attelage, ne s'est pas échappé du corps, aussi obstinée, aussi compulsive qu'en ce temps-là que la jeunesse était pareille à un déluge : des mots, des mots, ça ne cessait pas de pleuvoir, les mots – il me semble que c'est aussi ce que dit aimé césaire dans ce poème que j'ai sous les yeux :

Faites-moi rebelle à toute vanité,
mais docile à son génie
comme le poing à l'allongée du bras !
Faites-moi commissaire de son sang.
Faites-moi dépositaire de son ressentiment,
faites de moi un homme de recueillement.
Mais faites aussi de moi un homme d'ensemencement.

pour ensemencer, il faut qu'il y ait d'abord éjaculation : des écrivains comme victor hugo, georges simenon et henry miller ne cessaient pas de s'y livrer, leurs mots étaient des vulves roses de femmes et les vulves roses des nombreuses femmes avec lesquelles ils ont fait l'amour n'étaient pour eux rien d'autre encore que des mots – ces écrivains-là étaient des surhommes, dignes de ceux qu'annonçait frederick nietzsche dans sa théorie de l'éternel retour : des barbares d'une espèce nouvelle, des barbares ne sachant plus, ne voulant plus faire la différence entre le réel et le surréel, là où antonin artaud a si sublimement échoué, resté enfant toute sa vie, donc en profond déséquilibre, son corps salopé ayant perdu tout son sexuel, celui-ci s'étant réfugié dans la fureur, paradoxalement sans sexuel, de sa poésie –

ME DIS :

l'avion a commencé sa descente vers l'aéroport d'addisabéba, une fourmillière humaine de plus de cinq millions d'habitants et son centre-ville, bâti à plus de sept milles pieds d'altitude, en fait l'une des trois villes les plus haut perchées du monde, ce qui a au moins un avantage : il n'y fait jamais chaud comme à libreville, l'humidité des plaines étant stoppée par les montagnes, sauf dans la saison des pluies qui dure toutefois longtemps, puisqu'elle va du mois de mai à la fin d'août – nous sommes heureusement à la mi-septembre, de sorte que mon épaule et mon bras gauches ne devraient pas trop souffrir sous leur attelage – là où judith m'a donné rendez-vous, ça s'appelle l'hôtel taytu que je m'amuse à prononcer têtu, comme judith a dû le faire quand elle a choisi le lieu de notre rendez-vous : entêtés, nous le sommes tous les deux, et peut-être est-ce là la seule qualité que nous partageons encore, en tous cas depuis ces nombreux mois que je suis à sa poursuite bien que je ne sache toujours pas lequel de nous deux est le prédateur et lequel est la proie : la seule conviction que j'ai tandis que l'avion atterrit sur la piste, c'est que ce sera ici, au cœur de l'éthiopie, que se terminera l'odyssée commencée sur l'île de pâques : l'humanité a pris naissance dans ces vallées fertiles qui, entre la mer rouge et le soudan, ont permis à l'homme de se défaire de la bête qu'il était, de se dresser sur ses deux pieds pour mieux se mettre à penser – et penser, ça ne revient finalement qu'à une chose toute simple qui s'appelle le pouvoir : quand on le détient, le pouvoir est rien de moins que totalitaire, donc destructeur : les sociétés primitives en firent l'expérience, celles dont les champs de la connaissance s'agrandissaient forçant les autres, plus lentes, à fuir ou à disparaître ; c'est ainsi que s'est faite la dissémination qui a peuplé la terre entière et dans une telle surabondance que plus personne ne peut plus fuir vraiment : les grands déplacements de populations n'ont jamais été aussi importants que maintenant, mais les terres où refaire la vie étant déjà toutes occupées, on est forcé à l'enfermement dans des camps dits de réfugiés, entre deux frontières qu'on ne peut plus traverser ; et quand on reste là où l'on est né, le risque est grand pour que les massacres de masse aient raison de votre intelligence et de votre corps : d'innombrables ossements enterrés sans cérémonie dans de grandes fosses sous le regard impavide des survivants ! –

je suis entré dans le bar de l'aéroport pour y boire quelques whiskys : depuis ma descente de l'avion, j'ai l'impression de m'être égaré au milieu d'une monstrueuse forêt, toute noire malgré le soleil qui en éclaire la canopée ; et les oreilles me font si mal que les bruits y parvenant sont comme des coups brusques assénés sur des peaux tendues de tam-tam ; mon cœur bat plus rapidement et de façon irrégulière, ma main droite tremblote quand je porte à mes lèvres mon verre de whisky ((((ça ne devrait pas m'angoisser puisque, depuis que m'a frappé la poliomyélite, je vis par intermittences ce désarroi de mon corps, comme si je devenais pareil à du beurre mou et ranci qui se liquéfierait si je n'avalais pas de whisky : deux ou trois bonnes rasades et mes oreilles sont à nouveau de simples oreilles et mon cœur se calme et ma main droite ne s'agite plus tout de travers ; ainsi prend fin mon désorientement, ainsi me revient mon énergie vitale : du surréel, rien que du surréel, nulle émotion dedans)))) –

il n'y a plus de monstrueuse forêt toute noire quand je sors du bar et de l'aéroport – il fait frais, il y a comme des odeurs de mangues dans le fond de l'air, me semble que les gens qui vont et viennent sentent bon aussi : leurs corps sentent bon, leurs voix sentent bon, leurs rires sentent bon – cette impression que j'ai de ne plus être à l'étranger comme quand je me trouvais en grande-bretagne, sur l'île de pâques, dans les environs des pyramides d'égypte ou au laos – je ne connais pas addis-abéba, mais je m'y reconnais, comme si j'y avais passé une partie de ma vie : le paysage me paraît aussi familier que celui qui m'entoure quand je me promène dans mes champs aux trois-pistoles, rien ne pourrait me déconcerter, pas même l'apparition d'une bête sauvage, orignal, ours, chameau ou lionne des savanes – c'est si inattendu que je refuse de monter dans ces taxis dont, l'un après l'autre, les chauffeurs me harcellent ; l'hôtel taytu n'est même pas à une heure de marche de l'aéroport et c'est sur mes pieds que je compte m'y rendre, juste pour vérifier si le paysage me restera aussi familier qu'à ma sortie de l'aéroport – cette ville bâtie sur une montagne, qui permet de voir très loin peu importe vers où se porte le regard, au-delà même des faubourgs qui se sont développés à un rythme infernal à cause de l'exode rural et du grand nombre des naissances : plus de cinq millions d'habitants alors qu'addis-abéba n'en comptait même pas trois cent mille à la fin du siècle dernier ((((curieux phénomène que celui-là, ce recours à la ville comme ultime refuge et même si on sait qu'on va y crever de faim parce que les ressources manquent pour qu'on y trouve le moindre confort – peut-être est-ce l'idée qu'il vaut mieux mourir en société plutôt qu'isolé dans un coin perdu de pays qui incite tant de gens à s'entasser dans des quartiers où la promiscuité est si grande qu'on a sans doute l'illusion qu'il y sera plus facile d'échapper à l'angoisse, à la faim et à la souffrance, comme en ces temps premiers de la civilisation, quand les cités fortifiées vous protégeaient des prédateurs – ce n'est plus le cas maintenant qu'on utilise des armes de destruction massive pour détruire les villes et les habitants qui y vivent : le terrorisme urbain, inventé par les américains quand ils ont lâché leurs bombes atomiques sur hiroshima et nagasaki, a rendu toutes les cités précaires parce que nul gouvernement ne peut plus en assurer la sécurité – pourtant, on ne cesse de s'y agglutiner, dans une pauvreté dont on ne peut plus sortir, plus des trois-quarts de la population des faubourgs restant analphabètes et sans travail –

du plus haut de la rue taytu, je regarde au loin, juste des faubourgs et des faubourgs à perte de vue, dans un étalement désordonné qui s'accroît de dizaines de milliers d'habitants tous les ans : comment un gouvernement pourrait-il y changer quoi que ce soit quand il ne subsiste que grâce à l'aide internationale et à un occident qui puise à volonté dans ses richesses naturelles sans les payer vraiment ? – tourner la tête et regarder vers le sommet de la montagne où se trouve le centre-ville, voir tous ces gratte-ciel qui n'ont rien d'éthiopien, construits sans aucun doute par des architectes et des ingénieurs étrangers, comme c'est maintenant le cas partout dans le monde – même d'où je suis, je vois l'hôtel sheraton : dans le soir qui vient, ça brille déjà de toutes les lumières qu'on y a installées : (((((l'œuvre d'un multimilliardaire mégalomane, le plus gros des employeurs éthiopiens après le gouvernement, un roi-nègre pour qui la réussite n'est rien si elle ne se manifeste pas par un palace si luxueux que c'en est presque obscène)))) –

l'hôtel taytu devant lequel je me trouve a la modestie des bâtiments qu'on construisait au début du siècle dernier : on dirait une villa niçoise sur le haut d'un buton ; des murets de pierre taillée la protègent de l'érosion, arbustes et arbres maigrelets n'arrivant pas à cacher l'aridité du sol – le sentiment d'être déjà venu dans cet hôtel m'effleure l'esprit, comme quand je suis sorti de l'aéroport de bolé et que ça a été comme si je revenais chez moi après de longues années d'absence – je laisse ma valise aux bons soins du chasseur, puis je m'en vais drette vers le bar, je m'assois devant le comptoir et je commande un whisky ; à quelques pieds de moi, deux hommes et une femme, aussi blancs que moi, discutent ferme ; les deux hommes viennent de france et la femme est probablement britannique si j'en juge par l'accent qu'elle a – je me demande ce qui les anime autant, et comme je n'ai pas besoin de tendre l'oreille pour entendre ce qu'ils disent, je comprends rapidement que les trois participent à un colloque sur la gestion des déchets à addis-abéba ! ((((cette impression d'être au théâtre et d'assister à la représentation d'une pièce de boulevard bien que le sujet soit foncièrement dramatique)))) :

– Je ne parle pas de ce qui se passe au centre-ville, que dit le premier congressiste, puisqu'on y a construit une infrastructure qui répond aux besoins. Je parle de ce qu'on trouve dès qu'on descend vers les quartiers populaires.

le premier congressiste brandit une liasse de feuilles et ajoute :

— Tout est là, dans le rapport de cette enquête qu'on nous a fait lire ce matin. À Addis-Abéba, ce ne sont pas les pauvres qui polluent le plus. Eux, ils sont bien forcés de les recycler eux-mêmes, leurs déchets.

— Ce n'est pas parce qu'ils convertissent encore la bouse de vache séchée en combustible ou qu'ils s'en servent pour colmater les brèches dans les murs de leurs habitations, qu'ils recyclent vraiment leurs déchets, que dit le deuxième congressiste.

— Vous ne pouvez pas les en blâmer, que dit le troisième congressiste. Les camions à ordures achetés par la ville sont trop gros pour passer dans les petites rues toutes en zigzags des quartiers populaires. Les bennes qu'on a installées un peu partout ne sont pas aussi efficaces qu'elles devraient l'être.

— C'est normal, que dit le premier congressiste. Pour avoir accès aux bennes, les gens doivent souvent se taper deux kilomètres de route. Passe encore quand il fait beau, mais dans la saison des pluies, je voudrais bien vous voir trimbaler votre porte-ordures dans des rues que la boue vous arrive aux jarrets. Et puis, ces fameuses bennes qui sont sensées être vidées tous les deux ou trois jours ne le sont qu'aux trois semaines par manque d'équipements.

— Résultat : les gens se débarrassent de leurs déchets dans les égouts et les fossés, que dit le deuxième congressiste.

— Et les détritus que ramasse la ville vont tous à une seule décharge, que dit le troisième congressiste.

– À ciel ouvert et pour ainsi dire assiégée en permanence par une foule de mendiants qui y cherchent de quoi pouvoir s'acheter un pain, que dit le troisième congressiste.

– Comment peut-on changer ça ? que dit le premier congressiste. Est-ce seulement changeable ?

même s'ils savent que la réponse est négative, les trois congressistes n'en continuent pas moins leurs palabres – moi, j'en ai assez entendu : j'ai participé dans ma jeunesse à tellement de colloques et de congrès aussi bien intentionnés qu'inutiles que je n'ai plus la patience qu'il faut, même pour simplement écouter ce qui s'y dit – de toute façon, les romains, en impérialistes efficaces, ont tout dit et tout fait sur l'art de rendre propres les villes qu'ils conquéraient : ils y installaient des aqueducs et des égouts et forçaient chaque citoyen à ce que les trois congressistes appelaient la gestion des ordures ; la civilisation est d'abord affaire de salubrité publique, disait sénèque : à quoi bon conquérir un peuple dont la négligence par-devers la santé risque de faire venir ces épidémies qui n'épargneront ni les vaincus ni les vainqueurs ? –

ma chambre est au rez-de-chaussée et a sans doute été restaurée puisque l'ancien et le moderne y cohabitent plutôt agréablement ; un vase de petites fleurs, sans doute sauvages, a été mis sur une armoire à glace d'autrefois ; quand j'en ouvre la porte, j'y trouve un petit réfrigérateur rempli de bouteilles d'alcool ; j'y prends celle qui est pleine de whisky écossais, puis je vais m'asseoir comme à mon accoutumée sur le bord du lit afin de m'y débarrasser plus facilement de l'attelage qui me scie l'épaule et le bras gauches – je les masse de ma main droite pour que les fourmis qui y ont essaimé fichent le camp – tandis que s'apaisent les nerfs et les muscles, je bois quelques gorgées de whisky et regarde les portraits qu'on a suspendus aux murs ; je ne saurais pas dire à qui appartiennent ces visages, mais sur la table à côté de mon lit, sur une petite pile de livres, il y a cette brochure qui m'en informe : le seul portrait de femme est celui de l'impératrice taitu à qui l'on doit la fondation d'addis-abéba ((((qui signifie nouvelle fleur)))) ; chassée du royaume d'aksoum que la reine judith détruisit, l'impératrice sut convaincre son mari, le roi ménélik, des avantages de se jucher si haut dans les montagnes ; c'était une femme entêtée et, kebekoise, elle aurait pu effectivement se nommer têtu : ça se dégage de son portrait que deux grands yeux sombres et menaçants semblent dévorer tout l'espace qu'il y a devant elle ; le portrait de ménélik le premier est trop flou pour que je puisse distinguer vraiment les traits de son visage, mais l'énorme couronne de fer qui lui descend jusqu'au milieu du front, qui devait être dorée à l'origine et sertie de pierres précieuses, devait avoir de quoi subjuguer ses sujets ((((selon la légende éthiopienne, ce ménélik Ier est le fils de la reine de saba et du roi salomon, ce qui l'a autorisé à s'autoproclamer roi d'une dynastie, celle des salomonides, qui a régné pendant plus de mille ans)))) – contrairement à tous les autres pays africains, l'éthiopie n'a jamais été colonisé par les peuples étrangers : toutes les fois que le royaume fut envahi, il sut vaincre l'adversaire ((((une seule exception pour infirmer la règle : quand mussolini se mit, avant la deuxième grande guerre, à rêver d'un empire qui durerait mille ans comme celui instauré par les romains, il occupa l'éthiopie, mais pour peu de temps, ses troupes étant annihilées par celles des alliés)))) –

je ne connais de la reine de saba que l'opéra que charles gounod a composé sur elle ; dans les documents qui se trouvent sur ma table de chevet, j'apprends qu'elle régnait sur un royaume situé entre le yémen et l'éthiopie, qu'on la considérait comme une femme sublime, de grande sagesse et d'intelligence, mais douée aussi d'un énorme pouvoir de séduction; elle fit quelques voyages à jérusalem, y apportant de l'or, des pierres précieuses et des parfums pour le roi salomon – fut subjuguée par le faste du palais et de la cour de salomon, par sa grande perspicacité qu'elle éprouva en lui posant une série d'énigmes auxquelles il répondit parfaitement; amoureux d'elle, salomon la soumit à son tour à une épreuve : la rumeur voulant que la reine de saba ne portât de longues robes que parce qu'elle avait des jambes de bouc ou d'âne, salomon la fit entrer dans une pièce de son palais faite de verre et de marbre violet; le sol imitait l'eau avec une telle perfection, que la reine de saba, retroussant sa robe, montra qu'en lieu et place de sabots de bouc ou d'âne, elle était pourvue des plus jolis pieds qu'une femme puisse montrer – la suite de l'histoire est comme ce qu'on trouve dans *les milles et une nuit* : la reine ne voulant pas épouser salomon, le rusé souverain lui proposa un pacte : il lui promit de ne rien lui demander, si elle acceptait de ne rien prendre dans son palais; quand la nuit vint, la reine de saba, assoiffée, se désaltéra dans un petit ruisseau : elle avait donc pris quelque chose au roi salomon et fut donc forcée de coucher avec lui – de cette union naquit ménélik le premier; d'abord élevé en éthiopie, ménélik est envoyé par sa mère à la cour du roi salomon pour y recevoir de son père un empire qui irait du fleuve d'égypte jusqu'à l'occident, du sud au nord, jusqu'à l'inde orientale; remerciant à sa façon le roi salomon de son héritage, ménélik et les vingt lévites qui l'accompagnent volent l'arche d'alliance, traversent l'égypte et la mer rouge, pour débarquer à bour et gagner la cité de makeda, où l'arche est déposée; les lévites établissent alors dans le royaume la religion et les lois d'israël, ce qui va dans l'avenir susciter une grande animosité entre l'israélisme, la religion copte et le paganisme de plusieurs tribus qui prédominaient jusqu'alors ((((mais pourquoi avoir volé l'arche d'alliance, joyau sacré du temple bâti pour la reine de saba par le roi salomon ? – comme le fut le graal dans l'histoire de l'occident, l'arche d'alliance était la pierre d'assise de la civilisation d'israël : ce qu'elle contenait était tabou et devait donc rester invisible à l'œil humain ; mais sans qu'on ne sache vraiment ce qu'elle renfermait, de savants professeurs du moyen âge lui accordèrent plusieurs propriétés sacrées : « Il n'est point d'homme si malade qui, mis en présence de l'arche, ne soit assuré d'échapper à la mort pendant toute la semaine qui suit le jour où il l'a vue » ; un autre savant professeur, du vingtième siècle celui-là, croit que l'arche renfermait les fameuses tables de la loi que moïse rapporta de son initiation sur le sinaï ; pour d'autres spécialistes, il n'y aurait pas eu de tables de la loi dans l'arche, mais une pierre fétiche, une météorite qui serait tombée sur le sinaï et qu'on adorait comme si elle avait été un fragment de dieu venu du ciel ; selon les élucubrations de pseudo-scientifiques, l'arche d'alliance était ou bien un condensateur électrique ou bien un émetteur d'énergie, capable d'emmagasiner un potentiel puissant et dangereux)))) – mais peu importe ce qu'était vraiment l'arche d'alliance : ménélik le premier s'en est servi pour assurer sa domination et conquérir de nouveaux territoires : partout où il passait, on construisait une réplique de l'arche qu'on mettait en bonne place dans les églises –

ménélik le premier fit un grand pays du royaume d'éthiopie : l'accès à la mer rouge, au nil bleu et à l'abbaï, favorisa très tôt les échanges commerciaux avec l'égypte, méroé, la palestine et l'arabie du sud ; il en fut de même pour les échanges culturels et religieux qui amenèrent un grand brassage d'idées : de l'adoration des divinités liées aux astres, aux prêtres et aux rois, on passa à la religion copte, au judaïsme et au christianisme ; mais bien qu'on y ait accueilli la famille du prophète mahomet condamnée à l'exil, l'éthiopie se méfia toujours de l'islamisme : contrairement aux autres religions, l'islamisme était aussi une idéologie conquérante et dominatrice ; les éthiopiens, qui avaient toujours échappé à la colonisation, entendaient rester maîtres chez eux : chaque fois que les islamistes envahirent leur royaume en expansion, les éthiopiens les boutèrent hors de leur territoire malgré le souvenir qu'ils gardaient d'avoir sauvé de la mort la famille de mahomet – seule la province de l'érythrée s'islamisa, puis fit sécession, devenant une source de conflits permanents avec une éthiopie convertie au christianisme et subissant de plus en plus l'assaut des musulmans : l'église éthiopienne et le pouvoir politique se soudèrent l'une à l'autre et choisirent la monarchie absolue comme système de gouvernement : un roi, le négus, se proclama rapidement empereur ou roi des rois – mais cette alliance et cette unification ne purent suffire à contenir la marée musulmane qui ne cessait pas d'envahir l'éthiopie : le négus fit appel aux portugais quand, à la tête d'une formidable armée, le roi musulman, dit le gaucher, envahit le royaume ; la menace fut repoussée grâce au fils de vasco de gama, mais la victoire, que les jésuites vinrent célébrer, secoua fortement l'éthiopie : les religieux coptes n'acceptaient pas ces jésuites autoritaires qui voulaient devenir les maîtres d'un pays qu'ils ne connaissaient pas et croyaient pouvoir dompter en s'immisçant entre le négus et les religieux coptes, si soudés l'un aux autres qu'ils étaient le symbole de l'identité nationale – une véritable guerre de religions décima le royaume, ce qui fit renaître les velléités de conquête des musulmans :

le négus fut tué, axoum détruite, le royaume livré aux seigneurs de la guerre ; sans la vitalité du clergé copte, rien de l'éthiopie n'aurait survécu et ménélik le premier ne serait jamais devenu empereur, négus et roi des rois –

je regarde le portrait de ménélik le deuxième : on n'y voit guère le bas de son visage, une barbe fort drue le recouvrant ; les pommettes des joues sont saillantes, le nez large, les yeux grands et noirs comme le charbon ; le lobe de son oreille gauche lui arrive presqu'à l'épaule ; un bandeau blanc lui cache le front et un chapeau à large bord lui recouvre la tête : la force et la détermination font oublier la laideur du négus et ses grands yeux noirs ont quelque chose de si triste qu'on éprouve presque malgré soi l'envie de taper sur l'épaule du roi des rois pour lui signifier qu'on le trouve tout de même moins laid qu'il ne l'est – ((((c'est cet étrange personnage qui mit de l'ordre dans le chaos éthiopien et qui, sur les conseils de sa femme, fit d'addis-abéba la capitale du nouveau royaume – quand les italiens envahirent l'éthiopie, le négus les battit à adoué grâce aux armes que lui vendit la france désireuse de faire commerce avec un royaume riche en matières premières : les grandes puissances n'ont que des intérêts qui déterminent leur politique)))) –

le dernier portrait qu'il y a dans la chambre, le plus grand, est celui de hailé sélassié qui succéda à ménélik le deuxième ; lui aussi dut affronter les italiens quand mussolini déclara la guerre à l'éthiopie et la remporta, forçant le négus à s'exiler en grande-bretagne ; l'italie fit un même pays de l'éthiopie, de la somalie et de l'érythrée, et y envoya deux cent mille italiens pour y tenir commerce – mais la colonisation du pays par mussolini fut de courte durée : durant la deuxième grande guerre, les britanniques libérèrent l'éthiopie de l'occupation italienne et remirent hailé sélassié sur son trône ; il va y rester plus de trente ans et finira par susciter tant de mécontentement populaire qu'il tombera, renversé par une jungle militaire, ce qui mit fin à la dynastie des rois des rois – plus de négus et un pays dévasté, décimé, au bord du chaos ! –

ME DIS :

c'est victor hugo qui avait raison : la misère vous amène à la révolution et la révolution vous ramène à la misère ; pas d'autres cycles possibles que celui-là, ce qui a été fait hier étant défait aujourd'hui pour que ça puisse se refaire demain –

ME DIS :

j'ai besoin de whisky et j'ai besoin de dormir aussi, je manque de salive, je manque de sommeil, je suis fourbu comme une vieille picasse, j'ai ce point dans le dos, comme si un petit soleil y avait pris place et se faisait incandescent sous la peau : c'est par un petit soleil semblable qu'autrefois m'est venue la poliomyélite, et ça m'angoisse de le savoir à nouveau là, si menaçant c'est, si à contretemps c'est, alors que tout me dit que j'en suis presque au terme de ma voyagerie ; j'ai parcouru tout le labyrinthe que judith a créé pour moi, je suis à portée de corps et de voix du minautore, je ne pourrai pas ne pas l'affronter, dès demain sans doute : mes nerfs et mes muscles le savent si bien que je ne dormirai guère cette nuit ((((comme quand j'étais avec judith, incapable de la quitter ne serait-ce qu'en dormant, omniprésence de son corps – on s'en va, a dit artaud, et on est toujours là, on n'est plus là mais rien ne vous quitte, on a tout conservé sauf soi-même et qu'importe puisque le monde est là)))) –

ME DIS :

ne pense plus, enivre-toi, ne laisse pas ce pou de baleine qu'est la solitude te parasiter, car ça va se mettre à te faire peur dans tout ton sang, et demain tu ne seras plus bon à rien, même pas à jeter aux chiens : si proche de la fin, quel désastre, immense comme l'est l'océantume quand il faut la boire toute – remets-toi à lire, ne fais rien d'autre que de photographier des mots, ne cherche pas de sens dedans, oblige simplement tes yeux à se fixer sur des sujets, des verbes, des attributs, peu importe leurs couleurs, peu importe leurs odeurs, ce ne sont que des meubles, pas besoin de savoir comment et pourquoi ils ont été fabriqués, il suffit de garder constamment l'œil sur eux pour ne pas paniquer – ma peur, ma peur, ma très grande peur ! – nulle fixation sur n'importe quel mot ne saurait me l'ôter du ventre, je lis histoire, je lis rasselas, je lis prince, je lis abyssinie, je relis histoire, histoire, histoire, mais mes yeux ne s'arrêtent sur aucun, mais mes yeux ne se fixent sur aucun, je n'arrive plus à me concentrer, mon corps n'est plus qu'une anarchique expansion, tout en morceaux épars, ça file dans l'espace-temps à la vitesse de la lumière ; et tout ce whisky que je bois ne me réchauffe plus le ventre, il se perd en gouttelettes dorées dans mes environs – ce coma, treize jours que ça a duré quand le virus de la poliomyélite s'est attaqué à moi, des milliards de petites étoiles bombardant les nerfs et les muscles, je n'avais plus rien dans la tête, il n'y avait plus de feu pour que les neurones et les synapses puissent fonctionner – juste de la frayeur, juste de l'effroi, sans aucune image, sans aucun langage, à peine une tache de couleur parfois, comme ces petits icebergs sombres peints par paul-émile borduas sur de grandes toiles blanches à perdre la vie – quel cauchemar mené à train d'enfer par la jument de la nuit ((((et qui, jamais, ne s'est en allé de mon corps, présent dans chacune de ses cellules, y distillant cette peur qui m'a toujours habité et dont seule l'écriture, par moments, pouvait me libérer ; sinon, je n'aurais jamais aligné tant de mots sur tant de grandes feuilles de notaire, assis à cette table de pommier, sur ce panneau de bois en guise de chaise, pour que mes os, mes vertèbres, mes disques ne s'effritent pas ; et de ma main droite faisant bouger la grande feuille de notaire parce que mon bras gauche devait rester immobile si je ne voulais pas que la douleur essaime jusque dans mon épaule : quand ça arrivait, cette main tressaillante ne faisant plus venir que de hideux barbots sur la grande feuille de notaire ; et je voulais si peu les y voir que, peu importe où j'en étais rendu sur la grande feuille de notaire, je la déchirais en petits morceaux et me forçais à la réécrire de mémoire – pour ne pas mourir, pour tuer le temps avant qu'il n'ait raison de moi, de mon corps salopé, de mon corps trahi : je veux un squelette sans intérieur, intranchable, inentourable, disait artaud – de la merde, de la douleur, un poème d'opium pour lui, de whisky pour moi, y coulant sans cesse la vie, pour voir, juste voir, juste voir ce qu'elle rendait liquide – ((((gravier d'étrons, qui affre même si je ne veux pas de ça : tratra redelala)))) –

ne peux plus rester assis dans mon lit, c'est la nuit noire sur addis-abéba, je ne trouverai ni sommeil ni repos si je ne bouge pas : le whisky m'excite, je bande malgré moi, peut-être la main de calixthe béyala s'est-elle refermée sur mon sexuel, ou la bouche de judith – depuis que je suis un homme vieillissant, je n'aime pas que mon sexuel se tende quand je n'écris pas, ça a quelque chose de tellement dérisoire que ça m'est insupportable – me redresser, enfiler mon attelage, sortir de cette chambre, ma canne à la main et le fiasque de whisky dans la poche droite de mon veston, respirer profond, cette fraîcheur dans le fond de l'air, il n'y manque que ces effluves salines pour que ça soit comme aux trois-pistoles quand souffle au-dessus du fleuve un petit vent porteur de marée haute – marcher sans savoir vraiment où je vais, ne chercher qu'à calmer mon corps ((((comme quand j'écrivais trop longtemps, cet au-delà de la fatigue, aux confins de l'usure, là où le minotaure est hystérique, chiale, mugit, voudrait s'en prendre à tous tes nerfs, à tous tes muscles, à tout ton sang, frapper, blesser, faire souffrir, mutiler et assassiner aussi, juste pour échapper à ce qui désespère de soi sous l'épiderme)))) –

j'ai gravi une pente plutôt raide, non sans mal : par ici, il fait noir comme dans une gueule de loup et je manque d'équilibre quand c'est aussi obscur, je tangue d'un bord, puis de l'autre, je m'agrippe à ma canne, je lutte contre la force de la gravité, je dois peser au moins trois fois mon poids et je n'avance plus qu'à petits pas comme font les manchots empereurs sur la glace vive – heureusement qu'il y a ce banc entre deux eucalyptus : m'y laisser tomber, souffler fort comme si j'avais l'évent d'une baleine en guise de nez, puis boire quelques gorgées de whisky, puis rassuré par la lumière qui vient de cette grosse ampoule comme vissée dans le tronc de l'un des eucalyptus, rouvrir les yeux, voir ce journal que quelqu'un a dû oublier à l'extrémité du banc – à l'aide de ma canne, je le ramène vers moi : ça s'appelle *the reporter*, c'est publié en même temps en anglais et dans une autre langue que je ne connais pas, peut-être de l'éthiopien, quoique j'ignore si l'éthiopien existe vraiment – mais peu m'importe, je ne veux pas lire, même pas la plus simple des phrases, je pense juste à fixer les yeux sur un mot, sur une image, sans chercher à savoir ce qui fait sa singularité, comme j'ai essayé de m'y livrer quand, dans ma chambre d'hôtel, l'angoisse me trouait le corps : swaziland, swaziland, swaziland, que je psalmodie, puis ngabezweni, ngabezweni, ngabezweni – des noms de lieux sûrement africains, qui doivent se dire en chantonnant, peut-être un petit paradis au cœur du continent noir, une île flottante dérivant paisiblement en bordure de mer océane – puis cette photo d'un homme qui a la tête d'idi amine dada, grosses lèvres que n'arrive pas à dissimuler une moustache qui va du large nez jusqu'en dessous du menton, yeux pervers, yeux vicieux, ceux d'un roi nommé mswati le troisième : que vient-il faire dans la page dite insolite du *reporter*, ce roi du swaziland dont la capitale est ngabezweni ? ((((il s'agit du dernier monarque absolu d'afrique, qui règne sur les deux millions d'habitants de son royaume, une petite enclave entre le mozambique et l'afrique du sud, le pays sans doute le plus pauvre du monde et le plus menacé d'extinction : quarante pour cent de la population y chôme, la mortalité infantile y est dévastatrice, quatre-vingt pour cent des gens qui y vivent sont contaminés par le virus du sida et l'espérance de vie n'y dépasse pas trente-cinq ans ; la grande-bretagne y exploite à son profit les richesses naturelles et ce qu'il en reste s'en va tout drette en afrique du sud)))) – pourtant, le roi mswati le troisième mène dans sa capitale de 50 000 habitants une vie de pacha, douze châteaux, treize femmes, des dizaines d'enfants, un super-jet de bombardier, une fortune personnelle évaluée à six milliards de dollars alors que sa race, son peuple, sa nation doivent vivre avec moins d'un dollar par jour ((((l'ambition de mswati le troisième : faire du swaziland le royaume africain du tourisme international ; et pour que le monde entier le sache, mswati le troisième l'invite à assister à la grande fête qui marquera son quarantième anniversaire de naissance : cinquante mille jeunes femmes, les seins nus, danseront dans la capitale tandis que le roi et sa cour s'y promèneront dans les quarante et une limousines achetées pour la circonstance au moyen-orient !)))) – je comprends mieux maintenant le génie de raymond roussel et de ses *impressions d'afrique* qu'il écrivit au début du vingtième siècle, ce talou, empereur du pokunulélé et roi du drelchkaffka, symbole parfait du roi-nègre africain qui, sous le prétexte de célébrer ses conquêtes, se livre à toutes les extravagances, y compris celles qui donnent la mort –

ne cesse pas de regarder la photo de mswati le troisième, et les mots swaziland et ngabezweni, et je vois un ventripotent despote qui examine l'une après l'autre les jeunes femmes aux seins nus, comme le faisaient les trafiquants d'esclaves : ouvre grand la bouche, montre-moi l'état de ta dentition, ferme tes lèvres pulpeuses sur mes doigts, lèche-les moi pour que je vérifie la douceur de ta langue, puis de mes mains je te tâte le corps, tes seins trop mous, aux aréoles pas assez grandes, et ta vulve, et ton clitoris non excisé, pas digne ce corps de devenir ma quatorzième femme, pas digne ce corps de revêtir ces vêtements luxueux achetés au moyen-orient, pas digne ce corps de prendre place dans l'une de mes quarante et une limousines, va rejoindre les autres et danse, danse pour ton roi mswati le troisième jusqu'à l'épuisement, va calixthe béyala, va judith, que vos grands yeux noirs et vos grands yeux violets se revirent à l'envers à cause de l'hystérie! –

je cognais des clous, prisonnier de ces cinquante mille jeunes femmes en transes, je cherchais à m'échapper d'elles pour rejoindre calixthe béyala et judith, mais elles gardaient toujours une longueur obscène sur moi, et mon corps n'en pouvait plus de résister, il risquait de se noyer dans tout ce lait qu'on trayait des grosses mamelles des cinquante mille jeunes femmes devenues les vaches sacrées du soleil, ce mswati le troisième faisant le jars sur son trône, une grosse couronne de fer sur la tête! –

quand je reviens à moi, j'ai le cou cassé à cause que ma tête s'est renversée par derrière, sur le dossier de bois du banc; et mon attelage s'est dégansé tellement les danseuses, s'agrippant à moi, ne voulaient pas que je retrouve ni calixthe béyala ni judith – plus de salive dans la bouche, mes os mes nerfs et mes muscles sont mous comme du beurre ranci – vite! – boire, toute l'océantume de whisky qu'il y a encore dans le fiasque: « passe alors dans mon corps salopé l'affre de mort dans lequel le moi tombe en flaque, il y a dans cet électrochoc un état flaque par lequel passe mon moi traumatisé, qui lui donne, non plus à cet instant de connaître, mais d'affreusement et désespérément méconnaître ce qu'il fut, quand il était soi, quoi, loi, moi, roi, toi, zut et ça » ((((– j'y suis passé et ne l'oublierai pas!)))) –

ME DIS :

agis rapidement, que se recompose ton corps, décharge dedans toute l'adrénaline que le whisky a insufflée
dans tes nerfs et tes muscles, redescends la pente raide jusqu'à l'hôtel taitu, entre là-dedans, va droit au comptoir et
demande à voir ce message que judith y a laissé pour toi,
car dans le fond de l'air de ce petit matin se pourmènent
ses odeurs ; peut-être même t'attend-elle, assise dans ce
fauteuil du hall de l'hôtel, ses grands yeux violets chargés
de toute la lumière qui descend sur addis-abéba – maudite poliomyélite qui ralentit ma marche, tandis que se
font de plus en plus fortes les odeurs de judith ! – vite !
– il faut que j'arrive à l'hôtel avant que lassée de m'y attendre, elle se métamorphose en ce courant inatteignable à
jamais dans le fond de l'air ! –
je vais droit vers le comptoir qu'il y a au milieu du hall
de l'hôtel :
– Une petite femme aux grands yeux violets serait-
elle venue pour moi ? que je dis au commis derrière le
comptoir.
– Oui, une petite femme est venue, que dit le commis,
mais pour les yeux je ne saurais dire : ils étaient cachés
derrière de grosses lunettes noires. Elle vous a attendu toute
la nuit, puis lassée parce que vous n'arriviez pas, elle a
laissé ceci pour vous.
il me tend une enveloppe, je la prends, m'éloigne de
quelques pas, l'ouvre : « J'étais là, à t'attendre, car cette fois-
ci je suis là, car cette fois-ci l'Éthiopie est le berceau de
l'humanité, c'est ici que tout a commencé pour l'homme
et c'est ici que notre histoire, la tienne, la mienne, s'est terminée – je pars pour le campement qu'il y a dans le parc
national de la vallée de l'Omo – viens me rejoindre à Jinka,

hôtel Goh, si tu crois encore à Gracq et à Artaud, si tu crois encore à l'urgence pressante d'un besoin, celui de supprimer l'idée, l'idée et son mythe, et de faire régner à la place la manifestation tonnante de cette explosive nécessité : dilater jusqu'à l'os le corps de notre nuit interne » ((((ta judith)))) –

une photo d'un squelette accompagne le mot de judith ; je la montre au commis :

– Qu'est-ce que c'est ce squelette ? que je dis.

– C'est celui de Lucy, notre mère à tous, qui a vécu dans la vallée de l'Omo il y a au moins trois millions d'années, que dit le commis.

– Lucy, ça ne me semble pas être un prénom bien éthiopien.

– Ceux qui ont découvert son squelette écoutaient la chanson *Lucy in the Sky with Diamonds* que chantaient les Beatles. On le nomme aussi Birkinesh, qui signifie tu es merveilleuse en langue amharique. Si vous allez au musée national, qui est à quelques pas seulement d'ici, vous verrez Lucy, que dit le commis.

– Pour se rendre dans la vallée de l'Omo rapidement, comment faire ? que je dis.

– Les lignes aériennes fonctionnent mal entre Addis-Abéba et la vallée de l'Omo, que dit le commis. Le mieux est de s'y rendre en jeep.

– Je n'ai pas tout ce temps-là devant moi, que je dis. C'est possible de louer un petit avion qui pourrait m'emmener à Jinka ?

– Je ne sais même pas s'il y a une ligne aérienne qui mène à Jinka, que dit le commis.

– Vous pouvez m'en trouver un, rapidement ? que je dis.

– D'ici deux heures, je devrais, que dit le commis.

– Dans une heure, que je dis. En attendant, servez-moi un double whisky. Non. Vous viendrez m'en porter toute une bouteille dans ma chambre.

– Bien, Monsieur, que dit le commis. Mais pour le petit avion, je vous préviens : ça va vous coûter très cher.

– Peu m'importe. Je paierai ce qu'il faut. À vous aussi, je paierai ce qu'il faut si vous faites rapidement.

je m'en vais à ma chambre, je vais y faire les cent pas un long moment, trop surexcité pour seulement penser à m'asseoir sur le bord du lit, je vide par grandes lampées ce qu'il reste de whisky dans mon fiasque – judith est enfin là pour la première fois depuis trois ans, et je vais la voir à jinka, et ce sera enfin la fin de cette énigme, et je saurai pourquoi il m'a fallu me déplacer autant dans toutes sortes de pays aux grandes constructions de pierre, pyramides, menhirs et totems, rien que des pictogrammes cabalistiques – mais ça m'élance trop dans ma jambe gauche, dans mon épaule gauche aussi, pour que je reste debout plus longtemps, je m'assois sur le bord du lit, je regarde les objets que j'ai sortis de ma valise – cet ouvrage de christian bader que calixthe béyala m'a si gentiment offert – en relis la dédicace : ces beaux moments avec vous, je ne croyais plus pouvoir les vivre, je vous en suis donc reconnaissante, toute mon affection – je relis, j'essaie de ne pas penser mais le corps nu et chaud de calixthe béyala à mes côtés dans la petite chambre de libreville ne cesse de me tarauder l'esprit – sans doute parce que je vais voir bientôt judith et que, malgré moi, m'effleure cet inattendu sentiment de culpabilité sur lequel je ne veux pas m'étendre – feuilleter l'ouvrage de bader, juste pour savoir où se trouve la vallée de l'omo et le parc national du même nom : ((((à l'extrémité du sud-ouest du territoire éthiopien c'est ; au-delà, ce sont les frontières du soudan – selon la légende, deux frères auraient été sculptés dans le tronc d'un arbre : l'un se serait établi en territoire soudanais et l'autre à l'est de la rivière omo ; et ce premier homme-là éthiopien aurait eu tellement d'enfants que la tribu se serait morcelée en une multitude de clans qui ne mirent pas de temps à se faire la guerre au nom d'un territoire sacré à protéger ; dans chacune des peuplades, un grand nombre de tabous furent institués, qui devaient permettre la pérennité de la race : chez les dizis, le roi n'avait pas le droit de toucher aux graines non cuites de sorgho ou de téf, il devait même éviter de voir les champs cultivés, sous peine de provoquer la famine dans le pays ; il lui était interdit de toucher lui-même les aliments qu'on lui servait, de sorte que ses serviteurs devaient le nourrir ; nul ne devait tousser pendant son repas, sous peine de se voir confisquer une vache qui était abattue en guise de compensation ; le feu qui réchauffait la hutte du souverain et qui servait à faire cuire son repas était allumé avec le bois de l'arbre bubu, que personne n'avait le droit de toucher ; les rois dizis employaient aussi, lorsqu'ils parlaient de nourriture, des mots dont l'usage était interdit aux autres ; et lorsque le souverain se déplaçait hors de son royaume, pour aller rendre visite à l'un de ses cousins, il ne devait rien laisser de lui-même en terre étrangère ; c'est ainsi que ses serviteurs recueillaient son urine et ses excréments dans une calebasse qui accompagnait le souverain et revenait au pays avec lui ; le roi se laissait pousser les ongles et les cheveux, et ne les coupait qu'en cas de nécessité absolue ; on déposait ses principaux attributs dans un lieu entouré d'une palissade circulaire, qu'on disait gardée par un étrange serpent noir à la tête ornée de poils blancs)))) –

en 1898, une armée éthiopienne met fin à la prospérité du peuple dizi et un gouverneur y est installé avec pour mission de civiliser ces sauvages qui ont osé résister à l'envahisseur : les dizis durent alors se soumettre au tristement célèbre système du gäbbar, qui faisait d'eux des serfs, taillables et corvéables à merci ; les dizis furent dépossédés de leurs biens, soumis à des travaux très durs, vendus comme esclaves, massacrés au moindre signe de rébellion ou soumis au supplice du bloc : on serrait les jambes de la victime dans un billot de bois, on l'abandonnait dans cette posture jusqu'à ce que la gangrène atteigne ses jambes, puis on les lui amputait ((((le grand-prêtre de la tribu fut amené à addis-abéba où un médecin fut chargé de lui donner une figure un peu plus civilisé en lui coupant le lobe des oreilles, distendu par le port de lourds ornements en corne de buffle, et on le fit baptiser de force sous le nom de guebré christos – le serviteur du christ)))) –

les rois des rois qui se succédèrent en éthiopie ne firent rien pour que cesse la décimation des dizis ; même l'avènement de hailé sélassié comme empereur n'y changera rien : le bienveillant monarque trouva encore moyen d'envoyer chez les dizis un gouverneur particulièrement cruel et corrompu qui, couvert de dettes, se livra sans scrupule pendant toute la durée de son mandat à un fort lucratif trafic d'esclaves et d'ivoire ; et c'est ainsi que des royaumes entiers, comme celui de daami, de kanta, d'oz, de kolu et de kaasi furent totalement vidés de leurs habitants et abandonnés à la jungle –

le rêve de mussolini de faire revivre la rome impériale, l'occupation de l'éthiopie par ses soldats, empêchèrent la décimation totale des dizis, comme celle de quelques autres grands peuples de la vallée de l'omo ; mais leurs territoires respectifs furent chambardés, donnant matière à plusieurs guerres ethniques entre les tribus : les blancs ayant fait connaître les armes de destruction modernes aux habitants de l'omo, ceux-ci abandonnèrent lances, arcs et flèches pour les fusils et les mitrailleuses achetés sur le marché noir au soudan : l'idéal de tout jeune garçon, celui de devenir un homme, se confondit avec celui d'être un guerrier puissant porteur d'une dévastatrice arme automatique ; jadis, les conflits finissaient presque toujours par se régler à l'amiable et faisaient donc relativement peu de victimes ; l'usage des kalachnikovs changea radicalement les traditions guerrières : en une seule journée, des centaines de mursis furent assassinés par les guerriers nyangatoms en guise de représailles pour les meurtres de six des leurs – face à cette violence de plus en plus meurtrière, qui risquait de faire disparaître les tribus les moins belliqueuses, le gouvernement éthiopien envoya dans la vallée de l'omo quelques contingents de soldats, ce qui ne changea guère la donne, puisque l'armée marchandait son appui ; on vous protège, disait-on aux chefs de tribus menacées, mais c'est en autant que vous acceptiez de devenir de véritables éthiopiens : vous devez vous vêtir et vous sédentariser, abandonner vos armes, renoncer aux sacrifices d'animaux et aux principaux symboles de votre identité ((((nous voulons bien abandonner nos coutumes, mais à condition que vous abandonniez les vôtres, et surtout votre habitude de noter sur du papier tout ce que vous voyez et entendez, répondirent les chefs de tribus)))) –

les mursis se montrent particulièrement réfractaires aux changements que promeut le gouvernement éthiopien ; ils ne veulent surtout pas abandonner la coutume qui les ont rendu célèbres dans le monde entier, ces labrets que portent les femmes de leur nation et qui, par leur extravagance, les défigurent : vers l'âge de dix ans, on extrait les incisives inférieures des filles, on leur perfore la lèvre inférieure et on y place une cheville de bois : régulièrement, on agrandit l'orifice par l'introduction de cylindres de plus en plus grands, puis on y place un grand disque d'argile décoré de gravures : plus le disque est grand, et plus la jeune femme vaut cher quand on parle mariage ((((les hommes se percent les oreilles et les lobes le plus distendu possible, ils y insèrent des labrets ; leurs corps sont parsemés de scarifications, comme ceux des femmes d'ailleurs, mais pas pour les mêmes raisons : les hommes célèbrent ainsi leurs exploits et les femmes leur talent pour la décoration, elles introduisent de petites pierres sous leur peau pour qu'elles forment des motifs, les plus réussis étant les plus complexes et les plus grands)))) –

le port du labret et les scarifications auxquelles se livrent les mursis attirent dans la vallée de l'omo de plus en plus de touristes : voir des guerriers nus fiers de la kalachnikov qu'ils exhibent en permanence, voir des femmes qui passent la plus grande partie de leur temps à faire de véritables sculptures de leurs corps, voilà de quoi exciter le voyeur déguisé en aventurier et prêt à payer pour rapporter chez lui quelques photos dont l'étrangeté fera de lui un héros auprès des siens ; mais ce tourisme-là a des effets pervers chez les mursis comme dans toutes les tribus qui peuplent la vallée de l'omo : le vol et la rapine ne cessent d'augmenter, ce qui attise la convoitise des uns et des autres, de sorte que les conflits entre tribus, voire entre gens d'un même clan, deviennent de plus en plus nombreux et de plus en plus violents ; on tue pour dépouiller son voisin des quelques birrs qu'il a obtenus d'un touriste, on fait des razzias meurtrières pour mettre la main sur une sacoche dérobée à un étranger : une violence gratuite, incontrôlée et incontrôlable, qui défait ce qui reste de tissu social dans un monde que les disettes, les famines et les épidémies appauvrissent un peu plus chaque jour –

ME DIS :

    mets sur le siège à côté de toi l'ouvrage de christian bader : toujours ce quelque chose d'agaçant dans ces récits de voyage, car on y voit trop bien que le narrateur se considère comme le seul héros, intrépide et téméraire, de ce qu'il raconte : parce qu'il traverse en queue de veau un pays où tout homme est guerrier, où toute tribu est belliqueuse, il s'imagine être de la même trempe qu'un marco polo ou qu'un christophe colomb, alors que ces peuples sauvages il n'en fait que rapidement le tour, restant pour ainsi dire à la surface du derme, mais n'entrant pas à l'intérieur, par peur de se faire avaler à jamais –

ME DIS :

    si judith, pour rendez-vous ultime, m'a demandé de venir dans un pays ultime aussi, qui n'a rien à voir avec tous les autres où elle m'a forcé à me rendre parce que la civilisation leur avait fait perdre leur être singulier, que dois-je comprendre ? – qu'avant moi elle y est venue, qu'au lieu d'y découvrir le trafiquant d'armes que fut arthur rimbaud, elle a renoué avec ses lectures de julien gracq et d'antonin artaud ? – que les mots de l'un et de l'autre, si surréels, elle les a retrouvés chez les bodis, les dizis, les hamars et les mursis ? – des mots dont leurs corps, par les mutilations, les scarifications, les tatouages, les coiffures et les étranges dessins à la craie, à la peinture végétale et à l'argile, représentent tout ce qu'espère de lui un écrivain : inscrire à jamais dans sa peau les mots sacrés dont il est le scribe ((((comme prétendait le faire james joyce écrivant sur son corps, au couteau, à même son sang, les épiphanies qui le frappaient brutalement)))) –

j'ai souvent demandé au pilote du petit avion de voler le plus bas possible : ça me semble être un beau pays que celui vers où on s'en va : de grandes vallées, de hauts plateaux, des montagnes, des forêts si denses qu'elles se dressent comme des champignons vers le ciel, des troupeaux de vaches et de chèvres, de petits villages dont les maisons, en forme de pyramides arrondies, sont recouvertes de chaume et de boue, des marchés publics qui, du haut des airs, ressemblent à des mosaïques flambant au soleil dans de vives couleurs –

le petit avion finit par atterrir sur un bout de route en terre battue, juste à l'entrée de jinka, un village qui me semble bien tranquille si je me fie au peu de monde qui y circule, sauf pour les quelques hommes armés qui, en courant, s'amènent vers nous – dans une langue qui doit être anglaise, le pilote m'explique que les hommes armés sont des guides et que ça serait mieux, pour me rendre à l'hôtel, de me faire accompagner par l'un d'eux ; rien ne serait sûr par ici, à cause des brigands : ils arrivent de nulle part, vous sautent dessus, vous détroussent, puis disparaissent aussitôt – je descends du petit avion, ma valise dans une main, ma canne dans l'autre, et celui que le pilote m'a dit être le chef de la bande s'approche de moi, met la main sur l'attelage de cuir qui m'enveloppe l'épaule et le bras gauches, le palpe puis, parlant dans une langue qui m'est incompréhensible, semble demander ce qu'il représente ; je ne sais pas ce qu'il entend quand j'essaie de lui expliquer, par gestes et par onomatopées, à quoi me sert mon attelage, mais ça semble le satisfaire ((((peut-être me

prend-il pour une espèce d'ambassadeur d'une contrée
lointaine et mon attelage comme un symbole d'autorité
ou d'exploits que j'aurais réalisés, car il me sourit, puis
invite ses compagnons à mettre la main sur ma prothèse
pour en palper le cuir et le métal)))) –

quand je comprends qu'on pourrait bien passer le reste
de la journée dans les simagrées et les grimaceries, je dis :
hôtel goh, je dis : goh, goh, goh, et me mets à marcher vers
le village, le chef de la bande se plaçant aussitôt devant
moi et les autres derrière ; ça fait cérémonieux en diable,
cette escorte imprévue, et ça attire par groupes enfants,
femmes et hommes vieillissants : chaque fois qu'il s'en présente un, nous devons nous arrêter ; et le chef de la bande
fait palabres avec lui, puis chacun des membres du groupe
touche à mon attelage, mais pour ainsi dire du bout des
doigts comme on le ferait d'une relique – je dis : hôtel
goh, je dis : goh, goh, goh, et ainsi pouvons-nous nous remettre en route et faire au moins une centaine de pas avant
de devoir nous arrêter à nouveau, entourés par une foule
de plus en plus nombreuse et de plus en plus animée –

je ne suis pas fâché de me trouver enfin devant l'hôtel
goh – une palissade l'entoure et une solide grille de fer en
barre l'entrée ; derrière la grille, se tient un énorme cerbère
portant une kalachnikov en bandoulière : quand je lui dis
qu'on a réservé une chambre pour moi à l'hôtel goh, il
ouvre la grille et me laisse pénétrer à l'intérieur de la palissade – je jette un coup d'œil qui me confirme dans l'impression que j'avais avant de m'y trouver : à l'intérieur de
la palissade, on a bâti la réplique d'un hameau tel qu'on
peut en voir partout dans la vallée de l'omo, une grande
hutte pour qu'on puisse y accueillir les voyageurs et, tout
autour de la palissade intérieure, des huttes plus modestes

comme autant de petits motels à quelques pas les unes des autres ; au milieu de cet amas de huttes, des jeeps alignées comme des oignons dans un jardin, la plupart cabossées et maculées de boue –

– C'est un hôtel bien étrange, que je dis à l'énorme cerbère portant la kalachnikov en bandoulière.

– Les touristes sont toujours en danger quand ils arrivent ici, que dit le cerbère. Toutes les tribus de la région sont belliqueuses, et particulièrement les mursis depuis que le gouvernement éthiopien veut leur prendre une grande partie de leur territoire pour en faire un parc national. Il se pourrait bien qu'on ait affaire bientôt à une insurrection. En attendant, les brigands s'attaquent volontiers à tout ce qui est étranger. D'où le conseil que je vous donne : ne sortez pas d'ici sans au moins un guide armé à vos côtés. Sinon, le risque est grand pour qu'on vous détrousse, vous batte et même vous tue pour empocher quelques birrs.

le cerbère m'invite à entrer dans la grande hutte, puis s'en va vers la grille afin d'y monter la garde à nouveau – je pousse la porte et me retrouve aussitôt à l'intérieur : on dirait un décor de théâtre, la case de l'oncle tom à l'éthiopienne, murs de boue séchée, joints faits de bouses de vache, sculptures de guerriers nus dont les cheveux teints font des espèces de champignons sur les têtes ; et cette collection de labrets finement décorés que tient, sur un grand plateau, cette femme, sculptée aussi, et plutôt monstrueuse qu'attirante : le labret qui lui distend les lèvres est immense, tout comme les lobes de ses oreilles, et son corps n'est que scarifications, et sa tête est comme un champ d'épis de blé d'inde, avec de longues fèves organisées en tresses, et ses yeux, engoncés dans le bois, sont deux énormes pierres pourprées, et –

– On a réservé pour moi une chambre, une hutte, une case, je ne sais pas trop, que je dis. Je suis Abel Beauchemin.

– Je sais, que me dit l'hôtelier. Quelqu'un est venu et a tout réglé pour vous.

– De qui parlez-vous ? que je dis.

– De cette femme, toute petite, qui tenait une canne à la main, et dont le corps et le visage étaient cachés sous une burqa, que dit l'hôtelier.

– Vous avez vu ses yeux ? que je dis.

– Non, que dit l'hôtelier. D'épais verres fumés les masquaient.

– Vous a-t-elle au moins appris son nom ? que je dis.

– Non, que dit l'hôtelier. Elle m'a simplement remis un colis pour vous.

– Qu'est-ce que vous attendez pour me le donner ? que je dis.

– Il n'est plus ici, votre colis, que dit l'hôtelier. Je l'ai fait porter à votre motel comme ça m'a été demandé. Je vous y emmène tout de suite, si vous voulez.

– Pourquoi croyez-vous que je sois venu jusqu'ici ? que je dis. Pour le paysage ?

– Chacun a le droit de jouer au touriste comme ça lui plaît, que dit l'hôtelier. En Pologne, les Allemands peuvent visiter le bunker d'Hitler, revêtir le costume de guerre des nazis et faire un tour de motocyclette conduite par un polonais déguisé en führer. Au Vietnam, les touristes prennent grand plaisir à traverser les tunnels creusés par les viet-congs et à y voir, reconstitués, les attaques au naplam, les corps calcinés, les débris d'humanité. Au Cambodge...

– Je sais pour le Cambodge, que je dis. La grande attraction touristique, ce sont ces pyramides de crânes, des dizaines de milliers, qu'on peut voir, empilés les uns par-dessus les autres, dans de sordides bâtiments crasseux et pleins de rats. Après le tourisme sexuel, le tourisme de l'horreur.

– Voilà, vous êtes chez vous ici, que me dit l'hôtelier en me montrant de la main la hutte que Judith a louée pour moi.

je devrais me précipiter à l'intérieur, mais à quelques pas du seuil, je fige, mes pieds et ma canne comme pris dans le ciment : ce n'est pas le colis que je vais trouver dans la hutte qui me retient mais ce qui, du fond de l'air, vient jusqu'à moi, cette odeur singulière – ça ne sent rien de ce que je connais depuis que je suis en afrique, ça vient d'un autre monde, mais ce n'est pas celui de judith ni celui des confins de morial-mort, il y a quelque chose de brûlant dedans, et quelque chose aussi de terriblement noir, et ça l'est mille fois et une fois plus que cette afrique équatoriale que je viens de traverser d'ouest en est – cette peur qui me fait suer, qui s'immisce sous l'attelage me recouvrant le bras et l'épaule gauches, infiniment douloureux ça devient : ça monte jusqu'à mes yeux, ça y plante plein de petites aiguilles empoisonnées, je ne verrai bientôt plus rien ni du ciel ni de la terre, je ne serai plus sur la terre battue qu'un petit corps mal recroquevillé et assailli par les essaims de mouches belliqueuses et buveuses de sang – vite ! – de ma main droite, je sors le fiasque de whisky de la poche de mon veston, le décapsule – puis boire d'une seule lampée tout le liquide qu'il y a dedans ! –

disparaissent aussitôt les mouches belliqueuses et buveuses de sang et les aiguilles et la peur, je fonce tête baissée dans la porte entrebâillée, mais je m'arrête aussitôt : la hutte est illuminée comme l'était la chapelle des abîmes de judith et, tout au fond, sur le bord de ce lit recouvert d'une courtepointe qui ressemble à un amas de dalles mal taillées, je *vois* cette odeur singulière qu'il

y avait dans le fond de l'air avant que je n'entre dans
la hutte, et je la reconnais enfin :
  – Abé Abebé ! que je dis. Abé Abebé ! C'est bien toi ?

ME DIS :)))))

8

(((ME DISAIS:

j'habite sous les combles une chambre de l'hôtel du panthéon et si j'ai choisi celle-là plutôt qu'une autre, c'est à cause de son toit cathédrale, de ses murs et de son plancher de bois – faut que je me baisse pour ne pas frapper de ma tête les soliveaux qui la traversent de part en part – ma chambre a au moins le double d'espace que toutes les autres que j'ai visitées : on y trouve même deux lits au lieu d'un et une petite table de travail que j'ai placée devant cette fenêtre qui donne sur la montagne sainte-geneviève, la grande place et cette espèce de temple gréco-romain qu'on appelle le panthéon : c'est là que la france reconnaissante met les dépouilles de ses hommes illustres (((à l'origine, le panthéon devait être une église dédiée à sainte geneviève, cette ancêtre de jeanne d'arc qui défendit vaillamment paris des hordes barbares qui l'assiégeaient – les révolutionnaires de 1789 s'en emparèrent et, dans l'immense crypte creusée sous l'église, y enterrèrent leurs héros – quand la révolution s'échoua sur les récifs de la terreur de robespierre et de saint-just, le panthéon redevint une église et le resta jusqu'à la mort de victor hugo : de l'arc de triomphe jusqu'au panthéon, deux millions de parisiens, de français et de délégués du monde entier accompagnèrent la dépouille du plus grand écrivain du dix-neuvième siècle (((la crypte dans laquelle reposent les restes de victor hugo a quelque chose des horreurs commises par les révolutionnaires : on y accède par de larges escaliers de pierre sombre et chacune des dépouilles est entreposée dans ce qui ressemble à une petite cellule de prison, de pierre sombre aussi, et que ferme une lourde porte grillagée – quand j'ai voulu y passer le bras pour mettre sur le tombeau de victor hugo le petit bouquet de fleurs que j'avais apporté, on m'en a refusé le droit : une fois morts, les héros n'ont plus besoin du moindre rayon de lumière qu'on pourrait leur donner, eux qui ont pourtant été de grands soleils chargés de désaveugler le monde))) –

ai mis du temps à défaire ma valise ; et avoir su ce que je trouverais dedans, sans doute aurais-je été la jeter du haut d'un quai de la seine : avant mon départ de morial-mort, la mère de judith a glissé dans ma valise quelques pots de miel qui se sont cassés durant le voyage (((mes vêtements ont tous l'air de guenilles et mes disques de félix leclerc et de gilles vigneault sont désormais inutilisables – ce n'est pas pour les écouter que je les avais apportés avec moi, mais pour simplement en regarder les pochettes – ces visages que j'aime parce qu'ils ressemblent à ceux de mon pays, comme sculptés dans le tuf, à peine émoussées leurs aspérités, et ces yeux bleus que la misère a été incapable de délaver, restés joyeux parce que doués pour la résistance, cette force en devenir de la liberté))) –

ME DISAIS :

vrai que paris est une fête qui a la couleur des yeux
violets de judith – je m'y promène comme si j'étais un
mot écrit par kafka à sa fiancée milena, j'essaie de passer
inaperçu pour que les fantômes qu'il y a sur les quais, dans
les tours de notre-dame et sous les mausolées du cimetière
du père-lachaise ne me boivent pas en cours de route – si
peu certain de mon identité ! – pour me croire vraiment
kebekois, faudrait que pierre bourgault soit à mes côtés
et que de sa formidable voix de tribun, il fasse savoir aux
nombreux peuples, nations et patries qui composent paris,
que je suis moi aussi un peuple, une nation et une patrie,
et que même si les formes en sont différentes que dans les
colonies africaines, l'oppression est là aussi, à la merci d'un
pouvoir étranger et anglais dont la seule ambition est de
me voir disparaître – ce contre quoi s'est insurgé le général de gaulle quand, du haut du balcon de l'hôtel de ville
du grand morial, il a tonitrué ce cri du cœur : « Vive le
Québec libre ! » – le problème, c'est que je ne suis pas
certain que ce formidable bramement ait changé grand-
chose chez les peuples, les nations et les patries de paris :
pour eux, le général de gaulle est juste un vieil homme fi-
nissant dont on a hâte de se libérer : « Reprenez le chemin de colombey les deux églises, restez enfermé chez
vous, remettez-vous à l'écriture de vos *mémoires*, oubliez
la france glorieuse, pensez seulement à la mort qui vous
attend entre deux pages de votre manuscrit » –
le fait est que ça grogne chez les peuples, nations et
patries de paris : dans les rues, les syndicats ne cessent pas
de manifester ; et quand ce ne sont pas les syndicats, les
étudiants de la sorbonne envahissent les parcs et les espla-
nades, hurlant toutes sortes de slogans extrémistes contre

le général de gaulle et la cinquième république : rares sont les murs des édifices qui ne sont pas couverts de graffitis sur la révolution, l'égalité, la fraternité et la liberté ; et parfois les grosses lettres OAS recouvrent les graffitis – le symbole de l'organisation armée secrète formée de français qui n'ont pas accepté l'indépendance de l'algérie, qui posent partout des bombes, se livrent à de sanglants assassinats, dont quelques-uns ratés contre le général de gaulle – et puis, cette guerre au vietnam qui perdure, des millions de morts et de blessés, des millions de tonnes de napalm qui déciment les forêts et les champs cultivés des vietnamiens du nord – une folie américaine pour défendre un vietnam du sud corrompu jusqu'à la mouelle et dirigé par un gouvernement pervers ! –

je me mêle parfois aux étudiants quand ils manifestent, je crie comme eux les mots liberté et révolution, mais ce n'est pas vraiment à la France que je pense quand je le fais, ni à l'algérie, ni au vietnam : j'imagine plutôt que je marche dans les rues du grand morial ou de kebek, avec des milliers de compatriotes qui ne veulent pas devenir anglais et exigent de leur gouvernement que l'unilinguisme devienne force de loi, même dans ces petites rhodésies qui s'appellent westmount et mount-royal et qu'habitent, protégés par de hautes clôtures grillagées, ces anglais qui deviennent multimillionnaires en exploitant sans vergogne ces nègres blancs d'amérique que nous sommes – capitalisme sauvage, mépris, arrogance, racisme : que ça fait du bien de m'époumonner dans les rues de paris avec les étudiants de la sorbonne ! –

hier, j'ai été reçu chez les drouant comme si j'avais gagné le prix goncourt : les ambassadeurs de france et du canada y étaient, plusieurs membres de l'académie et une nuée de reporters-photographes ; ai dîné entre gérard

bauer qui a beaucoup écrit sur la guerre et jérôme carco-
pino, un spécialiste de l'histoire de rome qui considère
que le colisée qu'on y a bâti devrait figurer au premier
rang des sept merveilles du monde tellement son architecture est révolutionnaire, même pour les le corbusier
d'aujourd'hui : plusieurs étages de souterrains, un système
d'ascenseurs et un toit qu'on pouvait rapidement recouvrir d'une toile s'il se mettait à pleuvoir ou si le soleil
frappait trop fort – grâce aussi à un système ingénieux de
canalisations, on pouvait remplir l'arène de plusieurs pieds
d'eau pour que les spectateurs puissent assister à des combats navals plus vrais que nature : des bateaux et des guerriers qui se livraient une lutte à mort comme si on se
trouvait au milieu de la méditerranée (((pour la gloire de
ces empereurs fous, débauchés, pervertis et cruels qui finissaient presque tous par être assassinés, tel ce caligula qui
faisait entrer son cheval dans le sénat de rome et qu'on
étripa sordidement avant de le démembrer et de jeter ses
morceaux aux chiens et dans le fleuve))) –

me reste une semaine à baguenauder dans paris ; après,
je devrai aller passer mes avant-midi chez larousse, pour
ce stage qu'on m'a proposé de faire en édition – déjà visité
la maison qui est un énorme labyrinthe de corridors, avec
l'antre du minautore juste au milieu ; y ai pris un whisky
avec le directeur et ses acolytes, étonné que tous soient
aussi guindés et ne cessent pas de se vouvoyer même s'ils
ont le même âge et travaillent ensemble depuis plusieurs
années – chacun d'eux m'a invité à aller manger au restaurant avec lui et chacun d'eux m'a aussi demandé ce que je
pensais du « Vive le Québec libre ! » du général de gaulle
– je ne crois pas qu'ils aient compris grand-chose à mon
plaidoyer en faveur des nègres blancs que nous sommes ;
chez larousse comme ailleurs, on croit toujours que nous

sommes des canadiens français et qu'à ce titre le canada nous appartient et que nous y vivons en toute égalité avec les anglophones, comme au temps des grands découvreurs et des aventuriers français, quand cavalier de lasalle traversait le mississipi et que les de la vérendry escaladaient les montagnes rocheuses – ne savent rien de l'assassinat de louis riel, de la décimation des métis, ni de la bataille des plaines d'abraham : les français ne s'intéressent qu'aux pays qu'ils colonisent ; et s'ils permettent à certains d'entre eux de devenir indépendants, c'est qu'ils ont manigancé dans les coulisses pour y installer des rois-nègres qui agissent selon le bon pouvoir de la métropole – m'ont tous dit être opposés à l'indépendance du kebek sous le prétexte que le nationalisme est une calamité qu'il faut éliminer (((alors qu'en afrique et presque partout dans le monde, ils ne font qu'exacerber les nationalismes pour mieux écouler les armes qu'ils fabriquent et dont, après les états-unis et la grande-bretagne, ils sont les plus importants exportateurs au monde))) –

me suis fâché comme ça m'arrive souvent depuis que j'ai eu la poliomyélite, suis devenu rouge de partout, me suis mis à manquer d'air et j'ai dû m'enfuir pour que la honte ne m'atteigne pas – une fois dehors, me suis précipité vers le premier café qui s'est porté à ma rencontre ; sans doute à cause du chapeau bolivar et du mackinaw huron que je porte, et dont les boutons sont de grosses dents d'ours, on m'a pris pour un américain du far west et on s'est adressé à moi en anglais ! (((dans ce paris des *misérables* de victor hugo, de *madame bovary* de gustave flaubert et du *père goriot* d'honoré de balzac !))) – ai fait une autre sainte colère, renversé la table quand je me suis levé pour m'enfuir encore – (((non, paris n'est vraiment pas une fête pour les peuples, les nations et les patries qui ne savent pas quoi faire de leur identité!))) —

de la fenêtre de ma chambre, je regarde la nuit tomber sur la place du panthéon — et la lumière, déjà salopée par la pollution, tourne du bleu sale à ce gris presque opaque qui rend non seulement presque indéterminables les choses, mais fait avec les passants des ombres fugaces : on dirait des oiseaux auxquels on aurait coupé les ailes et peint tristement le corps ((si je voyais d'ici la seine, peut-être que ça me réconcilierait avec cette nuit mal tombante, peut-être qu'un peu de lumière s'y refléterait comme c'était toujours le cas à morial-mort au-dessus de la rivière des pourris ou à saint-jean-de-dieu à la surface de la boisbouscache))) – je pense à antonin artaud quand son corps, pareil à un fil de fer sous morphine, traversait paris en martelant les pavés de sa canne celtique, je pense à franz kafka alors qu'il habitait comme moi une petite chambre au sanatorium de zürau : ne voulait voir personne, surtout pas son ami max brod – et là, dans ce jour en allé, je ne me sens pas autrement que lui : la laideur de morial-mort avait au moins un avantage : on y trouvait si peu de livres qu'on pouvait s'y croire aisément écrivain et y être reconnu comme tel même si on n'avait encore que scribouillé quelques lignes maladroites – on pouvait donc y être heureux dans le malheur ; mais ici, dans paris, il n'y a que ça des écrivains, des livres, des librairies, des bibliothèques et au moins un éditeur dans chacune des rues où l'on passe – moi qui croyais que victor hugo avait écrit *les misérables* juste à mon intention, c'est catastrophé que je quitte les quais de la seine : toutes ces boîtes auxquelles je jette un coup d'œil, elles sont pleines de vieux victor hugo jaunis, pages écornées, reliures abîmées, en trois, cinq ou dix tomes, et il en manque toujours un pour que la collection soit complète – j'achète pourtant tout ce que je trouve, puis je fais de gros paquets que j'envoie par la poste chez la mère de judith – je ne sais même pas s'ils se rendent à destination, la mère de judith ne m'ayant pas écrit une seule fois depuis que je suis à paris, judith et le gros pharmacien non plus ; si je reçois presque tous les jours des lettres de ma mère et des amis que j'avais avant que ne m'atteigne la poliomyélite, je ne les ouvre même pas : j'en fais de petits amas de papiers que je brûle dans le gros cendrier que j'ai acheté à ce marché aux puces, place de la bastille – recevoir une lettre, c'est accepter que la visite vienne chez soi et, comme kafka encore, la visite me fait peur :

« Ne te méprends pas sur ma peur des visites. Je ne veux pas qu'après un long voyage entraînant de gros frais, on arrive ici par ce temps automnal, dans ce village morne, dans cette maison qui marche nécessairement de travers, en s'exposant à une foule d'incommodités et même de désagréments pour me voir moi, moi qui suis tantôt ennuyé, tantôt exagérément susceptible, tantôt pris d'angoisse à l'idée d'une lettre qui arrive ou qui n'arrive pas ou dont je suis menacé, tantôt apaisé par une lettre que j'ai écrite, tantôt démesurément inquiet de moi-même et de mon confort, tantôt d'humeur à me vomir comme la chose la plus abjecte et ainsi de suite à l'intérieur de tous les cercles que le barbet décrit autour de Faust » –

je voudrais que seule judith m'envoie un mot, juste pour me dire qu'elle est de retour des états-unis, qu'elle a fait la paix avec son frère, sa mère et le gros pharmacien – moi, je lui poste tous les matins une carte postale, quelques mots en grosses lettres de couleur violette que chaque fois je dessine différemment : « Je t'aime. Je t'attends. Bibi. » – ces quelques mots, je les écris au bout de cette table qu'il y a dans la salle à manger de l'hôtel, en petit-déjeunant aux croissants et à la confiture d'abricot ((((c'est la propriétaire qui me sert tout le temps – grosse et souillone comme les tenancières dans les films de marcel pagnol, des dents qui grinchent quand elle parle et personne n'ose vraiment la regarder ni de face ni de profil : lui manque la moitié d'une oreille et porte, à gauche, un œil de vitre dont le bleu est tout délavé – des éclats d'obus qui l'ont atteinte quand les allemands bombardaient paris))) –

les pensionnaires de l'hôtel sont intrigués par l'attelage qui me recouvre l'épaule et le bras gauches ; ils croient généralement que je suis américain et que j'ai fait la guerre du vietnam (((faut que je dise que je ne vais jamais petit-déjeuner sans apporter avec moi *pourquoi sommes-nous au vietnam ?*, ce roman de norman mailer qui vient de paraître à paris))) – quand j'éternue parce que la fenêtre de la salle à manger est toujours ouverte et que la pollution du matin y entre, fumée bleuâtre crachée par les innombrables automobiles et autobus qui circulent à pas de tortue dans le quartier latin, une jeune américaine, qui a toujours le nez fourré dans le *herald tribune*, lève les yeux vers moi et dit : « God te blesse toi ! » ; dans une langue que j'invente au fur et à mesure comme quand j'étais enfant, je lui réponds, saupoudrant ici et là un mot anglais, un mot kebekois et un mot iroquois, ce qui fait croire à la jeune américaine que je suis à paris pour y étudier l'esperanto (((dans le slang qu'elle utilise, j'ai cru comprendre qu'elle est de portland en oregon, qu'elle y travaille pour une station de télévision et qu'elle est venue à paris y retrouver ce français qui a fait le touriste dans son pays, dont elle est tombée amoureuse au point qu'ils se seraient fiancés et que leur mariage devrait être célébré bientôt dans l'église notre-dame))) – mesure au moins six pieds la jeune américaine, a les cheveux longs et roux comme ceux de scarlett o'hara dans *autant en emporte le vent*, et son visage, comme tout le reste de son corps j'imagine, est parsemé de taches de son – de belles lèvres pulpeuses, de grands yeux d'un bleu clair comme un ciel sans nuages, une robe à bretelles qui donne à voir des épaules musclées comme en ont les nageuses olympiques – et de longs pieds comme je n'en ai jamais vus chez une femme, dans cette paire de bottes de cow-boy dont les motifs, creusés dans le cuir, font voir d'étranges têtes de bœufs à longues cornes (((quand elle se lève de table, la jeune américaine m'offre le *herald tribune*, puis sort de la salle à manger pour s'en aller à la recherche de ce fiancé qui lui a promis que paris serait une fête aussi surréaliste que les yeux d'elsa de louis aragon))) –

avant de me retrouver chez larousse pour y commencer mon stage en édition, je fais un dernier tour de paris : ai commencé par un petit carré autour de l'hôtel puis, comme un chat de gouttière, ai agrandi mon territoire jusqu'à la place des vosges – victor hugo a habité là, dans cette maison qui est devenue un musée – m'a singulièrement impressionné la chambre à coucher dont tous les meubles ont été pyrogravés par victor hugo, créatures monstrueuses même sur le ciel de lit, et j'ai tusuite pensé au grand bardo scieur de longue scie et à caïus picard qui gossent des totems dans le bois et en font d'extravagantes chimères – on a dû me mettre dehors parce que le musée fermait – ai traversé la place des vosges, me suis ensuite lancé à corps éperdu dans le ventre de paris, incapable après de retrouver mon chemin pour rentrer à l'hôtel (((tant de petites rues qui s'entrecroisent et finissent en culs-de-sac ou débouchent sur d'autres, encore plus étrettes, qui ne cessent pas de vous faire bifurquer à droite ou à gauche ;

bien suffisant c'est pour que j'en perde le peu du sens de l'orientation que j'ai))) –

lorsque je me trouve enfin sur les champs de l'élysée, la carte de paris reprend enfin sa place dans ma tête : je n'ai qu'à repérer l'arc de triomphe, qu'à faire demi-tour, qu'à descendre jusqu'à la seine et qu'à suivre ensuite les quais jusqu'aux lions de la place saint-michel – à quelques dizaines de pas de l'arc de triomphe, je m'arrête et regarde : sur une estrade, gît dans un énorme tombeau le corps de victor hugo entouré de ces immenses crêpes noirs qui ondulent dans le vent ; devant, un régiment de la garde nationale, puis des délégations venues de toutes les provinces de france et de l'étranger, puis les peuples, les nations et les patries de paris, deux millions d'enfants, de femmes et d'hommes pour qui le paris de victor hugo est une fête intemporelle –

une main s'abattant sur mon épaule me sort de ma contemplation ; je vire de bord, étonné de voir arnold cauchon dans son costume de hussard dont les boutons dorés brillent sous les lumières de l'arc de triomphe –

– Quelle coïncidence ! que dit Arnold Cauchon. Moi qui cours après toi depuis que je suis à Paris.

il se prend pour un français, me donne l'accolade, me baise par trois fois sur les joues – voudrais bien me passer la main sur la figure, car arnold cauchon a dû y laisser un peu de cet épais fond de teint qui lui cuivre la peau ; n'aurai toutefois pas le temps de le faire : il me prend par le bras et m'entraîne vers les quais de la seine –

– Le père Bradet, ça te rappelle quelque chose ? que dit Arnold Cauchon.

– Je ne m'intéresse pas aux curés, que je dis. Ne croient pas que dieu est une simple hypothèse. Leurs églises ne font que freiner le progrès et la liberté de l'homme.

– Ton discours n'est pas loin de celui que tenait le père Bradet quand il dirigeait chez les dominicains la revue *Maintenant*, que dit Arnold Cauchon. Finie l'époque des sanctuaires, des statues dans les églises, des dévotions envers les saints, des cierges, des lampions et des soutanes. Bienvenue à l'église progressiste et non censurable, à l'église des camarades et des mariages mixtes.

– Moi, je crois plus simplement que peu importe comment elle est, l'église on devrait l'abolir, que je dis.

– Le père Bradet n'était pas loin de le suggérer aussi, que dit Arnold Cauchon. Et c'est parce qu'il en parlait librement qu'on lui a enlevé la direction de *Maintenant* et qu'on l'a exilé ici à Paris.

– Il est toujours curé ? que je dis. S'il avait eu le courage de défroquer, les menaces de Rome n'auraient pas pesé lourd dans sa balance. Il se serait peut-être mis à aimer une femme, et à jouir de son sexuel pour de vrai, ça lui aurait fait oublier la confession, les pénitences et les indulgences.

– Sans doute, que dit Arnold Cauchon. Mais le père Bradet n'est pas de ce bord-là des choses.

– C'est un fif ? que je dis.

– Non, que dit Arnold Cauchon. Le père Bradet est tout simplement trop vieux pour aimer les femmes.

je ne pose plus de questions – sans l'attelage, mon épaule et mon bras gauches me font mal, tirant toute mon énergie de leur bord ; l'impression de descendre vers les quais de la seine à cloche-pied, ce qui me fait heurter l'épaule d'arnold cauchon – ne s'en plaint pas pour des raisons que j'imagine aisément ! –

– Satisfait de ta chambre ? que dit Arnold Cauchon.

– Juste assez tranquille pour que je puisse y écrire en paix, que je dis.

– T'as au moins les commodités là-dedans ? que dit Arnold Cauchon. Toilette, douche, baignoire ?

– Non, que je dis. Faut que je descende deux étages pour y avoir accès.

– Mes affaires vont me retenir à Paris pour au moins un mois, que dit Arnold Cauchon. J'ai loué un agréable petit meublé sur le boulevard Raspail. Ça ne te coûterait rien de le partager avec moi.

– Merci de me l'offrir, que je dis. Mais je suis bien comme je suis.

– Méfie-toi de la solitude, que dit Arnold Cauchon. Un garçon de ton âge qui s'enferme, c'est rarement pour le mieux.

si mon pied gauche n'était pas si mal en point, si mon épaule et mon bras ne me faisaient pas autant souffrir, je prendrais sur-le-champ la poudre d'escampette tellement les avances d'arnold cauchon me dépriment ; et il n'en est encore qu'au commencement, car le voilà maintenant qu'il me propose d'être son secrétaire le temps qu'il va séjourner à Paris ! –

– Je fais un stage chez Larousse en édition, que je dis.

– Je pourrais arranger ça avec tes patrons, que dit Arnold Cauchon. Tu veux que j'aille les voir ?

– Je vais m'en occuper par moi-même, que je dis, sans beaucoup d'aménité dans la voix.

– Te fâche pas, que dit Arnold Cauchon. T'as l'air d'une pivoine toute rouge quand tu te fâches.

ME DISAIS :

nous avons enfin laissé les champs de l'élysée pour
nous engager dans ce bout de rue où brillent les néons du
restaurant où l'on doit fêter le père bradet – une grande
table a été dressée dans ce salon attenant à la salle à manger ; quand nous y entrons, il n'y a plus que trois chaises
qui sont disponibles ; je dois prendre place devant arnold
cauchon puisque le petit banc à l'extrémité de la table est
réservé –
   – Une bonne amie à moi, que dit Arnold Cauchon.
La fille de l'ambassadeur du Canada à Paris et la nièce de
ce cardinal qui œuvre maintenant en Afrique noire. Tu
vas bien t'entendre avec elle : elle écrit de la poésie et c'est
aussi considérable que du Antonin Artaud.
   je jette un coup d'œil à l'autre bout de la table où trône
le père bradet, en costume noir et col romain : a l'air d'un
ministre protestant irlandais, fume comme une cheminée
et, entre chaque bouffée, avale une gorgée de vin – son
visage est marbré par la couperose et son nez est aussi prodigieux et rouge que celui de cyrano de bergerac – (((de
grands yeux tristes aussi, vitreux comme ceux d'un vieux
saint-bernard))) – pas du tout l'air de quelqu'un qu'on a
obligé à l'exil à cause de ses idées révolutionnaires sur la
religion et la société kebekoise, mais un vieil homme qui
veut profiter du peu de vie qu'il y a encore devant lui –
lève mon verre et le salue de la tête, puis je reviens à mon
bout de table : sur le banc, vient de se laisser choir la fille
de l'ambassadeur du canada à paris et la nièce de ce cardinal qui œuvre maintenant en afrique noire – fin de la
trentaine, ni laide ni jolie, ni grande ni petite, ni grosse ni
maigre, et de petits yeux sombres qui semblent regarder
nulle part même si ça paraît te fixer profondément – entre

deux eaux ça se présente, et ce n'est pas juste à cause de l'alcool (((trop de médicaments sans doute, à moins que ça ne soit la drogue, ou plus simplement ce que shopenhauer a appelé le sentiment tragique de la vie et cioran l'inconvénient d'être né – quand on ne vient pas au monde avec les bons gènes et que te traverse de part en part la veine noire de la destinée))) –

– Je m'appelle Félicité Légère, que dit l'amie d'Arnold Cauchon. Et pas question que j'aie le vin triste ce soir. J'ai le besoin presque infini d'être heureuse.

me frôle la main de la sienne, ce n'est pas la moiteur de sa peau qui me touche vraiment, mais les poils de vison de la fourrure qu'elle porte et dont elle ne s'est pas dégreyée depuis qu'elle s'est assise sur son banc malgré la chaleur qu'il fait dans le salon et qui va en augmentant au rythme des mets servis et des corps que réchauffe le vin – heureusement, pas besoin de répondre aux questions que me pose félicité légère, arnold cauchon s'en chargeant pour moi –

ME DISAIS :

essaie plutôt de t'intéresser à ce que disent les autres convives, même si c'est juste pour te rendre compte que ce sont tous des pornographes : l'un édite des romans dits érotiques, l'autre publie des magazines dont les culs sont splendides selon son dire, et l'autre encore photographie jeunes filles et garçons tout nus dans des poses qu'on n'a, paraît-il, encore jamais vues dans un imprimé (((ce sont ces livres et ces magazines qu'arnold cauchon importe dans le grand morial pour les vendre à gros prix grâce aux abonnés de ses clubs postaux))) –

ME DISAIS:

regarde au bout de la table où c'est que le père bradet
voudrait visiblement qu'on l'informe sur le kebek, sur le
rassemblement pour l'indépendance nationale de pierre
bourgault, sur les felquistes qui, fatigués de faire sauter de
simples boîtes aux lettres, menacent les rhodésiens du grand
morial d'enlèvements et d'attentats – et rené lévesque qui
rêve après pierre bourgault de fonder le premier parti
politique de masse au nom de la souveraineté-association
(((réincarnation de louis-joseph papineau et du parti des
patriotes, qui fut un échec désastreux parce qu'on croyait
trop à la pérennité du système parlementaire britannique
pour le faire éclater en petits morceaux))) –
parce que je suis le plus jeune à me trouver assis à la
table, on voudrait que je me mêle davantage à la conversation en donnant mon avis sur le terrorisme effelquois – je
n'ose pas dire que je le trouve trop limité dans ses actions
parce que les partisans du front de libération du kebek
ne vouent pas suffisamment de haine aux anglais pour
mettre à feu et à sang leurs rhodésies du grand morial : ce
sont pourtant leurs maisons qu'on devrait faire exploser,
ce sont pourtant les bourgeois salopards qui y habitent qu'il
faudrait asssassiner – quand je viens enfin pour m'épan-
cher là-dessus, il y a ce pied sous la table qui se promène
sur le mien – ça m'enlève tous mes moyens (((je crois
d'abord qu'il s'agit de celui d'arnold cauchon, mais ça aurait été impossible pour lui d'enlever l'une de ses longues
bottes sans que quelqu'un s'en aperçoive – le pied nu, c'est
celui de félicité légère, qu'elle frotte contre le mien, essayant avec de retrousser mon pantalon pour atteindre
mon mollet – je fais tout pour lui échapper parce que
je ne veux pas que ça monte jusqu'à mon entrejambes, je

ne veux pas bander, je n'oserais plus me lever de table, on rirait de moi et de mon sexuel dressé comme celui du dieu priape, le père de tous les fornicationnistes))) –

me redresse brusquement et me jette hors du salon et me jette hors du restaurant et me mets à courir vers les champs de l'élysée même si je sais que les muscles atrophiés de mon pied gauche vont me lâcher avant même que je n'atteigne le premier coin de rue – en suis bientôt là, à quatre pattes sur le trottoir, une voiture sport s'arrêtant à ma hauteur :

– Allez, monte, que dit Félicité Légère. Je te reconduis à ton hôtel.

– Je préférerais m'y rendre à pied, que je dis en me redressant.

– Niaise-moi pas, que dit Félicité Légère. Ouvre plutôt la portière et assis-toi.

pas vraiment une bonne idée, je le sais, mais ma longue marche dans paris m'a ratiboisé, et ce souper au restaurant m'a ramolli l'esprit (((peut-être le fait de me trouver pour la première fois aux côtés d'une femme plus âgée que moi, et dominatrice, ça m'empêche de dire vraiment ce que je pense : aucune envie de toi, tu ne m'attires ni par ton corps ni par ton esprit, trop de frustration en émane, et ce cynisme qui fait de tout ce que tu dis comme une grande flaque de bouette pleine des odeurs nauséabondes de la mort : « Masturber tout sur soi pour l'empétarder et se taire sans jamais y participer, tout masturber », disait artaud))) –

ME DISAIS :

cette course folle des champs de l'élysée à la place du panthéon, la voiture sport conduite par félicité légère comme la jument de la nuit devenue folle et suicidaire – et ce rire démentiel, les hurlements hystériques d'une louve sous une grosse lune blessée – que j'ai hâte de descendre de cette charrette de la mort, de monter quatre à quatre les marches qui mènent à ma chambre sous les combles et de me laisser tomber sur la moquette même si elle empeste le désinfectant – puis me traîner jusqu'au premier des deux lits, m'enfoncer la tête dans les oreillers ! – je suis une baleine à bout de souffle, prisonnière de la couche de glace qu'il y a au-dessus d'elle, et qui se noie, toute tressautante d'angoisse –

– Pourquoi t'as peur de moi ? que dit Félicité Légère. Je suis malheureuse, c'est vrai, mais c'est seulement parce que je viens de divorcer : ne me reste plus que ma voiture et ce maudit vison !

ai tourné la tête, juste ce qu'il faut pour que je voie le profil de félicité légère (((debout devant la fenêtre, l'oiseau sombre snife une ligne de coke, puis une deuxième))) –

– T'en veux ? que dit Félicité Légère.

– Non, que je dis. Je voudrais juste que tu t'en ailles. Je suis bien quand je suis seul.

laissant la fenêtre, elle vient s'asseoir au bord du lit – parce que je ne veux pas qu'elle me touche, je fais comme un petit paquet de mon corps et me réfugie contre le ciel de lit, les bras repliés à la hauteur de mon visage –

– T'as rien à craindre de moi, que dit Félicité Légère. Je suis une fille propre, je suis une fille qui cherche juste un peu de bonheur.

a enlevé son manteau de vison et me recouvre avec – ce parfum qui imprègne les poils me fait éternuer – tandis qu'elle se déshabille en fredonnant du bout des lèvres *des yeux bruns pour le jour, des yeux violets pour l'amour* – ce corps qui se dévoile rapidement, je n'en vois d'abord que les omoplates saillantes, les seins trop parfaits pour ne pas avoir passé sous le bistouri, et ce ventre aux plis nombreux, assez proéminent pour qu'un fœtus y vive depuis plusieurs semaines, ce que me confirme félicité légère dès que, toute nue, elle se met debout :

– Ouais, je suis enceinte. Mais demain, je ne le serai plus. Ça te fait peur, ça aussi ?

– Rhabille-toi, que je dis, et va-t-en.

elle n'entend pas ce que je dis, se dandine devant moi ; il y aurait un petit banc dans la chambre qu'elle monterait dessus pour mieux s'y déhancher ; il y aurait un poteau nickelé au milieu de la chambre qu'elle s'accrocherait après lui et y frotterait son gros sexuel velu ((*tes yeux bruns pour le jour, mes yeux violets pour l'amour*, encore et encore !))) –

– Si tu ne veux pas de moi, sais-tu ce que je vais faire ? que dit Félicité Légère. Regarde.

va vers la fenêtre, passe la moitié de son corps dedans, puis crie comme si elle voulait que tout paris l'entende :

– Si tu ne veux pas de moi, je me jette en bas de la fenêtre ! Voilà ce que je vais faire si tu ne veux pas de moi !

avant que ne m'atteigne la poliomyélite, je savais me montrer patient, je savais comment faire pour ne pas me fâcher, je savais quoi dire si on me menaçait, mais depuis, je ne peux pas empêcher mon sang de faire charivari de ma tête au bout de mes pieds : ma peau devient toute rouge et brûlante, je vois plein de petites billes qui tournent vertigineusement autour de moi, je perds lumière et je me mets à vomir des mots gras et obscènes :

– Va-z'y ! que je dis à Félicité Légère. Jette-toi en bas de la fenêtre, écrase-toi sur les pavés ! Que voudrais-tu que ça me fasse ?

elle repasse la moitié de son corps dans la fenêtre, puis met pied sur le rebord :

– Je me tue ! qu'elle crie. Je me tue !

j'ai jeté vers elle le manteau de vison puis, sorti du lit, je file drette vers la porte de la chambre pour fuir le désastre annoncé – déboule le long de l'escalier qui mène au hall de l'hôtel, mais me fais arrêter dans ma course par la grosse femme borgnesse qui a l'air d'une sorcière de *macbeth*, ensachée qu'elle est dans son kimono-courtepointe –

– Faites venir la police, que je dis. Dans ma chambre, se trouve une folle qui veut se suicider.

je sors de l'hôtel, j'aimerais bien aller me réfugier derrière les grosses tours de l'église notre-dame, mais il faudrait que je traverse la place du panthéon et je n'ai pas les jambes qu'il faut pour marcher vite sur les pavés – rue mouffetard, je sais qu'il y a là un petit parc : je vais y entrer, m'asseoir sur un banc et j'y attendrai que vienne la fin de la nuit (((si je pouvais m'en procurer, je mangerais plein de petits gâteaux comme le faisait raymond roussel lorsque ça allait tout de travers dans sa tête ; et peut-être artaud faisait-il pareil quand on l'enfermait dans rodez et qu'il écrivait : « Tel que je suis, je ne me plais pas et le fond non plus ne me plaît pas car il est l'esprit *déposé* de ma vieille douleur totale et présente »))) –

ME DISAIS :

sais pas pourquoi les folles et les fous m'aiment, c'était
déjà comme ça quand j'étais enfant : l'idiot ti-gus courait
après moi dans les rues des trois-pistoles, il m'offrait les
vieux bonbons crasseux qu'il gardait dans un petit sac
attaché à l'une de ses bretelles ; dans saint-jean-de-dieu, la
petite marie m'emmenait de force chez elle, me montrait
les toiles à numéros qu'elle peignait et voulait que je fasse
comme elle ; et gros bebé saint-jean, dès qu'il me voyait sur
le bord de la rivière boisbouscache, m'invitait à me bai-
gner avec lui, lui qui ne supportait pourtant pas la présence de personne à ses côtés – les animaux réagissaient
pareil aux idiots : ceux que mon père appelait les têtes
folles, qu'il prétendait vicieux et violents, ne me faisaient
jamais rien de mal quand je me trouvais avec eux autres :
frottaient leurs grosses têtes contre mes jambes, se laissaient caresser et semblaient comprendre le langage que
j'inventais juste pour eux autres : « Koumba, boitomini
aminofli qué blantoutnet, alaas !, alaas !, blotifique, méum
colpax, méum félix ! » –

ME DISAIS :

je ne retournerai pas à ma chambre : dès que le matin
va se montrer la face, je vais aller à la fontaine, prendre
dans ma poche l'un des laids mouchoirs à carreaux que la
mère de judith a mis dans mes bagages puis, après m'être
débarbouillé et laissé ma peau sécher au soleil, je m'en irai
chez larousse et demanderai à commencer mon stage ;
comme ça, je n'aurai pas besoin de penser à quoi que ce

soit d'autre de l'avant-midi; quand je retrouverai ma chambre à l'hôtel du panthéon, il n'y aura plus dedans aucune des odeurs nauséabondes du fœtus assassiné par félicité légère –

ME DISAIS :

larousse est une gigantesque entreprise qui fonctionne comme on le fait dans l'armée; très bureaucratisée, chacun des secteurs d'activité ayant ses généraux, ses officiers et ses simples fantassins; et ceux-ci ne communiquent qu'avec des pareils à eux autres tant et aussi longtemps qu'ils n'ont pas droit à une mutation – évidemment, je vais faire partie de ce monde-là et il n'y aura pas beaucoup de barreaux à mon échelle et le risque est grand que je reste dans la cave plutôt que de passer au salon – ça se laissera voir et entendre quand, surpris de me voir entrer dans son bureau, le directeur ne comprendra pas que je veuille commencer mon stage avant le temps prévu – va enfin finir par croire que c'est l'enthousiasme qui me pousse, fait venir sa secrétaire et lui dit :
– Emmenez-le aux coupures de presse et faites-le travailler.

ME DISAIS :

laisse-toi entraîner là où tu sais déjà que tu aboutiras, dans cette cave qui est juste un long corridor; des deux côtés sont alignés de gros classeurs de métal puis, au bout du corridor, c'est la grande pièce sans fenêtres (((en réalité, elle serait grande s'il n'y avait pas, par piles énormes, tous ces journaux, revues et magazines qui viennent de tous les coins du monde et dans lesquels on fait état des activités de larousse, sous forme d'entrevues, de critiques ou de simples entrefilets))) – pour tout mobilier dans cette étrange babel, un gros pupitre et une chaise de même gabarit ; c'est suffisant pour le travail que j'ai à faire, qui consiste à mettre devant moi une pile de journaux, de revues et de magazines, à les feuilleter pour découvrir là où c'est qu'on parle de larousse ; quand j'ai trouvé, je prends les ciseaux, je découpe l'article et le mets dans le panier à roulettes qu'il y a à côté du gros pupitre ; une fois le panier rempli, je vais dans le corridor et je range les coupures dans les chemises des classeurs – je prends d'abord un certain plaisir à faire mon travail, parce que je trouve parfois dans ce que je lis des choses fascinantes sur des écrivains que je ne connaissais pas : witold gombrowicz, james baldwin, jean-marie gustave le clézio, lucien rebatat ou jose lima – parfois même, un articulet sur un écrivain kebekois : jacques godbout, hubert aquin, anne hébert ou réjean ducharme (((et ces articulets, parce qu'ils confortent ma fierté d'être kebekois, je ne les mets pas dans les chemises des classeurs : je les glisse dans ma serviette et en tapisse les murs de ma chambre d'hôtel))) –

tout le temps que je suis à mon ouvrage, je ne vois personne, sauf cet employé qui passe au milieu de la matinée, poussant devant lui un gros charriot plein de nouveaux journaux, revues et magazines ; il en fait des piles puis, sans même me saluer, disparaît comme il est venu, en maugréant – quand je regarde la petite masse des imprimés dont j'ai extrait les coupures pertinentes et les énormes ballots qu'on m'apporte, je comprends bien que

mon entreprise est désespérée comme l'est, dans *le château* de kafka, l'espoir qu'entretient l'architecte de passer
au travers des arcanes de la bureaucratie et d'atteindre
enfin le sein des saints –

personne ne faisant attention à moi, j'en profite après
quelques heures pour jouer au prestidigitateur et disparaître – m'en aller au hasard dans les rues de paris, entrer
dans ces librairies de livres anciens, me contenter de les
regarder parce qu'on m'interdit de les toucher, puis m'asseoir à cette terrasse pour y boire un café-calva et ne faire
rien d'autre que d'écouter les conversations – cette musique
de la langue qu'on trouve avec génie dans les livres-poèmes
d'aragon, d'éluard ou de jacques prévert : je voudrais que
ma langue si kebekoise puisse produire autant de sonorité,
se faire fugue et sonate, symphonie et canon, à donner l'envie irrésistible de chanter plutôt que de simplement dire ! –

quand je rentre à l'hôtel du panthéon, la grosse femme
borgnesse, pour qui la litanie semble être le seul mode
d'expression, ne cesse pas de me sermonner à cause que
j'ai reçu dans ma chambre félicité légère, qu'on a dû faire
appel à la gendarmerie et que ce n'est jamais bon pour
la réputation d'un hôtel qu'on doive y mander les forces
de l'ordre – je fais celui qui se sent coupable, balbutie un
mot d'excuse et disparaîs le plus rapidement que je peux
du hall de l'hôtel –

une fois sous les combles, je m'assois sur le bord de
mon lit, retrouve mon respir, regarde le manteau de vison
que félicité légère a laissé sur ce crochet vissé dans le mur
– j'apprendrai bientôt qu'on l'a internée dans une maison
de santé, car elle m'écrira ce petit mot pour me le dire :
« Lorsque je sortirai d'ici ce sera toujours pour me suicider et se suicider dans un vison serait incongru et je t'en
fais donc cadeau puisque c'est la seule chose qui mérite de

me survivre » – je pense à artaud, à cette fameuse canne prétendument sacrée d'irlande avec laquelle il battait les pavés de paris avant de se rendre à dublin pour la remettre, halluciné, au maire de la ville : on rira de lui, on le mettra sur un navire comme autrefois on faisait avec les fous puis, de retour en france, on l'enfermera dans l'asile de rodez où, écrira-t-il, « je me sens vraiment être toujours ce que je suis, une merde qui donc chie très peu, qui n'a pas d'appétit et pas d'envie, et qui par l'opium et la nourriture, goule sans cesse la vie qu'il a sortie de lui pour voir ce qu'elle vaut, quelques rares êtres de la terre, des soldats, des animaux : or ce que je sors de moi n'est pas moi et je dois me refaire tout de suite : pourquoi suis-je si fatigué ? » –

ME DISAIS :

oublie cette mésaventure avec félicité légère, oublie le silence de judith, celui de sa mère, celui du grand bardo scieur de longue scie, celui de caïus picard, cesse de te sentir dans ta chambre comme l'était artaud à rodez ou kafka à zürau, oublie les murs, oublie la fenêtre et les bruits qui montent jusqu'à elle – pense juste au manuscrit que t'as apporté des confins de morial-mort jusqu'ici-dedans, décapuchonne ton stylo feutre, sois impitoyable, entre en état de fâcherie, contre toi-même, contre la poliomyélite, contre le monde, crache sur toutes les tombes pourrissantes que t'as en dedans de toi, fesse fort, varge à tour de phrases, sois obscène, et pervers, et hilare, sors de toi-même ce qui n'a rien à voir avec ton corps, chiale, jappe et hurle à la lune et contre la lune (((me sermonne pour rien puisque dès que je me trouve assis à la petite table devant la fenêtre, je n'arrive plus à penser : au bout d'une première phrase, la réalité que j'essaie de lui donner se déforme, puis s'escamote, puis s'efface d'elle-même sur le reste de la page))) –

sur le calorifère, ce livre de kafka que je regarde, mais je n'oserai pas allonger ma main jusqu'à lui : je ne veux pas savoir maintenant si la tuberculose a eu raison de l'ironie désespérée de kafka ni de son amitié avec max brod – mettre plutôt la main dans la poche de mon veston, en retirer ce petit livre de maurice blanchot que j'ai acheté sur les quais de la seine, l'ouvrir, me perdre dans ce *très-haut* qui se passe pour ainsi dire entre parenthèses, avec un personnage qui n'en est pas un vraiment, car si loin enfoui dans le ventre de la terre, si seul et si désespéré, que les mots mêmes sont impuissants à communiquer entre eux, donc à forger la moindre identité : le personnage devrait s'appeler *très-bas*, celui que le ciel, *très-haut*, refuse de tirer jusqu'à lui pour qu'il puisse advenir dans la plei-neté de sa vie au langage de l'au-delà du langage, qui fait de chaque mot un assourdissant silence – incréation))) –

ME DISAIS :

quand ça ne veut pas s'écrire, c'est perdre son temps que de s'obstiner – aussi bien quitter cette chambre et m'enfoncer dans le cœur de paris avant que ne s'ameute la jument de la nuit – ai envoyé choir sur le lit *le très-haut* de blanchot, ai remis le manuscrit dans ma serviette, ai ajusté comme il faut l'attelage à mon épaule et à mon bras gau-ches, puis me lève et vais vers la porte que j'ouvre – la grosse femme à l'oreille coupée et à l'œil de vitre est là, à reprendre ce souffle qu'elle a perdu en montant trop vite l'escalier –

– Je ne faisais pas de bruit, que je dis. Vous avez quoi encore à me reprocher ?

– Rien, que dit la borgnesse. Ça serait plutôt une faveur que j'aurais à vous demander.

– Quoi donc c'est ? que je dis.

– Vous vous souvenez de la jeune Américaine qui pensionne ici-dedans à l'hôtel ? que dit la borgnesse.

– Celle qui a les cheveux rouges, plein de taches de son et de grands pieds ? que je dis.

– Ouais, celle-là même, que dit la borgnesse. Elle a les fièvres, elle délire, le médecin est venu, mais c'est important qu'elle ne reste pas seule, il lui faut une présence à ses côtés tant que ne sera pas jugulée la fièvre. Moi, je ne peux pas être tout le temps là, j'ai trop de besogne en bas.

– Vous voulez que je fasse le bon samaritain ? que je dis.

– Une journée peut-être, c'est trop d'embêtements pour vous ? que dit la borgnesse.

– C'est samedi aujourd'hui, je ne travaille pas, que je dis. Je veux bien veiller sur les restes de l'empire américain.

pour tromper le temps quand je vais aller veiller au corps de la jeune américaine, faudrait bien que j'apporte avec moi un livre ; mais je n'en ai que deux sur ma table et le lit : l'ouvrage de kafka et le *très-haut* de blanchot – comme je n'ai pas le goût de phrases qui sont aussi longues que le pont de la confédération canadienne qui relie l'île du prince-édouard au continent, je vais me contenter des lettres de kafka à son ami max brod (((artaud ferait sans doute aussi bien l'affaire, mais je le parle par cœur quand je le veux tellement ses mots salopés par le monde pourraient venir de moi si j'avais juste une étincelle de son génie))) –

ai suivi la grosse femme borgnesse à l'étage inférieur, suis entré derrière elle dans la chambre de la jeune américaine, je vois peu parce que le rideau de la fenêtre a été tiré et que seule une veilleuse jette de la lumière, petit faisceau jaunâtre qui me permet de m'orienter jusqu'à cette chaise à côté du lit, là où sur une petite table se trouve un bol d'eau et un linge que je touche – douceur du chamois, à peine mouillé c'est à l'une de ses extrémités –

– Si vous avez faim, vous avez un en-cas sur la commode, que dit la borgnesse.

elle sort, me laissant seul avec la jeune américaine : si la borgnesse m'a parlé de délire, ça ne se voit et ça ne s'entend guère depuis que je suis là : dort d'un sommeil profond la jeune américaine, ouvre parfois les yeux, mais c'est vers l'intérieur que ça regarde ; tourne parfois la tête de gauche à droite, puis de droite à gauche, mais c'est rien que les nerfs qui en sont responsables ; sue toutefois beaucoup et ses lèvres pulpeuses sont craquelées, une goutte de sang en jaillissant brusquement : je trempe le bout du chamois dans le bol d'eau puis en humecte les lèvres de la jeune américaine, puis je ne fais plus rien d'autre que de la regarder : ses longs cheveux roux font une étoile sur les oreillers, ne manquerait qu'un chapelet dans ses mains croisés pour que j'aie l'impression de veiller au corps (((ces grands pieds qui apparaissent de sous la couverture sont ceux d'une athlète, ou d'une sirène dont la queue a mal tourné – une championne olympique de la nage en style libre peut-être))) –

peu confortable la chaise droite sur laquelle je me tiens assis ; c'est bientôt plein de frémilles dans ma jambe gauche et je dois me lever si je veux les en faire fuir – j'en profite alors, en vironnant dans la chambre, pour regarder ce qu'il y a sur les murs : quelques photos, celle-ci du père sans doute, portant costume nazi et tenant à bout de bras une mitraillette – ce visage dur comme un mur de béton, ces yeux chargés de haine et de mépris ; puis celle-là

montrant deux grands garçons en train de jouer au basketball dans un gymnase, leurs corps irradiant de joie, leurs
longs bras levés haut pour atteindre le ballon loin au-
dessus de leurs têtes – sur cet autre mur, les esquisses
d'une toile, et c'est naïf à mort : une chaise bancale, des
bottes de cow-boy devant, un chapeau de cow-boy au-
dessus, mais même pas l'ébauche d'un corps pour relier les
unes à l'autre : quel visage sous le chapeau de cow-boy et
quels grands pieds dans les bottes de cow-boy ? –

suis revenu m'asseoir sur la chaise, ai passé le chamois
sur le front, les joues et les lèvres de la jeune américaine
qui s'est mise à ronfler – l'ai regardée aussi longtemps que
j'ai pu, ai cherché à voir dans son corps comme l'aurait
fait le grand bardo scieur de longue scie doté du pouvoir
de remettre ensemble les cellules éparses du corps afin de
faire tomber les fièvres et de juguler le sang mauvais – je
me tourne les pouces, je suis incapable de penser, même
pas à ce chapitre de mon roman en train de se construire
(((tous les mots me ramènent au corps de la jeune américaine, bien que ce ne soit pas le sien que je voie vraiment,
mais celui de kafka reposant dans le sanatorium de
zürau))) –

ME DISAIS :

ça te donne quoi d'attendre ainsi, quand tu sais que
la jeune américaine ne se réveillera pas de sitôt ? – pense
à jacques ferron qui a écrit qu'on conjure la maladie par
la maladie : peut-être qu'en lisant kafka, peut-être qu'en
prenant des nouvelles de sa tuberculose, les mauvaises cellules dans le corps de la jeune américaine se rapailleront

en un seul amas qui implosera au milieu de ses intestins avant d'être éjecté, par petits étrons malodorants de son anus dilaté –

me mets donc à lire et je tombe d'abord sur ceci, que le désespoir s'absente dedans :

« Mon cher Max, écrit kafka qui vient tout juste de faire son entrée au sanatorium de zürau, je n'ai pas trouvé le moyen d'écrire parce que je me plaisais trop bien ici, et puis je ne voulais pas exagérer, comme j'aurais dû le faire, car c'eût été donné le mot de passe au Malin. Mais aujourd'hui, tout prend déjà un air naturel, les faiblesses intérieures s'annoncent (pas la maladie, d'elle pour l'instant je ne sais encore presque rien), de la cour en face me parviennent tous les cris de l'arche de Noé réunis, un éternel ferblantier frappe sur son fer blanc, je n'ai pas d'appétit et je mange trop, il n'y a pas de lumière le soir. Mais pour autant que j'ai une vue d'ensemble, les bonnes choses sont en excédent : Ottla me porte vraiment, à la lettre, sur ses ailes dans ce monde hérissé de difficultés, la chambre (orientée au nord-est il est vrai) est parfaite, spacieuse, chaude, et tout cela au milieu d'un silence intérieur presque complet... et puis la liberté, avant tout la liberté » –

ce que dit kafka, c'est tout simplement qu'il veut passer cette première journée-là au sanatorium sans que ses *faiblesses intérieures* ne l'atteignent, ce qui mettrait aussitôt fin au sentiment de liberté l'habitant en lieu et place de sa maladie ; mais la maladie est sournoise et il suffit que quelques pages s'écrivent encore pour qu'elle revienne hanter kafka :

« Je suis aujourd'hui avec la tuberculose dans le même rapport qu'un enfant avec les jupes de sa mère auxquelles il s'accroche. Si la maladie me vient de ma mère, l'image est encore plus juste, et ma mère, très au-dessous de sa compréhension de la chose, m'aurait encore rendu ce service dans sa sollicitude infinie. Je cherche continuellement à expliquer la maladie, car enfin, je n'ai pourtant pas couru moi-même après. J'ai quelquefois l'impression que mon cerveau et mes poumons auraient conclu un pacte à mon insu. « Ça ne peut pas continuer comme ça » a dit le cerveau, et au bout de cinq ans, les poumons se sont déclarés prêts à l'aider » –

(((ce que laissent voir les mots de kafka, c'est l'importance qu'il donne à la mère par-devers sa maladie, c'est la faute génétique qu'il lui reproche et ce qu'elle ne peut pas comprendre malgré sa sollicitude ; aussi, kafka et moi sommes-nous du même bord des choses, puisque je pense pareil par-devers la poliomyélite qui m'a frappé, ma mère en étant la cause et l'effet – sans doute est-ce le cas aussi de la jeune américaine dont je veille le corps : aucune photo de sa mère nulle part dans la chambre, mais celle, terrorisante, de ce père nazi et tenant mitraillette – a dû forcer sa fille à toutes sortes de perversions, de tortures et de mutilations, et la mère est restée à l'écart, elle savait et comprenait tout, mais laissait faire et dire ; sans doute le fiancé français, par la ruse de la liberté qu'il semblait vouloir lui offrir, a-t-il pour un temps escamoté ce qui se passait dans la tête de la jeune américaine ; mais le fiancé s'étant lui-même escamoté, tout s'est écroulé, le cerveau s'est détraqué et les fièvres sont venues))) –

je ne fais que rêvasser, de ce que je me dis je ne prends rien au sérieux, faut bien que je tue le temps – je devrais plutôt imiter mon père qui savait imposer les mains sur nous autres quand ça tombait malade dans la famille : ses grandes paumes ouvertes qu'il promenait à quelques pouces de nos corps nus, comme un shaman amérindien capable de faire sortir la maladie, de se l'approprier et d'aller la jeter dehors en frappant durement ses mains l'une contre l'autre (((est-ce que je faisais autre chose quand j'apprivoisais les bêtes ? – avoir peur, être terrorisé, vouloir griffer et vouloir mordre, c'est quoi sinon être malade ?))) – si je mettais mes mains ouvertes au-dessus du corps de la jeune américaine, arriverais-je à apprivoiser ses fièvres ? –

c'est non, que je me dis en me replongeant dans la lecture de kafka, ouvrant l'ouvrage au hasard et tombant sur cette admonestation à l'ami max brod :

« Tes arguments en faveur de la nécessité de guérir sont beaux, mais utopiques. Ce que tu me donnes comme tâche, un ange peut-être aurait pu l'accomplir au-dessus du lit conjugal de mes parents, ou plutôt du lit conjugal de mon peuple à supposer que j'en aie un » –

comme ça me ressemble encore, et comme ça ressemble aussi à ce que je crois : rien de fondamentalement individuel dans la maladie, c'est toujours une affaire de société, de nation, de patrie et de peuple, car la société, la nation, la patrie et le peuple, lâches et veules (((ce par quoi ils se définissent d'abord))), polluent, contaminent, détruisent l'esprit et annihilent le corps : « Faire naître des êtres qui n'avaient pas encore existé, a écrit artaud, même pas en larves, même pas en rêve, même pas en suppôts supposés, non pas des êtres refusés, réprouvés dans leur face montrée par eux et révoquée, mais des êtres vierges entiers, qui n'avaient jamais pensé à exister ou à ne pas exister, et les amener à la vie ni père ni mère, afin de les martyriser » – c'est ce qui rend si difficile et si dangereuse toute amitié puisque, si elle réussit, elle te leurre, fausse guérison étant donné que tout un chacun se définit par la maladie qui est le fond de la nature : « Quelle force gigantesque faut-il, quelle force gigantesque et quelle expérience préalable de la solitude, pour ne pas succomber à la présence d'un être humain auprès de qui on marche un certain temps au milieu des démons qui sont à vous et à lui, de démons dont on n'est pas moins le centre que ne l'est leur vrai possesseur » – impossible que deux solitudes deviennent sollicitudes, l'une finit toujours par exterminer l'autre quand ce ne sont pas les deux qui implosent en même temps : l'égoïsme, il n'y a que l'égoïsme qui soit vrai, cet égoïsme du corps selon artaud : « Le corps cloué du clou de terre dans le corps fait de terre en terre jusqu'à la pointe sans niveau » –

je regarde mes mains à plat sur mes genoux – de grosses pattes d'ours, alors que celles de mon père sont longues, fines et osseuses ; c'était peut-être plus facile de les faire passer dans le corps malade de l'autre, pas de gras pour obstruer le chemin jusqu'à la mouelle, peu de chair pour empêcher que ça ne s'impose (((mais pourquoi cette envie, ce besoin que j'ai de mettre mes mains à quelques pouces du corps de la jeune américaine, pour vérifier quoi et qu'importe que je vérifie ce quoi-là ?))) –

me suis levé et mes articulations ont craqué dans tout le côté gauche de mon corps, puis j'ai passé la tête dans la fenêtre afin d'y prendre une grande bolée d'air, enserrant de mes mains la longue tige de métal forgé faisant goulurure sur le rebord du châssis – plutôt que de se refroidir, mes mains sont devenues aussi chaudes que ces fers à cheval qu'après avoir mis au feu, mon grand-père antoine martelait de sa grosse masse de forgeron –

ME DISAIS :

va te rasseoir sur la petite chaise droite, oublie ces mains que tu voudrais imposer, remets-toi à lire kafka, remets-toi à faire monter à la surface de ta mémoire tout ce qu'antonin artaud a écrit juste pour toi, laisse le corps de la maladie de la jeune américaine se débrouiller avec lui-même, c'est sans doute rien d'autre qu'un suicide, comme ça a été le cas avec félicité légère – l'idée de la guérison est d'abord l'idée du meurtre, souviens-toi de ce que artaud a écrit là-dessus : « Je veux que tous les êtres se sentent trop fous, délirants, coupables, mutilés, blessés, malades ou *surtout* morts, physiquement et corporelle-ment *morts* en face de moi » –

me déshabille pourtant en faisant d'abord glisser à mes pieds l'attelage qui me comprimait l'épaule et le bras gau-ches, puis j'enlève mon chandail, mon pantalon et la cu-lotte dessous (((j'ai vu mon père quand il s'apprêtait à imposer les mains, je l'ai vu se mettre nu – ce corps que je voyais de dos, quelque chose de féminin dedans, quelque chose d'aérien dedans, tandis que le mien, qui tient sur des jambes dont les cuisses pourraient être celles de louis cyr, est massif, mais dénaturé à cause de la poliomyélite : si c'est vrai qu'on peut imposer les mains et tirer ainsi vers soi le méchant qu'il y a dans un corps malade, que restera-t-il du peu de muscles et de nerfs de mon épaule et de mon bras gauches quand je l'aurai fait ?))) –

je suis revenu auprès de la jeune américaine après avoir tourné en rond autour de la grosse valise (((un coffre de matelot))) au beau mitan de la chambre – ai essuyé les gouttes de sueur sur le front, humecté les lèvres sèches, puis j'ai repoussé au pied du lit couverture et draps – ce pyjama jaune plein de mickey mouse imprimés dessus, que les enfants aiment s'abriller dedans, quand même étonnant de le voir recouvrir ce corps de nageuse olympique – je fais sauter les boutons du pyjama, enlevant d'abord le haut, sans que la jeune américaine ne réagisse, emportée trop loin dans les fièvres par la jument de la nuit – puis je dresse les mains au-dessus du corps malade ; il ne se passe rien, sinon que mon sexuel se met à me faire mal, comme du feu c'est dans mes testicules, ça me fait bander, tout roide mon sexuel devient, se dressant vers le ciel – je devrais me rhabiller et m'enfuir, mais mes mains sont comme indépendantes de mon corps, elle se mettent à voyager au-dessus de celui de la jeune américaine, je sens ses poils d'humanité se soulever, je vois toutes sortes de couleurs apparaître, car les cicatrices sont nombreuses dans la peau, balafres et coupures, qui pourraient former une croix gammée sur les seins si mes mains se laissaient distraire – mais elles insistent pour attirer dedans le méchant du corps malade, si profond c'est que mes mains s'alourdissent, se gonflent, me font mal comme si un amas de petites lances pénétrait dans ma chair – c'est par elles que je vois l'étendue du désastre, ce foetus gros comme un poing dans le ventre, presque seulement un cœur dont les battements se font entendre jusqu'à mes poignets – bat trop vite le cœur, c'est ce que dit la couleur limette qui vient de lui jusqu'à moi (((et ces mains qui me font de plus en plus mal, impossible d'y emmagasiner davantage de méchant, je dois le laisser monter dans les bras, jusqu'aux épaules ça se rend, et davantage dans celle de gauche que dans celle de droite, je vais lâcher, je ne suis plus capable de tenir, je bronche, je chambranle, je vais m'écrouler, mourir peut-être aussi (((et brusquement devient jaunâtre la couleur limette, puis orange, puis rouge cerise, comme quand mon grand-père maniait le soufflet de forge pour porter le feu jusqu'à incandescence))) – les nausées qui me viennent me forcent à me rendre jusqu'à la fenêtre, je passe la tête dedans et je vomis tout le méchant qu'il y avait dans le corps de la jeune américaine, et je vomis par mon sexuel dressé tout le méchant qu'il y avait dans les gènes du fœtus mal pris dans les eaux maternelles –

le corps se pétrifie très loin et se resserre pour m'endormir, a dit artaud : avant que ça ne m'arrive pour tout de bon, je rampe jusqu'à la chaise, mais impuissant à y monter, je me rhabille, à quatre pattes sur le plancher ; quand mon attelage est enfin assujetti à mon épaule et à mon bras gauches, je m'approche du lit de la jeune américaine ; à genoux, je lui remets son pyjama mickey mouse, je l'abrille du mieux que je peux – si épuisé mon corps que je reste là, la tête enfouie dans la couverture, les épaules tressautantes parce que je pleure comme artaud le rêve de ces démons fourragés qui ne furent jamais en moi, je pleure toute cette conscience qui ne parle pas en moi, ces arbres, ces racines, ces machines, ces objets, ces instruments de fer qui étaient là depuis le commencement et avec quoi les lamas firent leurs châteaux (((ya safi, ya teba sisira, ya tapira, a tepa risti))) –

ME DISAIS :

rien, je ne me suis rien dit, on ne se dit rien lorsque le corps s'est vidé de l'intérieur, comme le deviennent les vieux arbres quand l'esprit de vie n'est plus rien qu'un contour ratiboisé – faut d'abord que les larmes cessent de couler pour que l'égoïste moi qui fonde le corps se remette à l'abri de la douleur, pour que l'égoïste moi qui règlemente le corps se retrouve dans ses profondeurs : de la fâcherie, de la rage, de la haine, des actes forcenés – aucun sentiment, nulle émotion –

– Qu'avez-vous fait à cette jeune femme ? que dit une voix dont j'ignore d'où elle vient.

je lève la tête, me tourne vers cette voix que j'ai entendue : un gros homme est là, portuna à la main, et regarde dormir la jeune américaine –

– Les fièvres sont tombées, qu'il dit. C'est aussi inattendu qu'inespéré. Expliquez-moi.

– Je suis simplement resté là, que je dis.

– Et vous avez beaucoup prié, que dit le médecin. La prière, c'est parfois miraculeux. Vous devriez vous asseoir. Vous m'avez tout l'air d'être parfaitement épuisé.

je dois me faire aider par le médecin pour pouvoir m'asseoir sur la chaise, mon épaule et mon bras gauches sont comme morts, sauf pour la douleur qui est entrée dans la mouelle et la gonfle tant que mes os pourraient bien en éclater – me parle du vietnam le médecin, me demande par quoi j'ai été frappé, une mine, une bombe ou une balle à fragmentation – ce maudit vietnam ! – ai-je l'air aussi américain que ça avec mes cheveux longs et mes poils d'humanité que je laisse pousser, moi qui ne parle même pas la langue anglaise et ne veux pas l'apprendre :

– Tivi le bente seta ta tebantur, que je dis. Tivi le bente setar.

le médecin hausse les épaules, va vers la commode, prend l'en-cas préparé par la borgnesse de l'hôtel et me le met sur les genoux :

– Mangez un morceau, qu'il dit. Quand ils ont beaucoup prié, les Sauvages ont toujours faim.

s'en va en ne cessant pas de dodeliner des épaules et de chambranler de la tête, comme si le fait d'imaginer que je suis un sauvage ayant fait la guerre du vietnam dépassait son entendement (((je regarde l'en-cas, ces croissants fourrés à la confiture d'abricot, cette chocolatine et cette banane si mûre que la pelure en est devenue noire – le premier croissant à la main, j'essaie de le porter à ma bouche, mais je manque de force, il n'y a plus rien dans mes muscles et mes nerfs – je dois m'aider de ma main droite même si je me suis toujours forcé à ne pas le faire – je l'aguis ma main droite qui ne m'a jamais servi à rien, l'esprit de mon corps refusant catégoriquement d'être du même bord qu'elle – c'est pourtant grâce à elle si je mange maintenant, si je prends le livre de kafka après avoir regardé la jeune américaine qui sommeille aussi profondément que la belle au bois dormant : si je l'embrassais sur la bouche, se réveillerait-elle et, plutôt que de voir en moi le guerrier du vietnam ou le sauvage perverti, découvrirait-elle ce sorcier qui a gouiné sa chair ?))) –

je cogne de longs clous de six pouces dans le livre de kafka, je ne vois rien au travers de mes yeux, les mots sont de trop petites étoiles qu'avale la formidable gueule de la jument de la nuit – rêver, mourir peut-être, aux côtés de kafka, dans ce sanatorium de zuraü (((le soir penche dangereusement, se renversent terre et ciel, kafka et moi nous sommes pris dans ce renversement, nous avons chacun une longue canne de berger et nous allons dessus à califourchon bien qu'à l'envers ; difficile de parler dans autant de vertige, difficile de demander à kafka si ses poumons lui font mal, s'il crache le sang, ni même s'il accepterait que je lui impose les mains – va trop vite la jument de la nuit, c'est malaisé de tourbillonner dans les airs en ayant comme seul appui nos cannes de berger, je crie et kafka crie aussi : je veux du matin, je veux de la joie !, puis un vent de ras de terre nous fait choir brusquement, et je me trouve aux côtés de kafka, allongé sur cette chaise longue et soliloquant sans me rendre compte que je suis là seulement pour m'informer de sa santé :

« Vois-tu, que dit kafka, tout ce que je possède est dirigé contre moi, et ce qui est dirigé contre moi n'est plus en ma possession. Quand mon estomac me fait mal, en fait ce n'est plus mon estomac, mais quelque chose qui ne se distingue pas essentiellement d'un fouet, d'un bâton ou d'une barre de fer qui aurait envie de me rouer de coups. Or il en va ainsi de tous, je ne consiste qu'en pointes qui s'enfoncent en moi ; me défendre et déployer des forces dans ces conditions signifierait seulement faire entrer les pointes plus profondément. Je serais tenté de dire parfois : Dieu sait comment je puis encore éprouver des souffrances puisque, tout au besoin urgent de me les causer, je n'arrive plus à les recueillir en moi. Le fait est que je ne ressens vraiment aucune douleur, le fait est que je suis réellement l'être le plus exempt de douleur qu'on puisse imaginer » –

je ne crois pas ce que dit kafka, il a besoin que je lui impose les mains, mais dès qu'elles s'approchent de son corps, il enfourche la longue canne de berger et grimpe si haut dans le ventre de la terre que je ne peux plus le rejoindre, ma canne s'étant escamotée de mon califourchon, et c'est artaud qui en frappe désormais les pavés de paris : « Nommer la bataille, c'est tuer le néant ! » qu'il hurle, l'engoulevent échappant à toute lumière –

ME DISAIS :

sors de la nuit, rapaille tes nerfs et tes muscles qui sont tombés en même temps que ton corps de la chaise, tresse des nœuds dans tes articulations, redresse-toi, quitte cette chambre tandis que dort encore la jeune américaine, ses poings fermés, sans doute comme quand elle était une toute petite fille dans son oregon natal et que son père, tout frais sorti de l'enfer du nazisme, s'essayait juste à devenir un bon américain, sans croix gammée sur sa poitrine, sans fusils et couteaux de chasse sous son lit, sans ces photos d'hitler, bras levé pour qu'on sache que le troisième reich durerait mille ans comme l'empire de rome –

je devrais m'en aller, car ma fatigue est telle que je me sens abruti de la tête aux pieds, le temps ne s'écoule plus qu'au ralenti dans mon corps, je suis la nausée de jean-paul sartre, je suis le haut-le-cœur d'antonin artaud, je suis l'intérieur de la poitrine de kafka, les poumons me brûlent comme si le feu était passé dedans –

mais bouge le corps de la jeune américaine dans le lit, puis s'ouvrent ses yeux, ce bleu que la maladie a rendu presque gris, ces yeux qui ne sont pas tout à fait identiques, le gauche légèrement plus grand que le droit, plus rond qu'ovale et muni de cils plus nombreux : curieux que je n'aie pas remarqué plus tôt cette anomalie –

elle redresse son corps, fait réapparaître la puissante musculature de ses épaules de nageuse olympique, me regarde sans paraître étonnée de me voir à son chevet :

– Je savais qu'un ange veillait aux alentours de moi, qu'elle dit dans cet anglais que je ne suis pas certain de saisir vraiment, à cause de cette langue qui se bat contre les dents, qui désamorce les voyelles et amplifie le son des consonnes, c'est peu fait pour mes oreilles paresseuses qu'agresse n'importe quelle musique –

– Je suis loin d'être un ange, que je dis. Vous aviez juste besoin que quelqu'un veille sur vous. Ça s'est adonné que je passais par ici. Je me suis assis et j'ai attendu. Vous allez mieux maintenant. Je crois bien qu'il ne me reste plus qu'à m'en aller.

– Pas maintenant, que dit la jeune Américaine. Il faut que je m'habille avant.

– Vous devriez rester couchée, que je dis. Attendez que le médecin vienne vous voir.

– Je vais bien, que dit la jeune Américaine. Et j'ai toujours faim quand je vais bien.

se lève, va vers la commode, enlève son pyjama – je fais semblant de ne pas voir sa nudité, mais ce corps est fait d'une telle énergie que, malgré moi, je ne peux que le comparer à celui de judith, si menacé, si fragile, si vulnérable ; et je me dis en l'observant à la dérobée que c'est dans la tête que manque cette force qui rendrait harmonieuse la puissance non acceptée du corps – tandis que la jeune américaine me tourne le dos, j'en profite pour me redresser, ce qui me prend tout mon petit change tellement mes nerfs et mes muscles sont meurtris : « Assez maintenant, que disait Artaud : avec tout ce que j'ai conçu et penser pour faire cinquante mondes, maintenant je dirai devant chaque : je le pense et c'est un objet » –

la grosse borgnesse n'était pas dans le hall de l'hôtel quand nous en sommes sortis la jeune américaine et moi, et c'est sans peine que nous avons traversé la place du panthéon, bifurqué vers la rue sainte-geneviève et passé juste à côté de la bibliothèque du même nom, là où james joyce allait écrire quand ça bardassait mal à propos entre sa femme nora et lui – quand je le dis à la jeune américaine, elle avoue ne pas savoir qui est james joyce : l'anecdote n'a de l'importance que pour moi, ça ne sert à rien que je cherche à l'expliquer, je serais obligé de parler de *finnegans wake* et ça serait trop compliqué de dire pourquoi c'est un livre sacré pour moi – même si je ne comprends à peu près pas l'anglais –

au fond du petit restaurant où nous sommes entrés, nous buvons et mangeons, mais ça reste très limité comme conversation : je m'appelle patsy, je me nomme bibi, c'est bon cette bavette, ces frites et ce vin de gascogne – mais pas un mot de moi sur ma veillée au corps, pas un mot de moi sur le foetus suçant son pouce dans le ventre de patsy ; pas un mot non plus de patsy sur mon attelage et cette canne dont j'ai besoin pour rester relié à la terre : notre manque de langage commun nous protège chacun dans sa chacune, nous sommes pareils à ces objets dont parlait artaud : « Ne jamais laisser les choses en venir à l'*idée* – question du comment et du pourquoi, l'idée est un vide de chair et c'est tout » –

place de l'odéon, nous nous séparons, patsy parce qu'elle doit se remettre à la poursuite de son fiancé français, et moi pour faire un kafka de mon corps dans les bas-fonds de chez larousse : rien d'autre que de besogner sur ces articles de journaux, de revues et de magazines, trois longues heures que le temps se tue dedans, sans voir personne, sauf le vieux marabout, une fois dans la matinée, qui pousse son chariot d'imprimés jusqu'à mon pupitre – de la bureaucratie inutile, puisque demain seront morts tous ces auteurs dont on parle dans les journaux, les revues et les magazines, et quelqu'un enlèvera des classeurs les chemises qui les concernent et les fera brûler dans l'incinérateur – (((plus de mots, plus d'idées, plus de corps, plus de saison, plus d'année, plus de mois, plus de jour, plus de chaud, plus de froid, plus de sens))) –

ME DISAIS:

ce n'est toutefois pas la mer à boire ces trois heures
passées dans de vieilles odeurs d'encre (((les tombeaux
égyptiens devaient sentir autrement plus mauvais quand
champollion s'y enfermait pour décrypter les hiéroglyphes gravés dans la pierre))) – moi, je peux sortir d'ici
quand l'envie m'en prend, puisque personne ne semble
se préoccuper que j'y sois ou pas – et toutes les fois, je
retrouve patsy qui, assise sur l'une des marches du parvis
menant chez larousse, m'attend en tricotant un bonnet
de laine ou bien une casquette à l'irlandaise ; quand c'est
tout tricoté, elle me fait l'essayer : je ne sais pas pour quelle
tête elle les fabrique, mais ce n'est pas pour la mienne : il
m'en faudrait deux pour remplir le bonnet ou la casquette
qu'elle tricote – ça fait rire patsy et c'est pourquoi je l'en-
courage à ne pas cesser de tricoter, car autrement, elle
ne rirait jamais, et moi non plus, et ça fait trop de bien
de se lâcher lousse dans sa joyeuse alouette pour qu'on
s'en passe tous les deux –
· quand nous marchons dans paris, patsy accepte maintenant de me donner la main : c'est froid comme ces glaçons qui se forment sous les gouttières, puis ça se met à
fondre et la moiteur de sa paume se mêle à la mienne et
c'est du beau temps pour chacun par la suite – nous sur-
volons paris avec frénésie, nous allons profond dans son
ventre, j'en oublie le foetus qui grandit sous les nerfs et les
muscles de patsy, j'en oublie l'attelage et la canne qui me
donnent l'air de quelqu'un qui court le mardi-gras tous
les jours, j'en oublie ce fiancé français que recherche toujours patsy (((elle ne veut pas se faire à l'idée qu'à portland, son fiancé français voulait juste la séduire et que
c'est pour ça qu'il lui a donné un faux nom et une fausse

adresse ; peut-être s'est-il trompé pour l'adresse, croit patsy, qui m'a montré le bout de papier sur lequel son fiancé français a écrit ses coordonnées : c'est si mal calligraphié que les chiffres 4, 7 et 1 se ressemblent ; par le nom de son fiancé français que patsy n'admet toujours pas qu'il puisse être faux, elle croit toujours qu'elle pourra le trouver – c'est pourquoi elle a découpé dans un annuaire de paris les pages sur lesquelles sont répertoriés tous les kaufman, kauffman et kaufmann qui y habitent, et dont le prénom est jean-paul, jp ou simplement j et p – et chaque matin, munie de sa liste, patsy prend le métro ou l'autobus et va vérifier si son fiancé reste dans le treizième, le cinquième ou le douzième arrondissement : ce n'est pas une aiguille dans une botte de foin qu'elle cherche, mais la quadrature du cercle sous les pattes de la jument de la nuit))) –

ME DISAIS :

quel sens faut-il que je donne à tous ces après-midi que je passe avec patsy dans sa chambre, plutôt que d'écrire mon fameux roman sur le grand bardo scieur de longue scie et sur caïus picard : cette obsession de faire avec eux autres des totems coloriés, comme l'écrivait artaud, des boîtes, des arbres, de la terre, des fleurs, des branches, des feuilles, des paniers, des câbles, des poteaux, des clous éclairés, des instruments bizarres, des instruments de supplice éclairés ((((au lieu de quoi je m'allonge auprès de patsy dans son lit, et nous restons là pendant des heures sans bouger, sans dire un mot, sans peut-être même penser à rien, des échoueries en bordure de mer, du bois mort, des os qu'un feu de la saint-jean n'arriverait même par à consumer – ou bien nous nous assoyons l'un devant l'autre à cette petite table, le *herald tribune* entre nous deux et, tout en buvant un verre de vin, je fais semblant de traduire en français pour patsy de courts articles dont j'ignore ce que les mots veulent dire en américain – ou bien, patsy me dit que peindre a toujours été son rêve et que je lui en redonne l'envie, à ce point qu'elle a acheté un chevalet, des pots de peinture, des pinceaux, des canevas, et qu'elle veut que je pose pour elle – me demande de me déshabiller, de mettre ce chapeau et ces bottes de cow-boy, de m'asseoir sur le bout de la chaise, de croiser les bras et de fumer la pipe – cette façon qu'elle a de me regarder tandis qu'elle peint, du bout de sa langue se lichant les lèvres, ça m'excite et ça fait se dresser mon sexuel (((turgescence))) et je ne peux rien faire pour qu'il cesse de se roidir, et je ne peux rien faire pour que ça ne se mette pas à éjaculer, une longue flèche de blanc-mange jaillissant jusqu'au chevalet – puis patsy laisse son chevalet, s'approche, se met à genoux de-vant moi et, de sa main droite, elle me masse les cuisses pour que devienne comme de l'onguent le sperme qui s'y trouve – elle fait pareil avec mon sexuel puis, quand c'est fini, elle laisse choir sa tête sur mes cuisses et pleure – moi, je reste immobile, je regarde cette longue chevelure rousse, comme une étoile de mer me recouvrant les cuisses et je force fort pour ne penser à rien parce que je ne saurais pas quoi faire si n'importe quelle idée me venait sous le cabochon))) –

une fois de retour dans ma chambre, je m'installe du mieux que je peux devant la fenêtre qui donne sur la place du panthéon, j'ouvre le cahier dans lequel j'écris mon roman sur les oncles jumeaux et j'essaie d'ajouter quelques dizaines de mots à ceux qui existent déjà – pas très lumi-neux ceux qui me viennent, ça rampe, ça se traîne, ça se tire dans le pied, ça devient de petites taches disloquées, des suites de barbots informes, rien à faire avec pareil désastre, sinon le remettre là où c'était, sur ce calorifère que la chaleur ne vient jamais dedans – (((lire peut-être, toujours cet ouvrage de la maladie de kafka, cette endurance malgré le mal, mais ce fatalisme surtout, cette certitude qu'il ne guérira jamais de sa tuberculose, que son corps et l'esprit de son corps ont choisi le suicide et vont l'y amener – voudrait se tuer avant que son intégrité physique ne se défasse en un amas de petits bouts de chair putrescents, mais il en est incapable : peut-on tuer ce qui l'est déjà ?))) –

ME DISAIS :

c'est plus difficile pour moi de voyager dans paris quand il fait nuit, à cause de mes dessous de pieds qui ont perdu avec la poliomyélite quelques-uns des senseurs qui te permettent d'assurer ton équilibre ; tel que c'est maintenant, je dois deviner sur quoi je vais marcher si je ne veux pas me faire prendre par surprise, trébucher et tomber – j'évite donc les petites rues où il fait noir là-dedans comme sous un tas de charbon, je m'en vais presque tout le temps vers la seine parce que peu importe l'heure, on y voit presque toujours comme en plein jour – voilà pourquoi j'aboutis tout le temps dans la rue de la huchette où se trouve une petite librairie qui pourrait être celle de shakespeare & compagnie (((on y trouve plein de livres américains ou anglais et parfois, égaré parmi eux autres, un roman de marie-claire blais ou de réjean ducharme))) ; presque en face, il y a ce théâtre dans lequel on joue depuis cent ans au moins *les chaises* d'eugène ionesco, puis, dans leur côte-à-côte, viennent d'ouvrir trois cinémas : le premier ne présente que du western américain, le deuxième est voué au méli mélo et le troisième n'affiche que du film dit expérimental ; j'y ai vu là du godard et du resnais, mais je me souviens juste de cette séquence dans laquelle jeanne d'arc se fait crucifier sur un mur tandis que des graffiteurs écrivent autour d'elle des obscénités –

dans ce cinéma-là, on présente ce soir l'*ulysse* de james joyce ; c'est en anglais, je n'y comprendrai pas grand-chose, mais je connais assez bien l'histoire déjà pour ne pas être trop dépaysé – de toute façon, c'est la tour martello que je veux voir, et la messe sacrilège qu'on va célébrer au-dessus, face à la mer d'irlande : le reste, ça m'importe peu comment ça va se laisser voir, je n'aime pas vraiment le cinéma –

je viens pour entrer dans la salle quand on crie après moi : me retourne, étonné de voir patsy fendre l'air vers moi :

– Je suis arrivée trop tard à ta chambre, qu'elle dit. Tu n'étais plus là. Alors, je me suis souvenue que tu m'as parlé d'*Ulysse* et je me suis dit que peut-être je te verrais ici.

nous nous assoyons dans la dernière rangée, sur ma cuisse je mets ma main droite et patsy s'en empare aussitôt ; je laisse faire même si je préférerais qu'entre nous deux vienne s'asseoir son fiancé français – défilent ces images en noir et blanc, je reconnais léopold bloom et sa femme molly qui le trompe avec ce chanteur d'opéra qui a un poitrail de bœuf en guise de cage thoracique – puis je crois bien que je m'assoupis et que je cogne quelques clous à tête carrée tout en rêvant à des rognons de mouton qui ont l'étrange faculté de me caresser (((je me rends compte en ouvrant les yeux qu'une main s'est glissée derrière ma tête et que des doigts se promènent dans mes cheveux, à peine ça me touche tellement c'est discret – je tourne légèrement la tête, étonné de voir ce profil tout noir qui a pris place à mes côtés tandis que je chambranlais sur le dos de la jument de la nuit – un nègre, que je me dis, voilà maintenant qu'un nègre s'amuse avec mes poils d'humanité comme si nous avions mangé dans la même auge toute notre vie – je repousse la main et conduis celle de patsy sur le dossier de mon siège pour que le nègre comprenne qu'il y a erreur sur la personne et qu'il peut donc regarder le film sans que ses longs doigts continuent de jouer dans mes poils d'humanité))) – dix minutes peut-être avant que ne se manifeste à nouveau le nègre en mettant cette fois-ci sa main sur ma cuisse (((je m'en aperçois, mais ce qui se passe dans l'*ulysse* de joyce draine toute mon attention et celle de patsy : à l'hôpital de la miséricorde de dublin, cette pauvre fille qui s'appelle purefoy est en train d'accoucher et ça se passe mal et le risque est grand pour que l'enfant apparaisse pour rien entre les grosses cuisses de sa mère – patsy chiale et de ses mains enserre les bras de son siège, écartant les jambes, sa poitrine se gonflant à cause des contractions qui lui viennent en même temps que celles de la pauvre fille purefoy dans le film))) –

– Sortons, que je dis. Il te faut de l'air, il te faut beaucoup d'air.

le nègre se racotille sur son siège pour nous laisser passer ; il a mis de grosses lunettes noires et, tout en me dirigeant vers la sortie avec patsy, je me demande bien pourquoi étant donné que ce n'est pas la lumière qui fait excès dans la salle – ce taxi aussitôt qu'on se trouve dehors, un vrai miracle quand il t'en file généralement une dizaine entre les doigts avant que tu puisses en attraper un – nous nous assoyons sur la banquette arrière et je vais refermer la portière lorsque le nègre aux grosses lunettes noires s'amène et prend place à mon côté –

– Je vais avec vous, qu'il dit. J'étudie la médecine et c'est toujours trop loin les hôpitaux quand on souffre.

mais patsy ne veut pas qu'on l'emmène à l'hôpital :

– Hôtel du Panthéon, qu'elle dit au chauffeur.

pas moyen de lui faire changer d'idée, même quand je lui dis qu'il s'agit peut-être d'une fausse couche et que sa vie pourrait en dépendre – pas normal de suer autant, pas normal ces joues si rouges que les taches de son du visage de patsy se noient dedans, pas normal ces pleurs, pas normal ces cris, pas normal ces hauts-le-cœur, pas normal ce corps qui tressaille et tressaute, terrorisé jusqu'à la mouelle –

c'est une chance finalement que le nègre aux grosses lunettes noires nous ait accompagnés : ces trois étages à monter avant d'arriver à la chambre de patsy, je n'y serais jamais arrivé sans lui : le corps est lourd, a besoin d'être aidé pour que ça ne déboule pas brusquement dans l'escalier et se rompe le cou – moi, je ne peux pas grand-chose avec mon épaule et mon bras gauches sous attelage, et ma canne est d'un grand embarras, sauf pour mon équilibre qu'elle protège – le nègre aux grosses lunettes noires pourrait tenir tête au lutteur tarzan la bottine taylor, il a pris patsy dans ses bras, pas plus lourde qu'un fagot de branches ça semble être pour lui qui monte les marches quatre à quatre et arrive dans la chambre de patsy sans même être essoufflé – la dépose sur le lit, me dit :

– Faut appeler un médecin. C'est urgent. Le sang s'est déjà mis à couler entre les jambes.

– Va téléphoner en bas, que je dis. Moi, je reste ici-dedans.

– Je suis Nègre, qu'il dit. On n'aime pas les Nègres dans cet hôtel. On ne les aime nulle part de toute façon, pas plus en France qu'ailleurs.

je mande donc moi-même le médecin qui nous met à la porte de la chambre parce que l'heure est grave et qu'elle le serait encore davantage si on restait au chevet de patsy – le nègre et moi nous nous assoyons dans les marches et l'attente risquant d'être longue, aussi bien tuer le temps en faisant connaissance –

– Pourquoi tu me jouais dans les cheveux quand nous étions au cinéma ? que je dis. Pourquoi t'as mis aussi ta main sur ma cuisse ?

– Ça se fait toujours dans le pays d'où je viens, qu'il dit. C'est un signe amical.

– On ne se connaît même pas, que je dis. Et je ne crois pas avoir grand-chose d'amical. Comment tu t'appelles ?

– Abé Abebé, qu'il dit. Et toi-même ?

– Bibi, que je dis. Tu étudies vraiment la médecine ?

– J'ai commencé chez moi, qu'il dit. Mais la France ne reconnaît pas encore mes diplômes. J'attends qu'elle le fasse pour entrer à la Sorbonne. Toi, tu étudies aussi ?

– Non, que je dis. Moi, je suis écrivain. Je viens du Kebek.

– C'est où ce pays-là ? qu'il dit.

pas vraiment envie de lui expliquer c'est quoi un pays qui ne l'est pas vraiment, pourquoi c'est de même et pourquoi ça risque de ne jamais changer – je porte plutôt mon attention sur les grosses lunettes noires qui cachent la moitié du visage d'abé abebé et lui demande pourquoi il les a devant les yeux même quand la jument de la nuit jette par ses gros sabots ferrés de la lumière noire partout :

– Je n'aime pas les yeux que j'ai, qu'il dit.

– Montre-moi, que je dis.

il commence par refuser, puis finit enfin par les enlever ses grosses lunettes noires – ce choc que j'ai en voyant les yeux d'abé abebé : si grands qu'on pourrait se noyer dedans et aussi violets que le sont ceux de judith (((incapable de me détacher d'eux autres, comme avalé par eux : dedans, il y a la chambre des abîmes de julien gracq, il y a le grand bardo scieur de longue scie et caïus picard en train de couleurer des totems, il y a le corps de judith en louve de rome qui allaite remus et romulus, il y a le très-haut et ses anges, depuis brahma jusqu'au démiurge et son fils, tous faits de la matière de la plus extrême réprobation, capables de sentir non la douleur mais la souffrance au maximum – je suis atterré et fasciné par la coïncidence, je devrais fuir, rien de bon ne peut survenir avec de pareils yeux, car au contraire de ceux de judith, une grande violence matachiée de colère et d'hostilité veille et surveille sous la couleur))) – ce soupir de soulagement quand abé abebé remet ses grosses lunettes noires tandis que le médecin, apparaissant sur le seuil de la porte de la chambre de patsy, me fait me redresser et m'approcher de lui :

– C'était une fausse couche, qu'il dit. La France ne réussit pas à cette pauvre fille. Faudrait prévenir sa famille. Sinon, je ne vois qu'un suicide au bout du tunnel.

– Je ne sais même pas qui sont ses parents, que je dis.

– J'ai vu des carnets et des cahiers sur la table près de la fenêtre, que dit le médecin. Fouillez dedans. Vous trouverez bien un numéro de téléphone en quelque part.

je ne veux pas qu'abé abebé entre dans la chambre de patsy avec moi, je lui remets la clé de la mienne et lui demande d'aller m'y attendre :

– Prépare-moi un grand verre de whisky, que je dis. Je risque d'en avoir besoin tantôt.

– Pour quoi faire ? que dit Abé Abebé.

– Si je trouve le numéro de téléphone des parents de Patsy en Oregon, ça sera plus facile pour moi de parler anglais en étant un brin chaudaille.

– Chaudaille ? que dit Abé Abebé. C'est quoi ?

– Pas le temps de t'expliquer, que je dis.

j'entre dans la chambre de patsy – l'air d'une petite fille qui dort dans un lit trop grand pour elle, presque seulement une tête et c'est sous la longue chevelure rousse que s'est laissé emprisonner la jument de la nuit, j'entends ses gros sabots ferrés qui pigrassent dans la matière grise, floc et floc et floc que ça fait sous les parois du crâne (((le corps se pétrifie très loin et se resserre pour *m'endormir*, a écrit artaud dans la prison de rodez ; lichez-lui la glace à la sardine, à ce chaos de toute l'inhumanité))) –

carnets, cahiers, bouts de papier, j'examine tout, mais je ne trouve rien qui me rapprocherait de la famille de patsy ; je regarde derrière les canevas (((me vois peint assis sur cette chaise, juste ce chapeau et ces bottes de cow-boy, mon sexuel dressé aussi haut que l'obélisque des champs de l'élysée, naïf c'est comme du arthur villeneuve, ce peintre du kebek qui a fait des paysages bucoliques de son réfrigérateur, de ses commodes, de ses armoires, des murs et des plafonds de sa maison : même les poignées et les clenches de portes sont devenues des vaches qui regardent passer les trains))) – ai viré à l'envers la garde-robe, mis les doigts dans toutes les anfractuosités, regardé même l'intérieur des souliers et des bottes – rien, pas l'ombre de la queue d'une adresse ou d'un numéro de téléphone en oregon – ça doit exister en quelque part pourtant, peut-être dans cette petite malle sous la table devant la fenêtre : je l'ouvre, c'est plein à ras bord de poupées de porcelaine, toutes cassées, têtes fracassées, bras et jambes démantelés (((les langues entre quatre gencives, ces viandes entre deux genoux, ce morceau de trou pour les fous))) – mais sous le couvercle de la malle, je trouve ce que je cherchais en vain jusqu'alors : l'adresse et le numéro de téléphone des parents de patsy en oregon –

je descends aussitôt à ma chambre, j'avale le grand verre de whisky, mais abé abebé a fendu l'air avec mon linge d'hiver, mes disques de félix leclerc et de gilles vigneault, le vison de félicité légère et les trois cents francs que j'avais cachés entre les pages de mon kafka : un voleur, j'aurais dû le savoir juste à voir les yeux violets d'abé abebé – mais je n'ai pas le temps de m'y attarder, je dois descendre dans le hall de l'hôtel et téléphoner en oregon – je ne comprends rien à ce qu'on me dit d'aussi loin, cet accent que les mots s'embourbent dedans, et moi incapable malgré le whisky bu de me faire entendre –

– Un télégramme, que dit la borgnesse. C'est la seule solution.

je finis par l'envoyer enfin et reçois presque aussitôt une réponse : nous arrivons par le prochain avion, que ça dit en anglais d'amérique –

je remonte à ma chambre, m'allonge sur le premier des deux lits, je voudrais dormir, mais l'esprit qu'il me reste dans le corps se promène de judith à patsy et de patsy à félicité légère : les femmes sont-elles toutes comme ces trois-là que je connais, au moins un bardeau leur manquant sur la toiture, ou bien est-ce ce que je suis, que je ne sais pas encore de quoi c'est fait, qui attire celles-là que leur corps les a abandonnées, trop fou, trop délirant, trop coupable, trop mutilé, trop blessé et trop malade pour être encore serviable : elles sont déjà mortes en face de moi, que disait artaud, ce sont des corps morts désormais désintégrés dans le fond de l'air – ils veulent quand même qu'on les écoute, ils veulent désespérément qu'on les écoute, même si les mots qui sortent d'eux sont juste de tout petits flocons de neige trop vite fondus (((cette boîte avec un serpent vrai et une tresse de barbelés aiguisés, pensait aussi artaud))) –

ME DISAIS :

sors de cette chambre ! – même si tu dors, tu veilles auprès du corps inerte de patsy, auprès du corps fantômal de judith, auprès du corps désâmé de félicité légère, tu veilles, et toute veille qui se prolonge devient une culpabilité, un remords, un renoncement, un adieu à soi-même – ne te déjette pas de ton égoïsme, il n'y a que ça qui t'appartienne en propre, il n'y a que ça qui fait que tout ce qui existe, les branches et ce qu'on trouve entre les branches, t'appartienne en propre, cette étendue, cette profondeur, cette durée – toi, toi-même, uniquement toi, totalement toi-même –

je suis passé plusieurs fois devant les éditions larousse sans y entrer – me suis contenté de laisser un mot au concierge qui balayait le parvis : en ai assez des coupures de presse, de l'odeur du papier en train de pourrir, de cet interminable corridor plein de classeurs, de tout ce temps perdu ((((je pars vers l'irlande, que j'ai écrit dérisoirement aux directeurs de larousse, je vais y chercher la canne celte qu'antonin artaud a perdue par là-bas, je reviendrai pour les funérailles et c'est sans discussion possible))) –

trois jours et trois nuits à errer ainsi dans paris sous forme de lanterne chinoise, une ombre parmi des millions d'autres, arabesques éphémères sur les murs et les eaux souillées de la seine, quelque chose qui me réconforte malgré tout là-dedans, l'endurance de mon corps malgré les nerfs et les muscles qui lui manquent, vraiment pas tuables les beauchemin que disait mon grand-père en faisant le poirier fourchu dans le sable de la grève de fatima et il avait soixante-dix-huit ans et il m'emmenait souvent veiller au corps dans des maisons où c'était plein de grands crêpes noirs –

ME DISAIS :

remonte maintenant le long de la seine jusqu'au boulevard saint-michel ; quand tu verras les lions, ne te restera plus que la côte sainte-geneviève à traverser, puis tu auras le panthéon dans l'œil, avec le soleil qui apparaît derrière, un petit feu d'artifice couleurant le fond de l'air, un petit feu d'artifice coloriant ton intérieur de tête : paris est une initiation, pas une fête ; paris est un sartori, pas un hymne naïf pour célébrer les yeux d'elsa ; paris est mon corps qui s'écrit par en-dedans, paris est le chef d'œuvre de mon égoïsme, sa réhabilitation, sa toute-puissance, son très-haut –
je devrais être surpris de voir ce que je vois au beau milieu de la place du panthéon, mais ce n'est pas le cas : patsy s'en vient vers moi, escortée par deux joueurs de basketball qui doivent bien faire sept pieds de haut tellement ça dépasse tout d'au moins deux têtes ; les grosses valises qu'ils tiennent ont l'air de boîtes à lunch au bout de leurs longs bras (((pas grand-chose d'amical là-dedans, des têtes de mort que le rire ne doit pas secouer souvent, des cheveux rouges coupés en brosse, de gros yeux exorbités de poisson-scie))) –

– L'Oregon, que dit Patsy. Avec mes frères comme avant. Ouais, l'Oregon.

– C'est ton fiancé français ? que dit l'un des frères.

– Non, que je dis.

– C'est mieux, que dit l'autre frère.

me mets de côté pour les laisser passer, et reste là sans bouger, je ne tourne même pas la tête pour regarder patsy et ses deux frères disparaître sur le boulevard saint-michel, je ne veux pas prendre de chance avec mon égoïsme, ça pourrait m'emmener jusqu'à l'aéroport et on ne sait jamais ce qui peut arriver quand il y a autant d'avions qui décollent vers l'oregon et peut-être aussi vers le grand morial (((peut-être judith m'attend-elle dans le souterrain de la maison de la rue drapeau, toute nue, à genoux sous la table, de sa langue se lichant les lèvres, impatiente que je prenne place pour qu'en faisant jaillir les mots, se dresse mon sexuel))) –

je suis heureux de traverser le hall de l'hôtel sans voir la borgnesse derrière le comptoir et je voudrais pouvoir monter les marches quatre à quatre pour arriver à ma chambre avant qu'elle ne se mette à mes trousses, mais la fatigue me frappe comme un coup de poing sous le menton, trois marches et je dois prendre de longs respirs, trois marches encore et je dois m'agripper à la rampe si je ne veux pas débouler l'escalier jusqu'en bas ((((attendre, attendre que ma maison veuille bien repasser par ici, disait malcolm lowry quand il était trop saoul pour se rendre jusque chez lui))) –

ME DISAIS :

la porte enfin refermée derrière moi, je m'appuie dessus, c'est sombre dans la chambre et, avec cette buée dans
mes lunettes, je ne vois pas grand-chose et je ne cherche
pas vraiment à voir non plus – mais cette musique que
j'entends, ce blues, ce jazz américain, d'où ça provient-il ?
– je vais jusqu'à la fenêtre, je pousse le rideau sur sa tringle
et si je m'appelais paul, le chemin de damas viendrait vers
moi et je tomberais de mon cheval et l'épiphanie m'avale-
rait tout rond : sur le premier lit est allongé abé abebé, et
c'est lui qui fait jouer cette musique que j'entends, ce blues,
ce jazz américain, que diffuse une petite radio qu'il tient
dans ses bras comme si c'était vivant et que ça avait besoin
d'être protégé (((sur l'autre lit, mon linge, visiblement
frais lavé et repassé, mes disques nettoyés de félix leclerc
et de gilles vigneault, et ce colis emballé dans du papier-
cadeau))) – mon corps ne sait pas quoi faire, sinon rester
planté là comme un piquet devant la fenêtre, trop surréel
ce que je vois et entends, ça l'est davantage encore que
d'avoir vu et entendu patsy sur la place du panthéon, ses
deux frères déguisés en joueurs de basketball pour mieux
la ramener en oregon –
     – Tu fais quoi ici-dedans ? que je dis sans bouger d'où
je suis. Mon linge, mes disques, mon argent, qui t'a donné
la permission de me les prendre ?
     – Rassure-toi, que dit Abé Abebé. Je ne suis pas un
voleur. Ton linge, fallait qu'il soit nettoyé. Tes disques,
tu ne pouvais pas les écouter. Ton argent, tu aurais pu te
le faire chaparder si je n'en avais pas pris soin. Tout est
là, t'as qu'à regarder comme il faut.
     – Et ce colis, c'est quoi encore ? que je dis.
     – T'as qu'à l'ouvrir.

– Je ne veux pas de cadeau de toi, que je dis. Je n'en accepte jamais de personne.

– Je suis ton ami, que dit Abé Abebé.

– Des amis, je n'en ai pas, que je dis. Je n'en ai pas et je n'en veux pas non plus.

– J'étais comme ça aussi, que dit Abé Abebé.

– T'as qu'à rester comme tu étais, que je dis. Moi, je ne te connais pas et je n'ai aucune envie de te connaître.

– Woué, que dit Abé Abebé. Woué, woué.

il déballe le colis, faisant apparaître un tourne-disque :

– Il t'en fallait un avec une prise adaptée, que dit Abé Abebé. Sinon, tu ne peux pas l'écouter, ta musique.

– Je ne veux pas l'entendre ma musique, que je dis. Je veux juste qu'elle soit là, dans les pochettes. C'est suffisant pour moi.

il a mis le tourne-disque sur la pile de linge, a ramené ses jambes vers lui, les a entourées de ses bras, puis a posé le menton dessus :

– Je n'ai plus d'endroit où rester, que dit Abé Abebé. Personne ne veut me louer une chambre parce que je suis un Nègre, un sale Nègre. Sais-tu au moins c'est quoi un sale Nègre ?

– Non, que je dis. Pourquoi tu voudrais que je le sache ? Je suis Kebekois et j'ignore ce que ça veut dire que d'en être un. Pour le sale Nègre que tu prétends être, on repassera. Je ne suis pas intéressé.

– Je reste quand même, que dit Abé Abebé. Même si tu refuses, je reste quand même.

se laisse tomber dans le lit, la petite radio toujours entre ses jambes – sa tête frappant le mur, les lunettes noires qu'il porte glissent de son nez, puis vers sa poitrine – je ne vois plus que ces grands yeux violets, et ce sont ceux-là même de judith qui se vrillent dans les miens, et ce sont ceux-là même de judith, pleins des mots violets d'artaud qui se forment sur la rétine : « Je ferai le dernier mouvement cruel envers et contre moi, contre ce moi qui n'est pas moi, et je le vois, et je vois le mal – il y a en moi un quelqu'un d'absolument lié à moi et qui veut le mal pour mon corps et pour moi, ce moi c'est lui qui partira et se tordra : je le tordrai de ma main proche » –

impossible pour moi que j'affronte abé abebé en l'instant même qu'antonin artaud se mire dans des yeux pareils, ça serait pire que si j'étais un coq mis en transes par le vaudou nègre, je passerais à la guillotine, cou coupé court partout à la recherche du corps perdu à jamais – vite ! – me détacher de ce regard, prendre place à la table, ouvrir le cahier dans lequel j'écris l'histoire des oncles jumeaux, me réfugier là où l'esprit grotesque de ma tribu fera rempart devant les yeux violets d'abé abebé, ceux-là même que judith a emportés avec elle aux états-unis –

– Je vais écrire toute la nuit, que je dis. Puis me coucherai. Vaudrait mieux pour ton corps et pour le mien que tu sois parti ailleurs quand je serai vanné et prêt à m'endormir.

– Woué, que dit Abé Abebé. Woué, woué.

je suis habitué à me concentrer sur un tout petit point du cosmos, à ne voir que ses particules élémentaires, à les laisser me pénétrer si totalement qu'aucune réalité n'est assez puissante pour y faire brèche et y entrer – je suis un atome qui a la dureté du fer, dont la longue oreille de gauche est sourde, dont la courte oreille de droite entend à peine le murmure que ça fait quand ça se déplace à la vitesse de la lumière aux confins de l'espace, du temps, de l'étendue, de la profondeur, de la durée : ainsi, tout peut s'écrire, l'encre de mon stylo feutre crache la haine par grands jets bleus, crache l'exorcisme par longues escarboucles violettes : tout y passe, mon mal d'être ce kebekois qui ignore de quelle nature il est fait, mon mal de me voir loin des assemblées de pierre bourgault, de sa féroce langue libérante, mon mal d'être trop égoïste pour devenir effelkois, et mettre des bombes dans toutes les boîtes aux lettres du grand morial, devant toutes les maisons et les châteaux de westmount, mon mal de ne verser le sang de l'ennemi que par mon écriture, au risque de m'y noyer, et de m'y noyer tout fin seul pour toujours et à jamais – kebek, que j'écris, toute une page avec rien d'autre que ce mot, tout un chapitre avec rien d'autre que ce mot : kebek, kebek, esti de kebek ! –

puis, mon attelage enlevé, vais me jetter sur mon lit, si épuisé que je remarque à peine qu'abé abebé a fait ce que je lui demandais : il a quitté ma chambre et doit désormais courir dans paris, à la poursuite d'un corps plus facile à vaudoumiser que le mien ; et s'endort l'atome de fer que je suis, à dieu-vat que disent les particules élémentaires, ma bouche ouverte comme porte de grange pour que ça s'entende jusqu'au faubourg à m'lasse du grand morial –

ME DISAIS :

tout est sommeil en moi, et pourtant je vois des odeurs de croissants chauds, de brioches au chocolat, de flans bretons, de café infusé fort : de quel trou noir de la nuit fuient toutes ces odeurs, de quel ver du cosmos descendent-ils jusque vers moi ? – j'ouvre les yeux et tourne légèrement la tête : assis à l'indienne dans l'autre lit, son corps incliné, abé abebé aspire à fond les odeurs de la nourriture étalée devant lui sur un carton –

– Je vais faire changer la serrure de la porte, que je dis. Tu ne pourras plus entrer ici-dedans.

– Woué, que dit Abé Abebé. Woué, woué. En attendant, viens donc manger avec moi.

– Seulement si tu gardes tes lunettes noires, que je dis.

– Woué, que dit Abé Abebé. Woué, woué.

je change de lit, m'installe à l'indienne malgré ma jambe gauche qui me résiste, devant ce carton plein de nourriture et ces deux grands verres de café et ces deux petits verres de lait, face à abé abebé qui fredonne entre ses dents trop blanches, en une langue sûrement nègre, ce que je prends pour une incantation –

– Ces vivres qui sont là, j'imagine que ça a été volé comme ce fut le cas hier pour la radio ? que je dis.

– Je vole rien, que dit Abé Abebé. Je travaille chez un boulanger quelques heures toutes les nuits. J'ai mon argent de poche et j'ai de la nourriture aussi.

– Et l'université ? que je dis. C'est pas avec des croissants que tu peux payer ce que ça coûte.

– Woué, dit Abé Abebé. Woué, woué.

je viens pour prendre le verre de café, mais la main d'abé abebé intercepte la mienne :

– Le lait d'abord, qu'il dit.

– Je ne bois pas de lait, que je dis.

– Même si c'est juste un tout petit peu, faut que tu boives quand même, que dit Abé Abebé.

– Pour quoi faire ? que je dis.

– Parce que là d'où je viens, on ne peut pas commencer sa journée sans rendre hommage au dieu du lait, que dit Abé Abebé. Je t'explique.

– Pas la peine, que je dis. Les dieux, je ne veux rien savoir d'eux autres.

– Woué, que dit Abé Abebé. Woué, woué. Je te raconte quand même.

il m'offre un petit verre de lait et prend l'autre, le fait tourner lentement entre ses doigts, flaire par trois fois l'odeur qui en émane :

– Mon pays, c'était autrefois presque toute l'Afrique, du nord le plus lointain jusqu'à l'équateur au moins, que dit Abé Abebé. On y faisait paître des vaches, parce que ce sont les vaches qui ont créé tout ce qui est humain sur la terre, dans les mers et dans les airs aussi. Dans mon pays, on dit : « La vache est magique, plus magique que les esprits ! Elle apparaît, le désert refleurit. Elle mugit, le reg s'adoucit. Elle s'ébroue, la caverne s'illumine. Elle nourrit, elle protège, elle guide. Elle trace le chemin. Elle ouvre les portes du destin. »

– Meuh ! que je dis. Meuh, meuh !

je bois tout de même le verre de lait puis, parce que j'ai faim, je dévore un premier croissant – abé abebé a mis la petite radio à côté de lui, a tourné le bouton du récepteur et cherché la musique lui convenant ; depuis, il se dandine à son rythme dans le lit tout en mangeant une chocolatine – je fais semblant de ne pas le voir, je ne veux pas avoir affaire à ses yeux violets, je me donne l'allure d'un bouddha méditant sur sa graisse, tête baissée, yeux fermés (((on a frappé à la porte de la chambre, mais ni abé abebé ni moi n'avons entendu, et arnold cauchon est entré, flamboyant dans son costume de hussard, grimé comme le vieux fif qu'il est ; malgré son étonnement, il n'a rien laissé paraître ; s'est contenté de me dire qu'il repartait pour le grand morial, que l'offre qu'il m'a faite de devenir son associé tenait toujours et que, pour que j'en sois certain, il me faisait cadeau de la première édition des œuvres de kafka ; m'a aussi appris que félicité légère est désormais

502

enfermée en quelque part dans une maison de santé en banlieue d'ottawa et qu'elle ne sortirait sans doute plus jamais de là – me suis laissé embrasser sur les joues, puis s'en est allé arnold cauchon, flamboyant dans son costume de hussard, grimé comme le vieux fif qu'il est))) –

– Va-t-en à l'université, que je dis à Abé Abebé. Moi, je travaille maintenant. Je ne veux plus te voir de toute la journée, et la nuit prochaine non plus pour rien te cacher.

– Woué, que dit Abé Abebé. Woué, woué.

ferme la radio, se lève, enfile le vison de félicité légère, met la radio sous son bras:

– Pas utile que tu fasses changer la serrure de porte, qu'il dit. Pas utile non plus que tu fasses poser un loquet. J'entre partout quand je le veux. Woué.

s'en va enfin, mais même quand j'entends grincer les pentures de la porte qui se referme, je reste là où je suis, je garde l'allure du bouddha méditant sur le lard qu'il a en trop, tête baissée, yeux fermés : « C'est moi qui ai *obligé* le mal à se montrer pour m'en débarrasser au fond et tout à fait sans désemparer », a écrit artaud, ajoutant : « Je l'ai fait en le frappant sans arrêt dans ses moindres mauvaises intentions insinuées et qui me menaçaient, et plus loin, et qui ne cesse de me mettre dans la position *la plus difficile en face de tout* » –

ME DISAIS :

rien, j'ai rien à me dire et rien à penser non plus, sinon au roman que j'écris des confins du grand morial pour en finir avec ma famille, l'ancienne de la rue monselet que j'ai désertée, la nouvelle de la rue drapeau, avec ses dieux hilares, le grand bardo scieur de longue scie et caïus picard aux doigts coupés, le gros pharmacien bagué, armé et pégreux, la mère de judith, hollywoodienne, telle dorothy lamour, le frère de judith, et judith elle-même dont le pouvoir d'invention s'égale à celui de julien gracq: s'est déguisée en nègre d'afrique pour que je ne cesse jamais de savoir qu'elle est là, au plus profond de mes nerfs et de mes muscles, même et surtout quand elle se trouve ailleurs, dans le perdu, dans l'éperdu, pour quel dessein inavoué, pour quel destin inavouable, peut-être simplement par cruauté – me faire payer ainsi mon égoïsme et la solitude qui le nourrit –

me retrouver à ma table de travail, relire quelques paragraphes de mon roman et rester là-dessus, incapable de discerner vraiment ce qui relie les mots entre eux, impuissant à voir quels changements y apporter pour que la vie, la vraie, celle qui sourd des profondeurs, émerge de l'océan et embrase même le ciel (((rien d'autre que de grands yeux violets partout, devant moi sur la table, au-dessus, en dessous de moi, comme des bouches, comme des ventouses, qui m'interdisent tout mouvement, qui font de mon corps un cran de tuf, des milliers de petites strates en train de s'effriter))) – réagir, n'importe comment, mais réagir! –

je trouve rien d'autre que kafka, non pour sortir du trou au fond duquel je me terre, mais pour que je devienne ce trou-là même, si creux c'est dans le ventre de la terre que même les grands yeux violets de judith déguisée en nègre d'afrique manquent trop de lumière pour m'atteindre: seule la couleur noire de kafka fait correspondance avec la mienne: il va d'un sanatorium à l'autre, et c'est d'une lenteur infinie, comme une tortue qui serait forcée de transporter une maison trop lourde pour elle (((je me sentais comme ça aussi quand, à l'hôpital pasteur, je passais mes jours et mes nuits allongé sur un panneau de bois ou que, des coussins aux coudes et aux genoux, je me traînais à quatre pattes le long du corridor : je voulais penser à rien, il fallait que je pense à rien si je souhaitais seulement survivre – et comme kafka, je regardais la souffrance des autres et ça me libérait un peu de la mienne))) :

« La différence entre nous subsiste, écrit-il à son ami. Vois-tu, Max, c'est quand même tout à fait autre chose, tu as une forteresse immense, une place est prise par le malheur, mais toi, tu es tout au fond où là où tu as envie d'être, et tu travailles, tu travailles, troublé, inquiet, mais tu travailles ; or moi, je me consume moi-même, subitement je n'ai plus rien, quelques poutres, elles s'effondraient si je ne les soutenais avec ma tête, et maintenant toute cette misère me consume. Me suis-je plaint ? » –

comprend-il, max brod, ce que lui dit kafka, saisit-il au moins que *la forteresse immense* dont il lui parle est la bonne santé dont il jouit ? – non, max brod ne peut pas comprendre : quand on jouit d'une bonne santé, les problèmes sont ailleurs : on écrit, c'est pour devenir bourgeois ; on écrit, c'est pour se fatiguer de sa femme et déprimer parce qu'on la trompe et que divorcer est une action si extrême que le risque est grand pour que tout s'écroule autour de soi et en soi-même parce que ce soi-même-là n'est qu'une chose extérieure, c'est-à dire un talent, mais rien d'autre que ce talent-là –

kafka voudrait que max brod s'en rende compte et il lui donne donc des exemples de ce qu'il voit au sanatorium de matliary (((c'est lui-même qu'il voit, mais il fait semblant qu'il s'agit de quelqu'un d'autre))) :

« Hier, voilà ce qui s'est passé : il n'y a ici qu'une personne alitée, un Tchèque, qui loge sous mon balcon, il a les poumons atteints et une laryngite tuberculeuse. Il m'a fait prier par une femme de chambre de venir le voir, c'est un homme aimable et tranquille d'environ cinquante ans, père de deux grands garçons. J'y suis allé avant le dîner pour m'en débarrasser rapidement, et il m'a demandé de revenir passer un petit moment avec lui après le dîner. Ensuite, il m'a parlé de sa maladie, il m'a montré le petit miroir que, lorsqu'il y a du soleil, il doit manipuler dans le fond de sa gorge pour irradier ses ulcérations; puis le grand miroir avec lequel il se regarde lui-même le fond de la gorge pour pouvoir placer correctement le petit. J'écoutais, je posais une question ça et là, j'ai dû prendre dans ma main le miroir et le dessin, "plus près de l'œil" a-t-il dit en voyant que je tenais le miroir très loin de moi, et finalement je me suis demandé : " Qu'est-ce qui se passerait si tu te trouvais mal maintenant ? ", puis j'ai vu la syncope fondre sur moi comme une vague » –

d'une telle description, max brod devrait tirer les conclusions qui s'imposent: ce dont lui parle kafka, c'est de l'avenir prochain qui l'attend, se brûler la gorge à l'aide d'un petit miroir enfoncé creux dedans; mais max brod fait comme s'il n'entendait pas, il dit à kafka que ce ne sont là que des pensées noires et qu'il doit tout simplement se mettre à l'écriture d'un ouvrage plus ambitieux que tous les autres déjà écrits, car sa maladie est celle de l'esprit complaisant et non du corps dont il exagère le malheur – insulté, mais trop fin pour le laisser savoir à son ami, kafka lui répond par une autre et terrible description :

« Quelle horreur d'avoir pour vis-à-vis un malade du larynx qui, assis devant toi en toute gentillesse et innocence, te regarde avec les yeux du malade pulmonaire, tandis qu'à travers ses doigts écartés il te crache au visage des particules de pus de ses ulcérations tuberculeuses » –

max brod faisant toujours le sourd, kafka lui écrit encore :

« Quand je tâche de me mettre à ta place, je constate que, si j'étais bien portant, la tuberculose d'un autre me gênerait beaucoup, non seulement à cause du risque de contagion qui existe quoi qu'on dise, mais surtout parce que cet état perpétuellement maladif est sale, sale cette contradiction entre l'aspect du visage et les poumons, sale de bout en bout. Je ne peux pas voir les autres cracher sans dégoût, et moi-même pourtant je n'ai pas de crachoir, comme je le devrais » –

déçu par son ami trop empêtré dans ses problèmes de femmes et par la peur que ça finisse par nuire à sa carrière d'homme de lettres, kafka se laisse emporter par une solitude si profonde qu'elle abolit le temps, toute idée d'écriture et même son corps trop lourdement atteint pour en être encore un :

« Bien des jours ont passé depuis ce qui précède, je suis hors d'état de les compter, et ce qui s'est passé dans l'intervalle, je suis incapable de le dire. Rien du tout probablement ; par exemple, je ne me souviens pas avoir lu un seul vrai livre pendant tout ce temps ; en revanche, j'ai dû rester souvent allongé dans un état complètement crépusculaire analogue à celui que je constatais avec stupeur chez mes grands-parents quand j'étais petit. Les jours ont passé ainsi sans que je m'en aperçoive : très vite, je n'avais pas le temps d'écrire, j'ai dû me forcer à envoyer une carte à mes parents, et vous écrire, il me semblait que c'eût été comme si je m'efforçais de vous tendre la main par-dessus l'allemagne entière, ce qui est impossible aussi » –

ME DISAIS:

ai bien fait de lire quelques-unes de ces pages de
kafka: toute cette énergie vitale qui lui manque parce que,
chaque jour, la tuberculose, inexorablement, se creuse dans
le corps, moi je la possède: si la poliomyélite a fait de moi
un infirme, elle s'est heurtée à *l'immense forteresse* de mes
gènes supérieurement résistants, de sorte que je n'ai pas à
supporter de ma tête les poutres qui lui tombent dessus
– ça me rend presque inoffensif maintenant les yeux violets de judith métamorphosée en nègre africain – je n'ai rien
à craindre, c'est moi seul qui vois alors que les yeux nègres
sont aveugles, impuissants à défaire le cercle d'égoïsme et
de solitude au centre duquel je me tiens et me détiens –
suffit que je ne l'oublie pas et que je sache rester au centre
du cercle: ce qui peut et pourra se passer à l'extérieur, ça
ne comptera jamais pour rien dans ma vie –

je mange donc avec appétit les restes du repas qu'abé
abebé a apporté ce matin, je bois même le café frette et
âcre, puis je me couche dans le deuxième lit – c'est chaud
sous les couvertures, ça emmitoufle en quelque sorte ma
fatigue; je n'aurai rien à craindre de la jument de la nuit
quand elle se glissera sous moi pour me forcer à chevaucher
sur son dos, de mes mains me retenant à sa crinière de
lumière noire: la jument de la nuit, elle aura beau vouloir
me faire revivre le cauchemar de la poliomyélite, la fuite
de judith aux états-unis, l'émasculation du grand bardo
scieur de longue scie et de caïus picard, la mère de judith
presque incestueuse quand son superbe corps s'est collé
au mien, le gros pharmacien brandissant à bout de bras
son beretta et arnold cauchon travesti en fif fatal, toutes
ces singeries et grimaceries couleront sur mon corps sans y
pénétrer jamais: ma lecture de kafka m'a vacciné, elle seule

convenait au sang de cochon qui circule dans mes veines, elle seule m'a redonné toute ma tête, de cochon aussi –

que s'éteignent enfin toutes les lumières, qu'il fasse nuit noire sur paris, et partout ailleurs, de la terre à la lune, du grand morial à madagascar, que tout s'immobilise, plus un seul mouvement nulle part, statufiés comme les lions de saint-michel les peuples, les nations et les patries, plus de guerre au vietnam, plus de territoires palestiniens occupés par israël, plus d'assassinats américains en amérique du sud, plus de famine en haïti, en éthiopie, en ouganda, plus d'infiltrations du mouvement effelquois par les agents troubles de la gendarmerie royale du canada, plus de crimes, de perversions, de malversations : que cet univers calmement assis sur la corde à linge de la nuit, jouissant des beautés du silence, jouissant des plaisirs de la solitude – librement s'y livrer, comme une danse que les corps n'ont pas besoin de bouger pour que se fasse le plein de joie ! –

ce petit courant d'air qui survient, s'effleurant sur mes bras et dans mon cou, juste un semblant de souffle qui finit en tourbillon léger à la racine des cheveux – semblable à une main aux doigts si longs et si fins que c'est pareil à de minuscules risettes au bord des tempes, qui chatouillent, frison laineux, frison laiteux – m'étire de tout mon corps pour en profiter davantage, enfouis ma tête dans le gros oreiller – et cette main qui s'imagine toute seule dans la nuit noire et immobile, voilà qu'elle glissagile entre mes omoplates, au creux de mes reins, sur mes fesses, tapoteuse main qui fait tam-tam, puis tam-tam-tam, puis tam-tam encore – se retire la main, se retirent les doigts si longs et si fins (((peut-être ma mère a-t-elle été chassée du royaume des morts parce qu'il y est impossible d'expier le péché d'origine, peut-être les dieux de morial-mort, le grand bardo scieur de longue scie et caïus picard l'ont-ils forcée à venir s'étendre tout contre moi pour défaire le mal de mon commencement, quand, à peine sorti de son ventre, je braillais pour que ma mère me prenne dans ses bras et me touche, simplement du bout de sa main, simplement du bout de ses doigts si longs et si fins))) –

mais ce bras qui m'enserre la poitrine est pourvu de trop de nerfs et de trop de muscles pour que ça appartienne au monde de ma mère – j'ai sans doute été trompé par cette grande noirceur sur paris, et partout ailleurs, une ruse encore de la jument de la nuit qui a profité que mon corps, immobile bien que dansant, fasse le plein de joie de sa solitude pour m'emprisonner de sa patte gauche de devant – l'ôter de sur moi si je ne veux pas que ça m'étouffe comme la tuberculose étouffait kafka ! –

– Non, reste tranquille, que dit Abé Abebé. Il faisait froid quand je suis entré. Tu frissonnais malgré les couvertures. J'ai mis mon lit contre le tien, j'ai ajouté mes couvertures aux tiennes et je me suis glissé dessous. Ton épaule et ton bras gauches, c'était comme gelé. La polio, un de mes frères l'a eue aussi. Je sais que ça a juste besoin d'un peu de chaleur pour que ça ne se mette pas à brailler. Woué. Reste tranquille. Woué, woué.

me tourne de bord pour me dégager de l'emprise d'abé abebé :

– Je dors mal quand on fait pression sur mon corps, que je dis. J'étais dans le coma à l'hôpital et tout ce que je me rappelle de ces jours et de ces nuits-là, c'est qu'on m'a mis sous une machine munie d'une épaisse plaque de métal qui descendait vers ma poitrine et que le technicien a fait s'arrêter trop tard : j'ai été écrasé par elle. Depuis, je ne supporte pas qu'on me comprime les poumons.

– Être juste collés, ça me convient, que dit Abé Abebé.

ce corps d'abé abebé, on dirait un serpent de mer tellement il prend la forme du mien, remplissant petits creux et petites pointes, comme si ses nerfs et ses muscles se bouturaient aux miens, s'y entaient – on dirait aussi que ça n'a pas de sexuel, je sens rien entre mes cuisses, pas la moindre excroissance, que ces quelques poils d'humanité qui chatouillent les miens –

– Écoute, que dit Abé Abebé.

c'est à peine si j'entends sa voix, car ainsi suis-je fait : quand je suis allongé dans un lit, mon corps est incapable de lutter contre le sommeil, dix secondes et ça s'endort (((encore une conséquence de la poliomyélite : je détestais tellement être couché sur ce panneau de bois à l'hôpital pasteur, avec des sacs de sable emprisonnant mes jambes, que j'ai appris à m'endormir vite pour que l'humiliation ne me saute pas dessus, n'entre pas par mes pores de peau et ne devienne virus mangeur de nerfs et de muscles))) –

philippe soupault avait raison : parfois, il fait nuit, il fait nuit si noire sur paris que le corps s'en trouve tout plein, qu'aucune idée, même celles qui se métamorphosent en rêves ou en cauchemars, ne peut traverser autant d'obscurité : ça dort simplement, sans bouger, sans même ronfler – juste de lents respirs pour que le cœur continue de battre sans que s'éteignent les petites bougies rouges qui circulent au travers des veines –

puis ce réveil, aussi brutal qu'est venu le sommeil – je me redresse aussitôt, prêt à sauter hors du lit (((cette autre séquelle de la poliomyélite : dormir sur un panneau de bois, c'est comme dormir sur les planches d'une tombe, on risquerait de s'y voir enterré si on ne se sauvait pas avant))) – mais la présence d'abé abebé dans la chambre m'empêche de sortir du lit : flambant nu devant l'évier, il fait ses ablutions matinales, la petite radio sur la planchette où l'on entrepose gants de crin, débarbouillettes et serviettes ; ça diffuse de la musique, du blues ou du jazz américain, et abé abebé se dandine, sur un seul pied quand il lave l'autre avec le gant de crin – un corps de coureur de marathon, de longues jambes et presque rien au-dessus, juste ce qu'il faut pour que l'endurance soit de longue portée – je voudrais dire à abé abebé : dès ta toilette terminée, tu t'en vas et c'est pour toujours que tu le fais, mais alors que ces mots-là me viennent, abé abebé se tourne vers moi et ses grands yeux violets sont si rieurs que je ravale mes paroles, de petites épines qui percutent le fond de ma gorge et s'y accrochent –

– Tu dormais comme une bûche de santal, que dit Abé Abebé en enfilant son pantalon, ce qu'il fait vite, de sorte que son sexuel reste pris dans l'ouverture de la fermeture éclair – malgré moi je ris.

– Ton sexuel, on dirait celui d'un âne, que je dis. Mon grand-père en mettait un au pacage avec ses moutons pour que les coyotes ne les mangent pas. Ça avait la même couleur et la même forme.

abé abebé s'avance vers moi, la fermeture éclair de son pantalon toujours ouverte, son sexuel toujours en train de fendre l'air :

– Tu peux toucher, que dit Abé Abebé.

– Pas intéressé, que je dis.

– Le sexuel des ânes, tu ne le touchais pas non plus ? qu'il dit.

– Chez mon grand-père, penses-tu ! que je dis.

– Il n'est pas ici, ton grand-père, qu'il dit. Prends si tu veux.

– Monte ta fermeture éclair, que je dis. Faut manger maintenant. Tu ne peux pas arriver tout le temps en retard à l'université.

– J'y vais juste pour le cas qu'on mettrait le feu dedans, qu'il dit.

– Arrête de niaiser, que je dis. Mets-le donc, ton esti de linge !

se penche enfin pour prendre son pantalon qui est par terre, et j'en profite pour sortir enfin du lit et enfiler le mien ; abé abebé a tourné la tête et voit mon sexuel dressé comme il l'est chaque fois que je me désendors :

– Moi, est-ce que je peux toucher ? qu'il dit.

– Pourquoi ? que je dis. Me semble qu'en Afrique, c'est plein d'ânes partout.

– Woué, qu'il dit. Woué, woué.

il s'assoit dans le lit, la petite radio entre les jambes, bougonne parce que ça diffuse de la musique française et que ça lui tombe sur le gros nerf – va trouver enfin ce poste qui diffuse du blues, ou du jazz américain, puis se dandine tout en se mettant à manger –

– C'est quoi cet engouement pour le bruit américain ? que je dis.

– Un jour, je vivrai aux États-Unis et je jouerai cette musique-là, que dit Abé Abebé.

– Ton pays ? que je dis.

– Il n'y en a plus de pays maintenant, que dit Abé Abebé. Avant, on pouvait aller n'importe où avec les vaches, il n'y avait pas de barrières nulle part, on était libres. Là, comme c'est, on ne trouve même plus de vaches parce que les pâturages ont disparu. Woué. La guerre. Woué, woué.

– Quelle guerre ? que je dis.

– La Première Guerre mondiale, que dit Abé Abebé. Vers la fin, l'Europe a fini par manquer de chair à canon. Des officiers français et britanniques, qui protégeaient les comptoirs qu'ils avaient partout, ont forcé des tas de Nègres à s'enrôler.

– Me semble avoir lu quelque part que les Nègres avaient le droit de refuser l'enrôlement, que je dis.

– Tu ne sais pas c'est quoi l'Afrique, que dit Abé Abebé.

– Je n'y connais rien, c'est vrai, que je dis. Mais tu peux m'expliquer.

– Tu es un Blanc, que dit Abé Abebé. Les Blancs ne comprennent pas ces choses-là.

– Peut-être, mais je peux essayer, que je dis. Moi non plus, je n'ai pas de pays : les Français l'ont colonisé, puis abandonné, et les Britanniques ont pris la relève, et ça fait trois cents ans que ça dure. Aussi, tu peux me raconter : il s'est passé quoi à la fin de la Première Guerre quand les Nègres de par chez vous se sont enrôlés ?

– Avant, personne n'était allé chez les Blancs, que dit Abé Abebé. Ceux qu'on voyait en Afrique, on les prenait pour des dieux : ils étaient tous en bonne santé, robustes, habillés de beaux costumes toujours propres, et les officiers de l'armée française ou britannique avaient l'air, pensions-nous, de rois européens, leurs poitrines bardées de médailles rutilantes. Nous, on allait tout nus, on était malpropres, avec plein de sans-desseins et d'infirmes dans chaque famille. Normal que se soit gravée en nous cette idée que les Blancs formaient une race supérieure.

– Mais la guerre ? que je dis. Quel rapport avec la guerre dont tu parles ?

– Quand les Nègres se sont mis à combattre aux côtés des Blancs, c'était plus la même réalité, que dit Abé Abebé : là, on pouvait voir les Blancs tels qu'ils étaient dans les tranchées, pas plus fins que les Nègres, pas plus robustes que les Nègres, pas mieux costumés et pas plus propres que les Nègres. Les Blancs avaient peur de mourir autant que les Nègres, ils n'étaient plus des dieux invincibles.

– Ça changeait quoi pour les Nègres de le constater ? que je dis.

– Quand ils sont revenus en Afrique, les Nègres avaient compris qu'ils n'étaient pas inférieurs aux Blancs, que dit Abé Abebé. Les révolutions, c'est là que ça a commencé. Les Nègres ont voulu s'égaler aux Blancs, par l'armée d'abord, par la fonction publique ensuite. Pour obtenir ses grades dans l'une comme dans l'autre, le Nègre s'est couleuré en blanc de l'intérieur, il a presque tout abandonné de ce qu'il était, oublié ses mythes, ses légendes, ses contes, pour apprendre ceux des Blancs, et s'habiller comme lui, et manger comme lui, parler pour rien dire comme lui, exploiter les autres comme lui. C'est de même que les empires coloniaux ont continué à prospérer et qu'ils contrôlent aujourd'hui toute l'Afrique même s'ils n'y habitent plus.

– La France est l'un de ces empires-là, que je dis. Elle est donc ton ennemie. Pourquoi avoir choisi de t'exiler ici, à Paris ?

– Parce que j'aurais été incapable de quitter l'Afrique si j'avais tenté d'agir autrement, que dit Abé Abebé. Aucun autre pays n'aurait voulu de moi, surtout pas l'Amérique. Quand je serai médecin, je pourrai aller où je veux. D'ici ce temps-là, je fais semblant comme tous les Nègres de me couleurer l'intérieur en blanc.

ce silence, moi faisant tout pour garder les yeux bas, sur cette nourriture que ni abé abebé ni moi n'avons touchée – si je ne regarde pas ailleurs, c'est que je sais bien que le violet des yeux d'abé abebé s'est assombri, que la colère, la rage et la haine les ont foncés comme quand la jument de la nuit traverse un trou noir du cosmos – je serais gêné de les voir ainsi (((dans les gènes kebekoises, ce besoin de prendre les autres en pitié, ce besoin de vouloir les consoler, ce besoin de vouloir les réconforter, au point d'en laisser tomber sa propre colère, sa propre rage, sa propre haine, cet égoïsme qui, seul, permet encore de s'identifier à soi-même et de survivre sans culpabilité))) –

– Parle-moi encore, que je dis.

– Je n'ai rien d'autre à ajouter, que dit Abé Abebé. Ne me pose plus jamais de questions sur l'Afrique : je ne répondrai plus à aucune d'elles. Woué, à aucune d'elles. Woué, woué.

il a fermé la radio qu'il est allé mettre sur le calorifère déglingué, m'a effleuré les cheveux du bout de ses longs et minces doigts, puis s'en est allé en refermant la porte qui a claqué, sûrement un coup de pied donné dessus par derrière, comme une ruade de cheval – je sors enfin de mon lit, je siffle un air de félix leclerc parce que je ne suis pas l'homme que j'étais hier, qui ne se mouvait guère, qui n'avait même pas envie de forcer ni de s'efforcer sur quoi que ce soit, avec juste la folie d'antonin artaud et la tuberculose de franz kafka pour tuer le temps : là, je ne me sens pas juste d'attaque, je sais que je peux enfin tout entreprendre : abé abebé m'a redonné ma colère, ma rage et ma haine par-devers mon pays qui n'en est pas un, par-devers ma famille qui n'en est pas une, par-devers judith qui n'a répondu à aucune de mes cartes postales et ne le fera jamais (((je vais passer toute la journée assis à ma table de travail, pas pour écrire vraiment la suite de mon roman, mais pour mettre sur le papier ce que j'ai retenu des discours incendiaires de pierre bourgault : dedans, il y a aussi toute cette colère, toute cette rage, toute cette haine, toute cette explosion d'égoïsme qui, seul, permet de sortir du banal quotidien afin d'embraser l'eau, la terre et le ciel !))) –

ME DISAIS :

oublie ton épaule et ton bras gauches qui te font mal,
bois un petit verre de whisky de temps en temps ; ainsi tes
nerfs et tes muscles abîmés ne se mettront pas à tressauter,
faisant venir tous ces barbots qui défigurent le papier, te
forcent à raturer, toi qui as horreur de le faire, parce
qu'une feuille barbouillée est la négation de ce que doit
être l'écriture, rien d'autre qu'une flèche empoisonnée
au curare, et qui file droit par devant – ce plaisir retrouvé
de jouir par la puissance seule des mots, par la fécondité
seule des mots, comme quand je m'installais au fond du
souterrain de morial-mort et que, tout excité par le désir
fulgurant qu'il y a quand toute phrase devient turgescence,
mon sexuel se dressait, obélisque de pierre incandescente,
que judith prenait dans sa bouche pour que jaillisse le blanc-
mange orgasmique de l'écriture (((sans que je ne m'en rende
compte, et sans que je veuille m'en rendre compte sans
doute, ma mémoire du corps de judith en train de me sucer
sous la table se décompose, je reconnais mal sa bouche, je
reconnais mal ses petits seins qui me frôlent les genoux,
je reconnais mal le grain de sa peau, toute blanche bien que
bronzée))) – car là, en dessous de la table, une autre bouche
aux lèvres mille fois plus pulpeuses, une poitrine sans petits seins mais pourvue de nerfs et de muscles triomphants,
un grain de peau tout noir bien que sans bronzage, ont pris
toute la place, et ça me suce le sexuel comme jamais il ne
l'a été, et les mots que j'écris se mettent à chialer, mais de joie
c'est, mais de plaisir c'est, dans tant de volupté que jaillit
ma semence tandis que la pointe de mon stylo feutre s'enfonce profond dans les feuilles de mon cahier d'écriture –
la jument de la nuit, la voilà maintenant qui me poursuit en plein jour (((parce que ce nègre est entré chez moi

et que, contrairement à ce qui s'est passé avec félicité légère, je l'ai laissé faire, pourquoi donc ?))) – même avec patsy, je n'ai guère réfléchi : seul son imaginaire fiancé français existait pour elle, pas de portes ni de fenêtres pour entrer chez elle, aucune anfractuosité pouvant forcer l'infraction – pourquoi donc, mais pourquoi donc abé abebé ? – de quelle blessure de mon corps le sien a-t-il ainsi jailli, pour que mon égoïsme devienne cette lumineuse plénitude ? – prendre ce qui s'offre, jouir de ce qui s'offre, mais ne pas être vraiment touché par ce qui s'offre, jouir rien que pour soi, rien que de soi, puisque c'est là le fond, le centre et les bords de la solitude surréelle : seul compte le moi là où il devient soi, là où il devient ça, ce qui ne se partage pas, pas plus par l'esprit que par le corps – c'est la faute à kafka peut-être, nos deux maladies se sont harponnées, nos sangs se sont transfusés, la poliomyélite s'est jetée sur lui et la tuberculose sur moi, de sorte qu'il est accaparé et que je suis accaparé, aux confins du raisonnable comme il l'écrit à max brod :

« Cette vie en quelque sorte hors du monde que je mène ici n'est pas en soi pire qu'une autre, il n'y a pas lieu de se plaindre ; mais que le monde vienne pousser ses cris de profanateur de tombe à l'intérieur de ce hors du monde, et je suis déchaîné, je me cogne réellement le front contre la porte de la folie » –

ME DISAIS :

peut-être est-ce simplement l'écriture qui a pris le dessus sur moi, qui me retourne à l'envers insidieusement pour qu'à force de la frapper de mon front, la porte de la folie s'ouvre toute grande et me précipite à jamais dans le déraisonnable ? –

devant le miroir qu'il y a au-dessus de l'évier, je me regarde : ce sont bien les traits de mon visage qui me sont renvoyés, cette naissante barbe m'appartient aussi, cette bouche qui s'ouvre de travers depuis la poliomyélite, ce large front sans aspérités, ces cheveux que je laisse pousser, ça me ressemble, ça me reconnaît ; mais ce n'est plus tout à fait enveloppé dans les mêmes couleurs, comme s'il y avait de la suie sur ma peau – vite ! – j'y passe un linge mouillé, mais mon étonnement est grand quand je me rends compte que la suie ne s'en va pas, qu'elle s'est terrée sous l'épiderme – je colle presque ma tête au miroir et ce n'est plus seulement de l'étonnement que j'ai, mais de l'effroi : mes yeux pers ont foncé et sont parsemés de petites taches violettes ! – je me métamorphose comme dans le conte de kafka, parce qu'abé abebé déteint sur moi, il va faire de moi un nègre si je le laisse faire à sa guise, si je ne contre pas l'idée de vengeance qui l'avive : tous les nègres sont habités par ce rêve-là, tuer la blancheur, faire disparaître à jamais cette couleur agressante, peu importe où elle se trouve et comment elle s'y trouve – noircir, noircir toujours plus noir toute vie qu'il y a sur la terre ! –

je sors de la chambre, je descends l'escalier, je me heurte à la grosse borgnesse dans le hall de l'hôtel – me dit qu'elle a besoin de me parler : maintenant, maintenant ! qu'elle hurle tandis que je passe la porte, puis me fais happer par cette meute d'étudiants de la sorbonne en train de manifester contre le général de gaulle et la cinquième république – je baisse la tête, je fonce, je ne veux pas être entraîné vers le centre de la meute, je ne suis pas là pour manifester, je dois juste me rendre au bureau des postes, il me semble entendre abé abebé crier après moi alors que je fais tout pour me libérer de la meute, traversant le boulevard saint-michel pour ainsi dire à la nage entre les voitures qui l'encombrent – l'ai échappé belle et me retrouve enfin au bureau des postes où j'envoie ce télégramme à judith : « Je suis en train de noircir, viens vite avant que ça ne soit trop tard, mes yeux sombrent, violets, violents, et me font déjà très mal » –

rue du luxembourg se trouve aussi la meute des étudiants de la sorbonne quand je sors du bureau des postes, mais les policiers sont après eux maintenant, ça arrive de tous bords et de tous côtés, j'entends les bruits que font les pavés, les cailloux, les bouteilles quand ça frappe les boucliers des policiers et ces bruits que font aussi les longues matraques qui frappent tout ce qui bouge et même ce qui ne bouge pas – et moi, cherchant juste à fuir, à quatre pattes comme si j'étais dans ce corridor encombré de l'hôpital pasteur, à l'heure des visites aux malades, à l'heure de la récitation du chapelet devant les ascenseurs par les bonnes sœurs de la providence, à l'heure de l'humiliation extrême – mes mains saignent à cause des tessons de bouteilles, mais je ne sens rien, je veux juste arriver au bout de la rue, là où il n'y a ni meute d'étudiants enragés ni policiers à gros boucliers et longues matraques – me redresser enfin et fuir vers l'hôtel et m'enfermer dans ma chambre et y attendre l'arrivée de judith – mais ce coup sur ma tempe droite, cette chute, ce nez qui s'écrase sur un pavé, ce goût de sang noir venant du fond de ma gorge, ces os cassés qui se mettent à chialer tandis que dans ma tête, ça se remplit de bâtonnets violets, de bâtonnets violents – (((les yeux de judith))) –

ME DISAIS :

respire maintenant, te voilà enfin allongé dans ton lit,
de ta tempe droite la bosse s'est presque toute en allée et sous
le pansement ton nez te fait moins mal, c'est normal que te
démange ta triste figure, ce choc sur le pavé – ne plus penser
à cette meute d'étudiants de la sorbonne ni aux policiers qui
les pourchassaient comme on fait avec le gibier, juste sentir
les odeurs de judith, même pas besoin d'ouvrir les yeux pour
savoir qu'elle est là, agenouillée à mon côté, et de sa main
longue et fine m'effleurant les cheveux : repose-toi que ça
dit, reste là où tu te trouves, ensommeillé, je m'occupe de
toi, je veille sur toi, je te ramène à la vie par ma main fine et
longue, repose-toi, woué, repose-toi, woué, woué –
ces woué, woué, woué, impossible que ce soit judith
qui les dise, ça n'a jamais été écrit par artaud non plus,
même quand il était enfermé à rodez et ne faisait plus que
délirer (((ce trou sans cadre que la vie veut encadrer parce
qu'il n'est pas un trou mais un nez qui sut toujours trop
bien renifler le vent apocalyptique de la tempête, si bien
muni de haute tempête qu'on pompe dans son cul serré
– et toi aussi tu as la gencive, la gencive droite enterrée,
dieu, toi aussi ta gencive est froide – va vazi, vava zi tave
duoudou))) – woué, woué, woué ! –
– Va, vazi, vava zi ! que je dis. Va, vava zi, tout doux-
doux ! Woué, woué, woué !
– Je suis déjà tout doux-doux, que dit Abé Abebé.
Que veux-tu que je fasse de plus ?
toujours lui, toujours abé abebé à mes côtés ! –
– Pourquoi t'es encore là ? que je dis.
– Il le fallait bien, que dit Abé Abebé. Tu t'es abîmé
les mains et cassé le nez en manifestant avec les étudiants
de la Sorbonne.

– Je ne manifestais pas avec eux autres, que je dis. Je voulais juste aller et revenir du bureau des postes.

– Tout le monde voulait juste aller et revenir du bureau des postes, que dit Abé Abebé. Moi-même, c'est pour ça que j'étais là. Une chance pour toi d'ailleurs : sinon, qui t'aurait ramassé, emmené à l'hôpital et ramené ici-dedans ?

– Apporte-moi le miroir qui est au-dessus de l'évier, que je dis.

– Pour quoi c'est faire ? que dit Abé Abebé.

– Parce que je te le demande ! que je dis.

je le regarde aller vers le miroir : flambant nu est abé abebé malgré le froid qu'il fait dans la chambre – j'entends la pluie tomber avec force au-dessus de paris et ce vent qui siffle dans les anfractuosités de la fenêtre, ça demande plusieurs couches de linge sur le corps si on ne veut pas devenir un iceberg au milieu de l'océan – comment fait-il, abé abebé, flambant nu qu'il est, pour ne pas se transformer en statue de gel et rester ainsi figé pour les siècles des siècles ? – (((son sexuel devrait avoir froid aussi, se racotiller pour mieux se cacher dans l'épaisse forêt de poils qu'il a entre les jambes, mais c'est loin d'être le cas : le sexuel d'abé abebé est dressé, trop foncé pour être seulement noir, les veines qui s'y pourmènent sont de la même couleur que ses yeux, violets ! –

– Si j'étais toi, je ne regarderais pas desuite, que dit Abé Abebé en tenant serré le miroir contre sa poitrine. J'attendrais deux ou trois jours.

– Je veux voir, que je dis. Pas dans la semaine des quatre jeudis, maintenant !

– Woué, que dit Abé Abebé. Woué, woué.

j'essaie de m'emparer du miroir, mais les pansements que j'ai aux mains ont comme soudé mes doigts les uns aux autres, impossible de retenir avec de pareilles extrémités le cadre mince du miroir –

– Mets-moi ça dans la face, que je dis à Abé Abebé. Je veux voir, esti !

même si je me doutais bien de l'image que me renverrait le miroir, j'écarquille les yeux malgré moi : ma face toute enflée, mes yeux comme de toutes petites fentes, et c'est violet dans ces toutes petites fentes-là ; dessous, je vois bien que mon nez est tout écrasé à cause du pansement, je vois bien qu'on me l'a changé pour cet autre, épaté, aux larges narines ; et sous les larges narines, je vois bien aussi que mes lèvres ont épaissi, que mes lèvres sont en train de devenir babines et que leur couleur noire, rapidement, va envahir mon visage, puis tout mon corps – vite ! – me défaire de l'envoûtement, ramener mon pied droit vers moi et en frapper le miroir le plus violemment possible – bruits du verre qui casse, bruits que font le cadre du miroir et le corps d'abé abebé en tombant du lit –

– Pourquoi cette colère ? que dit Abé Abebé en se redressant.

– Je ne veux pas devenir Nègre, que je dis.

– De quel rêve tu sors ? que dit Abé Abebé.

– Mon visage, que je dis. Je l'ai vu dans le miroir en train de se métamorphoser, je l'ai vu, qui ressemble de plus en plus à celui d'un Nègre.

– Tu dois faire de la fièvre, que dit Abé Abebé.

– Je ne fais pas de fièvre ! que je dis.

– Si ce n'est pas la fièvre, t'as dû subir une commotion en manifestant avec les étudiants de la Sorbonne, que dit Abé Abebé.

– Je n'ai pas manifesté! que je dis. Tout ce que j'ai fait, c'est d'envoyer un télégramme à Judith pour qu'elle vienne me sortir du cauchemar.

– Quel cauchemar? que dit Abé Abebé.

– Celui de la jument de la nuit, et c'est toi qui es devenu cette jument-là de la nuit! que je dis.

– Je vais faire venir un médecin, que dit Abé Abebé.

– Je n'ai pas besoin d'un médecin, que je dis. Je veux que tu t'en ailles et que tu ne reviennes plus.

– T'es raciste, que dit Abé Abebé. Tu m'insultes tout le temps parce que t'es raciste. Tu détestes les Nègres.

– Je ne déteste pas les Nègres, que je dis. Je déteste tout le monde. C'est pour ça que je veux avoir personne dans ma vie. Ni Noir, ni Rouge, ni Jaune, ni Vert, ni Blanc. J'ai juste besoin de moi. De rien ni de personne d'autre, juste de moi.

– Tu mens, que dit Abé Abebé. Sinon, pourquoi serais-tu autant obsédé par Judith?

– Tu ne la connais pas, que je dis. Tu ne sais pas de quoi tu parles.

– Pas besoin, que dit Abé Abebé. Avec Patsy, j'ai tout compris.

– Quel rapport peux-tu faire entre Patsy et Judith? que je dis.

– C'est simple pourtant, que dit Abé Abebé. Patsy cherchait son fiancé français qui n'existait pas en dehors de Portland, et toi tu cours après ta fiancée kebekoise qui n'existe pas en dehors de l'Amérique.

– Toi-même, tu cherches quoi? que je dis.

– Moi, je ne cherche jamais parce que c'est déjà tout trouvé d'avance, que dit Abé Abebé. Et ce que j'ai trouvé chez toi, c'est que tu manques de tendresse. Moi, j'en ai en trop, de la tendresse. Ça me satisfait de pouvoir t'en donner, je n'attends rien en retour. Même pas que tu m'emmènes avec toi quand tu vas retourner en Amérique. Je saurai bien comment faire pour m'y rendre par moi-même et te faire entendre ce que c'est vraiment le blues et le jazz américains.

– Je te grille, je t'arrache, je te durcis, je te tue, que je dis. Je ne veux plus te parler.

– Ça tombe bien, que dit Abé Abebé. Moi aussi, je ne veux plus te parler. Maintenant, je vais danser pour toi. Woué.

– Je n'aime pas davantage la danse que j'aime le monde, que je dis. Même si tu dansais, je ne te verrais pas en train de le faire. Alors, oublie la danse et sors vite d'ici-dedans. Comprends-le une fois pour toutes : seul mon corps, seul mon esprit me sont fidèles parce qu'ils sont mon travail à moi !

– Woué, que dit Abé Abebé. Woué, woué. Je vais t'obéir, faire la gazelle noire et fuir dans la jungle.

il saute à pieds joints hors du lit et moi, pour être certain de ne plus le voir, je mets cet oreiller sur ma figure – quelle hâte j'ai que grincent les pentures de la porte de la chambre ! – dès que j'entendrai le bruit que ça fera, je me lèverai, je mettrai tous les meubles devant la porte pour que ça ne puisse plus jamais entrer, j'enlèverai les panse-ments à mes mains et à mon nez, je n'aurai même pas besoin de me regarder dans un éclat de verre du miroir, je saurai déjà que la fuite d'abé abebé a suffi pour que gué-rissent mes plaies, pour que ma figure se dépigmente, pour que mes yeux retrouvent leur couleur de noisette kebe-koise – je mettrai un pantalon propre, une chemise blanche, cette cravate aux motifs de petits wéziwézos bariolés, puis debout au milieu de la chambre, je me planterai solide-ment sur mes jambes, j'ouvrirai les bras et judith s'y laissera enserrer – car je sais par tous les nerfs et tous les muscles de mon corps que judith sera bientôt ici-dedans, je sais que le télégramme que je lui ai envoyé, comme une flèche véloce, s'est rendu jusqu'à elle, pénétrant son cœur, des dizaines de petites aiguilles formées par les corps de julien gracq, d'antonin artaud et de franz kafka qui, eux seuls, portent au front l'étoile de l'écriture surréelle, là où la matière vraie se réinvente sans arrêt –

maintenant qu'abé abebé s'en est allé, je peux enlever l'oreiller que j'ai mis sur ma figure – mais dès que mes mains se glissent dessous pour l'ôter de là, il y a cette musique que j'entends, du blues ou du jazz américain – je me redresse brusquement dans le lit et l'horreur me frappe en plein front, là même où j'avais réussi à remettre en place l'étoile lumineuse de l'écriture : revêtu du vison de félicité légère, coiffé de ce chapeau de cow-boy que patsy m'a offert lorsque je posais pour elle, abé abebé danse sur le lit à côté du mien ; et cette danse-là est d'une espèce que je ne connais pas (((je pense à ces derviches qui jouent de la flûte, assis par terre derrière un grand panier sans couvercle, puis un long serpent en sort qui se déploie en spirale et te fixe de ses petits yeux violets))) – le café que m'a servi abé abebé quand je me suis réveillé, dans quels herbages secrets s'est-il dénaturé ? – je suis incapable de détacher mes yeux du corps d'abé abebé, je suis hypnotisé par cette danse qui est au-delà de toute obscénité (((comme si je me retrouvais brutalement dans la chambre des abîmes de chez judith et que montée sur la dalle de marbre, elle devenait la louve de rome, se dandinant si sauvagement, se déhanchant si sauvagement, se contorsionnant si sauvagement, que malgré mon horreur, je ne peux que regarder, halluciné, ensorcelé, envoûté – (((woué, woué, woué !))) –

je voudrais tellement fermer les yeux pour que le violet de ceux d'abé abebé, qui est en train de lui peindre tout le corps, soit impuissant à m'atteindre, mais c'est comme quand j'étais à l'hôpital pasteur et qu'une infirmière dégageait mes paupières et mettait dessus du ruban adhésif pour que ce soit impossible pour moi de les faire se fermer : j'étais malgré moi forcé de voir le vieil homme à la jambe amputée qui refaisait un pansement à son moignon, j'étais malgré moi forcé de voir ce garçon dont les bras et les jambes restaient inertes même quand les ergothérapeutes nazies le torturaient pour que ça paraisse au moins faire semblant de bouger, j'étais malgré moi forcé de voir cette jeune femme que seule la tête dépassait du poumon artificiel en acier dans lequel son corps enceint luttait pour que ça puisse continuer à vivre – et là, c'est pareil avec ce derviche qu'est devenu abé abebé, ce derviche-serpent qu'est devenu abé abebé (((incapable de penser, le corps de la danse s'étant jeté si loin dans mes yeux qu'il est pareil à ces vents chauds qui se propulsent à la vitesse de la lumière dans le désert, ça m'infiltre, ça court partout dans mes nerfs et dans mes muscles – tant d'énergie hallucinante que je vais me dresser et me mettre à danser aussi))) –

le vison de félicité légère est tombé des épaules d'abé abebé, et le drap qui me recouvrait a glissé de mes mains – nus, juste deux corps flamboyants et nus qui se laissent mener en transe par leurs nerfs et leurs muscles s'effleurant, s'affleurant, comme autant de décharges électriques qui secouent tout le corps jusqu'au sexuel – plus de têtes, plus de bras, plus de torses, plus de ventres, plus de jambes : juste deux sexuels fortement membrés qui s'agoussent, se touchent, se caressent, juste deux épées scintillantes, d'un violet si pur, qu'elles ne peuvent pas être autre chose que la matérialisation de l'excalibur du roi arthur ! – aussi, abé abebé peut-il maintenant l'enfoncer dans tous les pores de mon corps : seule l'idée de jouissance subsiste dedans, impossible que s'éprouve l'idée de la culpabilité dans mes nerfs et dans mes muscles, impossible que s'éprouve l'idée que la déraison s'est emparée de toute chose, même de l'inatteignable jument de la nuit – et la voix de judith que j'entends, non par mes oreilles mais dans tous les nerfs et tous les muscles de mon corps :

– Sodomise-moi ! que dit la voix de Judith. Woué. Sodomise-moi maintenant ! Woué, ouais !

et ce que je n'ai jamais compris, je l'entends enfin parfaitement : cette jument de la nuit qui me poursuivait depuis l'enfance, elle n'a rien à voir avec le monde extérieur, car les ténèbres ce sont nos corps qui les façonnent de l'intérieur, par minuscules paquets de noire lumière, et ça finit par dresser partout des pieux, des palissades et plus personne ne peut les franchir, pas plus d'un côté que de l'autre, c'est de l'égoïsme en son état le plus pur, le plus pervers ; peu importe qu'on attaque ou qu'on soit attaqué, la lumière noire est un prodigieux dissolvant auquel même la mémoire est incapable de résister – et quand la mémoire s'absente, l'ordre qui paraît dominer les choses se laisse voir et se laisse entendre : un chaos sans limites, du plus creux en soi jusqu'aux confins du cosmos, là d'où antonin artaud a écrit : « J'en suis à la période de la saleté dernière où les êtres n'ont plus que leurs détritus pour me retenir » –

– Sodomise-moi ! que dit la voix d'Abé Abebé. Woué ! Tu meurs d'envie de sodomiser un Nègre. Alors, fais-le ! Fais-le ! Woué ! Woué !

mon sexuel s'enfonce entre les fesses d'abé abebé, en plein dans cet œil violet qui sépare en deux les noires rondeurs du kilimandjaro –

– Plus profond ! que dit la voix d'Abé Abebé ! Plus profond, ouaiwoué !

cris des hyènes, cris des chacals, cris des lycarons, cris des diables de tasmanie, cris des autours, cris des vautours : c'est juste moi qui hurle de plaisir tandis que se relâchent mes sphincters et qu'en jaillit toute la pourriture de toutes les maladies, ma névrose d'artaud, ma tuberculose de kafka, ma poliomyélite de l'hôpital pasteur, ma famille honnie, mon amour de judith comme de la bagatelle pour un massacre ! –

– T'es un sale Nègre ! que je dis. Rien qu'une salope de sale Nègre !

s'ouvre brusquement la porte de la chambre, sur le seuil apparaît judith, elle fige, tout son corps comme statufié, puis il y a cet effroyable ricanement, toutes les hyènes, tous les chacals, tous les lycarons, tous les diables de tasmanie, tous les autours et tous les vautours hurlant dedans, comme en ces étrons que je défèque partout alors que se referme violemment la porte de la chambre et –

ME DISAIS :))))

9

((ME DIS, ME DISAIS, ME DIS :

mes yeux mettent long à s'habituer au passage de la lumière vive du dehors à la pénombre de la hutte – puis se démêlent les formes les unes des autres : voir ce grabat, une peau de vache couleur d'espagne le recouvrant et, comme un enfant qui se reposerait, une kalachnikov à large bretelle sur la peau de vache : au milieu de la hutte, cette espèce de champignon fort bariolé qui sert de table, une bouteille de whisky et deux verres ; d'un côté et de l'autre du champignon, deux bancs à haut dossier qui ont dû être taillés dans d'énormes bûches de bois de santal ou de tilleul – en guise de fenêtre, une lucarne près de laquelle, debout, se tient abé abebé : grosses bottes noires, uniforme militaire kaki, de petites lunettes noires, un béret à la che guevara et, suspendu à la ceinture du pantalon, ce revolver dont la crosse est nacrée ((d'où je suis, impossible de me rendre compte de ce qu'il reste de cet abé abebé que j'ai connu à paris et que j'ai fait sortir de ma vie en le frappant à coups de poing et à coups de pied avant de jeter toutes mes affaires par la fenêtre et de prendre l'avion pour rentrer au kebek sans bagages, sans livres, sans même le manuscrit que j'avais presque terminé sous les combles de l'hôtel du panthéon : les voyages et les séjours à l'étranger,

rien d'autre qu'une remise à blanc de la mémoire, ce trou
béant et béat comme l'écrivait hubert aquin)) –

ME DIS, ME DISAIS, ME DIS :

si tu restes là sur le seuil de la porte de la hutte, la
tête baissée parce que le haut de l'embrasure n'a pas été
façonné pour quelqu'un de ta taille, le temps va faire pareil à toi, comme suspendu entre paris et la vallée de l'omo ;
et abé abebé ne lèvera pas même le petit doigt pour que
se rameute ce qui se passe quand le fond de l'air fait risette
à cause du vent – ce sont les odeurs de son corps que tu
sens et ces odeurs-là sont comme rancies, non : pas véritablement rancies, plutôt pleines de colère rentrée, une colère explosive comme une balle dum-dum, et ce sont tes
propres odeurs qui les rendent aussi rageuses – avance-
toi, ton épaule et ton bras gauches sous leur attelage, ta
main droite retenant le pommeau de ta canne, de tout
petits pas, ceux de l'homme vieillissant et exténué, vers
ce banc taillé dans l'énorme bûche de bois de santal ou
de tilleul ; et laisse-toi choir dessus, ouvre la bouteille de
whisky, remplis à ras bord les deux verres et demande à
abé abebé de prendre place devant toi ((ce qu'il fait sans
mot dire, mais en te regardant attentivement derrière ses
lunettes noires, et toi l'examinant aussi, le trouvant presque
inchangé, juste un peu plus maigre qu'autrefois et sans
l'exubérance d'autrefois, ses mains longues et fines plus
osseuses et plus froides, ça se sent malgré que nous sépare
le champignon bariolé)) –
– Judith est venue jusqu'ici ? que je dis après avoir
avalé d'une traite mon verre de whisky.

– Oui, elle est venue jusqu'ici, que dit Abé Abebé, après avoir avalé lui aussi d'une traite son verre de whisky.

– Elle a laissé quelque chose pour moi ? que je dis.

– Non, dit Abé Abebé. Elle voulait seulement voir, je pense.

– Voir quoi ? que je dis.

– Ce que je suis peut-être, que dit Abé Abebé. Elle voulait que je lui montre mes yeux. J'ai enlevé mes lunettes noires et elle a regardé.

– De la même couleur que les siens, que je dis.

– Plus maintenant, que dit Abé Abebé. C'est sans doute pour ça que Judith est repartie aussitôt, sans même qu'on ait eu le temps d'échanger deux mots.

– Montre-moi, que je dis.

je remplis une autre fois les deux verres de whisky et une autre fois encore ça se boit cul sec – puis abé abebé enlève ses lunettes noires : il a pour ainsi dire plus d'œil droit, car c'est un faux qui est fixé dans l'orbite, de couleur mauve plutôt que violet ; et tout autour, de nombreuses cicatrices à fleur d'os – l'œil gauche est pour sa part intact, mais la lumière qui s'y réfléchit renvoie plus de noir que de violet –

– Il s'est passé quoi avec ton œil ? que je dis.

– C'est la guerre qui me l'a pris, que dit Abé Abebé.

je n'ose pas lui demander de me raconter, il y a encore trop de colère rentrée, trop de rage refoulée dans ce corps qui me fait face, et qui pourrait brusquement exploser ou brusquement imploser, voire faire les deux en même temps – va falloir boire encore quelques verres de whisky avant que dans le corps d'abé abebé la colère rentrée et la rage refoulée se noient au fond du petit lac qui a creusé et rempli son estomac – les mots vont venir ensuite, comme rythmés par les couleurs que feraient vibrer deux mains frappant la peau tendue d'un tam-tam –

– J'ai jamais étudié la médecine à la Sorbonne de Paris, que dit Abé Abebé. J'étais rien d'autre qu'un immigrant clandestin. Avant de te rencontrer dans ce cinéma de la Huchette avec Patsy, je vivais sous les ponts de Paris, je volais ma nourriture, je volais mon linge de corps, je volais les sacoches des vieilles femmes du Quartier latin. Un billet d'avion pour l'Amérique, ça coûte cher et l'argent pour le payer est long à ramasser. La première fois que je t'ai vu, j'ai cru que l'avenir serait possible pour moi grâce à toi. J'étais prêt à tout parce que je n'avais pas le choix, même pas celui de t'aimer, malgré que tu me méprisais parce que j'étais un sale Nègre, comme tu te plaisais à m'insulter.

– C'est pas toi que je méprisais et que j'insultais, que je dis. Quand je suis arrivé à Paris, je ne connaissais rien du monde, et surtout rien des Noirs. Le seul que j'avais vu jusque-là dans ma vie, ça remontait aussi loin qu'à mon enfance. Tous les automnes, la compagnie d'arachides Planter's envoyait dans notre village une grosse cacahuète qui avait des yeux, des bras et des jambes. Une petite fanfare l'accompagnait tandis que la grosse cacahuète nous distribuait de petits sacs d'arachides. Elle disparaissait ensuite dans le souterrain du magasin pour se dégreyer. Une fois, j'ai voulu savoir ce qu'il y avait sous la cacahuète géante : c'était un terrible Nègre qui s'est mis à courir après moi en hurlant comme un échappé d'asile. Ce jour-là, j'ai eu très peur de tout ce qui est noir. Et c'est resté là, quelque part en moi, et ça m'a suivi jusqu'à Paris.

– J'aurais été un Blanc que tu ne m'aurais pas aimé non plus, que dit Abé Abebé.

– Parce que seule Judith convenait à mon égoïsme, que je dis. Une fois, je suis tombé dans ses yeux violets et le monde autour et en moi a chaviré. Quand j'ai vu tes yeux, si semblables à ceux de Judith, le monde autour et en moi a encore chaviré, mais je ne savais plus quoi faire et comment le faire pour qu'il reprenne sens à nouveau, entre Kafka et Artaud. Je sais maintenant que je me suis retrouvé avec la maladie de l'un et la folie de l'autre. Contre ça, je n'avais que mon égoïsme pour me défendre, pour ne pas sombrer à jamais comme ç'a été le cas de Félicité Légère et de Patsy. Ça s'appelle de la légitime défense, je crois. De toute façon, tu n'avais pas le droit d'avoir les mêmes yeux que Judith. C'était trop compliqué à vivre et je ne pouvais pas vivre autant en même temps.

me suis arrêté de parler par manque de salive, par manque aussi d'avoir quoi que ce soit à ajouter – ai bu un autre verre de whisky, abé abebé en a fait autant en gonflant ses joues avant d'avaler, puis :

– Woué, que dit Abé Abebé. Woué, woué.

ne veut pas me parler de cette afrique que les pays dedans sont véritablement sans frontières, puisque la faim, la pauvreté, la maladie et la mort les ont tous traversées, la misère étant celle de tout un continent, la souffrance étant celle de tout un continent et l'indifférence pour cette misère-là et cette souffrance-là étant celle de tous les autres continents –

– Pourquoi t'es revenu ? que je dis. Et pourquoi ici, au bout du monde ?

– Parce que j'ai pas eu le choix, que dit Abé Abebé. Je me suis fait prendre pendant les événements de mai soixante-huit à Paris, mes papiers n'étaient pas en règle et j'ai été déporté au Sénégal. J'aurais pu finir là mes jours en prison, mais elles étaient pleines quand je suis arrivé à Dakar : l'opposition au président Senghor était descendue dans la rue et tout le pays menaçait de s'embraser. Tous ceux qui pouvaient fuir le faisaient, surtout les Peuls : ils n'étaient majoritaires nulle part et tenaient plus que tout à leur vie de nomades et à leurs vaches. Ils s'en sont allés vers le sud, là où jadis ils étaient les maîtres de territoires aussi vastes que la mer Océane : Gambie, Guinée-Bissau, Sierra Leone, Libéria, Côte d'Ivoire, Ghana, Nigéria. La décolonisation les secouait tous, on était indépendant et républicain un jour, puis le lendemain, un despote à la solde du colonisateur français, britannique, belge ou allemand prenait le pouvoir et faisait massacrer des tribus entières parce qu'elles tenaient à leurs traditions, leurs langues et leur liberté. Ma famille, comment et où voulais-tu que je la retrouve au cours de cet exode auquel on la forçait ? Elle était peut-être remontée vers le nord, au Mali, au Niger ou au Tchad, parce que là aussi, ça faisait jadis partie du royaume des Peuls. Mais là aussi, c'était le guerre, les coups d'État et le militarisme totalitaire, les rébellions et les massacres. Une fois le Tchad traversé, je me suis retrouvé à la frontière du Soudan. Pour la passer, j'ai dû m'engager dans l'armée de Djafar Al-Nimayri. Par rapport aux autres pays que j'avais sillonnés en espérant après ma famille, le Soudan m'apparaissait comme un moindre mal : on voulait faire là-bas la révolution pour y instaurer le socialisme. C'était un formidable pied de nez à l'Occident capitaliste et à ses rois-nègres. Une fois la révolution faite, j'aurais pu rester au Soudan, m'y établir et fonder une famille. Mais j'étais un soldat désormais. J'aimais me battre et je ne voulais surtout pas mourir tout racotillé sur une couchette. Ça brassait fort en Éthiopie, j'ai donc filé tout droit vers Addis-Abéba et je me suis engagé dans l'armée révolutionnaire et communiste.

– Communiste ? que je dis. T'étais pourtant socialiste au Soudan.

– Socialiste ou communiste, je ne voyais pas vraiment la différence, que dit Abé Abebé, sauf que les Occidentaux pouvaient tolérer qu'on soit socialiste, mais pas communiste, à cause de Moscou, le grand Satan d'Orient, qui prenait peu de place en Afrique, du moins jusqu'à la révolution soudanaise. En faisant de l'Éthiopie un autre de ses satellites, Moscou disait clairement aux puissances colonisatrices de l'Occident que leur avenir était derrière elles.

– T'as vraiment cru que l'empire russe, en mettant ses gros pieds en Éthiopie, y agirait autrement que l'Occident ? que je dis.

– J'étais jeune, que dit Abé Abebé. J'étais affamé aussi. Dans la seule région de Wollo, la famine avait déjà fait deux cent mille morts. L'empereur Hailé Sélassié et son gouvernement censuraient toutes les informations provenant de Wollo : il n'y avait là pas de famine, donc pas de morts. Devant son château, Sélassié se faisait photographier en train de nourrir ses nombreux chiens de viande fraîche, preuve que tout allait bien au royaume du roi des rois. Comme pour les événements de mai 1968 en France, ce sont les étudiants et les professeurs qui, les premiers, ont sonné l'alarme pour le Wollo. Considéré comme un dieu par l'Occident, l'image de Hailé Sélassié s'est défaite en mille éclats : l'empereur éthiopien ressemblait à tous ces autres rois-nègres d'Afrique qui maltraitaient leurs peuples, s'enrichissaient et enrichissaient l'Occident à leurs dépens. Je me suis enrôlé dans l'armée révolutionnaire et j'ai fait la guerre. Détrôné, le roi des rois a pris la fuite pour s'exiler en Grande-Bretagne où le gouvernement l'a accueilli triomphalement en saluant ses qualités de grand démocrate !

abé abebé remplit une autre fois son verre de whisky et j'en fais autant de mon bord – ((je sais bien que s'il me parle autant de la révolution éthiopienne, c'est qu'il ne veut pas penser à ce qui s'est passé entre lui et moi à paris

quand judith, du seuil de la porte de cette chambre de
l'hôtel du panthéon, a compris que gracq, kafka et artaud
étaient morts et enterrés depuis longtemps)) –
   – Continue, que je dis à Abé Abebé.
   – J'ai pas grand-chose d'autre à ajouter, qu'il dit. Quand
il n'y a plus de guerre, les juntes militaires, même socialistes
ou communistes, deviennent des dictatures qui sont prétendument celles du peuple. L'illusion dure quelques années, le temps d'imposer des réformes qui n'ont jamais
fonctionné ailleurs et ne fonctionnent pas davantage chez
soi. La réforme agraire fut un désastre social et culturel.
Croire que du jour au lendemain, on va pouvoir faire une
nation de deux cents peuples différents en uniformisant
par le haut et par le bas tout ce qu'ils sont depuis des siècles est davantage qu'une utopie, c'est un suicide. S'installe
une bureaucratie centralisatrice qui multiplie les problèmes plutôt que de les résoudre. Faute d'avoir de quoi y
vivre, les paysans ont déserté leurs terres pour s'agglutiner
dans des villes qui n'étaient pas prêtes à les recevoir.
   – Je sais, que je dis. Ce que j'ai vu d'Addis-Abéba me
l'a appris. Mais l'avenir...
   – Woué, que dit Abé Abebé. Woué, l'avenir, woué.
Imagine qu'en 1970, il y avait vingt millions d'Éthiopiens,
que maintenant leur nombre est de quatre-vingt millions
et que dans tout au plus deux décennies, on en dénom-
brera cent millions. Comment fournir à manger à tout ce
monde-là quand c'est déjà impossible aujourd'hui ? Imagine que pour faire taire les enfants qui ont faim, on leur
donne des galettes de boue séchée à sucer. Dans vingt ans,
c'est même pas certain qu'il y aura encore de la boue pour
les faire ces galettes-là. Le climat se détériore : s'il pleut
plus souvent, c'est presque toujours sous forme d'averses,
que le soleil fait évaporer avant que ça puisse atteindre les

nappes phréatiques. L'eau manque pour abreuver le bétail et l'eau manque aussi pour les champs qui le nourrissent. Woué, l'avenir, comme tu dis. L'avenir, woué, woué.

– Pourquoi tu restes s'il n'y a plus d'espoir ? que je dis.

– J'ai fait la guerre toute ma vie, que dit Abé Abebé. Je ne saurais plus quoi faire d'autre maintenant. Et puis, ici dans la vallée de l'Omo, c'est peut-être encore possible que ne soit pas exterminée une population qui a été le berceau de l'humanité. Il y a des centaines de milliers d'années, la première femme et le premier homme ont marché ici pour la première fois sur la terre. Malgré les nettoyages ethniques faits par le gouvernement central de l'Éthiopie, une dizaine de tribus ont résisté. Mais leur pauvreté est si grande à cause des maladies qui ont décimé leur bétail, les nombreuses sécheresses qui ont brûlé les terres et les famines qui surviennent à tous les cinq ans, que ces tribus-là se volent entre elles et se tuent entre elles. Ce qui est loin d'arranger les choses, c'est que le gouvernement central a décidé de faire de la vallée de l'Omo une région vouée au tourisme extrême : on y vient déjà de partout pour voir un monde sauvage qui s'est éteint partout ailleurs dans le monde. Aussi, la rapine et le brigandage font désormais partie des mœurs, et quelqu'un qui veut prendre en photo une femme dizi ou un guerrier mursi doit payer s'il veut l'obtenir.

– Du côté de l'espoir encore, ça n'a rien d'excitant, que je dis.

– Peut-être que la création du parc national de Mago finira par changer les choses, que dit Abé Abebé.

– C'est quoi le parc national de Mago ? que je dis.

– Il y a quelques années, les États africains ont compris que l'exploitation exacerbée du sous-sol, des terres, des forêts, de la faune et de la flore devait être jugulée si on ne voulait pas que le continent devienne un désert. Chacun des États africains qui fait partie de la coalition s'est engagé à développer et à protéger de grandes étendues de forêts, sous forme de parcs nationaux. Ça sera les nouveaux poumons de l'Afrique.

– C'est au moins un commencement, que je dis.

– Woué, un commencement, que dit Abé Abebé. Mais un commencement qui pose d'énormes problèmes étant donné que certaines tribus considèrent comme leurs territoires plusieurs parties du parc de Mago. Elles considèrent aussi qu'elles y ont des droits acquis de chasse et ne comprennent pas qu'on leur parle des espèces animales menacées alors qu'elles-mêmes le sont. Redécouper la carte géographique de la région pour le parc de Mago monte les tribus les unes contre les autres et les affrontements sont violents. Tous les hommes se prennent pour des guerriers et le trafic des kalachnikovs entre le Soudan et l'Omo est florissant, les enfants rêvent au jour où ils posséderont enfin leur mitraillette pour participer aux raids contre les tribus ennemies ou pour se venger s'ils sont attaqués et perdent quelques-uns des leurs. Moi, je fais partie de ce petit groupe de soldats que le gouvernement central a envoyés ici afin de calmer le jeu, sinon ce serait le nettoyage ethnique pour la plupart des tribus. Mon autre job consiste à négocier avec les groupes qui croient toujours que Mago est leur royaume et qu'on ne peut pas les en chasser. On discute des frontières qui seraient acceptables pour tous et de l'aide que pourrait accorder le pouvoir central pour que les tribus apprennent à vivre autrement tout en préservant leurs langues, leurs traditions et leur culture. Ça les forcerait à devenir presque complètement sédentaires. Pour des gens qui sont des nomades depuis le début de leur histoire, c'est comme si tu leur enlevais leur liberté, c'est comme si tu les mettais en prison.

– Il ne s'agit pas d'autre chose, que je dis.

– Peut-être, que dit Abé Abebé. Mais si on veut que résiste la plus vieille des civilisations du monde, c'est impossible de faire autrement. Avant de quitter l'armée, j'aimerais que la chose soit entendue, aussi bien ici dans la vallée de l'Omo qu'à Addis-Abéba.

– T'as une femme? que je dis. Et des enfants?

– Non, que dit Abé Abebé. J'ai aimé une fois dans ma vie et j'y ai laissé tout ce que mon corps pouvait avoir d'émotion.

il avale une gorgée de whisky, se lève, prend la bouteille et l'espèce de champignon bariolé qui sert de table:

– Je vais chercher à boire et à manger, qu'il dit. Je ne serai pas long.

il sort de la hutte et le soleil qui entre par la lucarne fait ce long rectangle de lumière jusqu'à la kalachnikov sur le grabat – avais encore jamais vu d'aussi près une arme pareille, rien à voir avec la winchester à répétition que j'ai déjà possédée, mais dont je ne me suis jamais servi, parce que toutes les armes à feu me font horreur: me semble que dans chacune d'elles, le fanatisme religieux qui détermine tous les autres occupe l'espace, du barillet jusqu'au canon ((depuis toujours, les guerres sont des actes de sainteté, et d'autant plus saintes si elles sont effroyablement sales et meurtrières)) –

ai tourné légèrement la tête pour que mon regard s'échappe de la kalachnikov – cette impression de me trouver nulle part, même pas au milieu du désert, me terroriserait sans doute si je n'avais pas bu tout ce whisky: je flotte pour ainsi dire dedans, je ne sens aucun mal ni à mon épaule ni à mon bras gauches, aucune frémille à mes extrémités de pied et de main, j'aurais qu'à fermer les yeux et je pourrais croire que je me trouve assis en quelque part dans ma maison aux trois-pistoles, mes chiens, mes chats et mes brebis dormant paisiblement dans mes environs, et moi laissant mon esprit prendre forme au-dessus de moi – rien d'autre qu'une constellation de minuscules taches de lumière que le langage ne peut pas atteindre parce que c'est sans matière ce qui scintille au-dessus de ma tête –

ME DIS, ME DISAIS, ME DIS :

((cette hutte des abîmes dans laquelle je me trouve, bien sûr que c'est judith qui m'y a mené, mais comment pouvait-elle savoir qu'abé abebé vit par ici, ce continent est loin d'être comme une simple main ouverte, même abé abebé a été incapable de rattraper sa tribu forcée à l'exode – comment judith a-t-elle fait pour retracer abé abebé et pourquoi est-elle venue jusqu'aux confins du monde, non pour répondre au rendez-vous qu'elle m'a donné, mais pour voir abé abebé, s'entretenir avec lui et disparaître aussitôt sans même laisser un mot pour moi – ce non-dit, que cache-t-il à part le fait que j'en suis au terme de mes voyageries : de l'île de pâques au cambodge, de l'égypte à la grande-bretagne, du laos au gabon, quel rapport entre des contrées aussi différentes, pour ne pas dire aussi dissemblables ? – rien d'autre que partout je me suis trouvé devant de grands yeux étranges, des amas de crânes aux larges orbites creuses, comme des signatures, celles sans doute de la haine que m'a portée judith depuis qu'en ouvrant la porte de cette chambre de l'hôtel du panthéon de paris, elle m'a vu en train de sodomiser abé abebé – je bois ce qu'il reste de whisky dans mon verre, je regarde vers le grabat et il me semble que la kalachnikov qui est dessus a pris de l'expansion depuis mon arrivée, qu'elle occupe deux fois plus d'espace et que si abé abebé tarde trop à revenir, ce sera bientôt une pieuvre gigantesque qui occupera toute la hutte et me prendra dans ses tentacules et me collera ses ventouses sur le corps pour lui sucer tout son sang)) –

ME DIS, ME DISAIS, ME DIS :

oublie la terreur, elle est sans signification pour un homme aussi vieillissant que toi, même la mort qui a pris possession du fond de l'air ((ça sent la chair grillée et la bouse de vache séchée qui a pris feu)) – est une menace à peine hostile, puisque la mort tu l'as connue à l'hôpital pasteur, treize jours dans ce coma, couché sur un panneau de bois comme au fond d'un cercueil : rien de pire ne pourra jamais t'atteindre, même si tu faisais l'impossible pour que ce soit le cas –

est revenu abé abebé, apportant la bouteille de whisky, et suivi par ce chasseur costumé en autochtone bien qu'il soit français – a mis la table en forme de champignon bariolé entre abé abebé et moi, puis s'en est allé ((je comprends enfin l'utilité du champignon : il s'agit en fait d'une assiette, d'un bol peut-être aussi ; au fond, on y dispose une crêpe épaisse puis, par-dessus, des haricots, d'autres légumes dont j'ignore les noms, et des viandes – une manière de grande pizza toute garnie)) –

– Mange, que dit Abé Abebé.

– Tantôt, que je dis. Là, j'ai encore soif.

me verse à boire tandis qu'abé abebé met les doigts dans la pizza, y prend un morceau de crêpe avec la garniture qui est dessus, puis le porte à sa bouche en mastiquant fort : haricots, légumes et viandes semblent si coriaces que ça m'ôterait toute envie de manger même si l'appétit me venait –

– Je peux te poser une question ? que je dis à Abé Abebé.

– Woué, qu'il dit. Woué, woué.

– Tu vis aux confins du monde, que je dis. Peu de chance que quelqu'un y vienne par hasard. Pour te trouver, Judith a fait comment ?

– Quelle importance ? que dit Abé Abebé.

– Simple curiosité, que je dis.

– Woué, que dit Abé Abebé. Woué, la curiosité, woué.

il avale une autre bouchée de pizza, l'arrose de whisky, puis me raconte :

– Quand tu t'es enfui de l'Hôtel du Panthéon après avoir jeté par la fenêtre tout ce qui t'appartenait, j'ai aidé Judith à ramasser ton bien. Elle est restée quelques jours à Paris et nous sommes devenus des camarades.

– Tu veux dire que t'as couché avec elle ? que je dis.

– J'ai jamais aimé suffisamment une femme pour désirer dormir avec Judith, que dit Abé Abebé.

je fais semblant de m'intéresser à la lumière, de moins en moins scintillante, qui entre par la lucarne ; à peine atteint-elle le grabat et la kalachnikov qui est dessus ((tandis qu'abé abebé me raconte qu'après paris, lui et judith ont gardé contact, se donnant des nouvelles deux ou trois fois par année, échangeant des cadeaux : pour judith, de petites sculptures dont abé abebé faisait peindre les grands yeux de couleur violet ; pour abé abebé, certains des livres que j'ai écrits et portant dédicaces, signés par moi même si c'est judith qui les rédigeait, imitant mon écriture en forme de bâtonnets, comme elle se plaisait tant à le faire au fond du souterrain de la rue drapeau aux confins de morial-mort)) –

– Je dois maintenant aller dormir, que dit Abé Abebé. Je passe te prendre demain matin.

– Me prendre, que je dis. Pour quoi faire ?

– Tu dois voir la vallée de l'Omo, que dit Abé Abebé.

– Je ne suis pas certain que ça m'intéresse, que je dis.

– C'est pas moi qui te le demande, que dit Abé Abebé. C'est Judith.

il a pris la kalachnikov sur le grabat, l'a harnachée à son épaule, a allumé la petite lampe au-dessus de la porte de la hutte, puis s'en est allé – le bruit que fait le moteur de la jeep, ces pistons qui claquent, comme de petits coups de fouet assénés à la jument de la nuit – et moi restant assis sur mon banc, devant le champignon bariolé, la crêpe, les haricots, les autres légumes dont je ne connais pas les noms et ces viandes refroidies qui rancissent déjà, dégageant une odeur aussi nauséabonde que celle du sang qu'on vomit en même temps que le fiel –

ME DIS, ME DISAIS, ME DIS :

((je ne me suis jamais senti aussi loin de ma maison, aussi loin de moi-même, malgré cette chanson kebekoise et kétaine qui va par petits galops dans ma tête : *le démon sort des enfers pour faire le tour de la terre et embarquer son monde* – j'aimerais que sa voiture s'arrête devant ma hutte, j'aimerais monter à bord, peu m'importe la direction que ça prendrait, car ça ne pourrait pas être pire que de veiller tout seul ici-dedans, de veiller pour ainsi dire au corps, le mien : une balle de kalachnikov m'a atteint en plein front, je suis tombé par terre, c'est la faute à voltaire, puis mon sang s'est mélangé à l'eau sale de l'omo, c'est la faute à rousseau, puis judith et abé abebé m'ont tiré de là, attelés à mes jambes comme des hyènes transportant une carcasse – j'ai été piégé, calixthe béyala avait raison quand elle me disait d'oublier l'éthiopie, d'oublier judith aussi, de ne plus me laisser cannibaliser par elle, de la déraison, de la folie, et moi avalé par cette folie et cette déraison, simplement pour deux grands yeux violets qui ont croisé les miens un soir de pleine lune, aux confins de morial-mort ((quarante ans sans y avoir pensé une seule fois, pas davantage aux yeux de judith qu'à ceux d'abé abebé, pas la mémoire qu'il faut pour garder souvenir des épiphanies, et voilà pourquoi j'ai écrit autant, pour que ça se vive et disparaisse aussitôt, cet œil-instant dont parlait john dos passos, voir l'acte, le vivre, l'écrire, puis cligner des yeux et passer à l'acte suivant, le vivre aussi, l'écrire aussi, puis cligner encore des yeux et passer, et passer, et passer ailleurs, indéfiniment passer ailleurs, sans être atteint jamais là où les blessures restent blessures, sans guérison possible)) – oui, quarante ans que j'ai vécus, à brandir mon corps comme s'il était une masse de l'égypte ancienne : au bout d'un long manche, cet alliage de fer, de cuivre et de bronze, sous forme de boule, si bien chef-d'œuvrée c'était que même coiffé d'un casque bien maillé, aucun crâne ne pouvait lui résister – oui, mon corps, mon écriture, cette terrifiante masse de l'égypte ancienne)) –

ME DIS, ME DISAIS, ME DIS :

heureusement qu'il y a cette bouteille de whisky entre la vallée de l'omo et moi, entre le parc de mago et moi – suffit de ne pas dormir pour que ça reste là où c'est depuis les origines de l'humanité, suffit de pas dormir pour rien entendre des bruits de la nuit, je ne veux pas des rêves qu'ils pourraient faire venir, faut que je me concentre sur ce que demain il arrivera, puisque demain est le dernier jour de la création, et ce sera celui de mon anniversaire, le soixantième depuis que je suis sorti du ventre de ma mère sans que ne me touche la chaleur de ses cuisses – pas d'autre corps que le mien à ma venue au monde, ce petit paquet de nerfs et de muscles, comme un ver solitaire au milieu d'un ber, toutes affreuses sont les créatures qui naissent – et demain qui s'en vient si vite, je le sens déjà qui entre dans mon bras et mon épaule gauches, j'enlèverais l'attelage qui les maintient en place que ça s'effriterait, dérisoire serait l'amas de cendres à mes pieds – et demain qui s'en ira aussi vite qu'il sera survenu, à rouler en jeep aux côtés d'abé abebé, pour voir des paysages de fin du monde, des vaches si maigres, si affamées, qu'elles restent immobiles, comme mortes déjà, le cuir de leur peau soudé à leurs os qui saillent, des enfants, des femmes et des hommes aussi efflanqués que leur cheptel, allant tout nus sous les arbres, chacune et chacun munis d'une kalachnikov, pour une razzia, pour un brigandage, pour une vengeance annoncée, pour le plaisir de tuer, pour pas grand-chose finalement, éphémères sont tous les assouvissements, puisque la rage c'est le corps lui-même et que c'est impossible d'en chan-ger – rage d'adolf hitler, de joseph staline et de harry tru-man au vingtième siècle, toutes ces guerres qui, pour la première fois dans l'histoire de l'humanité, ont exterminé des populations entières, préparant cette barbarie qui est déjà la marque de notre siècle : tuer, non par nécessité, mais parce que la rage, celle des peuples comme celle des individus, est devenue la seule valeur qui porte l'humanité : quand le corps du monde devient cancéreux, les cellules de la mort prolifèrent en forme de chaos, elles envahissent aussi bien les parties saines que les parties malades du corps, elles deviennent des armes de destruction massive, qui frappent partout et n'importe comment, mais ce qui les détermine vraiment, c'est cette barbarie extrême et suicidaire dont les machettes, les kalachnikovs, les roquettes et les missiles sont les symboles déraisonnés dans lesquels l'humanité s'est laissé enfermer, sans plus aucun espoir de s'en libérer –

l'ai vue dans l'œil sain et violet d'abé abebé dès que je me suis trouvé dans la hutte face à lui, l'ai vue cette rage devenue si ordinaire qu'elle se laisse à peine pénétrer – et n'en sort que ces paroles que toute passion a désertées, des mots communs et sans substance réelle, car le corps tout entier est passé derrière le miroir, là où ça ne se parle plus, sinon par le sang des autres qu'on fait jaillir, juste pour qu'il jaillisse et sans que la raison n'y soit pour quelque chose – tant d'enfants, tant de femmes et tant d'hommes en trop, et dont on ne sait plus quoi faire, sinon les vacciner pour ainsi dire à l'envers afin que seule la rage les détermine ; et la rage sans machettes, sans kalachnikovs, sans roquettes et sans missiles est une implosion ((comme le démontrent toutes ces déportations en forme d'entonnoir, tous ces déplacements de population en forme d'entonnoir, qui mènent tout droit à ces camps de réfugiés en forme d'entonnoir, à cet univers concentrationnaire en forme d'entonnoir, impossible à fuir autrement que par la mort en forme ultime d'entonnoir)) –

ME DIS, ME DISAIS, ME DIS :

impossible de penser longtemps aussi loin de soi-même quand s'est mise à cavaler la jument de la nuit, par cercles dans la ténèbre, qui rapetissent à chaque tour qu'elle fait ; bientôt, ça ne tournera plus qu'autour de la hutte ; et si je ne veux pas que ça y entre, seul le whisky que je bois comme de l'eau bénite peut encore me protéger – ((de quoi ?)) – de cette rage qui a déterminé toutes les actions de judith depuis qu'elle est réapparue dans ma vie et m'a forcé à entreprendre cette longue voyagerie aux quatre coins du monde pour que j'en vois seulement les grands yeux violets de la condamnation ; et de cette rage d'abé abebé aussi, le bras armé de judith – demain, je vais me faire tuer et je serai si loin de ma maison, de mes champs et de mes bêtes, que tout deviendra une infinie perdition, pire que celle d'artaud en sa prison de rodez, pire que celle de kafka au sanatorium de zürau – seule une balle m'atteindra en plein milieu du front et je serai mort aussitôt, sans que ma mère ne m'ait touché une seule fois, sans que personne ne soit entré suffisamment loin dans mon corps pour en briser le noyau d'égoïsme qui l'a toujours déterminé ((seule calixthe béyala aurait pu sans doute détourner de moi la veine noire de la destinée, mais ce fut si fugace entre elle et moi que mon corps s'est porté fugitif – du temps, ça aurait demandé beaucoup de temps, et le temps pour moi c'est pareil à cette mémoire qui me manque pour que je puisse me souvenir des corps – ne me reste plus rien de celui de calixthe béyala, à peine cette longue chevelure qui faisait étoile quand nous étions l'un à côté de l'autre dans cette chambre de libreville, avec rien d'autre sur les murs que ces illustrations et ces photos de rois-nègres, de leurs femmes, de leurs enfants, et ces longues dents affilées, si blanches dans les bouches rieuses et, devant eux, ces amas de crânes, ces amas d'os, si lugubre c'était!)) –

ME DIS, ME DISAIS, ME DIS:

serait temps que vienne l'aurore aux doigts de rose, parce que le whisky va manquer tantôt et la jument de la nuit pourrait encore me sauter sur le dos et me piétiner de ses gros sabots – tout compte fait, ça vaudrait peut-être mieux que de me trouver aux côté d'abé abebé, dans sa jeep, à parcourir par monts et par vaux cette vallée de l'omo terrorisante – terrorisante parce que le premier homme y est né et que le dernier y mourra, moi, mon corps et l'esprit qui cogne ses clous dedans –

– T'aurais dû dormir, que dit Abé Abebé. Une dure journée nous attend.

il est entré dans la hutte, a dégagé la bretelle de sa kalachnikov qu'il a déposée sur le grabat, a bu une gorgée de whisky, a enlevé ses lunettes noires, a soufflé sur les vitres, puis les a essuyées – a pris tout son temps pour les remettre, sans cesser de me regarder, son œil droit presque fermé pour que je puisse mieux voir le gauche, cette bille sous l'arcade, comme un soleil éteint – je pourrais regarder ailleurs, mais ne le fais pas ((bien que l'œil n'en soit pas véritablement un, on dirait qu'il a été fabriqué dans une matière hostile, ce dont je ne me suis pas rendu compte hier soir, sans doute parce que le ciel était déjà bas de plafond, trop peu lumineux pour ma presbytie)) –

un nègre est survenu, qui a fait disparaître le champignon bariolé pour le remplacer par un autre: une crêpe encore, mais avec des œufs sur le plat et du bacon et du pain brun –

– Mange, que dit Abé Abebé. Pour se rendre aux confins de l'Omo, les routes sont en forme de brasse-camarade. Le ventre creux, tu risques de ne pas y résister.

je mets les doigts dans le champignon bariolé, j'y arrache un morceau de crêpe avec sa garniture, j'en fais maladroitement un rouleau impérial, puis je serre les dents dessus – malgré la nausée qui monte de mon estomac à ma gorge, j'avale la nourriture – une seule bouchée, comme une pierre qui me traverse l'œsophage et fait flouc flouc en atteignant l'estomac –

– Une question, que je dis à Abé Abebé.

– Woué, que dit Abé Abebé. Woué, pose-la, woué.

– Sois franc, que je dis. Assure-moi que Judith ne sera pas aux confins de l'Omo quand on va s'y trouver.

– Je l'ai vue repartir dans le petit avion qui l'a emmenée ici, que dit Abé Abebé. C'était sûrement pas pour se rendre aux confins de l'Omo.

– Comment tu peux en être aussi certain ? que je dis.

– Parce qu'il n'y a pas là-bas de piste d'atterrissage, que dit Abé Abebé.

– Curieux, que je dis.

– Curieux pourquoi ? que dit Abé Abebé.

– Chaque fois que Judith m'a donné rendez-vous et m'a fait faux bond, elle m'a laissé un mot pour que je sache où je devais me rendre ensuite, que je dis. Je me demande juste pourquoi c'est pas le cas maintenant.

– J'en sais rien, que dit Abé Abebé. Peut-être Judith voulait-elle seulement être certaine que j'accepterais de te voir.

– Ça ne peut pas être aussi simple, que je dis. Ça ne serait pas digne de Julien Gracq, d'Antonin Artaud et de Franz Kafka.

– De qui tu parles ? que dit Abé Abebé.

– Tu ne te souviens pas qu'à Paris, je lisais sur les morts annoncées de Kafka, Artaud et Gracq ? que je dis.

– Non, que dit Abé Abebé. Me semble pas t'avoir entendu parler une seule fois de ces morts-là annoncées.

– J'en parlais, sauf que tu ne m'entendais pas, que je dis. Il y avait seulement le blues et le jazz américain qui t'intéressaient.

– C'est toujours comme ça, que dit Abé Abebé. Un jour, j'irai en Amérique pour mieux écouter.

– T'es comme moi un homme vieillissant, que je dis. Tu devrais savoir que partout dans le monde, tous les souliers se fabriquent maintenant de la même façon.

– T'en penses rien, que dit Abé Abebé. Sinon, pourquoi serais-tu venu jusqu'ici ?

je ne trouve pas de quoi répondre et même si je trouvais, abé abebé ne me laisserait pas le temps de le lui dire : il a pris la kalachnikov sur le grabat, a assujetti la bretelle à son épaule, s'est saisi de ma petite valise :

– Apporte la bouteille de whisky, qu'il dit. Il y en a déjà dans la jeep, mais je ne voudrais pas que tu en manques.

il sort de la hutte, je le suis le long de la palissade de pieux qui ceinture l'hôtel, je voudrais marcher plus rapidement, sauf que mes jambes me l'interdisent : on dirait que la jument de la nuit me les a remplacées par deux prothèses qui ont rouillé faute d'avoir été huilées, et les articulations de ça craquent de partout à chaque pas que je fais même si je m'appuie autant que je peux à ma canne – mon bras et mon épaule gauches sont aussi pires que mes jambes : un porc-épic s'est frotté au cuir de l'attelage, y laissant plein de piquants qui s'enfoncent lentement dans mes nerfs et mes muscles – abé abebé s'est arrêté à la porte qui, devant l'hôtel, permet de se libérer de la palissade de pieux, et attend que j'arrive jusqu'à lui ((ce petit rictus qui lui déforme la bouche ne me paraît augurer rien de bon)) –

– Oublions les confins de l'Omo, que je dis. Entrons plutôt à l'hôtel. Je ferai venir l'avion qui m'a porté jusqu'ici et je m'en irai chez moi dès qu'il sera là.

– Tu n'es pas à Paris, que dit Abé Abebé.

– Quoi, Paris ? que je dis.

– À Paris, c'est facile de fuir, suffit de le vouloir et on peut le vouloir aussi souvent qu'on veut. Dans la vallée de l'Omo, c'est autrement plus malaisé.

– Ça ressemble à une menace, que je dis.

– Non, c'est de la réalité toute simple, que dit Abé Abebé. Si t'avais pris la peine de t'informer avant de venir, tu saurais au moins ça.

je monte dans la jeep, m'assoyant à l'avant aux côtés d'abé abebé, tandis que derrière ont pris place deux soldats de l'armée éthiopienne armés comme abé abebé d'une kalachnikov en bandoulière et d'un pistolet à leur ceinture – portent aussi des lunettes fumées et ont l'air aussi amicaux que les groupes autochtones qui nous regardent passer, leurs visages peu souriants, comme s'ils étaient faits de terre cuite, sans nerfs ni muscles pour que ça puisse s'animer – hommes et femmes sont plus hauts de taille que je l'imaginais, mais peut-être est-ce leur maigreur extrême qui fausse la perspective – peu de vêtements, mais tous sont vivement colorés comme c'est le cas depuis que du gabon j'ai traversé l'afrique noire ((tous ces hommes et toutes ces femmes marchent vers le marché public qu'il y a quelque part dans la plaine, paniers sur la tête, sacs de légumes sous les bras, parfois tirant une petite voiture dans laquelle s'entremêlent vieux chaudrons, vieilles calebasses, quelques bottes de légumes et petits amas de fruits – aucun comptoir, aucun étal à ce marché public, vendeuses et vendeurs assis par terre ou sur une grosse roche, leurs possessions étalées devant eux – et partout, ces petits nuages de poussière parce que retarde cette année la saison des pluies et qu'il suffit d'une légère poussée de vent pour que le sable fasse tempête – ((cette montagne que nous contournons ensuite, qui a été déboisée du bas jusqu'en haut, amenant cette érosion des sols et la construction de murets de pierre pour qu'on puisse encore y cultiver)) – .

– Ça manque d'eau partout, que dit Abé Abebé. Si les pluies retardent encore d'une semaine ou deux, ce sera la famine.

ça paraît indiscutable quand je regarde ces petits troupeaux de vaches qui ne baissent même pas leurs têtes vers le sol pour y grappiller un peu d'herbe : les touffes qu'il y a ici et là, sans épis, sont sèches et grises ((on est loin de l'île des vaches du soleil dont parle homère dans *ulysse* : grosses et grasses, pacageant dans du fourrage vert jusqu'aux genoux pour que le soleil, une fois le soir venu, puisse les manger et refaisant ainsi le plein de son énergie, se remettre à briller dès l'aurore aux doigts de rose revenue)) – et ces gardiens, aussi faméliques que leurs troupeaux, visages de craie grise, leurs corps plantés comme des piquets dans le sable : une première épidémie a d'abord décimé une partie du cheptel, puis l'anthrax s'est chargé des autres, et il a fallu importer des vaches de la grande-bretagne ; à peine arrivées en éthiopie, on a dû les abattre parce qu'elles avaient été nourries de moulées animales et qu'elles souffraient toutes de la maladie dite de la vache folle –

je regarde, j'écoute les explications que me donne abé abebé, mais il y a longtemps que le journaliste est mort en moi par dépit : t'as qu'à sortir de chez soi pour que te frappe aussitôt en plein front la misère sociale, la régression culturelle, l'analphabétisme, la dépendance et l'esprit de fatalité qui vient avec : les confins de la vallée de l'omo en sont sans doute l'exemple le plus extrême – on ne peut même plus se nourrir des animaux sauvages parce que les hommes blancs les faisaient abattre pour leurs chairs, leurs peaux et leurs défenses d'ivoire qui rapportaient gros sur les marchés européens : toutes des espèces menacées désormais, et confinées dans de petits espaces de forêts, de terre et d'eau que surveille l'armée éthiopienne parce que sont nombreux les braconniers et lucratif encore le trafic des peaux, des chairs et des défenses d'ivoire –

– Les braconniers ont juste à traverser la frontière qui mène au Soudan, que dit Abé Abebé. Là, c'est facile de troquer ce qu'on y apporte pour une kalachnikov et quelques boîtes de balles. Tous les garçons de toutes les tribus rêvent d'en posséder une. C'est devenu le symbole du véritable guerrier et de la domination de certaines tribus sur les autres. Au moindre prétexte, on attaque ou on se fait attaquer au nom de traditions que presque plus personne ne sait de quoi elles étaient faites. Comme soldats, notre job est de voir à limiter les dégâts, les massacres, les ethnocides. Pas facile dans un coin de pays pareil : la haine de l'autre remonte si loin à travers le temps qu'elle est passée dans les gènes.

fait tout ce qu'il peut pour que j'aie une idée de la géographie de la vallée de l'omo, ses singularités, la beauté de ses montagnes, de ses plateaux, de ses plaines, de ses savanes, mais je renonce rapidement à comprendre : pour celui qui y vit, tout est toujours au-dessus de tout, même ce qu'ailleurs on verrait comme la quintessence de la laideur, du pitoyable ou de la barbarie – cette relativité des choses, l'entrecroisement des hasards sous forme de catastrophes qui frappent les uns et non les autres, d'épidémies qui frappent les uns et non les autres, d'envahissements étrangers qui frappent les uns et non les autres, de la chasse aux esclaves qui frappe les uns et non les autres – depuis au moins deux cent mille ans, sur fond de terre hostile et pauvre, l'humanité de la vallée de l'omo a survécu dans la simplicité forcée, mais personne ne peut dire au prix de quels sacrifices, au prix de combien de morts : ce qu'on sait, c'est qu'une douzaine de tribus se partagent toujours le territoire, peut-être cinquante mille habitants, personne n'est en mesure de chiffrer vraiment, parce qu'à addis-abéba ce coin de pays a peu d'intérêt depuis qu'on n'y trafique plus l'esclave, les bois précieux, les défenses d'ivoire des éléphants et les cornes des rhinocéros – c'est à peine si on vient d'y inventer le tourisme d'aventure dont on compte faire la principale ressource de la région : venez voir les derniers peuples préhistoriques, faites-vous photographier en leur compagnie, admirez ces guerriers nus si fiers de la kalachnikov qu'ils portent en bandoulière, laissez-vous séduire par ces femmes qui demandent qu'on les flagelle, qu'on mette de la cendre sur leurs blessures pour qu'elles puissent gonfler suffisamment et qu'on puisse glisser dessous ces petits cailloux qui forment d'étranges motifs – les femmes qui ont le plus de scarifications sont préférées aux autres, peut-être parce qu'elles ressemblent à des totems qui portent dessous leur peau les mythes, les symboles et l'histoire de leur tribu même si elles n'en savent plus rien, seule la manière de comment faire les choses ayant survécu au naufrage du sens ; pas de champollion en cette contrée, que des touristes qui filment et photographient, déçus qu'il leur faille payer de plus en plus cher pour pouvoir le faire, déçus aussi de devoir sillonner les routes et les pistes en compagnie de guides armés parce que, autrement, ils pourraient se retrouver en pleine jungle, nus comme des vers, tous leurs bagages et biens disparus, y compris leurs véhicules, et peut-être eux autres même aussi : retrouver un corps par ici c'est comme de chercher une aiguille dans une grange pleine de foin et qui risque de s'embraser à tout moment –

si le gouvernement central laisse faire, c'est qu'il compte bien que les habitants de la région vont s'habituer à monnayer leurs corps, leurs huttes, leurs vêtements, leur artisanat, leurs peaux de bête, leurs tissus, pour ainsi dire toute leur histoire : quand ça sera devenu pratique courante, le birr aura chassé toutes les autres divinités et ces peuples si hostiles se seront amadoués, ils accepteront qu'on les dépossède d'une grande partie de leurs territoires pour que le parc national de l'omo et le nouveau parc de mago puissent devenir des fourmilières à touristes –

– Le problème, c'est qu'on veut et qu'on doit faire rapidement, que dit Abé Abebé qui a fait stopper la jeep sur ce button qui nous donne à voir, en contrebas, un petit village de huttes comme liées les unes aux autres et formant un cercle presque parfait.

– Pourquoi ça presse autant ? que je dis.

m'explique, abé abebé : l'éthiopie étant membre de la fondation des parcs africains ((une société néerlandaise à but non lucratif et dont la compagnie américaine wal-mart est l'un des principaux commanditaires)), elle doit respecter les engagements qu'elle a pris il y a déjà plus de trente ans, ce qu'elle a négligé de faire à cause de la résistance du peuple mursi qui ne veut pas se laisser déposséder des terres qu'il habite depuis des siècles pour être relocalisé sur un

territoire le rapprochant trop des autres tribus avec lesquelles il refuse de cohabiter ((tandis qu'abé abebé raconte,
je me dis que ça serait comme si au kebek on voulait mettre
ensemble, en une même réserve, les tribus huronnes,
montagnaises et iroquoises)) –

– Dans le but d'intimider les Mursis, on a brûlé certains de leurs villages, et depuis, on les menace d'amener
ici un plein régiment de soldats fédéraux qui les forceront
à aller voir ailleurs s'ils y sont. Pour qu'ils ne reviennent
pas, on a parlé de ceinturer le parc d'une clôture barbelée
et électrifiée.

– Les Mursis, ils font tant de dommages que ça ? que
je dis.

– Ce sont des chasseurs, que dit Abé Abebé. Quand
il y a disette ou famine, il leur arrive de tuer un éléphant
ou tout toute bête à viande, ce qui est interdit puisque tous
ces animaux-là sont en voie d'extinction, donc protégés.

– C'est comme je disais, que je dis. C'est pas la peine
de faire le tour du monde puisque tous les souliers se fabriquent maintenant de la même façon partout.

– Woué, que dit Abé Abebé. Woué, woué.

je bois quelques rasades de whisky, le morceau de crêpe
que j'ai avalé hier soir me faisant toujours ce nœud que j'ai
dans l'estomac, à moins qu'une pieuvre ne s'y soit glissée
et de ses ventouses en suce les parois – faut dire aussi
qu'abé abebé mène la jeep à un train d'enfer sur des chemins que même les bêtes vont au pas dessus, et cette
poussière de sable qui nous recouvre avant même qu'on
ait roulé dessus, qui colle à la peau à cause de cette chaleur, abyssine aurait dit rimbaud quand l'adolescent en lui
a tourné le dos à la poésie pour devenir trafiquant d'armes
en éthiopie ((cette ceinture de pièces d'or de quarante
livres qu'il portait fièrement, puis qu'il a perdue parce que

l'empereur menelik n'a pas voulu faire commerce avec lui – des centaines et des centaines de milles à voyager par tous les temps, dans la brousse, sous les pluies froides ou dessous un soleil de feu, pour le seul espoir de devenir riche : « Je suis perdu au milieu des Nègres dont on voudrait améliorer le sort et qui, eux, cherchent à vous exploiter, vous font subir mille ennuis provenant de leur paresse, de leur trahison, de leur stupidité » ; mais ces nègres ont vécu beaucoup plus longtemps que rimbaud, ils savent ce que c'est que la résistance, leur esprit et leurs corps se sont adaptés à l'hostilité du climat et de la géographie, ils sont aussi sains que les bois précieux qui poussent dans la vallée de l'Omo – tandis que rimbaud est loin de jouir d'une santé pareille : sa ceinture bourrée d'or l'épuise, lui donne une dysenterie qu'il est incapable de combattre, puis ce sont ses os qui sont atteints, ce sont ses articulations qui l'abandonnent et qui le forceront à se faire amputer une jambe, vainement puisque la gangrène lui montera jusqu'au cœur pour le tuer, lui ce génie qui a écrit dans *les illuminations* : « J'ai tendu des cordes de clocher à clocher, des guirlandes de fenêtre à fenêtre, des chaînes d'or d'étoile à étoile, et je danse »)) –

– T'attends quoi ? que dit Abé Abebé. Viens nous rejoindre. Y a de l'ombre ici.

– Je danse, que je dis. On reste là où on est quand on danse.

– C'est quoi, cette histoire ? que dit Abé Abebé en laissant le gros arbre sous lequel il s'était abrité avec ses deux camarades soldats pour s'en venir vers la jeep.

– Rien, que je dis. Je rêvassais.

m'aide à sortir de la jeep, car je me suis laissé avoir par rimbaud comme jadis je me laissais avoir par artaud et par kafka pour l'étrange plaisir à faire le caméléon : avec artaud, je devenais laid, la bouche tout édentée, les joues creusées jusqu'à l'os, les yeux engoncés si loin dans leurs orbites que le soleil ne parvenait plus à se rendre jusqu'à eux ; avec kafka, je ne cessais pas de tousser, quinte après quinte, crachant chaque fois un peu de mes poumons et beaucoup de sang, comme des masses de gros caillots chargés de morceaux de chair en décomposition – et là, avec rimbaud, ce poids trop lourd entourant mes hanches, faisant craquer les articulations de mes jambes, faisant s'affaisser mon bras et mon épaule gauches –

assis sous le gros arbre, je peux m'essuyer le front avec mon grand mouchoir à carreaux, décreuser mes joues, retrouver mes dents, cesser de tousser, me remettre à respirer presque normalement, puis boire deux bonnes lampées de whisky qui vont me réchauffer les jambes et remettre en place mon bras et mon épaule gauches – ((après, c'est possible pour moi de remarquer que nous sommes à une croisée de chemins, que toutes sortes de gens fréquentent : des guerriers nus, qui portent kalachnikovs ou longs bâtons, qu'on pourrait prendre pour des zèbres parce que de longs traits de craie ou de peinture leur couvrent tout le corps – des têtes rasées, chapeautées de calottes de boue et de bouses de vache séchées, avec des plumes piquées dedans, leur nombre indiquant combien d'ennemis le guerrier nu a tués ; et bon nombre de femmes aussi, se montrant dans toutes sortes d'accoutrements et de coiffures, pagnes en peau de léopard, pourtour des seins et seins eux-mêmes abondamment scarifiés selon une logique géométrique et sans doute kabbalistique qui en font des totems qui marchent, ou bien les corps sont nus, jambes et bras entourés d'anneaux dorés, visages peints : ocre rouge, ocre jaune, craie blanche, vert qu'on extrait d'une pierre qu'on trouve seulement au fond de la rivière omo ; ou têtes rasées portant jarres et calebasses et, du cou aux pieds, de véritable peintures, mais pas une seule n'est figurative : on croirait voir un riopelle, un pellan, un borduas, un gauvreau passer devant soi, de toute beauté c'est, et ces corps, tous magnifiques, jamais rien vu de tel, sauf dans cette chambre de l'hôtel du panthéon de paris quand abé abebé enlevait le vison de félicité légère et qu'au rythme du blues, ou du jazz américain, il se mettait à danser dans cette impudicité qui allait bien au-delà de la lascivité – de la beauté nue tout simplement et telle que même ensemble, gracq, artaud et kafka, chambre des abîmes ou pas, prison de rodez ou pas, sanatorium ou pas, auraient été impuissants à l'imaginer –

– T'es toujours certain que tu veux voir l'Omo ? que dit Abé Abebé.

– Hier, c'était non. Mais c'est oui maintenant, que je dis.

– T'as été vacciné contre la mouche tsé-tsé ? que dit Abé Abebé.

– Pas besoin, que je dis. Dans mes veines coule du sang de cochon.

– Je ne suis pas sûr que ce soit là une protection suffisante, que dit Abé Abebé.

– Partons, que je dis. À quoi bon discuter pour rien ?

je me sens d'attaque grâce à cette bouteille de whisky que j'ai vidée à moitié : les maladies de gracq, artaud et kafka se sont fait manger tout rond par l'alcool, et mes jambes sont redevenues mes jambes, et ma poitrine pourrait d'un seul respir avaler tout l'air de la vallée de l'omo, et mon bras et mon épaule gauches n'auraient même pas besoin de leur attelage pour tenir une kalachnikov sans défaillir –

– Je sais maintenant pourquoi ça s'est passé aussi mal à Paris entre toi et moi, que je dis à Abé Abebé. Tu étais beau comme tous ceux-là que je vois aujourd'hui et moi, j'étais rien d'autre qu'une infamante laideur toute blanche.

– Woué, que dit Abé Abebé. Woué, woué.

là où la jeep fonce désormais, c'est dedans des sentiers que deux vaches côte à côte pourraient difficilement
traverser – mais abé abebé roule toujours là-dessus à un
train d'enfer, et je dois protéger mon chapeau en l'enfonçant le plus creux possible sur ma tête et le retenir de la
main droite pour que les branches des broussailles qui
donnent violemment dessus ne l'envoient pas rejoindre
le fond de l'air – puis s'arrête brusquement la jeep : des
gémissements, des cris, des hurlements de femmes, des bâtons qui sifflent et claquent, à proximité de nous ça se passe
sûrement, puisque ça s'entend parfaitement –

– On dirait des gens qu'on massacre, que je dis.

– Non, que dit Abé Abebé. Ce sont des jeunes filles
qui se font flageller par de jeunes garçons. Celles qui ré-
sistent le mieux et le plus longtemps obtiennent le droit de
marier les meilleurs guerriers. Eux-mêmes sont autorisés
à flageller les jeunes filles que s'ils ont réussi leur propre
initiation.

– Une boucherie, que je dis.

– Tu te trompes, que dit Abé Abebé. Les jeunes garçons se battent avec de longs bâtons dont ils maîtrisent
parfaitement l'usage. Un adversaire peut être blessé, même
gravement, mais il ne doit pas mourir. Si ça arrive parfois,
il est forcé de faire amende aux parents du mort, et ça
peut lui coûter plusieurs vaches, une trentaine au moins.

– J'aimerais voir, que je dis.

– Aucun étranger n'est admis au rituel, que dit Abé
Abebé. Même pas quelqu'un qui fait partie d'une tribu
amie.

ai dû mettre de l'eau dans mon whisky : le soleil
chauffe tellement fort qu'on se croirait au beau milieu du
sahara à l'heure du midi quand il y fait quarante-cinq

degrés – pourtant, nous roulons sous des arbres hauts comme de petits gratte-ciel et entourés de broussailles en forme de parapluie – le problème, c'est que le vent souffle de nulle part et que l'air est comme du beurre mou et rance, presque irrespirable – je viens pour dire à abé abebé : « J'en ai assez vu, on rentre », mais il y a tout à coup cette petite chute devant nous et ce bassin qu'elle forme en bas avant de se déguiser en semblant de rivière – un petit sentier y mène, qu'abé abebé et moi allons prendre, laissant les deux soldats assis dans la jeep : s'ils venaient avec nous, le risque serait grand pour qu'on n'en trouve que la carcasse à notre retour ((tous ces guerriers qui se sont levés avec le petit matin pour chasser se sentiraient déshonorés s'ils revenaient chez eux les mains vides : un pneu de jeep, ça peut se découper en lamelles, ça peut devenir une ceinture ou une bandoulière de kalachnikov ; des poignées de portière, de la vitre, des manettes et de la tôle, ça se transforme en toutes sortes de brimborions, fort utiles quand on passe la plus grande partie de la journée à décorer son corps ou celui des autres)) –

un groupe de femmes et d'enfants sont assis à l'extrémité du bassin, là où il devient un semblant de rivière ; les femmes n'aiment visiblement pas les soldats et se seraient sans doute enfuies si abé abebé ne m'avait pas remis entre les mains sa kalachnikov avant d'aller leur parler ; puis il a donné à chacune des femmes un billet de banque en les laissant choisir celui qu'elles voulaient parmi la liasse qu'il a sortie d'un gros portefeuille ((m'expliquera plus tard que si presque personne dans la vallée de l'omo ne connaît véritablement la valeur de l'argent, les billets malpropres, écornés ou marqués sont rejetés ; vaut mieux en avoir des neufs avec soi – quelle importance ? – n'aurai pas besoin de poser la question à abé abebé après être passé sous l'eau de la chute, rafraîchissante malgré sa tiédeur, car il me suffira de regarder les femmes et les enfants en train de colorier leurs corps ou de se fabriquer de singuliers chapeaux pour comprendre quel soin elles mettent à tout faire pour que les tableaux vivants qu'elles deviennent soient parfaitement exécutés, sans qu'on puisse y voir la moindre coulisse ou le moindre trait qui déparerait l'ensemble ; j'admire la dextérité des doigts et la rapidité avec laquelle ils créent : quelques minutes à peine et le corps s'est métamorphosé en une superbe toile abstraite – et c'est pareil pour les singuliers chapeaux : de simples épis de blé d'inde, de longues cosses de haricots, d'étranges feuilles, des herbes ou des fleurs vivement colorées, ça suffit à ces femmes pour créer ces extravagantes coiffures, mais toutes sont d'une grande beauté, même celle entièrement faite de douilles de kalachnikov que porte cette jeune femme extraordinairement belle, sans doute la reine de la tribu)) –

– Pourquoi ces peintures et ces chapeaux font-ils un tel effet ? que je dis à Abé Abebé.

– Ça m'étonne que tu n'aies pas remarqué que la peau de ces femmes, comme celle de tous les hommes des tribus de l'Omo, est cuivrée et non pas noire comme la mienne. Moi, je suis un Nègre et j'ai la peau sombre d'un Nègre. Si tu veux insulter quelqu'un par ici, traite-le de Nègre. À cause de leur peau cuivrée, les habitants de la vallée considèrent qu'ils sont d'une race à part.

– Quelle différence ça fait que d'avoir la peau cuivrée ou noire ?

– La peau noire se laisse pénétrer par le soleil, que dit Abé Abebé, mais pas la peau cuivrée qui le réfléchit. Et c'est ce qui donne autant d'éclat aux peintures corporelles que tu as vues. Les couleurs en deviennent flamboyantes.

– Lumineuses, plutôt, que je dis.

– Woué, que dit Abé Abebé. Woué, lumineuses, woué.

s'installe au volant de la jeep, met en marche le moteur puis appuie brusquement sur l'accélérateur – vers la rivière omo c'est lancé, une demi-heure à zigzaguer au travers de la broussaille et de longues herbes cassées, sans voir personne, ni femmes portant jarres ou calebasses sur la tête, ni guerriers nus munis de kalachnikovs : la rivière omo est considérée comme malveillante à cause des crocodiles qui l'infestent et de la mouche tsé-tsé qui y prolifère ; on n'y mène que rarement les troupeaux et seulement en cas de longue sécheresse ((la mouche tsé-tsé infecte les vaches dont on boit le lait et le sang, mais dont on ne mange pas la chair – tuer une vache, ça serait gaspiller le capital qu'on possède : une kalachnikov et quelques boîtes de balles coûtent trente vaches, autant que la plus belle des filles qu'on veut épouser)) –

– Exception faite de la couleur, on dirait la Rivière des pourris de Morial-Mort, que je dis à Abé Abebé. Pourquoi les eaux sont aussi brunes ?

– Parce que la terre tout autour l'est, que dit Abé Abebé.

sur le buton où l'on se trouve, tout le paysage ressemble aux eaux de la rivière omo : de l'ocre partout, du brun partout, avec par-ci par-là de toutes petites enclaves jaunes ou rouges – un lieu véritablement de fin du monde et juste le regarder ça te vire à l'envers, comme de la mort partout, dessous, devant, derrière, au-dessus ; et c'est au milieu de cette hostilité extrême qu'est née l'humanité, bien loin du paradis de la bible juive, de cette luxuriance qui est gaspillage et de ce gaspillage qui a fait du dieu hébreu ce veau d'or, symbole de tous les capitalismes ((posséder et être possédé par cette possession au point de vouloir en exclure tous les autres : moi, seul peuple élu ; moi, seul peuple qui s'adore et s'y dore, amen)) –

ME DIS, ME DISAIS, ME DIS :

pas fâché de quitter la vallée de l'omo en son extrême limite, me sens si loin de tout et si brutalement fatigué, comme une tonne de briques qui me serait tombée dessus, comme d'innombrables épées se décrochant du ciel pour me fendre la tête, et fendre aussi mes nerfs et mes muscles, ouvrant mon corps à toutes les blessures – même le whisky que j'avale goûte la craie, même le whisky que j'avale a pris cette couleur ocrée de la rivière omo, même le whisky que j'avale est impuissant à garder rouge le sang qu'il me reste encore dans le corps – j'essaie de m'accrocher au corps de judith, mais il est devenu si informe que sa consistance s'en est toute allée – que des débris qui se pourmènent en moi, ces taches, ces figures abstraites, comme celles que dessinent sur leurs corps les femmes de l'omo, des crochets peut-être, des hameçons peut-être, de minuscules kalachnikovs peut-être, un poisson pêché, un poisson déchiqueté, un poisson défait de ses arêtes ((oublier judith, rien d'autre que des fragments qui me fragmentent – me concentrer plutôt sur calixthe béyala, ce corps sans anfractuosités, trop plein de vie tranquille pour que les crochets peut-être, les hameçons peut-être, les minuscules kalachnikovs peut-être, puissent s'agripper à ses nerfs et à ses muscles, pénétrer dedans, l'ocrer brun, l'ocrer jaune, l'ocrer rouge, amas, magmas indéfinis, pires que les trous noirs aux confins du cosmos)) –

– Tu cognes des clous, que dit Abé Abebé en m'assénant ce coup de coude dans les côtes.

– Je me sens mal, que je dis sans ouvrir les yeux. Je vais finir par renvoyer mon cœur si les taches ocres ne cessent pas de s'attaquer à lui.

– Je t'ai prévenu hier soir et ce matin encore, que dit Abé Abebé.

– De quoi ? que je dis. Me souviens pas, me souviens plus.

– Qu'il fallait que tu manges, que dit Abé Abebé.

– Chez moi, je peux passer toute une semaine sans nourriture aucune et ça indiffère mon corps, que je dis.

– Woué, ton corps, que dit Abé Abebé. Woué, woué, ton corps, woué.

– Rentrons à l'hôtel que je dis. Je ne vois déjà plus rien et la jument de la nuit est à la veille de faire claquer ses grands sabots ferrés.

– T'en fais pas, que dit Abé Abebé. Les nuits sont calmes par ici. Les indigènes restent chez eux dès que le soleil s'éteint. Font un feu au milieu des huttes, dansent et chantent pour apaiser les esprits de leurs ancêtres qui se promènent dans l'obscurité. Sortir du cercle que forment les huttes déchaînerait les esprits mauvais du monde.

– Rentrons quand même, que je dis.

– À la prochaine croisée des chemins, que dit Abé Abebé. Pour faire plus court, on piquera au travers du parc de Mago.

je rétorque rien, la jeep s'étant arrêtée derrière un petit troupeau de vaches immobiles au milieu du chemin : un guerrier nu caresse la tête de l'une des vaches, tandis qu'un autre lui enfonce la lame d'un long couteau dans la gorge – pisse le sang, jusqu'à remplir la calebasse que tient un troisième guerrier ((la vache comme pétrifiée sur place

malgré le sang qui lui éclabousse la tête et le poitrail)) –
et abé abebé qui est descendu de la jeep pour aller parle-
menter avec les guerriers – doit leur remettre presque toute
la liasse de billets de banque qu'il y a dans son gros portefeuille, puis revient vers la jeep en tenant dans ses mains
la calebasse pleine de sang, et l'offre aux deux soldats assis
derrière moi – n'ont pas bougé depuis le matin, n'ont rien
bu et rien mangé – se mettent à boire safrement le sang, les
étranges bruits que ça fait quand ils déglutissent, comme
de grosses chauves-souris, longues dents et grandes bouches ensanglantées – puis abé abebé reprend la calebasse
et boit à son tour, essuyant du revers de sa manche le sang
qui lui dégouline au menton – me tend ensuite la calebasse :
  – Bois un coup, qu'il dit. Le sang frais coulé est très
nourrissant.
  – C'est à peine si je pourrais avaler une gorgée de
whisky, que je dis. Juste l'odeur du sang, c'est déjà trop.
  – Faut pourtant que t'en prennes, que dit Abé Abebé.
Sinon, les guerriers qui me l'ont vendu vont voir dans ton
refus quelque chose comme une grave injure.
  la calebasse vient comme d'elle-même jusqu'à ma
bouche et le sang y passe, par cette ouverture que font les
deux molaires qui me manquent ((cette odeur de boucherie comme quand on tuait le cochon aux aveilles de noël,
très loin c'est dans ma mémoire, aux confins du rang rallonge de saint-jean-de-dieu : ce long couteau à égorger,
le cochon retenu par terre, et cette lame qui s'enfonçait
dans la grosse veine du cou, faisant jaillir les hurlements
de la mort et le sang que ma mère recueillait dans sa
grande poêlonne ; puis, sur la table où s'entasseraient
tantôt les abats, la poêlonne rouge mise là, et la louche
qu'on trempait dedans et les hommes qui avaient abattu

le cochon avaient le droit de boire le sang et d'en recracher un peu sur la neige pour que le chien le liche de sa longue langue et moi, profitant d'un moment d'inattention de tous, je buvais aussi une gorgée de sang; on m'avait dit tant de fois que j'en avais du pareil dans les veines que ça allait de soi que je m'en abreuve)) – mais ce sang de vache, je sais que je ne devrais pas l'ingurgiter, mon corps va se battre contre: et quand le corps se bat trop fort contre ce qui lui est inconvenable, la jument de la nuit n'a même plus besoin de rôder dans les parages, puisque c'est à l'intérieur des nerfs et des muscles qu'elle galope, rue et mord, ce qui fait du corps une hallucination déraisonnée comme quand gracq attisait sa mort dans la chapelle des abîmes, et artaud couché entre deux matelas au fond de la prison de rodez, et kafka pourrissant par ses poumons en ce pavillon des tuberculeux de wiener wald –

deux guerriers nus s'avancent vers la jeep, je crois d'abord qu'ils transportent l'un des leurs, mais quand c'est suffisamment proche de la voiture, je me rends compte que c'est d'un totem qu'il s'agit – le vois de dos d'abord quand les deux guerriers nus le mettent debout, ce bois travaillé pour que ressorte au travers des fibres un corps aussi desséché que le sont les momies, mais cuivré, et tout saillant de nerfs, de muscles et d'os –

– C'est un cadeau que Judith m'a demandé de te faire, que dit Abé Abebé. On ne fabrique plus guère de cette espèce de totem par ici, parce que les voleurs s'en emparaient et allaient les vendre à gros prix au marché noir d'Addis-Abéba. Regarde : la vérité crie de partout dans ce bois-là.

ils ont mis le totem de face – un très vieux corps de très vieille femme, aux seins flasques qui se nouent sous le nombril, comme deux mains qui se seraient trompées d'appartenance ((mais peut-être ne font-elles que remplacer celles qui manquent le long du corps, au bout de ces bras cerclés de cuivre)) – à cause de la pénombre, à cause de l'ombre aussi que fait sur le gros arbre près duquel nous sommes, je ne vois guère la tête du totem, mais les deux guerriers nus font trois pas par devant et, bien malgré moi, je suis forcé d'écarquiller les yeux : que font ici le grand bardo scieur de longue scie et le caïus picard émasculés par le gros pharmacien ? – que fait ici la tête affreusement vieillie de judith, tous les traits de son visage tirés vers le bas pour que les yeux prennent presque toute la place, aussi grands que ceux que j'ai vus dans l'île de pâques, au laos, en bretagne, partout où c'est que judith m'a donné rendez-vous ? – mais ceux que je regarde maintenant ont quelque chose que les autres n'avaient pas : ils sont d'un violet si éclatant qu'ils scintillent malgré que partout autour de nous se vident les calebasses de la ténèbre –

– Allons-nous z'en ! que je dis à Abé Abebé. C'est vrai que la nuit est pleine d'esprits malveillants et que ça serait mieux de se mettre à l'abri avant que ne surviennent les machettes. Vite ! Vite ! Vite ! Il faut fuir !

– Woué, que dit Abé Abebé. Woué, fuir, woué.

une fois le totem mis entre les deux soldats sur la banquette derrière nous, abé abebé a repris le volant et, plus rapide que la jument de la nuit, file la jeep vers le parc de mago – à peine en ai-je conscience : la tête me fait mal, mon épaule et mon bras gauches me font mal, comme si le sang de vache que j'ai bu avait fait plein de grumeaux en ces parties-là de mon corps, des amas de taches ocrées jaune, rouge, brune et grise, qui se nourrissent de ma matière, de mes nerfs et de mes muscles – je frissonne, puis le feu m'embrase, puis je frissonne encore, puis je me bats contre les frémilles qui s'attaquent à mes pieds et à mes mains, je me bats contre les balles de kalachnikovs qui trouent la ténèbre comme autant de comètes lumineuses –

– Je vais mourir, que je dis. Même pas dans cet hôtel de huttes à l'orée du parc de Mago, même pas à Addis-Abéba, même pas à Libreville. Mais ici même, dans cette jungle. Si fatigué. Pire que la chapelle des abîmes, pire que la prison de Rodez, pire que le sanatorium de Wiener Wald.

– Woué, que dit Abé Abebé. Woué, pire, woué.

– Ma maison, que je dis. Regarde au-dessus de nous. Elle tourne dans le fond de l'air. Mes bêtes, que je dis. Regarde au-dessus de nous. Elles tournent dans le fond de l'air. Mon pays, que je dis. Regarde au-dessus de nous. Il tourne dans le fond de l'air. Regarde ! que je dis. Regarde donc ! Tout ce que je suis tourne affreusement dans le fond de l'air !

la jeep s'est arrêtée, mais ça n'empêche pas que tout ce que je suis continue de tourner affreusement dans le fond de l'air – et pour que je ne tombe pas au milieu des longues herbes séchées qui nous environnent, abé abebé m'enserre la taille de son long bras, tandis que les deux soldats sautent du jeep, prennent à bras le corps le totem aux scintillants yeux violets, et se mettent à marcher devant nous –

– Où sommes-nous ? que je dis.

– Tout près de l'hôtel, que dit Abé Abebé. Je laisse la jeep ici pour que ne se réveillent pas les dormeurs. Ils accuseraient l'armée de vouloir les opprimer.

– Je vais rentrer par moi-même, que je dis. Tu me fais peur.

– Laisse-moi te conduire, que dit Abé Abebé. Tu sais que je t'aime trop pour te faire du mal.

– Tu me détestes, que je dis. C'était déjà comme ça quand nous habitions sous les combles de l'Hôtel du Panthéon.

– Woué, que dit Abé Abebé. Woué, égoïste, woué.

cette clairière enfin, ce banc taillé dans une grosse bûche de bois de santal, sur lequel abé abebé m'aide à m'asseoir, puis restant debout derrière moi, de ses mains me tenant les épaules pour que je ne pique pas du nez vers cette terre battue où m'attire le déséquilibre de la gravité – tandis qu'avec le totem, les deux soldats ont atteint ce qui doit être le centre de la clairière ; s'y trouve un piédestal en forme de cercle et, une fois le totem installé dessus, ça se met à tourner, mu je ne sais pas comment –

– Les esprits malveillants de la nuit, que je dis.

– T'inquiète pas, que dit Abé Abebé. Le cercle nous protège. Les esprits malveillants sont incapables de le forcer de l'extérieur.

– Je ne veux pas rester ici, que je dis. Ça sent pire que la mort.

– Tu ne bouges pas, que dit Abé Abebé, en accentuant la pression de ses mains sur mes épaules.

comme si j'avais entendu la voix d'idi amine dada, pareille à un tonnerre dans mes oreilles – me libérer de l'emprise d'abé abebé, juste ce qu'il faut pour que je voie son visage : cette grosse tête de gros nègre, qui me ricane dedans la face, cet œil violet comme une kalachnikov prête à mitrailler, et l'autre, cette bille de verre, un œuf prodigieux fait de matière haineuse, rien d'autre que de matière haineuse –

– Tue-moi tusuite, que je dis. Je sais maintenant que c'est ce que Judith t'a demandé.

– Si c'était là mon intention et celle de Judith, tu serais mort déjà, que dit Abé Abebé. Maintenant, tais-toi et regarde, tais-toi et entends.

sous les branches des arbres entourant la clairière s'allument des lanternes africaines, comme des œils violets qui semblent, en clignotant, se répondre les uns aux autres, sauf de l'autre bord d'où je me tiens, qui reste dans le noir absolu de la ténèbre – puis sortent de partout ces guerrières étranges qui se mettent à danser autour du totem, en ce rythme très lent, celui des sons graves qu'elles éructent comme autant de rots parfaitement synchronisés – mais la danse et le chant, ce n'est pas ce qui me terrorise : les étranges guerrières ont toutes les yeux violets, et toutes aussi ont les oreilles mutilées, les lobes si allongés qu'ils touchent les épaules, et toutes encore ont les lèvres inférieures déformées par de grands disques d'argile peints de couleur violet ((ma répulsion est telle que ce qui me reste de nerfs et de muscles se bande brusquement et que je me lève de mon banc, résolu à fuir, car la jungle elle ne se trouve pas au-delà de la clairière, mais ici même, en cette clairière trafiquée par abé abebé – pousser un cri énorme pour qu'on m'entende jusqu'à addis-abéba, jusqu'à n'djamena, jusqu'à abuja, jusqu'à yaoundé, jusqu'à libreville ! – mais abé abebé me plaque sa longue main de nègre sur la bouche et me tire par derrière, me faisant retomber sur mon banc –

– Reste assis, que dit Abé Abebé. Reste silencieux aussi. Sinon, ça serait injurieux pour toutes ces femmes qui se sont faites aussi belles parce qu'elles veulent te rendre hommage.

cessent les danses et les chants, aussi brusquement qu'ils sont venus : les guerrières aux oreilles et aux lèvres mutilées disparaissent là où sont absentes les lanternes africaines, dans le noir absolu de la ténèbre, puis partout ailleurs s'éteignent les yeux violets – ce silence, même dans la forêt autour de nous, pas un cri, pas un rugissement, pas un bramement, même pas le bruit d'une grande feuille tombant d'un tilleul, comme s'il n'y avait plus de temps pour tromper l'immobilité, comme s'il n'y avait plus de temps pour

que les sons puissent frapper les choses et se réfléchir jusqu'aux bêtes et jusqu'à moi – le vide, la terreur du vide, le
vide de la terreur, cette nudité de la déraison –

puis ces trois coups de tonnerre à percer les oreilles,
puis s'éclaire cette partie de l'espace restée dans la ténèbre
depuis que nous sommes arrivés au milieu de la forêt –
des centaine d'œils violets virevoltant comme de grosses
lucioles au-dessus d'un grand plateau, comme ceux que les
guerrières nues portaient tantôt à leurs lèvres inférieures
mutilées – une scène de théâtre que je me dis, et dont le
fond du décor n'est constitué que de lobes d'oreilles étirés
à leur maximum –

– C'est quoi ? que je dis. C'est quel cauchemar ?

une guerrière nue, sans doute celle qui porte les plus
distendus lobes d'oreilles et le plus prodigieux plateau à sa
lèvre inférieure, sort, impromptue, du fond de l'air, et me
tend cette calebasse en pliant le genou devant moi –

– Bois, que dit Abé Abebé. Cette liqueur rend la vue
perçante et l'esprit vif. Elle enlève toute surréalité aux
choses pour que seule leur vérité soit perceptible.

je voudrais que la guerrière nue s'en aille, sa calebasse
intacte, ou bien tout son contenu renversé sur la terre
cuite par le soleil : un coup de pied asséné là-dessus et la calebasse, comme un ballon de football, s'en irait tomber loin
dans la jungle – sauf que dessus mes pieds la bouette s'est
figé et que c'est impossible pour moi d'en lever seulement
un pour que je puisse atteindre la calebasse –

– Bois, que dit Abé Abebé. Faire injure à nos hôtes
serait une catastrophe.

je desserre donc les dents pour que le bord de la calebasse puisse s'insérer dans ma bouche, puis je dois avaler rapidement si je ne veux pas mourir par étouffement,
et la liqueur est pareille à du feu, qui enflamme ma gorge,

mon estomac et tout le reste de mon corps – je voudrais avoir un grand miroir pour me confirmer dans ce que je pense : je suis devenu aussi abstrait que ces peintures qui décorent les guerriers nus de la vallée de l'omo, des traits, des points, des barres qui s'entrecroisent, des lignes zébrées, de l'ocre jaune, rouge, orange et brun et blanc – un rite sûrement, une initiation sans aucun doute ((et malgré ce feu qui m'embrase par l'intérieur, ce calme qui a pris possession de moi, cette sérénité joyeuse qui a pris possession de moi, cette acuité de mes yeux, de mes oreilles, même mes nerfs et mes muscles peuvent voir et entendre)) –

trois coups de tonnerre encore, puis la scène en forme de grand plateau s'illumine à nouveau –

– Regarde bien, que dit Abé Abebé. Entends bien aussi. C'est pour toi, pour toi seulement que tout ça se passe.

devant la scène se sont assises les guerrières nues aux longs lobes d'oreilles et aux lèvres inférieures mutilées par les plateaux qui y sont enserrés ; sur le premier palier, une table, une chaise et tout au milieu, cette jeune négresse totalement absorbée par son travail – que fait-elle ? – à sa droite, deux piquets plantés chacun sur un angle de socle que relie à leur extrémité supérieure une longue et souple ficelle, qui se courbent sous le poids de trois objets suspendus à la file et distinctement exposés comme des lots de tombola : le premier article n'est autre qu'un chapeau melon dont la calotte noire porte le mot *pincé* écrit en majuscules de couleur ocre rouge ; puis vient un gant de suède gris foncé tourné du côté de la paume et orné du mot *bibi* tracé à la craie ; en dernier lieu, se balance une légère feuille de parchemin qui, chargée d'hiéroglyphes comme ceux que j'écrivais sous les combles de l'hôtel du panthéon à paris, montre, pareille à une entête, un dessin grossier représentant ces bonnes sœurs de la providence

qui s'occupaient de moi à l'hôpital pasteur du grand morial quand la poliomyélite s'est jetée sur mon corps : on voit
les sœurs de dos, leurs gros culs nus et une longue chandelle
plantée dedans – puis le plateau de la scène tourne lentement sur lui-même pour qu'on voie mieux que devant la
jeune négresse, se trouve un métier à tisser et, près d'elle, une
provision de cosses de fruits extérieurement garnies de
craie grisâtre rappelant ces cocons des larves prêtes à se
transformer en chrysalides ; en pinçant avec deux doigts
les enveloppes des fruits, de longs fils s'en dégagent, et la
jeune négresse les fait s'enrouler dans cette navette qu'elle
passe et repasse entre les chassis du métier à tisser : en sortent des pages et des pages, et j'y reconnais mon écriture,
j'y reconnais le manuscrit que je rédigeais sous les combles de l'hôtel du panthéon à paris avant qu'abé abebé n'y
entre par effraction –

je tourne la tête vers abé abebé, je voudrais lui dire
que la pièce qu'on joue sur le grand plateau m'en rappelle
une autre dont j'ai vu une longue partie, presque interminable, quand je suis débarqué à libreville, je voudrais lui
dire aussi que robert lepage, le metteur en scène, l'a trafiquée, mais pour quel but ultime ? – je n'arrive toutefois
pas à ouvrir la bouche, mes dents si serrées les unes sur les
autres que pas un son ne peut y passer –

– Regarde devant toi, dit Abé Abebé. Ton spectacle
est là, pas ailleurs.

ME DIS, ME DISAIS, ME DIS :

écarquille les yeux si tu veux voir la longue corde à linge qui, dressée haut dans les airs, fait tout le tour du plateau – écarquille encore davantage les yeux si tu veux voir les pages de ton manuscrit voler d'elles-mêmes vers la longue corde où elles s'agrippent aux chauve-souris qui enfoncent leurs incisives dedans : l'histoire du grand bardo scieur de longue scie, celle de caïus picard, et toutes ces têtes délirantes de chevaux, et ces totems effrayants, et la chapelle des abîmes, judith flambant nue, à quatre pattes comme la louve de rome, et moi la sodomisant avec la brutalité d'un marteau-pilon – j'aimerais tant pouvoir crier que robert lepage a mutilé mon texte, qu'il l'a noirci, sans aucun doute par souci de vengeance, et je me demande encore pourquoi étant donné que jamais on n'a eu affaire ensemble ((bien que j'aie déjà dit avoir vu ses spectacles et les avoir aimés même si je ne comprenais pas où ça devait m'emmener si, toutefois, ça devait m'emmener en quelque part)) –

ME DIS, ME DISAIS, ME DIS :

oublie les pages de ton manuscrit, elles ont fait le tour du plateau, puis la corde à linge s'est emballée, les chauve-souris ont lâché prise et les feuilles écrites s'envolent toutes hors du cercle, sans doute pour être mangées par la jument de la nuit et les fantômes mursis qui veillent et surveillent parmi les hyènes, les gorilles et les éléphants de la jungle – oublie vite parce que la scène, plongée dans le noir, ne le restera pas longtemps : déjà les innombrables yeux violets se sont mis à clignoter, tandis que de partout semblent accourir les ombres africaines –

– T'endors pas, que dit Abé Abebé en frappant mes épaules du plat de ses mains. Le prologue est terminé maintenant. On entre enfin dans le vif du sujet.

mais c'est déjà fait et, sous les innombrables œils violets qui se sont remis à virevolter au-dessus du plateau, ce que je vois, ce sont plusieurs étages qui vont en diminuant comme un gratte-ciel, ou comme un gâteau de noces ou comme une tour de babel, sauf que le dernier étage est gardé invisible, toute la ténèbre de la jungle semblant s'y être réfugiée; au premier palier, un groupe de guerrières nues dansent et chantent tout en brandissant des grandes affiches qui m'apprennent qu'on est désormais dans la maison régnante de l'impératrice du pokunulélé et reine du drelchkaffka; sur le deuxième palier, des guerrières encore, mais munies de faux sexes mâle, puisqu'elles représentent des ennemis qui ont été capturés par l'impératrice du pokunulélé et reine du drelchkaffka: ils ont tous été atteints par des balles de kalachnikov, qui leur ont fait éclater le cœur, et leurs mains, portées vers lui, essaient vainement d'en recueillir les morceaux, tandis que les jambes fléchissent sous le poids mutilé des corps, rejetés par derrière et prêts à s'effondrer; les faux guerriers sont d'un noir absolu, portent des lunettes fumées, ont le corps traversé en tout sens par de longs traits qui dessinent d'étranges motifs ocrés jaune, rouge et brun ((comme d'innombrables baleines de corset coupées et fléchies suivant la disposition des motifs)) – et les figures sont colorées de toutes sortes de dessins abstraits dont l'ensemble dégage une telle expression de douleur et d'angoisse que le cœur me lève rien qu'à les regarder – et bien que le plateau soit immobile, les faux guerriers en font le tour, leurs pieds emprisonnés sur cette plate-forme munie de roues fabriquées elles aussi de baleines de corset et roulant dessus deux rails étroits, faits d'une substance crue, rougeâtre et gélatineuse, du mou de veau, du mou de vache, du mou pris dans les entrailles des faux guerriers pour que soit parfaite l'illusion qu'une voie ferrée ceinture le deuxième palier du plateau – sur le troisième, des amas de crânes et d'os humains, faisant ici pyramide d'égypte, là pyramide inca, et plus loin encore pyramide maya, pyramide de l'île de pâques, pyramide de cambodge, pyramide de catacombes romaines –

ME DIS, ME DISAIS, ME DIS :

ai dû m'endormir dans ce parc de libreville où l'on jouait les élucubrations nègres de raymond roussel, durant ce festival de théâtre de l'afrique noire, dans cette mise en scène hallucinée de robert lepage – ai trop bu de whisky, sans doute frelaté, un cube de lysergamide mis dedans, ou l'un de ces champignons hallucinogènes réduit en une poudre trop fine pour être visible, avec, pour aviver la décoction, une surdose de mescaline ((sinon, pourquoi en oublierais-je qui je suis, comment je le suis et pourquoi je le suis autant ?)) –

– C'est pas le temps de jongler, que dit Abé Abebé. Sers-toi juste de tes yeux, car le dénouement va venir vite.

s'élève une formidable clameur venant de la ténèbre qui encombre les deux extrémités du plateau – en sort cet étrange cortège, trente-six enfants nus de chaque côté, si faméliques que leurs os déchirent la chair et qu'on les verrait à peine s'ils n'étaient pas montés sur de longues échasses – sont quand même capables de danser autour du totem aux grands yeux violets qu'abé abebé a acheté chez les saigneurs de vaches en quelque part dans la vallée de l'omo – et lorsque se retirent les enfants faméliques, le totem est accoutré en chanteur de café-concert, une queue de pie formant par derrière une longue traîne sur laquelle, en sang de bœuf, de cochon peut-être aussi, est écrit cet énorme chiffre, 411 ((celui-là même qu'on avait cloué sur la porte de ma chambre à l'hôpital pasteur quand la poliomyélite s'est jetée safrement sur moi)) – et le totem porte désormais une perruque violette et de larges verres fumés qui lui masquent la moitié du visage – et détail certes le plus incongru de tous, le totem s'est animé : entouré par les enfants faméliques montés sur leurs échasses, à pas lents, pour ainsi dire cérémonieux, se dirige vers le plateau, franchit le premier palier où le groupe de guerrières nues hurle en brandissant leurs grandes affiches ((maison régnante de l'impératrice du pokunulélé et reine du drelchkaffka, puis franchissant le deuxième palier, ces guerrières encore, mais munies de faux sexes mâles auxquels se sont ajoutées ces têtes hideuses de chevaux et de vaches comme celles que fabriquaient le grand bardo scieur de longue scie et caïus picard dans le souterrain de la rue drapeau de morial-mort ; et franchit aussi le troisième plateau du gratte-ciel, du gâteau de noces ou de la tour de babel, là où sont les amas de crânes et d'os humains, faisant ici pyramide d'égypte, là pyramide inca, et plus loin encore pyramide maya, pyramide de l'île de pâques, pyramide de cambodge, pyramide de catacombes romaines – puis s'éclaire brutalement le dernier palier jusqu'à ce moment-ci gardé dans la ténèbre la plus noire – ce long escalier scintillant d'étoiles violettes au bout duquel se trouve le plus extravagant des trônes royaux jamais chef-d'œuvrés : fait entièrement de tibias, de fémurs, de péronés, de cubitus et de radius, avec des mains et des pieds séchés qui leur servent d'enjolivements et de golorures – les deux plus petits des enfants montés sur les échasses prennent sur le siège du trône la couronne impériale et royale qui s'y trouve et l'assujettissent sur la perruque violette du totem – s'assoit ensuite, le totem vivant, frappe dans ses mains, imité par tous les figurants rassemblés sur le plateau – coups de tonnerre, puis sortent de terre devant la scène trois guerriers et trois autres encore, portant queues de pie et chapeaux haut-de-forme, puis plient le genou gauche pour saluer l'impératrice du pokunulélé et reine du drelchkaffka, puis se tournent vers moi, pliant encore le genou gauche pour me saluer – et bien que les six guerriers aient la peau aussi noire qu'un fond de vieux chaudron de fonte, je les reconnais sous leur déguisement : il y a là nanette workman, ginette reno, celine dion, alanis morissette, patsy gallant et cette autre que je ne sais pas qui ça peut bien être, sans doute une naine éteinte venue du fond du cosmos, puisqu'elle ne fera rien d'autre que de péter, tandis qu'à tour de rôle chanteront les fausses guerrières nègres – en fait, elles crient davantage qu'elles ne chantent, on dirait parfois qu'un train va passer au milieu de la clairière tellement ça siffle aigu et long, ou qu'un crocodile de la rivière omo a zigzagué jusqu'ici tellement ça vagit court et grave, ou qu'un troupeau d'éléphantes, devant le plateau, barit aigu et long, court et grave)) –

– Woué ! que scandent les guerrières. Woué, woué !

de ses longs doigts m'a ouvert la bouche, abé abebé ; de force m'a fait boire, abé abebé, pour que je scande woué, woué, woué ! moi aussi, même si j'aimerais mieux ne pas le faire, me lever de mon banc, marcher jusqu'à l'orée de la jungle pour y héler un taxi, embarquer dedans et me faire conduire jusqu'à ma maison des trois-pistoles, jusqu'à mes bêtes, ovines, bovines et équines, qui se languissent après moi parmi les orties, la bardache et les chardons ardents ! –

quand je me redresse sur mon banc en m'aidant de ma canne, je suis étonné qu'abé abebé ne m'ait pas forcé à rester assis – m'a plutôt aidé à prendre solidement pieds et jambes sur la terre battue :

– Va, qu'il me dit. Monte l'escalier qui mène à l'impératrice du Pokunulélé et reine du Drelchkaffka. C'est toi qu'elle veut voir maintenant.

– Je suis trop fatigué, que je dis. Mes oreilles bruissent, mes dents grinchent, mes yeux coulent, c'est plein de filaments embrasés dans mon corps, et la tête va me fendre tellement c'est implosif à l'intérieur. Laisse-moi sortir de la clairière. À l'orée de la jungle, un taxi m'attend qui va me conduire chez moi. Je ne peux plus endurer que ce soit aussi noir par ici, guerrières, théâtre, plateau tournant, décors et accessoires. C'est nègre, nègre à mort. Même les innombrables œils violets qui survoltent la scène vont devenir nègres eux autres aussi.

– Regarde l'impératrice du Pokunulélé et reine du Drelchkaffka, que dit Abé Abebé. Vois ce que dit la main qu'elle agite.

– Trop de mouches me piquent la face, que je dis. C'est tout enflé dessus et dessous l'œil.

– Tsé, que dit Abé Abebé. Tsé, tsé.

– Tsé quoi ? que je dis.

– Avance vers le plateau. L'impératrice du Pokunulélé et reine du Drelchkaffka est patiente, mais cette patience-là a déjà dépassé ses bornes. Va. Va donc.

je garde pieds et jambes là où elles sont, dans la terre battue, et j'appuie fort sur ma canne pour qu'elle s'y enfonce aussi – les guerrières aux bouches mutilées par les énormes plateaux que retiennent leurs lèvres inférieures distendues sont comme en transes, une nègre danse de saint-guy, pieds-trompettes, bras-tambours, seins-tam-tam, oreilles-clarinettes, têtes-cymbales, un orchestre sur roues défilant sur les rails en mou de veau, nègre, nègre, nègre ! que chantent les voix conjuguantes des noires guerrières kebekoises –

– Avance, que dit Abé Abebé. C'est le premier pas qui coûte le plus cher. Les autres, ça se fait pour presque rien.

voudrais bien bouger, mais je suis en état avancé de catatonie, trop d'œils violets me frappent le corps et tombent autour de moi, de toutes sortes, des carrés, des ovales, des rectangulaires, des bistrés et des bridés ; et dans chacune des rétines cette kalachnikov prête à faire feu de tout bois –

– Impossible, que je dis. Ma tête tourne trop, mon corps ne se détourne pas assez ; mes yeux se retournent vers l'intérieur.

– Ton égoïsme, encore et toujours ton égoïsme, que dit Abé Abebé.

puis abé abebé demande aux deux soldats de me prendre par mes dessous de bras et de me porter vers le plateau, lui s'assurant par derrière que je ne puisse pas leur échapper – monter cet escalier qui mène à l'impératrice du pokunulélé et reine du drelchkaffka m'est plus difficile que si je grimpais les quatre cents marches de l'oratoire saint-joseph du grand morial tellement je suis fait de lambeaux de nerfs et de muscles, tellement mon épaule et mon bras gauches me font mal, tellement les mouches tsé-tsé boivent avec avidité le peu de sang qu'il me reste peut-être encore sous le crâne –

ME DISAIS, ME DIS, ME DISAIS :

calixthe béyala t'avait prévenu : la vallée de l'omo est la vallée de la mort, peut-être parce que d'elle est venue l'humanité et que celle-ci, massacrée, massacrante, mutilée, mutilante, affamée, affamante, émoussée, émoussante, a bouclé sa bouche, de la barbarie supposée à la civilisation supposante, et de la civilisation suppurante à la barbarie pourrissante : il y a une fin à tout quand la faim est partout, nul julien gracq, nul antonin artaud, nul franz kafka ne pouvant à eux seuls conjurer les crotales gonies, crever le rire du démon, assécher les baves labiales qui mangent la chair, défaire l'obsession charnelle de l'abject, détruire la bestialisation affective et complète, la corporisation sexuelle totale, la crapulisation érotique intégrale, la collusion corps avec corps, la faim, autrement dit la faim, de la naissance à la mort, la faim qui mange tout et qui vomit tout –

ME DISAIS, ME DIS, ME DISAIS :

toutes ces marches enfin montées et cette espèce de balustrade qui m'empêche de m'approcher proche proche de l'impératrice du pokunulélé et reine du drelchkaffka – je vois mal les traits de son visage, trop de noir à lèvres sur sa bouche, trop grosses les lunettes fumées au bois de santal qu'elle porte, trop frisée longue la perruque violette qui lui cache son dessus de tête, trop de carton shakespearien cette couronne plantée de travers dans l'amas des couettes bouffantes –

– Enfin là, que dit l'impératrice du Ponukulélé et reine du Drelchkaffka, d'une voix graveleuse à cause de sa bouche qui est pleine de cailloux. Sais-tu qui je suis au moins ?

– Non, que je dis. Traverser l'Afrique noire est méconnaissant pour l'homme vieillissant que je suis. J'ai rencontré beaucoup de rois-nègres, mais c'est la première fois que je me trouve devant une reine-nègre.

– Tu mens, que dit l'impératrice du Pokunulélé et reine du drelchkaffka en crachant les cailloux qui lui bourraient la bouche. S'agit pas de la première fois que tu te trouves devant moi, la dernière peut-être, mais sûrement pas la première.

cette voix qui s'est mise à changer au rythme des cailloux crachés, me semble la reconnaître :

– Judith ? que je dis. C'est toi, c'est bien toi, Judith ?

elle enlève sa couronne de carton shakespearien, elle enlève la perruque violette, me montrant ce crâne parfaitement rasé qui fait paraître immenses ses oreilles, elle déboutonne son costume de chanteur de concert, et je vois qu'il ne reste plus rien de ses petits seins tout ronds et blancs, que deux longues cicatrices comme des serpents noirs à fleur de peau – et cette maigreur, comme si les os des côtes avaient pris le dessus sur l'épiderme, de véritables baleines de corset enrobées de peu de viande –

– Voilà ce que tu as fait de moi, que dit Judith. Une femme vieillissante que le cancer va emporter tantôt. As-tu au moins compris les signes quand je te donnais rendez-vous à l'Île de Pâques, en Bretagne britannique, en Égypte, au Laos, peut-être même en Chine, je ne me souviens plus ?

– Des hiéroglyphes, que je dis. Partout le monde en était chargé. Je ne suis pas Champollion, je ne sais pas décrypter l'impossible.

– Les rendez-vous que je te donnais étaient sans rapport avec les hiéroglyphes, que dit Judith. Pourquoi n'as-tu rien compris ?

– Comprendre quoi ? que je dis.

– Mes yeux, que dit Judith.

– Tes yeux ? que je dis. Qu'ont donc tes yeux ?

– Ils étaient là, partout où tu es allé dans le monde. Ces statues, ces totems, ces masses de pierre, ils avaient tous les yeux que j'ai. Pourquoi faisais-tu semblant de pas le comprendre ? Pourquoi seul Abé Abebé t'a-t'il rappelé les miens ?

– C'est si loin, que je dis. J'étais si jeune aussi, si vulnérable, si seul, si peu écrivain encore, si dépossédé de mots, parce que tu t'étais enfuie aux États-Unis, me privant de l'amour que j'avais pour toi, me privant du désir que j'avais de toi, me privant de mon corps, de l'écriture véritable qu'il y avait dedans.

– Tu as eu Abé Abebé pourtant, que dit Judith.

– Je ne voulais pas de lui, même pas de ses yeux violets ! que je dis.

– Tu le sodomisais pourtant, que dit Judith.

– C'était un Nègre, que je dis. Un fainéant, un voleur, un menteur, un tricheur. Seul un acte parfaitement grotesque pouvait me débarrasser de lui et de ses faux yeux violets.

– Tu avais peur, que dit Judith. Peur d'Abé Abebé parce que tu l'aimais, et pas seulement pour ses supposés faux yeux violets. Tu aimais tout son corps à Abé Abebé, cette peau cuivrée, ces nerfs et ces muscles puissants, même son sexuel ardent.

– Je le haïssais, que je dis. Pire : je l'aguissais ! Et dans une telle violence que j'aurais fini par le tuer si tu n'étais pas apparue dans l'embrasure de la porte de ma chambre sous les combles de l'Hôtel du Panthéon à Paris !

– Tu avais vraiment peur, que dit Judith. Tu avais peur à cause de ton égoïsme. Seul ton égoïsme était réel pour toi.

– Je n'avais pas le choix de l'être, que je dis. Je ne voulais pas finir tuberculeux comme Kafka parce que sa fiancée Milena le cannibalisait. Je ne voulais pas finir fou comme Artaud parce que ses sœurs, enfermées avec lui à Rodez, lui déformaient le corps et l'esprit. Avec toi, j'étais loin d'être égoïste.

– Tu n'aimais que mes yeux, que dit Judith. Même quand je te suçais le sexuel sous la table sur laquelle tu écrivais dans le souterrain de la maison de la rue Drapeau, tu pensais que c'étaient mes yeux qui le faisaient. Même cette première fois-là que tu m'as prise dans la chapelle des abîmes de Julien Gracq, ce sont mes yeux que tu sodomisais.

– Woué, que dit Abé Abebé. Ce sont mes yeux aussi que tu sodomisais sous les combles de l'Hôtel du Panthéon à Paris.

– Je veux voir le metteur en scène, que je dis. Il a trafiqué la pièce du début jusqu'à la fin. Je ne suis pas un comédien, je ne suis pas Raymond Roussel, je n'ai aucune impression d'Afrique, aucune non plus de partout où tu m'as forcé à aller. Je ne suis qu'un homme vieillissant dont la maison déserte attend le retour.

– Tu vas t'y retrouver bientôt, que dit Judith. Mais moi je serai morte quand ça arrivera. Le cancer que j'ai est dans sa phrase terminale. Est-ce que ça t'émeut au moins ?

– J'ai bu trop de whisky, trop de sang de vache, trop de liqueur nègre, que je dis. Mes sentiments, je les vois, mais ils sont trop loin de moi, au-delà de la clairière et mes yeux ne peuvent plus courir jusque-là.

– Je vais te donner les miens, que dit Judith. Moi, j'en ai plus besoin, puisque je vais mourir.

– Juste une fois, laisse-moi les regarder, que je dis. Peut-être que ce sera moi qui vais en mourir. Toi, tu seras sauvée, tu pourras aller rejoindre ton frère aux États-Unis, et Abé Abebé serait sûrement heureux de t'accompagner, le blues ou le jazz américain : ça serait l'avenir pour vous trois.

– Et toi ? que dit Judith.

– J'aurais vu une dernière fois tes yeux, que je dis. Ça serait l'avenir pour mon corps. Comme disait Artaud...

– Je ne veux pas que tu me parles d'Artaud, que dit Judith.

– Comme écrivait Kafka, que je dis.

– Je ne veux pas que tu me parles de Kafka, que dit Judith.

– Julien Gracq, que je dis.

– Je ne veux surtout pas que tu me parles de Julien Gracq, que dit Judith.

– Tes yeux, que je dis. Tes yeux violets.

– Je vais te les montrer maintenant, que dit Judith.

elle enlève lentement ses énormes lunettes fumées et ce que je vois dessous est une telle catastrophe que je tombe à genoux et qu'un épais jet de renvoyure gicle de ma bouche : ses grands yeux violets, judith en est dépossédée ; à leur place, rien d'autre que deux profonds trous noirs, comme ceux-là que j'ai vus dans l'île de pâques, au laos, en égypte, en bretagne anglaise, partout où je suis allé parce que judith m'y donnait rendez-vous – j'aurais dû me douter, j'aurais dû deviner, j'aurais dû décrypter les signes qui étaient inscrits dans les visages de pierre, de bois ou de glaise, tout ces signes-yeux crevés, arrachés, mutilés, disparus, parce que la beauté du monde, massa-crée, est devenue un carnage et un charnier à ciel ouvert ((« De l'abîme corporel et creux où le plein regarde son vide, un temps, qui garde dans le temps sa place, celle où l'éternel mangeait dieu au prix de la souffrance d'un corps »)) –

– Tes yeux, tes grands yeux violets, c'est à cause du cancer ? que je dis.

– Non, que dit Judith. J'ai demandé qu'on me les enlève.

– Te les enlève ? que je dis. Personne ne se fait enlever ses yeux, voyons !

– Pourtant, je l'ai fait, que dit Judith. Parce que c'est tout ce que tu as aimé de moi, que tu t'obstines à le nier et que c'est déraisonné autant de déni. Tuer sa mémoire, c'est comme si jamais on n'était venu au monde. Approche. Viens. Viens tout près devant mon corps.

veux pas y aller, me terrorise trop la maigreur extrême du corps de judith, me terrorise trop cette poitrine qui a perdu ses seins, me terrorise trop ce pectus cavatum qui s'est creusé entre les deux seins perdus, me terrorise trop cette face émaciée, cette tête chauve, me terrorise trop ces trous noirs et profonds qui ont avalé les grands yeux violets de judith –

– Viens, que dit Judith. Viens. De gré ou de force, faut que tu viennes.

– C'est impossible, que je dis. Je ne peux pas. C'est au-dessus de mes forces.

– Woué, dit Judith. Woué, plus de force, woué.

ce signe qu'elle fait vers abé abebé et les deux soldats qui m'ont redressé et me tiennent debout par mes dessous de bras, puis porté par les deux soldats et poussé par abé abebé, je suis bien obligé de m'approcher de judith – ces genoux cagneux que je cogne, cet amas d'os que je dois toucher malgré moi, ces épouvantables trous noirs au fond desquels œuvrent déjà les asticots, ce crâne déformé par sa nudité, c'est trop pour moi, c'est trop après toute cette voyagerie loin de ma maison des trois-pistoles, c'est trop cette victoire de la jument de la nuit piaffant et ruant du beau mitan de mon corps –

– Embrasse-moi, que dit Judith.

la grande main d'abé abebé m'enserre le cou et je suis bien obligé de coller ma bouche contre celle de judith et je suis bien obligé de chercher sa langue de la mienne, je suis bien obligé de licher l'intérieur de cette bouche édentée que les asticots, tombant des trous noirs, dévorent – ce dégoût de ma langue, cette odeur de ce qui se décompose avant même que ne survienne la mort, le pire de tout, l'au-delà du pire de tout –

ME DIS, ME DISAIS, ME DIS :

reprends ta langue avant que ne pourrissent dedans tous tes mots, reprends ce qu'il reste de ton corps avant que s'en échappent définitivement tes nerfs et tes muscles, tu ne peux pas mourir, tu ne dois pas mourir aussi loin de ta maison, aussi loin de tes bêtes, aussi loin de tes champs : bien que vieillissant un homme, aucun homme vieillissant, ne peut accepter de finir ses jours, de finir ses nuits au beau milieu de la vallée de l'omo, puisque c'est d'elle qu'est venue la vie, puisque c'est d'elle qu'elle continue de proliférer – ((ce seul espoir de la pérennité de l'humanité)) –

– Laisse-moi partir maintenant, que je dis à Judith.

– Woué, que dit Judith. Woué, te laisser partir maintenant, woué. Mais sans le présent que je vais t'offrir, ça serait impossible pour toi de sortir de la jungle noire. Trop de hyènes, trop de crocodiles, trop de mouches tsétsé dans la jungle noire.

elle entrouvre son long manteau d'impératrice du pokunulélé et reine du drelchkaffka, ses mains maigrelettes en retirent un petit coffret de bois de santal, à peine de l'épaisseur d'un doigt c'est, à peine de la longueur d'un doigt c'est, et me l'offre :

– Pour toi, qu'elle dit. Juste pour toi ce qui se trouve à l'intérieur.

elle ouvre le coffret, tandis que j'essaie de tourner la tête pour ne pas regarder, tandis que j'essaie de fermer les yeux pour ne pas regarder – mais les nerfs et les muscles de mon cou craquent et ne bougent pas, mais les paupières, collées sous leurs arcades, ne bougent pas – et ce coffret qui n'en finit plus de s'ouvrir pour que je voie l'inimaginable : coulés dans le verre, les deux grands yeux violets de judith me regardent, fixement me regardent, absolument me regardent ! –

– Je te les offre, que dit Judith. Parce que de mon corps, c'est tout ce que ton égoïsme a aimé.

– Je ne peux pas accepter, que je dis. Cette folie, je suis incapable de l'assumer.

abé abebé me prend la main gauche, me force à l'ouvrir, et judith met dessus le coffret qui est resté ouvert – ces yeux, trop grands, trop violets, je ne peux pas continuer à les regarder, les miens vont en crever si je ne les enlève pas de ma main – je la secoue frénétiquement, mais le coffret s'est encavé dans ma peau, comme si on l'y avait greffé, et j'ai beau mettre dessus toute la force de ma main gauche, ça ne sert à rien : le coffret ne bouge pas, et les grands yeux violets, je les vois tout le temps même si je ne les regarde pas –

– Tout a été parlé et fait, que dit Judith. Abé Abebé va t'emmener au-delà de la jungle et tu pourras rentrer chez toi, dans ta maison désertée, revoir tes bêtes, revoir tes champs. Adieu, Bibi. Woué, adieu, woué, Bibi.

je chiale, je crie, je hurle, mais ça reste pris dans mon gosier, je plante solidement ma canne dans la terre battue, et mes pieds aussi, mais les deux soldats et abé abebé sont trop puissants pour les défenses que j'ai et ils me traînent et ils m'entraînent vers la jungle – chantent et dansent les guerrières nues tandis que, l'un après l'autre, s'éteignent les œils violets qui survolaient le plateau – si cuivrés, si noirs, si parfaitement nègres sont devenus l'espace et le temps que même la jument de la nuit ne peut plus l'affronter – le bruit d'épouvante que font ses sabots ferrés au loin dans la jungle – et ces yeux coulés dans le verre qui me regardent fixement, amoureux, haineux, hostiles, horrifiants ! –

ME DIS, ME DISAIS, ME DIS :

cours, cours vite, comme quand tu t'en retournais à la maison après l'école, que le rang rallonge de saint-jean-de-dieu flottait dans la pénombre sous les grands frênes, que l'orage s'ameutait au-dessus, cours, cours vite, tu portes tes grandes bottes d'aviateur, le froc en cuir d'aviateur, le casque et les grosses lunettes d'aviateur dont ton parrain, le gros pharmacien, t'a fait cadeau, cours vite, plus vite encore, fais des ailes de tes bras, envole-toi et deviens cet oiseau de feu qui va embraser le ciel jusque chez toi,

sain et sauf tu atterriras devant la maison en même temps
que le premier coup de tonnerre ébranlera le haut coteau
des épinettes –

mais je n'ai plus dix ans, plus de bottes, de froc, de
casque et de grosses lunettes d'aviateur, je suis un homme
vieillissant qui, malgré l'attelage qui les soutient, a l'épaule
et le bras gauches raide morts, et ça ne va pas mieux du
côté des jambes et des pieds, comme s'ils s'étaient retournés : plus j'avance et plus je recule, butant sur une souche,
titubant sur un bouscotte, fonçant droit sur un arbre, droit
sur un cran rocheux, droit sur rien – et partout autour et
au-dessus de moi ces yeux violets, ces yeux extrêmement
violents des mouches tsé-tsé – je râle, mon souffle s'échappe
par en bas, c'est nauséabond, je tousse, je m'étouffe, je me
perds dans mes jambes, je pique du nez, tête la première
dans cette termitière en forme de tour de babel, je ferme
les yeux, je ne veux pas que les perce-oreilles me traversent
les tympans jusqu'aux marteaux, jusqu'aux enclumes, je
force fort pour que la tête me sorte de la termitière puis,
me tournant sur le dos, je crache ces flopées de termites
en train de m'engorger, et je pousse un profond soupir,
car je ne vois plus, collé dans la paume de ma main gauche,
le coffret avec les yeux de judith dedans, ces yeux coulés
dans le verre qui me regardaient fixement, amoureux, haineux, hostiles, horrifiants ! –

me redresser, et fuir encore, et fuir toujours, je suis
libre bien que kebekois, chaque pas que je ferai me rap-
prochera de ma maison, de mes bêtes, de mes champs, de
ma solitude – sauf que je suis incapable de bouger – abé
abebé a mis sa grosse botte sur mon avant-bras gauche et
les deux soldats qui l'accompagnent ont fait pareil avec
mon avant-bras droit et mes pieds – je fais cet énorme
effort pour garder les yeux ouverts – tous ces œils violets,

tous ces œils extrêmement violents des mouches tsé-tsé au-dessus de moi, et le pire du pire : ces trois kalachnikovs braquées vers ma tête, vers mon cœur, vers mon sexuel ! –

– Sale Nègre blanc ! que dit le premier soldat.

– Sale Nègre blanc ! que dit le deuxième soldat.

– Woué, que dit Abé Abebé. Woué, sale Nègre blanc !

– Tuez-moi, que je dis. J'ai passé treize jours et treize nuits dans le coma, c'est assez. J'ai passé treize jours et treize nuits couché sur un panneau de bois, des sacs de sable sur mes jambes, c'est assez. J'ai passé treize heures dans la chapelle des abîmes avec Judith, c'est assez. J'ai passé trois fois treize ans à oublier ses grands yeux violets, c'est assez. J'ai passé deux fois treize mois à courir après, c'est assez. Tuez-moi, c'est assez.

– Sale Nègre blanc ! que dit encore le premier soldat.

– Sale Nègre blanc ! que dit encore le deuxième soldat.

– Woué, que dit encore Abé Abebé. Woué, sale Nègre blanc !

ces balles, ces kalachnikovs, ces trous noirs et

ME DIS, ME DISAIS, ME DIS :))

Trois-Pistoles
ce 20 janvier 2009

Blanche forcée, récit, Montréal, VLB éditeur, 1976; Paris, Flammarion, 1978; Trois-Pistoles, Éditions Trois-Pistoles, 1997.

Ma Corriveau suivi de *La sorcellerie en finale sexuée*, théâtre, Montréal, VLB éditeur, 1976; *Ma Corriveau* suivi du *Théâtre de la folie*, Trois-Pistoles, Éditions Trois-Pistoles, 1998.

N'évoque plus que le désenchantement de ta ténèbre, mon si pauvre Abel, roman, Montréal, VLB éditeur, 1976; Trois-Pistoles, Éditions Trois-Pistoles, 1996.

Monsieur Zéro, théâtre, Montréal, VLB éditeur, 1977; *Monsieur Zéro* suivi de *La route de Miami*, Trois-Pistoles, Éditions Trois-Pistoles, 1998.

Sagamo Job J, cantique, Montréal, VLB éditeur, 1977; Trois-Pistoles, Éditions Trois-Pistoles, 1997.

Un rêve québécois, roman, Montréal, VLB éditeur, 1977; Trois-Pistoles, Éditions Trois-Pistoles, 1996.

Cérémonial pour l'assassinat d'un ministre, oratorio, Montréal, VLB éditeur, 1978; *Cérémonial pour l'assassinat d'un ministre* suivi de *L'écrivain et le pays équivoque*, Trois-Pistoles, Éditions Trois-Pistoles, 1998.

Monsieur Melville, essai en trois tomes illustrés, tome I: *Dans les aveilles de Moby Dick;* tome II: *Lorsque souffle Moby Dick;* tome III: *L'après Moby Dick ou La Souveraine Poésie*, Montréal, VLB éditeur, 1978, prix France-Canada; Paris, Flammarion, 1980; Trois-Pistoles, Éditions Trois-Pistoles, 1997.

La tête de Monsieur Ferron ou les Chians, épopée drolatique, Montréal, VLB éditeur, 1979; Trois-Pistoles, Éditions Trois-Pistoles, 1998.

Una, roman, Montréal, VLB éditeur, 1980; Trois-Pistoles, Éditions Trois-Pistoles, 1997.

Satan Belhumeur, roman, Montréal, VLB éditeur, 1981, prix Molson; Trois-Pistoles, Éditions Trois-Pistoles, 1999.

Moi Pierre Leroy, prophète, martyr et un peu fêlé du chaudron, roman-plagiaire, Montréal, VLB éditeur, 1982; Trois-Pistoles, Éditions Trois-Pistoles, 1999.

Discours de Samm, roman-comédie, Montréal, VLB éditeur, 1983; Trois-Pistoles, Éditions Trois-Pistoles, 1997.

Entre la sainteté et le terrorisme, (tome 1), essais, Montréal, VLB éditeur, 1984; Trois-Pistoles, Éditions Trois-Pistoles, 2001.

Steven le Hérault, roman, Montréal, Alain Stanké, 1985; Trois-Pistoles, Éditions Trois-Pistoles, 1999.

Chroniques polissonnes d'un téléphage enragé, recueil de chroniques, Montréal, Alain Stanké, 1986; Trois-Pistoles, Éditions Trois-Pistoles, 2000.

L'héritage, tome I : *L'automne*, roman, Montréal, Alain Stanké, 1987 ; Montréal, Alain Stanké, 1991 ; tome II : *L'hiver* et *Le printemps*, roman, Montréal, Alain Stanké, 1991.

Votre fille Peuplesse par inadvertance, théâtre, Montréal, Alain Stanké, 1990.

Docteur Ferron, pèlerinage, Montréal, Alain Stanké, 1991 ; Trois-Pistoles, Éditions Trois-Pistoles, 2001.

La maison cassée, théâtre, Montréal, Alain Stanké, 1991 ; Trois-Pistoles, Éditions Trois-Pistoles, 2002.

Pour faire une longue histoire courte, entretiens avec Roger Lemelin, Montréal, Alain Stanké, 1991 ; Trois-Pistoles, Éditions Trois-Pistoles, 2002.

Sophie et Léon, théâtre, suivi de l'essai-journal *Seigneur Léon Tolstoï*, Montréal, Alain Stanké, 1992 ; Trois-Pistoles, Éditions Trois-Pistoles, 2003.

Gratien, Tit-Coq, Fridolin, Bousille et les autres, entretiens avec Gratien Gélinas, Montréal, Alain Stanké, 1993.

La nuit de la Grande Citrouille, théâtre, Montréal, Alain Stanké, 1993 ; Trois-Pistoles, Éditions Trois-Pistoles, 2000.

Monsieur de Voltaire, essai, Montréal, Alain Stanké, 1994 ; Trois-Pistoles, Éditions Trois-Pistoles, 2003.

Les carnets de l'écrivain Faust, essai, édition de luxe, Montréal, Alain Stanké, 1995 ; Trois-Pistoles, Éditions Trois-Pistoles, 2003.

Le bonheur total, vaudecampagne, Montréal, Alain Stanké, 1995 ; Trois-Pistoles, Éditions Trois-Pistoles, 2003.

La jument de la nuit, tome I : *Les oncles jumeaux*, roman, Montréal, Alain Stanké, 1995.

Chroniques du pays malaisé 1970-1979, essais, Trois-Pistoles, Éditions Trois-Pistoles, 1996.

Deux sollicitudes, entretiens avec Margaret Atwood, Trois-Pistoles, Éditions Trois-Pistoles, 1996.

Écrits de jeunesse 1964-1969, essais, Trois-Pistoles, Éditions Trois-Pistoles, 1996.

L'héritage, théâtre, Trois-Pistoles, Éditions Trois-Pistoles, 1996.

La guerre des clochers, théâtre, Trois-Pistoles, Éditions Trois-Pistoles, 1997.

Pièces de résistance en quatre services, théâtre, avec Sylvain Rivière, Denys Leblond et Madeleine Gagnon, Trois-Pistoles, Éditions Trois-Pistoles, 1997.

Beauté féroce, théâtre, Trois-Pistoles, Éditions Trois-Pistoles, 1998.

Les contes québécois du grand-père forgeron à son petit-fils Bouscotte, Trois-Pistoles, Éditions Trois-Pistoles, 1998.

Québec ostinato, essai, Trois-Pistoles, Éditions Trois-Pistoles, coll. «Alternatives», 1998.

Un loup nommé Yves Thériault, essai, Trois-Pistoles, Éditions Trois-Pistoles, 1999.

Bouscotte. Le goût du beau risque, roman, Trois-Pistoles, Éditions Trois-Pistoles, 2001.

Bouscotte. Les conditions gagnantes, roman, Trois-Pistoles, Éditions Trois-Pistoles, 2001.

27 petits poèmes pour jouer dans l'eau des mots, poésie, Trois-Pistoles, Éditions Trois-Pistoles, 2001.

Les mots des autres. La passion d'éditer, Montréal, VLB éditeur, 2001.

Bouscotte. L'amnésie globale transitoire, roman, Trois-Pistoles, Éditions Trois-Pistoles, 2002.

Contes, légendes et récits du Bas-du-Fleuve – Tome 1 : Les Temps sauvages, Trois-Pistoles. Éditions Trois-Pistoles, 2003.

Arthur Buies. Petites chroniques du Bas-du-Fleuve, Trois-Pistoles. Éditions Trois-Pistoles, 2003.

Trois-Pistoles et les Basques. Le pays de mon père, album illustré, Trois-Pistoles, Éditions Trois-Pistoles, 1997 ; Trois-Pistoles, Éditions Trois-Pistoles, 2004.

Le Bas-Saint-Laurent. Les racines de Bouscotte, album illustré, Trois-Pistoles, Éditions Trois-Pistoles, 1998 ; Trois-Pistoles, Éditions Trois-Pistoles, 2004.

De Race de monde au Bleu du ciel, Trois-Pistoles, Éditions Trois-Pistoles, collection «Écrire», 2004.

Je m'ennuie de Michèle Viroly, roman, Trois-Pistoles, Éditions Trois-Pistoles, 2005.

Correspondances (avec Jacques Ferron), Trois-Pistoles, Éditions Trois-Pistoles, 2005.

Petit Monsieur, conte, Québec, Musée national des beaux-arts du Québec, 2005.

Le Bleu du ciel (avec André Morin), roman, Trois-Pistoles, Éditions Trois-Pistoles, 2005.

aBsalon-mOn-gArçon, roman, Trois-Pistoles, Éditions Trois-Pistoles, 2006.

James Joyce, l'Irlande, le Québec, les mots, essai hilare, Trois-Pistoles, Éditions Trois-Pistoles, 2006, prix *Spirale*-Eva-Le-Grand.

Neigenoire et les sept chiens, conte, illustré par Mylène Henry, Trois-Pistoles, Éditions Trois-Pistoles, 2007.

La grande tribu, roman, Trois-Pistoles, Éditions Trois-Pistoles, 2008.

Contes, légendes et récits du Bas-du-Fleuve – Tome 2 : Les Temps apprivoisés, Trois-Pistoles. Éditions Trois-Pistoles, 2008.

L'Héritage, roman, Trois-Pistoles, Éditions Trois-Pistoles, 2009.

CET OUVRAGE,
COMPOSÉ EN GARAMOND PREMIER 13,
A ÉTÉ ACHEVÉ D'IMPRIMER À CAP-SAINT-IGNACE,
SUR LES PRESSES DE MARQUIS IMPRIMEUR,
LE 2 SEPTEMBRE DEUX MILLE NEUF.